Lothar Böhnisch, Wolfgang Schröer,
Hans Thiersch
Sozialpädagogisches Denken

Lothar Böhnisch, Wolfgang Schröer,
Hans Thiersch

Sozialpädagogisches Denken

Wege zu einer Neubestimmung

Juventa Verlag Weinheim und München 2005

Die Autoren

Lothar Böhnisch, Dr. rer. soc. habil., ist Professor für Sozialpädagogik und Sozialisation der Lebensalter an der Technischen Universität Dresden.

Wolfgang Schröer, Dr. phil., ist Professor für Sozialpädagogik an der Universität Hildesheim.

Hans Thiersch, Dr. phil., ist Professor em. für Erziehungswissenschaft und Sozialpädagogik an der Universität Tübingen.

Bibliografische Information Der Deutschen Bibliothek

Die Deutsche Bibliothek verzeichnet diese Publikation in der Deutschen Nationalbibliografie; detaillierte bibliografische Daten sind im Internet über
http://dnb.ddb.de abrufbar.

Umschlaggestaltung: Atelier Warminski, 63654 Büdingen
Umschlagabbildung: Paul Klee, Komposition mit schwarzem Breñpunct, 1919 164 © VG Bild-Kunst, Bonn 2005
Printed in Germany

ISBN 3-7799-1723-8

Vorwort

In unserer sich wandelnden Gesellschaft geraten Aufgaben- und Selbstverständnis der Sozialpädagogik zunehmend in Unsicherheit. Die Fachdiskussion zeigt sich defensiv und ist verführt, eine Mentalität der Bestandserhaltung auszubilden; neue Suchbewegungen und weiterführende Perspektiven bilden sich erst zögernd aus. Die in dieser Situation liegende Herausforderung hat uns zur Arbeit an dem hier vorliegenden Buch zusammen geführt, aus je unterschiedlichen Interessen und mit unterschiedlichen Akzenten, aber ermutigt durch die Affinität in Grundannahmen sowie eine fachliche und freundschaftliche Beziehung zwischen der Tübinger, Dresdner und Hildesheimer Sozialpädagogik. Wenn wir versuchen „Wege zu einer Neubestimmung sozialpädagogischen Denkens" zu markieren, beziehen wir uns dabei – zum einen – auf den wissenschaftshistorischen Fundus der Sozialpädagogik und Sozialarbeit, der uns aber breiter und interdisziplinär verflochtener erscheint, als es mitunter in der Disziplin gesehen wird. Wir versuchen – zum anderen – Problemfelder und Zuständigkeiten der Sozialpädagogik und Sozialarbeit unter den Bedingungen einer heute sozialpolitisch veränderten Gesellschaft zu verorten. Angesichts der fachlich so differenzierten Diskussionslandschaft lässt sich dies aber nur in pointierter Auswahl und Akzentuierung sowie als Versuch, Tendenzen und Zusammenhänge zu profilieren, angehen. Wir hoffen aber, dass deutlich werden kann, welchen Gewinn solche historischen und theoretischen Vergewisserungen in ihrer Problembezogenheit für den Fachdiskurs haben können. Wir verstehen unseren weit gespannten und uns selbst bisweilen verwegen erscheinenden Entwurf dabei als Anknüpfung an das bisher Erreichte und als Ermutigung, sich aus dem Erreichten heraus bei allem Risiko öffnen zu können sowie als Einladung, unsere Wege kritisch mitzugehen oder – dagegen gesetzt – andere Perspektiven zu projektieren.

Dresden/Hildesheim/Tübingen
März 2005

Inhalt

1. Sozialpädagogik als historisch gewordene Disziplin und die Frage nach den Möglichkeitsbedingungen Sozialer Arbeit

Beobachtet man gegenwärtig sozialpädagogische Diskussionen, so fällt eine ambivalente bis paradoxe Grundstimmung auf.[1] Auf der einen Seite verweisen fast alle Zeitdiagnosen und Expertisen zur zukünftigen Entwicklung des Sozialen auf scheinbar grenzenlose sozialpädagogische Herausforderungen in unserer Gesellschaft. Soweit man mit sozialpädagogischen Augen die jüngsten Berichte zum demografischen Wandel, zur Zukunft des bürgerschaftlichen Engagements, die Jugend- und Armutsberichte und nicht zuletzt die Weißbücher der EU liest, ganz zu schweigen von den neuen Bildungsdiskussionen, lassen sich daraus eine Vielzahl von sozialpädagogischen Aufgaben in unserer Gesellschaft ableiten. Mit anderen Worten: Zu Beginn des 21. Jahrhunderts werden sozialpädagogische Herausforderungen als Aufgaben der Beratung, der Bildung, der Kompetenzentwicklung, aber auch der Grundsicherung des Lebens und der Pflege in einer bisher nicht gekannten Form freigesetzt.

Dementsprechend wird im Bereich sozialer Dienstleistungen weiterhin ein noch nicht ausgeschöpftes Potenzial für die zukünftige Beschäftigungsentwicklung gesehen (vgl. Europäische Kommission 1999). Dieses Bild spiegelt sich auch in

---

1 Sozialpädagogik und Sozialarbeit werden im Folgenden – unbeschadet ihrer unterschiedlichen pädagogischen bzw. sozialfürsorgerischen Wurzeln – in ihrer heutigen Funktionsverschränkung zusammen gesehen und auch zusammen gefasst als Soziale Arbeit benannt (vgl. auch die entsprechende Praxis in den aktuellen Handbüchern Otto/Thiersch 2001; Schröer/Struck/Wolff 2002; Thole 2002; Kreft/Mielenz 2005).

heutigen Zukunftsszenarien wider. So wird z.B. herausgestellt, dass wir zu Beginn des 21. Jahrhunderts vor einer neuen Wachstumswelle stehen, die vor allem aus der steigenden und differenzierten „Produktion" von psychischer und sozialer Gesundheit gespeist werden wird. In diesem Bild der durch Schlüsselinnovationen ausgelösten epochalen Wachstumswellen, die nach dem gleichnamigen russischen Ökonomen als Kondratieff-Wellen bezeichnet werden, befinden wir uns gegenwärtig auf dem Scheitelpunkt einer fünften Kondratieff-Welle, die durch Informationstechnologie und Biotechnik bestimmt wird. Gleichzeitig wird argumentiert, dass sich schon mitten in dieser fünften Welle erkennen lasse, dass angesichts der wachsenden psychosozialen Probleme als Folgewirkungen demografischer Entwicklungen, arbeitsgesellschaftlicher Intensivierung sowie Ausgrenzung und sozialer Desintegration die sechste Kondratieff-Welle eine des Wachstums psychosozialer Dienstleistungen werden wird (vgl. Nefiodow 1996), denn nur so könne die soziale Balance zur ökonomischen Dynamik der Globalisierung hergestellt werden. In diesem Szenario hat sich auch die sozialpädagogische Theorie- und Forschungsdiskussion formiert und werden die längst überlasteten Ausbildungsgänge entsprechend nachgefragt.

Die anwendungsorientierte Fachdiskussion erweckt dagegen inzwischen den Eindruck, dass wir das „sozialpädagogische Jahrhundert" (vgl. Thiersch 1992, Rauschenbach 1999) bereits hinter uns haben und uns eher in neuer Bescheidenheit üben sollten. Die Zeichen stehen hier auf Verunsicherung. Sozialpädagogische Angebote werden abgebaut, die Entwicklungsdynamik auf dem Arbeitsmarkt wirkt gebremst, Ausbildungskapazitäten werden eingeschränkt. Selbst optimistische Vertreter unserer Disziplin sehen gegenwärtig in erster Linie die Aufgabe, den Bestand zu halten und den bisherigen Status quo zu sichern. Sie sehen die gesellschaftliche Normalität gefährdet, die die sozialen Dienstleistungen im 20. Jahrhundert erreicht haben. Die Situation ist paradox. Während sich neue und vielfältige Herausforderungen für die Zukunft abzeichnen, ist in der disziplinären Sozialpädagogik und Sozialarbeit das Zutrauen in die zukünftige Entwicklung eher bescheiden. Diese Verunsicherung erklärt sich auch, wenn man einen Blick in die Disziplingeschichte wirft.

Bis weit in das 20. Jahrhundert hinein galt die Sozialpädagogik und Sozialarbeit im wissenschaftspolitischen Mainstream nur als verlängerter Arm der Fürsorge bzw. als verstreutes Teilgebiet in den unterschiedlichsten wissenschaftlichen Disziplinen, angefangen von den Sozialwissenschaften, über die Pädagogik und Psychologie, die Nationalökonomie bis zur Theologie und Philosophie. Ihr wissenschaftliches Potenzial verdankte sie vor allem engagierten Frauen und Männern, die sich in sozialpolitischen und sozialpädagogischen Praxen und Fachforen ihre Reputation erarbeitet hatten, das öffentliche Bild der Sozialpädagogik dadurch aber – ungewollt – stark an ihre Persönlichkeit banden.

So konnte sich die Sozialpädagogik und Sozialarbeit erst spät als eigenständige wissenschaftliche *Disziplin* etablieren. Diese endlich erfolgte Verankerung war eng an die sozialpolitische Entwicklung der 60er und 70er Jahre des 20. Jahrhunderts geknüpft. Nun wurde die „sozialpädagogische Verlegenheit" (s.u.) der industriekapitalistischen Moderne (vgl. Mennicke 1926) als strukturelles Problem einer kapitalistischen Gesellschaft diskutiert, die ständig Bewältigungsprobleme freisetzt, ohne sie aber von sich aus integrieren zu können. Dennoch reichte diese sozialpolitische Fundierung in der Entwicklung zur Fachdisziplin nicht aus, um diese neu erworbene disziplinäre Eigenständigkeit ganz zu schließen. Die Sozialpädagogik und Sozialarbeit wurde vielmehr, was angesichts ihrer „verstreuten" Wissenschaftsgeschichte (vgl. Gängler 1998) nicht verwundert, innerhalb einer sich sozialwissenschaftlich öffnenden Erziehungswissenschaft eine *Interdisziplin* und erreichte eigentlich nur eine fachliche Autonomie als Ausbildungswissenschaft, um die sozialen Dienste als „lebendiges Inventar des Sozialstaats" zu professionalisieren.

Gleichzeitig formierten sich aber über gesellschaftlich offene Praxisströmungen, wie bspw. die Gemeinwesenarbeit, die Kinderladenbewegung, die Heimkampagnen, die Frauenbewegung und migrationspädagogische Perspektiven, neue sozialpädagogische Diskurse, die in den sozialpädagogischen Instituten und Studiengängen ihren wissenschaftlichen Raum fanden. So setzte sich zunehmend ein *differenzierter Praxisbegriff* für das sozialpädagogische Denken durch, der sich nicht nur institutionell in Diagnostik und Intervention erschöpfte, sondern sich genauso in sozialwissenschaftlichen und sozialpolitischen Horizonten bewegte.

Gerade in den 1970er Jahren, in der Zeit des expandierenden Sozialstaates und der „Wagnisse“ in der disziplinären Verortung der Wissenschaften, hatten Wissenschaftsprojekte wie die Sozialpädagogik durchaus Modellcharakter. Im sozialpädagogischen Blick konnten die pädagogischen, soziologischen, politologischen, ökonomischen und psychologischen Ansätze neu „gemischt“ werden. Gleichzeitig bekam das Sozialpädagogische im Austausch mit Paradigmen anderer Bezugswissenschaften einen neuen Zuschnitt. Das Gegenwartsprojekt Sozialpädagogik stand nun im Mittelpunkt des Diskurses, die eigene enge Disziplingeschichte trat in den Hintergrund, wurde geradezu abgeschüttelt.

Nach dieser offenen experimentellen Phase rückte dann wieder die Frage nach dem Eigenen – also den Funktionen der Sozialpädagogik und Sozialarbeit innerhalb der Sozialpolitik und nach ihrem spezifischen Handlungsprofil – in den Vordergrund. Es entstanden Untersuchungen zur sozialpädagogischen Professions- und Wissenschaftsgeschichte, welche die gesuchte disziplinäre und professionelle Identität stützen konnten (vgl. Sachße 1986; Müller 1988; Winkler 1988; Niemeyer 1998a). Denn es zeigte sich am Ende der hochschulpolitischen Expansion der 1970er Jahre, dass in einem wissenschaftlichen Diskursfeld, welches von abgrenzungsorientierten Disziplinen beherrscht wird, sich die Sozialpädagogik und Sozialarbeit als „Interdisziplin“ nicht behaupten konnte. Sie musste als professionelle Sozialpädagogik, d.h. als lebenswelt- wie dienstleistungsorientierte Infrastruktur des Sozialstaates, ihren eigenen fach- wie wissenschaftspolitischen Standort suchen. Diese Gebundenheit an den Sozialstaat machte aber wiederum die Autonomie schwierig, verlangte eine eigene Reflexivität, denn es galt – und gilt bis heute – eine „gesellschaftliche Inanspruchnahme“ anzunehmen und sie gleichzeitig auch als ein „Instrument zur Kritik einer Gesellschaft, die vor unmögliche sozialpädagogische Aufgaben stellt“ (Winkler 1992, S. 79) zu verstehen. Eine solche reflexive Sozialpädagogik habe daher auch ständig zu überprüfen, ob sie nicht selbst wieder Abhängigkeiten produziere und die Menschen im Interesse ihrer eigenen Professionalisierung entmündige.

Diese fragile, weil reflexiv immer wieder einzuholende Autonomie scheint heute wieder gefährdet. Denn die neuen sozialpädagogischen Herausforderungen, die der gegenwärtige Strukturwandel der Arbeitsgesellschaft freisetzt, reichen so weit in die Gesellschaft hinein, dass die endlich erreichte professionelle Zuständigkeit der Sozialpädagogik wieder in Frage gestellt wird. Die Sozialpädagogik und Sozialarbeit sieht sich gegenwärtig einem entgrenzten Problemszenario gegenüber. Sie stößt aber auch immer häufiger an ihre Systemgrenzen (vgl. Wolff 2004). Es ist unklar, ob es die professionellen Sozialpädagoginnen und Sozialpädagogen sein werden, die all diese Aufgaben bewerkstelligen sollen. Wer sagt denn, dass es unbedingt sozialpädagogische Professionelle sein sollen, die den sozialen Raum befrieden, die Beschäftigungshilfen organisieren und die Pflegeheime leiten sollen? Andere, ältere und neue Kompetenzprofile werden angefragt, andere professionelle Agenturen melden ihre Ansprüche an – die Psychologie, die Medizin, die Verwaltungswissenschaft, die Ökonomie. Die Sozialpädagogik ist in dieser Szene – neben anderen – nur noch ein Mittel der Wahl. Die Annahme, dass die professionelle Sozialpädagogik und Sozialarbeit in unserer Gesellschaft weiterhin funktional notwendig ist, gilt zwar angesichts der anhaltenden sozialpädagogischen Verlegenheit der Gesellschaft immer noch. Aber die Möglichkeitsbedingungen und Interventionsformen haben sich mit den Problemen entgrenzt, sind professionell undeutlich geworden. So sieht sich die Sozialpädagogik einer gesellschaftlichen Zukunft gegenüber, in der soziale Probleme die Gesellschaft zwar weiter bewegen, die aber gleichzeitig auch in den Sog der Ökonomisierung, wie ihn die neoliberale Wirtschaftsform ausgelöst hat, gezogen werden.

Die Sozialpädagogik nimmt zwar die allseits diagnostizierten sozialpädagogischen Herausforderungen zu Beginn des 21. Jahrhunderts wahr, doch sie ist sich unsicher, welche Rolle sie als Disziplin und Profession in diesem Zusammenhang spielen wird. Diese Stimmung spiegelt sich auch in den unterschiedlichen Konzeptionen zu einer reflexiven Sozialpädagogik wider: Sie haben sich in ihrer Grundausrichtung deutlich gedreht. Es werden weniger – wie in den 1980er Jahren – Folgeabschätzungen sozialpädagogischen Handelns ins Visier genommen, mehr dagegen Bedingungen und Möglichkeiten der Erhaltung Sozialer Arbeit thematisiert.

Ausschlaggebend ist dafür vor allem, dass die Sozialpädagogik und Sozialarbeit zunehmend aus dem sozialstaatlichen Rahmen, der ihr im Laufe des 20. Jahrhunderts erwuchs, freigesetzt wird. Heute ist offensichtlich, wie eng sie an die bisherige Sozialstaatsentwicklung in Deutschland gebunden war. Sozialpädagoginnen und Sozialpädagogen haben im 20. Jahrhundert dafür gestritten, dass die professionelle Sozialpädagogik und Sozialarbeit das praktische Mittel wurde, mit dem die sozialpädagogische Verlegenheit der Moderne durch den Sozialstaat beantwortet werden konnte. Der derzeitige ökonomisch-gesellschaftliche Strukturwandel mit seinen Entgrenzungstendenzen aber setzt die Sozialpädagogik und Sozialarbeit in einen neuen gesellschaftspolitischen Kontext, und es wird sichtbar, dass die sozialpädagogischen Herausforderungen zu Beginn des 21. Jahrhunderts nicht mehr automatisch mit einer gesellschaftlichen Inanspruchnahme der Sozialpädagogik verbunden werden. Zwar kann sie langjährige Zuständigkeiten in etablierten Tätigkeitsfeldern aufweisen – etwa der Kindertagesbetreuung, den Erziehungshilfen, der Jugendarbeit, der Gemeinwesenarbeit aber auch in den kooperativen Aufgaben hin zur Medizin, zur Justiz oder zur Regionalplanung, diese Aufgabenbereiche werden aber zunehmend weniger und längst nicht mehr in der bisherigen Selbstverständlichkeit sozialstaatlich organisiert und damit zuvörderst der Sozialpädagogik und Sozialarbeit zugewiesen.

Zudem sind neue „Zonen der Verwundbarkeit“ (Castel 2000) entstanden, die vom Sozialstaat kaum mehr erreicht werden. So bewegt sich die Sozialpädagogik und Sozialarbeit heute zunehmend in einem offenen und ungesicherten Gelände. Sie ist selbst in eine *sozialpolitische Verlegenheit* geraten, denn in dem Maße, wie immer neue sozialpädagogische Herausforderungen freigesetzt werden, findet sie immer weniger sozialstaatliche Möglichkeitsbedingungen für die Entfaltung ihrer professionellen Antworten vor. Von da aus ist sie strukturell gezwungen, ihr Profil angesichts der aktuellen Entgrenzungen und Neuformierungen des Verhältnisses von Sozialstaat, Ökonomie und Bürgergesellschaft neu zu bestimmen.

Dies spiegelt sich auch in der Wissenschaftslandschaft wider: Studiengänge mit neuen disziplinären Mischungen entstehen in einer zunehmend ökonomisierten Hochschulstruktur. Zukünftig soll polivalent in transdisziplinären Netzwerken geforscht werden, die ihr Profil aus einem Patchwork mehrerer Disziplinen beziehen. In diesem Kontext wird aber meist nicht thematisiert, dass die schleichende, bisweilen auch offene Ökonomisierung der Hochschullandschaft die Idee der Transdisziplinarität zunehmend in einen ökonomischen Verdrängungswettbewerb der Disziplinen untereinander zwingt. In diesem Wettbewerb droht der Sozialpädagogik und Sozialarbeit die Gefahr einer feindlichen Übernahme – um die Sprache des Wirtschaftsfeuilletons zu verwenden – wenn es ihr nicht gelingt, sich in eigener Profilierung auszuweisen. Deshalb gilt es nach Grundmustern einer disziplinären und professionellen Sozialpädagogik und Sozialarbeit zu fragen, an denen – gleichsam als einem Gestaltungspotenzial der nun anderen Moderne – prinzipiell festzuhalten ist, die aber unter veränderten Bedingungen und Herausforderungen neu ausgelegt werden müssen. In diesem Zusammenhang werden wir zeigen können, dass sich, wie eine epochal weiterführende Grundlinie, eine typische Wechselwirkung sozialpolitischer und pädagogischer Prinzipien – Hilfe zur Lebensbewältigung im Horizont sozialer Gerechtigkeit – entwickelt und durch die verschiedenen historischen Formierungen des 20. Jahrhunderts hindurch gehalten hat, die nun im Zeichen der Entgrenzung der sozialen Verhältnisse im digitalen Kapitalismus neu bestimmt werden kann. Diese Erkenntnis ist angesichts der inzwischen fortgeschrittenen technologischen Ausrichtung der Sozialen Arbeit und Bildungspraxis nicht so einfach durchzusetzen, denn diese „zeitgemäße" sozialpädagogische Praxis zielt – ganz im Zeichen des Humankapitalansatzes (s.u.) – auf sozialtechnologisch verwertbares Praxiswissen ab und spricht damit – zumindest implizit – der sozialpädagogischen Arbeit die Chance zur wissenschaftlichen Aufklärung und sozialpolitischen Reflexivität ab. Damit wird sie zur nachgeordneten Agentur herabgestuft.

Die disziplinäre Sozialpädagogik und Sozialarbeit ist in dieser Situation gefordert, die Praxis weiter zu durchdringen und ihre kritische, wissenschaftliche Reflexivität als unverzichtbares Mittel einer professionellen Autonomie gerade im praktischen Handeln anzubieten. Gleichzeitig muss sie aber auch ihren spezifischen Zugang im interwissenschaftlichen Diskurs besser als bisher ausweisen können. Angesichts der disziplinären Entgrenzung in der Bearbeitung sozialer Probleme (vgl. Winkler 1999) kann sie sich dabei nicht mehr auf ihren vermeintlich gesicherten disziplinären Kern verlassen. Dem kommt entgegen, dass sozialpädagogische Themen inzwischen auch in transdisziplinären Forschungsfeldern wie z.B. der Alters-, Geschlechter-, Gesundheits- oder Armutsforschung aufgenommen worden sind. Sie muss sich als Projekt verstehen, das interdisziplinär offen gegenüber anderen relevanten Wissenschaftsdiskursen ist, die sie aber immer auf ihre eigene Fragestellung zu beziehen hat.

In der Wiederbelebung eines solchen Spiels zwischen eng führendem Zugang und transdisziplinärer Öffnung steht die Sozialpädagogik heute in jenem Horizont, in dem sie sich, solange die sozialpädagogische Frage diskutiert wurde, schon immer befand. Denn die Konstitutionsgeschichte der Disziplin zeigt, dass die Sozialpädagogik und Sozialarbeit sich aus verstreuten disziplinären Zusammenhängen erst in den 1970er Jahren zu einer „Interdisziplin" entwickelt hat und auf diese Weise zur einer etablierten wissenschaftlichen Disziplin geworden ist. Dies war sicher – aus heutiger Sicht – eine notwendige Phase, um den Kern einer eigenständigen sozialpädagogischen Aufgabe bestimmen und in der Wissenschafts- und Professionslandschaft verorten und stärken zu können. Nun aber ist – angesichts der Entgrenzungen sozialer Herausforderungen und ihrer Bearbeitung – wieder eine diskursive Öffnung angezeigt.

Sozialpädagogische Diskurse als historische Formationen der Konstitution einer Disziplin

Eine neue Standortbestimmung sieht sich in einem typischen Konflikt: Wir können die Soziale Arbeit zwar *einerseits* als erziehungs- und sozialwissenschaftliche Disziplin und als Profession für spezifische Arbeitsfelder betrachten, die ihren Gegenstand gegenüber ihren pädagogischen, psychologischen und soziologischen Nachbardisziplinen abstecken und behaupten muss. Wir können aber *andererseits* die sozialhistorische Gewordenheit der Sozialpädagogik und Sozialarbeit, ihren Problemhorizont und ihre Reichweite nicht nur aus diesem professionellen und disziplin-endogenen Zugang begreifen. Der sozialpädagogische Problemhorizont verweist auf einen gesellschaftlich weiteren Kosmos, der deutlich über die eigene disziplinäre Entwicklung hinaus geht und auf die Selbstbehauptung des Menschen im industriekapitalistischen Vergesellschaftungsprozess – im lebensweltlichen Kontext von Bewältigung und Bildung – hindeutet. Dieser Diskurs ist kein disziplinärer, sondern ein gesellschaftlicher, der sich aber immer wieder – im Aufforderungscharakter sozialer Probleme – in die Sozialpädagogik und Sozialarbeit hinein vermittelt.

Die beiden Zugänge – der professionell-disziplinäre und der gesellschaftliche – können nicht für sich behandelt, aber auch nicht linear – möglicherweise im Sinne einer „Makro"- oder „Mikro"-Sozialpädagogik – aufeinander bezogen werden. Vielmehr sollten sie wiederum im Sinne einer *reflexiven Sozialpädagogik* so zueinander ins Verhältnis gesetzt werden, dass eine Kontextualisierung im Sinne jener Perspektive von gesellschaftlicher *Praxis* möglich wird, in der eigenes Handeln in der Spannung zu übergreifenden Strukturen gesehen wird, so dass diese Spannung diskursiv immer wieder neu aktiviert werden kann.

Die Sozialpädagogik und Sozialarbeit ist in einem übergreifenden gesellschaftlichen Diskurs verwurzelt, aus dem sich ihre disziplinäre Berechtigung ableitet, die in ihrer fachdisziplinären Aufgabenbestimmung und Abgrenzung aber immer auch unter dem Druck der Verengung steht: Auf bestimmte Gruppen und bestimmte gesellschaftliche Sphären (Familie, Jugend, Randgruppen), auf bestimmte Problemlagen und auf fachlich abgegrenzte Wissensbestände und Methoden. Vor diesem Hintergrund hat eine reflexive Sozialpädagogik mit dem Anspruch einer gesellschaftlichen Praxis die Aufgabe, die Erziehungs- und Bildungsperspektiven zu erweitern, ohne ihren sozialpädagogischen Möglichkeitsraum zu überschätzen und zu überziehen.

Im Kontext des Gesellschaftsentwurfs der europäischen Moderne und nach Vorläuferkonstellationen hat insbesondere der industriekapitalistische Vergesellschaftungsprozess des 20. Jahrhunderts den sozialpädagogischen Problemhorizont durch alle Lebens- und Gesellschaftsbereiche hindurch virulent gemacht. Die industriekapitalistische Gesellschaft setzt den Grundkonflikt zwischen Arbeit und Kapital frei, drängt auf die Thematisierung der epochalen Frage nach den Bedingungen der *Lebensbewältigung* (Handlungsfähigkeit) des Menschen in der Spannung zwischen *Entfremdung* und *Emanzipation*. Gerade in der heutigen Zeit des zunehmend sozial entbetteten (digitalisierten) Kapitalismus stellt sich diese epochale Frage in neuer, wenn auch veränderter Dramatik. Man kann die damit verbundene Bildungsherausforderung in die politökonomisch gebräuchliche Begrifflichkeit von „einfacher" und „erweiterter" Reproduktion fassen. Auch bei Freud finden wir die Unterscheidung zwischen der produktiven Lebensgestaltung und dem „Überstehen können". Im disziplinären Diskurs weisen die sozialpädagogischen Paradigmen vom gegebenen und gelingenderen Alltag (Thiersch) und von regressiven und offenen Milieus der Lebensbewältigung (Böhnisch) in eine ähnliche Richtung.

In der Entwicklung der industriekapitalistischen Moderne ist kein linearer und kontinuierlicher Prozess einer sozialpädagogischen Professions- und Disziplinentwicklung auszumachen. Man findet in der Geschichte vielmehr *Formationen sozialpädagogischen Denkens und Argumentierens*, die vor allem in gesellschaftspolitischen Übergangszeiten freigesetzt wurden und die die spätere Entwicklung der Disziplin unterschiedlich bestimmt haben. Der Begriff der Formation ist dabei der politökonomischen Begriffswelt entlehnt. Dort bezeichnet er jene sozialen, kulturellen und politischen Kristallisationen, die sich um zeittypische ökonomisch-technologische Entwicklungsschübe bilden, gleichzeitig aber an historisch tiefer liegende zivilisatorische Entwicklungslinien rückgebunden sind. Solche Formationen sind gleichsam in einem Aufschichtungsprozess als Diskursgeschichte epochal aufeinander bezogen und wirken in diesem Sinne in den historisch wechselnden Diskursen fort. Daraus ergeben sich zeitlich überdauernde

Grundlinien, die sich durch die Formationen hindurch halten und historisch immer wieder neu freigesetzt werden.

Als eine solche Grundlinie lässt sich für die moderne Sozialpädagogik und Sozialarbeit herausarbeiten, dass sie sich als *gesellschaftlich-institutionelle Reaktion auf die Bewältigungstatsache* entwickelt hat und bis heute auf diesen Entwicklungskern beziehbar ist. Um ihn haben sich zeittypisch unterschiedliche Formationen gebildet bzw. lassen sich in ihren Aufschichtungen rekonstruieren: Die moderne industriekapitalistische Gesellschaftsentwicklung setzt immer wieder soziale Bewältigungsprobleme frei, aus denen sich spezifische Aufforderungen zu Hilfe und Bildung an die Sozialpädagogik und Sozialarbeit herauslesen lassen. Dabei sieht sich sozialpädagogisches Denken und Handeln immer dem Spannungsverhältnis zwischen systemisch agierender Sozialpolitik und lebensweltlich eigensinnigen Beziehungswelten ausgesetzt.

Wenn wir also in diesem Sinne Sozialpädagogik als epochales Projekt verstehen, das es gleichsam in historischen Formationen – exemplarisch dargestellt an bestimmten Diskursen und Persönlichkeiten – freizulegen gilt, dann ergibt sich für uns folgende Aufschichtung:

- Eine erste Formation bildet im *Übergang von der ständischen Agrargesellschaft zur Industriegesellschaft* die aufgeklärt-humanistische Perspektive einer Pädagogik der Selbstbehauptung und allgemeinen Bildung. Bei Pestalozzi artikuliert sich das epochale Projekt Sozialpädagogik gleichsam exemplarisch in seiner Grundstruktur.
- In einer zweiten Formation haben wir es mit dem *Übergang von der einfachen in die arbeitsteilig entwickelte* Industriegesellschaft mit ihren nun freiliegenden Problemen der Integration und Desintegration auf der Folie des Konflikts zwischen Arbeit und Kapital zu tun. In der Auseinandersetzung mit den Arbeiten Paul Natorps werden die Probleme der sozialpädagogischen Transformation der damit verbundenen „Sozialen Frage“ thematisiert.
- Darüber hat sich – in der Zeitperspektive – eine dritte, in sich *mehrschichtige* Formation aufgebaut, die durch den Prozess der *sozialstaatlichen Vergesellschaftung* charakteri-

siert ist. Hier differenziert sich der sozialpädagogische *Diskurs vor allem in der Sozialpolitik, der Ökonomie, der Pädagogik und der Frauenbewegung* aus. Es entwickeln sich *fachdisziplinäre Ansätze.* In diesem Kontext kann am Beispiel der sich zu dieser Zeit ebenfalls bildenden anderen Formationen – zum Beispiel der *geschlechterpolitischen* oder der *kritisch-psychoanalytischen* sowie *individualpsychologischen* Formation – gezeigt werden, dass ein produktives Zusammenspiel von disziplinärem Standpunkt und interdisziplinärer Öffnung möglich ist, wie es heute, angesichts der Entgrenzung des Sozialen wieder neu an Aufmerksamkeit gewinnt.

- Schließlich können wir im Deutschland der 1970er/1980er Jahre – nach einer eher stagnativen bis restaurativen Nachkriegsentwicklung – im Zeichen der ‚goldenen Zeit' des Industriekapitalismus (Hobsbawm 1998) mit seinem relativen Ausgleich von Kapitalinteressen und sozialen Problemen und dem damit einhergehenden Ausbau der Sozialpolitik auch von einer Phase der disziplinären *Durchsetzung der professionellen Formation der Entwicklung der Sozialpädagogik und Sozialarbeit im Sozialstaat* reden, die durch die Etablierung und Normalisierung von Professionalisierung und Versozialwissenschaftlichung gekennzeichnet ist. Die Professionalisierungsdebatte war in diesem Zusammenhang vornehmlich methodenorientiert, die Theoriedebatte – auf einem Kontinuum von funktionalistischer, systemischer bis hin zur kritischen Theorie – sozialwissenschaftlich kontextualisiert.

Gegenwärtig – zu Beginn des 21. Jahrhunderts – zeichnet sich eine neue Formation der epochalen Entwicklung der Sozialpädagogik und Sozialarbeit in der industriekapitalistischen Moderne ab, die von Entgrenzungstendenzen der Arbeitsgesellschaft und des Sozialstaates geprägt ist und die eine Pluralisierung der Diskurse, bis hin zu Tendenzen der Spaltung der sozialpädagogischen Fachdiskussion, mit sich gebracht hat. Die verschiedenen Diskussionslinien können dabei gleichsam als Antwortversuche auf diese Entgrenzungstendenzen in einem unübersichtlich gewordenen Strukturwandel der Arbeitsgesellschaft mit ihren neuen sozialen Problemen und pädagogischen Verlegenheiten gewertet werden und verweisen auf einen dramatischen Horizont offener Fragen.

Im Folgenden sollen diese Formationsschichten der Entwicklung der Sozialpädagogik und Sozialarbeit in der Moderne bezogen auf ausgewählte deutsche Diskussionsstränge aufgeschlossen und dabei vor allem im Spannungsverhältnis zwischen dem übergreifenden Gesellschaft zugewandten sozialpädagogischen Diskurs und der Entwicklung der sozialpädagogischen Disziplin an exemplarischen Beispielen dargestellt werden.

1.1 Die aufklärerisch-humanistische Formation

Pestalozzis Pädagogik steht für diese erste Formation. Sie ist in der Sozialpädagogik häufig jenseits ihres historischen Kontextes rekonstruiert worden (vgl. Tröhler u.a. 2002). Pestalozzi gilt nicht selten als Vater sozialpädagogischer Begründungsformen. Die Pestalozzibilder geben immer wieder Auskunft über die Themen der sozialpädagogischen Diskurse in den vergangenen zwei Jahrhunderten. Wir werden dies besonders am Beispiel Paul Natorps zeigen können. Zudem gehen wir davon aus, dass Pestalozzis Pädagogik nicht nur als Beispiel der aufgeklärt humanistischen Formation gesehen werden kann, sondern auch Grundmuster des epochalen Projekts Sozialpädagogik deutlich macht, die – bei aller Unterschiedlichkeit der historischen Konstellationen – in den sozialpädagogischen Projekten im 19. und 20. Jahrhundert wieder zu finden sind (vgl. Ruprecht 1998a; Thiersch/Niemeyer/Herrmann 1978).

Pestalozzi erkannte, so würde man heute sagen, die ungeheuere Freisetzungsdynamik des Übergangs von der Agrargesellschaft in die Industriegesellschaft (vgl. Böhnisch/Arnold/Schröer 1999). Die soziale Brisanz dieses Prozesses verdeutlichte sich ihm am Pauperismus und dem damit verbundenen Zusammenbruch des vorindustriellen Almosenwesens. Dieses stützte die Herrschafts- und Gesellschaftsform des vorindustriellen Feudalsystems. Wer sich dagegen auflehnte, galt als

Sozialrevolutionär. Paul Natorp erinnerte daran, als er Pestalozzis Pädagogik erneut in dieser Perspektive am Ende des 19. Jahrhunderts interpretierte (s.u.): Pestalozzis Bruch mit der agrarromantisch eingestellten Helvetischen Gesellschaft in Zürich – die Agrarromantiker wollten die neuen industriellen Verfahren lediglich in die alte ständische agrargesellschaftliche Ordnung integrieren – sei für diese Zeit ein sozialrevolutionärer Schritt gewesen (vgl. Natorp 1894).

Pestalozzis Pädagogik ist durch eine Grundskepsis gegenüber einer „äußerlichen" Verfasstheit moderner – insbesondere institutionalisierter – Sozialordnungen geprägt. Der Äußerlichkeit moderner Zivilisation stellte er eine „innere Sittlichkeit" oder „innere Moralität" menschlichen Lebens gegenüber und konfrontierte die moderne ausdifferenzierte Sozialordnung mit einer ganzheitlichen Vorstellung von Sozialleben und Humanität. Aus diesem Verständnis begriff er Armut nicht als naturgegebenes Schicksal oder nur ökonomische Konsequenz der Industrialisierung, sondern als eine Lebensform, in der die Humanität des Menschen sich nicht entwickeln konnte: Armut war für ihn eine beschädigte Lebensform. ‚Erziehung in Armut' bedeutete für Pestalozzi entsprechend kein Abfinden mit der Armut, sondern eine durch Pädagogik vermittelte Suche nach einer neuen Lebensform aus der gegebenen Realität heraus. Dem Armen sollte ermöglicht werden, zu seinem Menschsein zurückzufinden.

Dieser pädagogische Ansatz ist in das Lern- und Bildungsprojekt der neuzeitlichen Zivilisation eingebettet. Denn im zivilisatorischen Prozess des 18. Jahrhunderts schälen sich drei Kontexte heraus, die auch das Denken Pestalozzis strukturieren:

- die Erkenntnis gesellschaftlicher Zeit und damit die Bewegung der Gesellschaft im Übergang sowie die Wahrnehmung der Gestaltbarkeit unterschiedlicher gesellschaftlicher Räume,
- die aufziehende Problematik sozialer Integration als Grundproblem einer sich ausdifferenzierenden arbeitsteiligen Gesellschaft sowie
- die Funktion des Lernens: Lernen wird zum Medium der Zivilisation und setzt zivilisatorische Selbstbeherrschung ebenso voraus, wie es sie formt.

Der Elias-Schüler Cas Wouters fasst die diesen historischen Prozess systematisierende Zivilisationstheorie von Norbert Elias (1976) so zusammen, dass der damalige Beginn des modernen Wechselspiels von sozialer Differenzierung, Individualisierung und Interdependenz sichtbar wird: „Eine der wichtigsten Triebkräfte der Veränderung in Europa ist die unter starkem Konkurrenzdruck stattfindende Differenzierung von gesellschaftlichen Funktionen gewesen. Die Handlungen von immer mehr Menschen wurden hierdurch aufeinander bezogen. Dadurch gerieten sie unter den Druck, eine immer differenziertere, umfassendere, gleichmäßigere und stabilere Verhaltenssteuerung auszubilden. Während der Zwang zu solcher Abstimmung des Verhaltens der Menschen aufeinander in weniger komplexen Gesellschaften vor allem durch die Beteiligten unmittelbar ausgeübt wurde, üben die Menschen in der weiteren Entwicklung der Gesellschaften diese Zwänge immer automatischer auf sich selbst aus: ‚Fremdzwänge' werden mehr und mehr in ‚Selbstzwänge' umgewandelt. Starke Extreme und plötzliche Umschwünge in Verhalten und Affektäußerungen werden immer öfter nahezu automatisch gemäßigt, u.a. durch die zur Gewohnheit gewordene Notwendigkeit, über den Moment hinaus zu denken und stärker mit der Verkettung der Vergangenheit, Gegenwart und Zukunft zu rechnen" (Wouters 1999, S. 18/19). Triebunterdrückung und Selbstbeherrschung werden zu kulturellen Tugenden, Zeit und Raum als gesellschaftliche Kategorien nicht nur sichtbar, sondern zu sozialhistorischen Gestaltungsfaktoren eines an Rationalität auszurichtenden sozialen Zusammenlebens.

Vor diesem Hintergrund entwirft Pestalozzi – fundiert in einer sozialen Anthropologie – seine Theorie der Bildung. Für ihn ist der Mensch in dreifacher Weise zu betrachten, als Werk der Natur, als Werk der Gesellschaft und als Werk seiner selbst. Im Menschen ist etwas angelegt (Werk der Natur), das in den sozialen Verhältnissen z.B. in Gesetzen gestaltet wird, sich aber auch anomisch entwickeln kann (Werk der Gesellschaft) und als Aufgabe der Sittlichkeit (Werk seiner selbst) wieder entdeckt und handlungsmächtig wird. Dabei war die Kraft der Sittlichkeit für Pestalozzi immer auch jenseits der Gesellschaft im Naturrechtlichen oder Religiösen verortet. Die Pädagogik muss den Menschen entsprechend befähigen, das

Werk seiner selbst zu werden, sich im sozialen Gemeinwesen zu verorten und Selbsttätigkeit als Wille und Kraft zum Wohlwollen zu stärken. Sie hat darum auch die Aufgabe, die sozialen Barrieren abzuarbeiten, die die Entfaltung des Menschlichen verhindern.

Pestalozzis Anthropologie

„Freund! Der Mensch ist gut und will das Gute; er will nur dabei auch wohl sein, wenn er es tut; und wenn er böse ist, so hat man ihm sicher den Weg verrammelt, auf dem er gut sein wollte. Oh, es ist ein schreckliches Ding um dieses Wegverrammeln!" (Pestalozzi 1944, S. 145). Als Werk der Natur ist der Mensch friedlich, harmlos, gutmütig, wohl wollend, freundlich, aber nicht belastbar. Wenn sich seine Lebensverhältnisse komplizieren und seine natürlichen, unangestrengten Möglichkeiten im Widerspruch zu den auf ihn zukommenden Anforderungen geraten, entstehen Macht- und Unterdrückungsstrukturen. Dagegen braucht es Gesetze und Verfassungen. Diese aber versagen in Umbruchs- und Übergangszeiten. Es entsteht der Krieg aller gegen alle, der Krieg, den der Mensch führt „mit der ganzen Schiefheit und Härte seiner verstümmelten und unbefriedigten Natur. Der gesellschaftliche Mensch als solcher sitzt auf dem Blut seines Instinkts und auf dem Grabe seines Wohlwollens wie ein Mörder auf dem Blut seines Erschlagenen; er sei (im natürlichen Zustand) gewesen, wer er wolle, der Leichnam des Getöteten hat für ihn keinen Wert mehr, er zählt auf ihm seine gefundene Beute" (Pestalozzi 1946, S. 304f.). Die Schiefheit dieses Zustands prägt nicht nur die Strategien der Herrschenden, ihre Gewalttätigkeiten und, vor allem auch, ihre Ideologien, mit denen sie sie erklären, bemänteln, verstecken und durchsetzen, sondern ebenso den Zustand der Beherrschten „dann wird der Rang notwendig, der einzige Maßstab der Achtung, und die Menschen erscheinen in diesem Zeitpunkt allgemein ohne schlechte Menschenstellung, ohne schlichten Menschensinn, zugeschnitten für eine Dienstform, für einen Dienstlärm und für einen Dienstglanz, der wider die Natur ist (…)" (ebd., S. 100). „Wer durch sie (die Macht) entwürdigt ist, verachtet sich selber und hasst den, der es nicht tut. Wenn vom Recht die Rede ist, so spricht er: Wir haben ja zu essen und zu trinken und schöne

Häuser. Wenn vom Volk die Rede ist, so fragt er, was ist das? Das Menschengeschlecht, meint er, sei die Geldkiste; Freiheit alles, was einträgt und alles, was wohl tut; (...). Belastet mit Fluch des bürgerlichen Jochs, ohne bürgerliche Kraft, entblößt von irgendeinem stärkenden Gefühl einer befriedigenden Selbsttätigkeit, tanzet er dann, den Ring an der Nase, um Brot, bückt sich, kniet und purzelt vor dem Mann, der ihm diesen Diensttanz mit Prügel in der Hand gelehrt hat. Der Mensch trägt in diesem Zustand nicht einmal die Kraft und die Ruhe des stärkeren Viehs in seiner Brust, das Herzklopfen des Schwächsten wird dann sein Teil. Von jedem Reiz gelockt und von jeder Drohung geschreckt, meint er dann alles, was er tut, sei Sünde, und tut doch alles, was er meint, das Sünde sei. Er ist ohne Wohlwollen gegen sein eigen Geschlecht; wenn von der Not seiner Kinder die Rede ist, so sagt er: Sorgen sie auch, ich habe auch müssen sorgen. Und ebenso wenig rührt ihn die Nachwelt, sein Geschlecht und sein Volk" (ebd., S. 71) – In diesem Zustand braucht es neue, wirkmächtige Gesetze, vor allem aber die Freisetzung der Sittlichkeit, in der der Mensch im Widerspruch zu seiner ursprünglichen und seiner verstümmelten, machtverzerrten Natur sich als Subjekt seiner selbst und seiner Verhältnisse erfährt. „So viel sah ich bald: die Umstände machen den Menschen. Aber ich sah ebenso bald: Der Mensch macht die Umstände; er hat eine Kraft in sich selbst, selbige vielfältig nach seinem Willen zu lenken" (ebd.) „Gleichsam in einem Salto Mortale" (ebd.) kann der Mensch sich über die Verführbarkeit der gesellschaftlichen Natur erheben und ein Leben voll Wohlwollen, Liebe und Freundlichkeit leben.

Bildung ist bei Pestalozzi sozial angelegt, d.h. sie verwirklicht sich nur in einem Leben, das sich nicht in Macht, Angst, Bosheit oder Gleichgültigkeit entfremdet, sondern in sozialen Beziehungen und im Wohlwollen zueinander gestaltet. Sie realisiert sich als Arbeit an dem, was im Menschen angelegt ist. „Wir kennen von der Sittlichkeit unserer Natur eigentlich wenig außer dieser Arbeit an unserem verschütteten Selbst" (Pestalozzi 1946, S. 174). Pestalozzi konkretisiert diese Aufgabe in seinem ganzheitlich konzipierten Bildungsprogramm: Kopf, Herz und Hand, intellektuelle, soziale und praktische Fähigkeiten sollen im Gleichklang stehen. Durch die „allseitige Versorgung“ und vor allem einen intensiven persönlichen Bezug zwischen Erzieher und Zögling sollen in Stufen soziale und dann vor allem die kognitiv-intellektuellen Fähigkeiten des Rechnens, Lesens und Schreibens entwickelt werden.

Pestalozzi entwirft das Konzept einer Familienerziehung, in dem vor allem im Verhältnis von Mutter und Kind jene, modern formuliert, Objektbeziehungen aufgebaut werden, in denen das Kind zum Vertrauen zur Welt und darin zu sich selbst heranwachsen kann. „Alles was es lieb macht, das will es (das Kind). Alles, was ihm Ehre bringt, das will es. Alles, was große Erwartungen in ihm rege macht, das will es. Alles was in ihm Kräfte erzeugt, was ihn aussprechen macht, ich kann es, das will es.“ (Pestalozzi 1944, S. 9). In dem Volksroman ‚Lienhard und Gertrud‘ erzählt Pestalozzi zudem die Geschichte einer Dorferziehung: Ausgehend vom Kampf einer Mutter um die Stabilität ihrer Familie kommt ein Gemeinwesen im Kampf gegen die ungerechte Obrigkeit zur Solidarität und einer neuen gerechten, aber auch sozial kontrollierenden Ordnung (vgl. Pestalozzi 1945a).

In der Schrift ‚Gesetzgebung und Kindermord‘ (Pestalozzi 1945b) analysiert und geißelt Pestalozzi die Verlogenheit der patriarchalen Gesellschaft, die Mütter gegen die elementare Erfahrung der Kindesliebe in den Kindesmord treibt und setzt dagegen das Recht auf eine Mutter-Kind-Beziehung jenseits aller gesellschaftlichen (ehelichen) Rituale. Er plädiert für eine allseitige pädagogische Versorgung schwieriger Kinder, anstatt sie in Gefängnissen an ihrer Strafe verwildern zu lassen.

Dieses Bildungs- und Lernkonzept als Praxis des allgemeinen Rechts von Menschen auf Bildung wurde als revolutionär verstanden. Von Haller unterstellt, dass hier den „Zöglingen Gleichgültigkeit oder Abneigung gegen die christliche Religion, Hass gegen alles natürlich obere, Unzufriedenheit mit den so genannten gesellschaftlichen Einrichtungen oder, wie es vielleicht heißen sollte, mit den natürlichen Verschiedenheiten und privatrechtlichen Verhältnissen überhaupt eingeflösst werden solle“ (zit. n. Rang 1967, S. 68).

Pestalozzis Konzept ist aber auch in spezifischer Weise verengt und unterläuft darin seinen Anspruch. Die Kraft der Sittlichkeit ist für Pestalozzi immer auch gleichsam jenseits der Gesellschaft verortet, so dass sein Konzept der Menschenbildung in der Armut sich auch als ein Konzept der Erziehung zur Armut darstellt. Die Praxis von Unmittelbarkeit, Nähe und Intimität in der Familie führt zu einer ahistorischen Verklärung als sozialer Idylle. Pädagogik wird schließlich bei Pestalozzi zum Ersatz für politische Aktivitäten. Die für die Geschichte der Pädagogik charakteristische Einschränkung auf einen eigenen Raum des Lernens und darin der Förderung individueller Kompetenzen findet hier einen frühen Beleg.

1.2 Die sozialpolitische Formation: Entfremdung und Bildung

In der Schrift „Pestalozzis Ideen über Arbeiterbildung und soziale Frage“ (1894) entdeckte Paul Natorp Pestalozzis sozialpädagogisch-sozialpolitisches Denken wieder und transformierte es in die Zeit des Hochkapitalismus des ausgehenden 19. Jahrhunderts. Er will es von den schulmethodischen Engführungen befreien, die die Rezeption im 19. Jahrhundert bestimmten: „Die soziale Frage, die das 19. Jahrhundert umher trieb [...] wird in den Pestalozzischen Gedanken zur Arbeit und Bildung thematisierbar. In diesem Zugang unterscheidet sich Natorp von den bürgerlich-christlichen Zeitgenossen; allerdings ist sein Sozialismus der Bildung ein pädagogisches Projekt“ (Henseler 1997, S. 141; vgl. auch Henseler 2000).

Der Begriff der „entsittlichten Armut“ verwies Natorp darauf, dass Pestalozzi zwar den Zusammenhang zwischen einer sozial ausgrenzenden Herrschaft und der Armut begriff, er die Pauperisierung aber letztlich nicht sozialökonomisch erklärte. Für Natorp bestand Pestalozzis historisch übergreifende Bedeutung entsprechend darin, dass er zwar die Umstände anprangerte, die die Menschen unterdrückten, er aber auch herausstellte, dass der Mensch aus der „Kraft in sich selbst“ die Umstände lenken kann. Natorp sah darin den Sozialidealismus in der Verhältnisbestimmung von Bildung und Gemeinschaft grundgelegt: „Also aufs eigene *Wollen* des Menschen kommt zuletzt doch alles an. Eine große Folge daraus ist, dass die Arbeit an der Erhebung des Menschen zu seinem weiteren Menschentum, zur wahren *Sittlichkeit* seiner Natur, die wahre *soziale* Arbeit ist" (Natorp 1894, S. 24).

Die sozialen Bedingungen der Bildung und die Bildungsbedingungen des Sozialen thematisierte Natorp darum in seinem umfassenden Entwurf einer Sozialpädagogik (1899) als *eine* Aufgabe. Der Mensch ist nicht nur den ökonomischen Entwicklungen ausgeliefert, er kann sich dagegen wehren und diese Gegenwehr begründet sich aus seinem Menschsein: Die Gewaltförmigkeit des Kapitalismus sei Teil des „ewigen sittlichen Unrechts" der Gewalt von Menschen über Menschen, der Widerstand gegen sie und damit gegen die kapitalistische Gewalt nicht nur gesellschaftliches, sondern auch sittliches Recht: „Es wird also das Erringen der Höhen des Menschentums weit mehr zur Bedingung als zur Folge der Durchsetzung einer besseren Wirtschaftsform gemacht. [...] Die Produktionslage ruft auch ohne greifbare Folgen die Ideen hervor, die darauf zielen, sie und damit die Gesamtlage der Menschen zu bessern, aber die Ideen gestalten dann wieder die Produktion [...]. Die Schädlichkeit desorganisierter Produktion mag sich noch so sinnlich fühlbar erweisen in Hunger und Elend, Rückgang der Bevölkerungsziffer etc. – aber das Gegenteil, die Organisation, würde daraus niemals von selbst folgen; sie ist weit mehr das Werk und die Aufgabe einer sozialen *Erziehung*, die den *Willen* zur Gemeinschaft wachruft und erhält" (Natorp, zit. nach Keck 1975, S. 326).

Natorps Verknüpfung von philosophischen (neukantianischen), antikapitalistischen und bildungstheoretischen Strömungen war um die Wende zum 20. Jahrhundert durchaus wissenschaftlich weit verbreitet. Die Wechselwirkung von Wirtschaft, Kultur und Gesellschaft zu bestimmen, wurde zu einer der zentralen Herausforderungen der damaligen aufkommenden Sozialwissenschaft. So plädierte auch Georg Simmel in seiner „Philosophie des Geldes" (1904, S. 8) ausdrücklich für eine Synthese lebensphilosophischer und sozialökonomischer Perspektiven: Es gelte „dem historischen Materialismus ein Stockwerk unterzubauen, derart, dass der Einbeziehung des wirtschaftlichen Lebens in die Ursachen der geistigen Kultur ihr Erklärungswert bewahrt wird, aber eben jene wirtschaftlichen Formen selbst als das Ergebnis tieferer Wertungen und Strömungen psychologischer, ja metaphysischer Voraussetzungen erkannt werden.“ (Simmel 1904, S. 130) Auch Max Weber arbeitete in seiner protestantischen Ethik heraus, dass die Durchsetzung des kapitalistischen Geistes sich wesentlich „dornenvoller“ vollzogen habe, als die „Theoretiker des Überbaus“ es annehmen und fragte nach dem ethischen und kulturellen „Unterbau“ des Kapitalismus (1905, S. 23). So entwickelte sich das sozialpädagogische Denken zur Umgestaltung und Humanisierung der kapitalistischen Industriegesellschaft im Kontext eines Diskurses zur ‚Sozialen Frage‘ (vgl. Schröer 1999), in dem ein „dritter Weg“ der sozialen Zähmung des Kapitalismus gesucht wurde.

Werner Sombart (vgl. Lenger 1994) war es in diesem Zusammenhang vor allem, der den theoretischen Kurs der sozialpolitischen Auseinandersetzung seiner Zeit zwischen der industriellen Arbeitsteilung (Durkheim) und Entfremdung (Marx) hindurch steuerte (s.u.), indem er versuchte, den modernen arbeitsteiligen Industriekapitalismus und die sozialen Emanzipationsinteressen der Arbeiterbewegung aufeinander zu beziehen. Arbeitsteiliger, industrieller und sozialer Fortschritt sowie die Aufhebung der Entfremdung sollten miteinander vereinbar gemacht werden. Grundsätzlich faszinierte Sombart dabei die Entwicklungsfähigkeit des Kapitalismus: „Es ist seltsam, dass man immer gerade aus der ungünstigen Entwickelung der Einkommensverteilung dem Kapitalismus den Strick hat drehen wollen. Ich kann mir nicht denken, dass man ohne viel Mühe ein Sündenregister des Kapitalismus zusammenstellt, groß genug, um gegen dieses Wirtschaftssystem in manchem Herzen Abscheu und Hass zu erzeugen. Er hat uns die Masse gebracht, er hat unser Leben der inneren Ruhe beraubt, er hat uns der Natur entfremdet, er hat uns den Glauben unserer Väter geraubt, indem er die Welt in ein Rechenexempel auflöste und eine Überwertung der Dinge dieser Welt in uns wach rief, er hat die große Masse der Bevölkerung in ein sklavenartiges Verhältnis der Abhängigkeit von einer geringen Anzahl von Unternehmern gebracht. Aber dafür hat er eines gerade in bewundernswürdiger Weise geleistet: er hat eine riesig angewachsene Menschenmenge auf das beste zu sustentieren vermocht, er hat gerade das Futterproblem meisterhaft gelöst, besser als irgendeine Wirtschaftsverfassung vor ihm" (Sombart 1903, S. 18).

Entfremdung und Arbeitsteilung – Marx und Durkheim

Karl Marx hatte die hohe Produktivität und die Wachstums- und Entwicklungsfähigkeit der industriekapitalistischen Produktionsform erkannt, gab ihr aber keine Integrations- und Überlebenschance, solange sie an die Gesellschaftsverfassung des Kapitalismus mit seiner Eigentumsordnung, dem damit verbundenen Antagonismus von Arbeit und Kapital und der systemimmanenten Mehrwert- und Profitlogik der einzelnen Kapitalien gebunden war. Nach seiner Prognose würde der Kapitalismus trotz steigender Produktivität die sozialen Gegensätze und damit Entfremdung und Verelendung verschärfen, gleichzeitig würden sich die einzelnen Kapitalien in mörderischer Profitkonkurrenz im Sog der Monopolbildung vernichten. Marx hatte den Kapitalismus an der Industriegesellschaft Englands seiner Zeit (Mitte des 19. Jahrhunderts) bei noch relativ niedriger Arbeitsteiligkeit studiert. Emile Durkheim ging dann von der komplexen und beschleunigten Arbeitsteilung im Ausgang des Jahrhunderts und der Dialektik von kapitalistischer Modernisierung und massenhafter Integration der Arbeiter und Angestellten aus, wie sie später auch Eduard Heimann in seiner sozialen Theorie des Kapitalismus (1929) beschrieb (s.u.). Was für die Sozialpolitiker des ausgehenden 19. Jahrhunderts von Marx blieb, war die Erkenntnis, dass der Kapitalismus auf Grund seiner selbstzerstörerischen Kräfte und der damit verbundenen kapitalistischen Dauerkrise reguliert werden musste und dass es auf der sozialen Seite darum zu gehen hätte, dem Problem der Entfremdung durch sozial-, bildungspolitische und sozialpädagogische Maßnahmen gegenzusteuern. Dabei sahen sie auch die hohen Desintegrationspotenziale der modernen Arbeitsteilung, glaubten aber nicht an das von Durkheim proklamierte innere Gleichgewichtsstreben der arbeitsteiligen Kräfte, sondern sahen im Integrations- und Desintegrationsproblem der industriellen Arbeitsteilung eine ähnliche soziale Bedrohung wie in der Entfremdungsproblematik.

Durkheim (1893/1988) hat die Dialektik von Individualisierung und gegenseitiger Abhängigkeit im Prozess der modernen Arbeitsteilung aufgeschlossen. Der Mensch hängt umso enger von der Gesellschaft ab, je ausdifferenzierter die Arbeitsteilung ist. Der Einzelne muss sich auf die Gesellschaft verlassen können und einer neuen Form der menschlichen Solidarität sicher sein. Diese kollektive Moral wird dann erschüttert und geschwächt, wenn die Arbeitsteilung in Krisenzeiten, aber auch in Zeiten überraschender und überhitzter Prosperität so aus den Fugen gerät, dass sie die Bindung zum Menschen verliert, dass der Mensch sich in Schüben sozialer Desintegration und Individualisierung nicht mehr zurechtfinden kann. Er wird aus sozialen Bindungen freigesetzt, kann soziale Orientierung und Lebenssinn verlieren. Durkheim ging davon aus, dass im Prinzip der industriellen Arbeitsteilung die Chance der Integration liegt, die vom Menschen her aufgegriffen werden kann, genauso wie das Scheitern in diese Gesellschaft strukturell eingelassen ist. Aus der Erkenntnis heraus, dass der Mensch in Wechselwirkung mit der inneren Gestaltungslogik der arbeitsteiligen Gesellschaft sich zur sozialen Person entfaltet, entwickelt er Ansätze einer Sozialisationstheorie und einer Theorie sozialen Lernens. In der arbeitsteiligen Dynamik der Industriegesellschaft sah Durkheim die erreichbaren Möglichkeiten und Aufgaben für den Menschen, zu denen er pädagogisch hingeführt werden musste. Durkheim setzte damit einen Grundstein für jenen epochalen sozialpädagogischen Diskurs, in dem es um die Entwicklung des Menschen in der Spannung von gesellschaftlicher Integration und Desintegration geht. Den Begriff der Entfremdung allerdings sucht man bei Durkheim vergebens. Er war aus seiner Analyse der Arbeitsteilung heraus überzeugt, dass diese zur Integration fähig ist und die Spannung von Integration und Desintegration politisch mediatisiert werden kann. Deshalb wurde er von den ‚Kathedersozialisten' heftig kritisiert. Die Gestaltung der Gesellschaft durch den Menschen – so wurde von dieser Seite her damals argumentiert – habe sich nicht an den von der herrschenden Gesellschaft vorgegebenen Lebensperspektiven, sondern an der sozial ungleichen und somit für viele entfremdeten Lage im Industriekapitalismus zu orientieren. Exemplarisch wurde diese Kritik wiederum vor allem von Werner Sombart (1903) vorgetragen. Auch er analysierte das System der Arbeitsteilung, verband es aber mit einer Kapitalismusanalyse. Seine Bewegungsformel der industriekapitalistischen Entwicklung ging nicht – wie bei Durkheim – von wechselnden Gleichgewichts-Ungleichgewichtszuständen der Integration und Desintegration aus, sondern konstituierte sich in der fortlaufenden Produktion von Widersprüchen, die der Kapitalismus aus sich heraus – mit steigender Rationalisierung – erzeugte, indem er seine Prinzipien auf die sozialen und kulturellen Lebensbereiche der Menschen übertrug. „Der Kapitalismus erzeugt also selbst wieder mit Hilfe höchster Rationalisierung der Technik das für ihn schlechthin Irrationelle.“ (Sombart 1903, S. 493) Diese soziale und kulturelle „Dauerkrise“ des Kapitalismus mit steigender Tendenz der Entfremdung des Menschen, die Herrschaft der rationalisierten Arbeit über die lebendige Arbeit setze den Menschen unter Bewältigungszwang.

In einer Analyse zur Entwicklungsgeschichte des italienischen Proletariats verwies Sombart (1893; 1895) auch auf die *sozialpädagogische Mission* der italienischen Arbeiterkammern. Sozialpädagogisch nannte er den Prozess, durch den die Arbeiter jenseits einer reinen Gewöhnung an ihre Verhältnisse eine (Arbeiter-)Identität finden können. Letztlich lief die „sozialpädagogische Mission“ für ihn darauf hinaus, die sozialpolitischen Einrichtungen und Gegengewichte zum kapitalistischen Vergesellschaftungszwang zu stärken, die den Arbeitern die Entwicklung einer eigenen Arbeiteridentität ermöglichen, damit sie emanzipatorische Interessen entfalten können.

Dies entspricht der sozialpädagogischen Grundstruktur, die Natorp im Anschluss an Pestalozzi entwickelt hatte. Immer wieder machte er in sozialpolitischen und -wissenschaftlichen Fachzeitschriften darauf aufmerksam, dass die Pädagogik die Bildungsvisionen – die „Sehkraft“ – der Arbeiterbewegung, ihre gesellschaftsgestaltenden Vorstellungen, ihr Gemeinschafts- und Gerechtigkeitsbewusstsein nicht übergehen darf. In der Sprache Pestalozzis forderte er darum, Arbeits- und Bildungsbedingungen zu schaffen, „von denen das goldene Wort gilt: Die Seelen taglöhnern nicht“ (Natorp 1905, S. 94). Nur auf diesem Weg könne die Selbstbildungskraft der Arbeiter gestärkt werden, welche ihnen in der Entfremdungsdynamik des Kapitalismus verwehrt würde.

Natorp wollte den sozial emanzipierenden, den schöpferischen, den zur Selbsttätigkeit auffordernden, den bildnerischen Kern der Arbeit herausstreichen. Für ihn war Arbeit eine unbedingte Grundstufe in der Bildung der Menschen, die zu Emanzipation und Mitgestaltung in der Gesellschaft führen konnte und darum durch den Menschen selbst vom Entfremdungsdruck zu befreien war. Im Gegensatz zur sozialen Welt der industriekapitalistischen Moderne charakterisierte für ihn der Wille zur Gemeinschaft einen integrativen, gestaltenden und damit schöpferischen Bildungsanspruch. Die Gegensätze wurden deutlich aufgezeigt: Hier die im industriekapitalistischen Vergesellschaftungsprozess entfremdende Arbeit, die entsubjektivierte Erschaffung der Welt, der „Zyklopenhammer“ (vgl. Sombart 1903) der Arbeit, der den individualisierten Menschen zerdrückt, dort die Idee der Gemeinschaft, die z.B. in den Arbeiterbildungsvereinen entsteht und eine Erschaffung der Welt durch die Subjekte selbst möglich werden lässt. Grundkategorie einer sozialemanzipatorischen Pädagogik konnte demnach nur der Begriff bzw. die Idee der Gemeinschaft sein.

Bei Natorp fließen sozialpädagogische und sozialpolitische Perspektiven der Zeit – im Sinne einer pädagogischen Transformation der Sozialreform – zusammen. Kritiker verwiesen aber gleichzeitig vor allem auf seine ungebrochene sozialidealistische Grundannahme: Schon Pestalozzi habe in seinem Roman ‚Lienhard und Gertrud’ gezeigt, merkte z.B. Tönnies an, dass der Mensch durch die sozialökonomischen Verhältnisse zu dem geworden sei, was er ist (vgl. Tönnies 1899).

Natorp verstand Sozialpädagogik als Theorie der sozialen Bildung im Sinn der Bildung des Menschen zur Sozialität. Sie realisiert sich im Widerspiel der Bildungsbedingungen des sozialen Lebens und der sozialen Bedingungen der Bildung. Er konkretisierte sein Konzept für den Zusammenhang unterschiedlicher Bildungsinstitutionen, der Familie, der Schule, der Genossenschaften, in einem ganzheitlichen Ansatz, so wie es bei Pestalozzi angelegt war. Jedoch waren die pädagogischen Institutionen, die sich neben der Schule im 19. Jahrhundert zunehmend entwickelt hatten – also die Anstalts- und Fürsorgeerziehung und kommunale Sozialfürsorge – nicht in seinem Blickfeld, sodass er sich auf die hier liegenden, besonderen Probleme nicht eingelassen hat. Natorps Position hatte ihren Grund wohl vor allem darin, dass er diese Einrichtungen im Rahmen eines konservativen oder individualerzieherisch christlichen Fürsorgeprogramms, in die Armenpädagogik „ausgelagert" sah und damit außerhalb des sozialpolitischen Konflikts von Kapital und Arbeit verortete. Georg Simmel (1908) hat in seinem Essay „Der Arme" diese gesellschaftliche Exklusion der Armenfrage beschrieben (s.u.).

Natorps Gemeinschaftserziehung setzte auch – wie Pestalozzi – bei der Familie an, die er aber – den gewandelten gesellschaftlichen Verhältnissen entsprechend – in ihrer Ambivalenz analysierte. Die Abgeschlossenheit und die Privatheit der Familie, der sozialökonomische Reproduktionsdruck unter dem sie stand und auf den sich – dann später (s.u.) – die Rede von der „spätfamilialen Krise des Kapitalismus" (vgl. Kawerau 1921) bezog, wurde als Hemmschuh für die gesellschaftliche Entwicklung wie für die soziale Emanzipation angesehen. Natorp plädierte deshalb für kollektive, den Einzelhaushalt übergreifende Formen familialer Erziehung, welche die „Starrheit des Familienbegriffs" zu überwinden in der Lage wären. Er sprach „von Familienverbänden" und „Nachbarschaftsgilden", in denen privat-familiale und gesellschaftliche Sozialformen miteinander verbunden werden konnten. Er dachte dabei vor allem an die Arbeiterschaft, deren familienübergreifende, offene Sozialformen und solidarische Milieustrukturen er erhalten wissen und die er nicht in die politische Privatheit der bürgerlichen Kleinfamilie treiben wollte (vgl. Kunstreich 2000). Gleichzeitig sollten mit der Einmündung der Familie in übergreifende Sozialformen auch öffentliche Erziehungsstrukturen entstehen, welche auch die Familienerziehung in ein soziales Ideal einbetten und für die Kinder der Arbeiterfamilie allgemein sichern würden (vgl. Natorp 1899, S. 705). Hier bewegt sich Natorp parallel zur Diskussion zu Kinderbetreuung und Kindergarten (vgl. Zeitschrift für soziale Pädagogik 1919/20).

Deutscher Weltberuf

In einer Besprechung von Natorps Schrift *Deutscher Weltberuf* setzte sich der Sozialpädagoge Carl Mennicke 1919 in der Sozial-Akademischen Monatsschrift grundsätzlich kritisch mit dessen Theorie auseinander. Zwei Grundelemente von Natorps „ethisch-sozialer" Denkweise wollte er unbedingt gewürdigt wissen: Erstens die Wechselwirkung von Freiheit und Gemeinschaft und zweitens die „leidenschaftliche(n) Worte Natorp(s) gegen ‚das Ungeheuer Macht'" (Mennicke 1919/20, S. 134), denn Kapitalismus und Militarismus müssten als die „Verkörperungen des Machtsprinzips" überwunden werden. Scharf kritisierte Mennicke dagegen, das Natorp das Nationalbewusstsein zu sehr betone und damit den Begriff der Freiheit verzerre: Als wenn Freiheit in Gemeinschaft und Gemeinschaft in Freiheit nicht bereits in anderen Ländern gelebt würden, während Natorp „hier in Deutschland so wundervoll Gedanken über Freiheit und Gemeinschaft" entwickelt. Zudem fand er bei Natorp den „deutschen Krieg in einem nur schwer erträglichem Grade idealisiert" (ebd. S. 138).

Natorps sozialidealistische Bildungsperspektive wurde im sozialpädagogischen Fachdiskurs des 20. Jahrhundert so gut wie nicht weitergeführt. Herausforderungen, die sich mit der Entwicklung der besonderen sozialpädagogischen Arbeitsfelder und der Ausbildung von Profession und Disziplin stellten, traten in den Vordergrund (vgl. Niemeyer 1997). Dennoch gab es im weiteren sozialpädagogischen Diskurs der Weimarer Zeit – gleichsam in Fortsetzung der Arbeiterbildung und ihrer Praxis vor dem Ersten Weltkrieg – Strömungen im Bereich der Arbeitswelt, in denen die nun sozialstaatlich und sozialpolitisch organisierte Mediation des Konflikts zwischen Arbeit und Kapital in den Betrieben nicht nur mitbestimmungspolitisch, sondern genauso sozialpädagogisch umgesetzt werden sollte. Die betriebliche Mitbestimmungsfähigkeit des Arbeiters bedurfte der sozialpädagogischen Vorbereitung. Die Aufgabe dieser betriebsorientierten Sozialpädagogik bestand vor allem darin, Bildungsformen zu entwickeln, die dazu beitragen konnten, dass das „Eigenwertbewusstsein des Arbeiters mit Eingang in das Erlebnis der Gemeinschaftlichkeit" des

Betriebes finden konnte (A. Weber 1930). Die damals und später in Deutschland an den Universitäten eingerichteten Lehrstühle für Wirtschafts- und Sozialpädagogik haben sich nicht zuletzt mit dieser Bildungsperspektive beschäftigt. So wurden in den 20er Jahren des 20. Jahrhunderts in den neu entstehenden wohlfahrtsstaatlichen Regelungen Rahmenbedingungen für eine emanzipative Sozialpädagogik und Sozialarbeit fixiert. Das bildungspolitische Ziel der Volksbildung, der „Hebung der unteren Schichten" führte zu einem Diskurs über die Sozialisierung von Bildung, in dem auch die Arbeiterbildung zunehmend von ihren eigenen emanzipativen Zielen her integriert wurde.

1.3 Die wohlfahrtliche Formation: Subsidiarität als sozialpädagogische Ermöglichungsstruktur

Der mehrschichtige Diskurs um die „Soziale Frage" am Ende des 19. Jahrhunderts und das sozialpädagogische Konzept Natorps können letztlich nur vor dem Hintergrund der deutschen Entwicklung im Verhältnis von Staat und industriekapitalistischer Vergesellschaftung verstanden werden. Die sozialpolitischen Funktionen und Leistungen des Staats entwickelten sich in Deutschland widersprüchlich. Sie waren nicht nur Kompromisse im Konflikt von Arbeit und Kapital, sondern wurden maßgeblich unter dem Gesichtspunkt, inwieweit sie den sozialintegrativ-nationalen Funktionen des Staatsapparates nützlich waren, aufgebaut. Dies wird gerade in der Bismarckschen Sozialpolitik deutlich: Die soziale Sicherung der Arbeiterschaft geschah bei gleichzeitiger Unterdrückung der klassengemäßen politischen Gesellungs- und Widerstandsformen (z.B. durch die Sozialistengesetze).

Die besondere sozialpolitische Rolle des Staates in Deutschland

Liberalismus und Marxismus als die beiden großen konkurrierenden Gesellschaftstheorien des mittleren 19. Jahrhunderts maßen der Rolle des Staates in der Industrialisierung keine Bedeutung zu. Während die Liberalisten die Staatstätigkeit als widernatürlichen und widergesetzlichen Eingriff in die freien Marktkräfte ansahen und damit den Staat zum bloßen Ordnungsstaat (Nachtwächterstaat) degradierten, sahen die Marxisten im Staat einen willfährigen Agenten der herrschenden kapitalistischen Klasse, der mit der kapitalistischen Ordnung im Absterben begriffen war. Im Deutschland des letzten Drittels des 19. Jahrhunderts verlief die Entwicklung aber geradezu entgegengesetzt: Im Mittelpunkt stand der nationale Staat als Entwicklungs- und Integrationsmedium der industriekapitalistischen Entwicklung. Denn die zwei zentralen Prinzipien des westeuropäischen Wirtschaftssystems des 19. Jahrhunderts – zum einen die Verpflichtung, den Liberalismus als gemeinsame Wirtschaftsordnung (in einer von England beherrschten Wirtschaftszone) anzuerkennen und zum anderen die dieser Wirtschaftsordnung entsprechende nationaldemokratische Staats- und Gesellschaftsform zu übernehmen – kamen in Deutschland so nicht zum Tragen (vgl. Pankoke 1990). Vielmehr bekam die hier später einsetzende Industrialisierung einen besonderen nationalen Stempel aufdrückt. Die staatliche und gesellschaftliche Entwicklung in Deutschland folgte nicht wie in anderen westeuropäischen Staaten dem üblichen Prozess der Industrialisierung, sondern ging „über den eigenen Rhythmus der Industrialisierung weit hinaus“ (Dahrendorf 1963, S. 48). Der Staat zwang eine vorindustrielle Herrschafts- und Sozialordnung (die Preußens) in den kapitalistischen Industrialisierungsprozess hinein. Dabei ging das etatistisch-autoritäre Element des deutschen Nationalstaates mit einer politischen Kultur einher, in der nicht die diskursiven ‚Spielräume’ allein durch einen rückständigen Autoritarismus erdrückt wurden, sondern in der moderne Ideologien aufsteigen konnten, durch die soziale Fragen über moderne Leitbilder, wie Effektivität, kapitalistische Rationalität und Fortschritt beantwortet wurden (vgl. Eley 1991).

Die staatliche Sozialpolitik war vor allem Kontroll- und Integrationsapparat. In den öffentlichen Institutionen der Jugendfürsorge der 1920er Jahre spiegelte sich diese disziplinär-sozialintegrative Sozialpolitik im Anschluss an restaurative Tendenzen des 19. Jahrhunderts wider (vgl. Peukert 1986; Dudek 1990; Gräser 1995). Zudem standen auch die kommunalen und städtischen Formen der Modernisierung der Fürsorge und pädagogischen Versorgung von Kindern und Jugendlichen, die z.B. aus Kreisen der bürgerlichen Sozialreform angestoßen wurden, nicht im ideologischen Widerspruch zum grundsätzlichen Herrschaftsdiskurs der Sozialdisziplinierung (vgl. Wilhelm 2004; Richter 2002). Die hier engagierten Bürgerinnen und Bürger argumentierten vor allem aus Sorge um die „Einheit der Kulturnation“. Diese Formel verwies auf eine pädagogisch herzustellende innere und tiefere Einigkeit und Hilfsbereitschaft und verstärkte mitunter die – im sozialpädagogischen Denken immer wieder zu beobachtende – Skepsis gegenüber einer *äußerlichen* Hilfe- und Unterstützungsstruktur – z.B. des Weimarer Wohlfahrtsstaates.

So druckte z.B. der „Vater“ der deutschen Settlementbewegung Friedrich Siegmund-Schultze in der letzten Ausgabe seiner *Neuen Nachbarschaft* (1930) den folgenden Beitrag Alice Salomons ab: „Der Staat ist die verkörperte Gerechtigkeit. Warum sollte der Bürger noch um die Gerechtigkeit Sorge tragen. (...) Es ist auch die Zeit gekommen, um neben der behördlichen Sozialarbeit die Arbeit der freien Vereine neu zu beleben. Die private Fürsorge ist das wahrhafte Gewissen der Nation“. (Salomon 1930, S. 169) Für Siegmund-Schultze hatte Salomon damit „mit hoher Deutlichkeit den entscheidenden Punkt herausgestellt“ (ebd.). Er stand mit seinen sozialen Arbeitsgemeinschaften für eine Erneuerung der Volksgemeinschaft aus der sozialen Praxis des unmittelbaren menschlichen Miteinanders ein.

Letztlich bezog er sich in dieser Skepsis gegenüber einer ausdifferenzierten „äußerlichen“ staatlichen Sozialordnung und einer Sozialbürokratie, die den Bürger von der gegenseitigen Sorge um das menschliche Miteinander entferne, auf Natorp und auch Pestalozzi, die ebenfalls in ihrer Sozialphilosophie davon ausgingen, dass das unmittelbare ganzheitliche gemeinschaftliche Miteinander das zu bewahrende „innere“ Kernelement der Kulturnation und der sozialen Erneuerung sei.

Doch Siegmund-Schultzes und Salomons Argumentationen übersahen das Bedingungsgefüge von privater/bürgerschaftlicher Hilfe und wohlfahrtstaatlicher Gestaltung, wie es sich in den zwanziger Jahren abzeichnete. Der Sozialpädagoge Carl

Mennicke, der unmittelbar nach dem Ersten Weltkrieg zusammen mit Siegmund-Schultze in den sozialen Arbeitsgemeinschaften gewirkt hatte, sich dann aber von Siegmund-Schultze distanzierte, hob z.B. 1930 den selbstverständlichen Platz der sozialen Berufsarbeit in modernen Wohlfahrtsstaaten – vom Berufsberater bis zum Jugendpfleger – neben anderen Berufen (Lehrer, Handwerker, Industriearbeiter) hervor und unterstrich, dass die hier geleistete Arbeit sich grundsätzlich von der überkommenen privaten sozialen Hilfstätigkeit unterscheidet. Entsprechend warnte er vor „reaktionären Vereinigungen und Bestrebungen", die nicht die „Tragweite" des gesellschaftlichen Strukturwandels für das Alltagsleben der Menschen erkennen wollten und erneut die pädagogische Kraft der „traditionellen gesellschaftlichen Formen" betonten und z.B. die „private Liebestätigkeit" als Grundmaxime des Hilfesystems wieder entdeckten" (Mennicke 1930, S. 330).

Der Wohlfahrtstaat der Weimarer Republik

Die demokratische Verfassung und der technisch-ökonomische Strukturwandel hin zu einer Gesellschaft von Massenproduktion und Massenkonsum gaben Deutschland nach dem Ersten Weltkrieg und in den zwanziger Jahren ein neues Gesicht. Während im Kaiserreich die institutionellen Grundlagen der Sozialpolitik und die Umrisse eines öffentlich organisierten Fürsorgewesens geschaffen waren, entwickelte sich nun eine wohlfahrtsgesellschaftliche Struktur, wie sie bis heute die Bundesrepublik Deutschland prägt (vgl. Sachße/Tennstedt 1988). Ebenso wie die Demokratisierung den Sozialstaat wohlfahrtsgesellschaftlich erweitert hat (gesellschaftliche Beteiligung nun auch der nichtproduktiven Bürger, wie z.B. der Armen), hat der technisch-ökonomische Strukturwandel den Staat als zentrales Regulativ weiter ausgebaut und differenziert. Mit der Demokratisierung setzte der Staat neue Rechtsansprüche; der gesellschaftliche Konflikt zwischen Arbeit und Kapital trat hinter die fordistischen Strukturen der Konsumgesellschaft zurück, die Ansprüche der Bürger und Konsumenten richteten sich nun stärker auf den Staat, wurden über am Staat thematisierte Konflikte und nicht mehr als Klassenkonflikte ausgetragen.

Die ökonomischen und sozialstrukturellen Umbrüche der Weimarer Zeit erwiesen sich als folgenreich für die Entwicklung der sozialpädagogischen Probleme und der sozialpädagogischen Apparatur und damit auch für die sozialpädagogischen Diskurse. Die zunehmenden Rationalisierungen trieben in Industrie und Dienstleistung die Arbeitsteilung weiter, setzten genauso neue Berufe frei, wie soziale und biografische Risiken bei der Bewältigung von Übergängen und Integrationsanforderungen. Als neues sozialstrukturelles Phänomen traten die Angestellten hervor, mit denen sich die Mittelschichten breiter und differenzierter entwickelten als vor dem Krieg. Mit den der Sozialpädagogik zufallenden Integrations- und Bildungsaufgaben rückten sie weit in die Mitte der Gesellschaft vor.

Die Position Siegmund-Schultzes und Salomons ist aber damit nicht abgetan. Sie verweist auf weithin unterschlagene Zusammenhänge. Die derzeitige historische Forschung zur Sozialpädagogik entdeckt – neben den konfessionellen und restaurativen Ansätzen im 19. Jahrhundert – den anderen Strang bürgerschaftlich-pädagogischer Projekte als sozialpädagogische Ursprungskerne (vgl. Müller 2002; Gedrath 2003) und dabei insbesondere das Engagement der Bürger beim Aufbau der kommunalen Sozial- und Jugendfürsorge zu Beginn des 20. Jahrhunderts (vgl. Uhlendorff 2003). Dabei geht es einerseits im Bereich der Jugendhilfe darum, die Eigendynamik sozialpädagogischer Entwicklung in den Regionen nicht nur als Vorläufer der reichsweiten Einführung des Jugendamtes und des Reichsjugendwohlfahrtsgesetztes in den 1920er Jahren zu betrachten, sondern die regional differenzierte Form bürgerschaftlicher Selbstorganisation und Hilfe aufzuzeigen, die sich nicht aus der sozialstrukturell angelegten Sozialpolitik ableiten lasse. Gerade der Bereich der Armen- und Jugendfürsorge kann demnach als ein Feld angesehen werden, das und in dem die Stadtbürger und die kommunalen Verwaltungen sich gegenüber der staatlichen Sozialpolitik profilierten (vgl. Sachße/Tennstedt 1988).

Ein breiter Strang jenes bürgerschaftlichen Engagements, das in den Städten die kommunale Sozialfürsorge reformierte, findet auch in der Verwaltungsbürokratie ihre sozialkulturelle Heimat; es waren mitunter Juristen oder Verwaltungsbeamte, die vor Ort zu Beginn des 20. Jahrhunderts Vereine für Jugendfürsorge gründeten, da sie in ihrer Arbeit mit den sozialen Notlagen konfrontiert wurden und hier ein Feld entdeckten, in dem sie sich stadtpolitisch etablieren konnten. Es war aber auch die Verwaltungslehre insgesamt, die bereits seit der Mitte des 19. Jahrhunderts in den Sog der sozialen Frage geraten war und spätestens gegen Ende des 19. Jahrhunderts in den Sog der sozialpolitischen Aufbruchstimmung geriet und in der dann die Fürsorge zu einem eigenen Bereich avancierte.

Die Vorstellung Sigmund-Schulzes und Salomons verweist aber schließlich auf die der Sozialpädagogik inhärente Spannung zwischen Bürgergesellschaft und Staat, die sie – in immer neuen Figurationen – bestimmt. Und welche heute z.B. von jenen Vertretern des bürgerschaftlichen Engagements vorgebracht wird, die angesichts der aktuellen Diskussionen um die Zukunft des Wohlfahrtsstaates die private Sorge und das soziale Gemeinwesen gegen den Sozialstaat ausspielen.

Diese Einwände sind interessant, weil sie – im Moment ihrer zunehmenden Bedeutung – Zweifel an der sozialstaatlichen Vergesellschaftung der Sozialpädagogik und Sozialarbeit artikulieren. Diese Vergesellschaftung ist das für das vorige Jahrhundert bestimmende Faktum. Der Ausbau der Sozialpolitik und die Etablierung der Systeme zur materiellen Sicherung in Risikolagen ermöglichte am Ende des 19. Jahrhunderts die Eigenentwicklung der Wohlfahrtspflege mit ihren Aufgaben der Unterstützung in Bewältigungs- und Bildungsaufgaben. Im Prozess der Wohlfahrtsstaatsentwicklung konnte sie ihre heutige institutionelle und – über einen rein karitativen und lokalen Zugang hinausgehende – gesellschaftliche Bedeutung erlangen. Sozialpädagogik und Sozialarbeit sind aber nach dem wohlfahrtstaatlichen Subsidiaritätsprinzip organisiert: Denn der Vorrang des bürgerschaftlichen und/oder religiös-motivierten Engagements *und* die wohlfahrtsstaatliche Ermöglichungs- und Förderstruktur gehören untrennbar zusammen. Erst durch diese Doppelstruktur erhält die Hilfe einen gesellschaftlichen Status, wird sie von karitativen Konjunkturen im lokalen Raum unabhängig und kann der Betroffene seinen Anspruch auf Unterstützung auch jenseits der bürgerlichen Mildtätigkeit durchsetzen.

1.4 Die geschlechterpolitische Formation: Die soziale Berufsarbeit der Frau und der männliche Sozialbeamte

Zu Beginn des 20. Jahrhunderts entwickelten sich auch die Anfänge jener beruflichen *Sozialen Arbeit*, die ihre pädagogisch-praktische, wissenschaftliche und gesellschaftspolitische Legitimation in der damals erstarkenden Frauenbewegung begründete („Soziale Berufsarbeit der Frau“). Dabei wird die Frauenbewegung häufig in Bezug auf die Soziale Arbeit verkürzt interpretiert, entweder kulturalistisch im Zeichen der Kulturaufgabe der Frau als Mutter oder beschränkt auf ihre Leistung in der Professionalisierung der sozialen Berufsarbeit im Außendienst der Familienfürsorge. Übersehen wird so, dass es gerade Frauen waren, die die Soziale Arbeit im Kontext der Nationalökonomie, in den Betrieben und in den Foren der sich um die Wende des 20. Jahrhunderts entwickelnden Sozialreform und Sozialpolitik etablierten und für eine sozialpolitisch und gesellschaftstheoretisch rückgebundene Soziale Arbeit stritten, die sich z.B. deutlich von einer religiös motivierten und einer allein auf die Armenfürsorge begrenzten Sozialen Arbeit unterschied (vgl. Sachße 1986; Zeller 1987).

So hielt die Fabrikinspektorin und spätere Reichstagsabgeordnete Marie Baum 1910 auf dem zweiundzwanzigsten Evangelisch-sozialen Kongress in Chemnitz einen Vortrag mit dem Titel *Fabrikarbeit und Frauenleben.* Mit einem rhetorischen Seitenhieb strich Baum am Anfang des Vortrages heraus, dass sie den Zugang der Inneren Mission grundsätzlich überdacht wissen will. Die berühmt gewordene Parole der Inneren Mission aus dem Jahr 1884 lautete: ‚Das gesellschaftliche Leben mit dem Sauerteig des Evangelium zu durchdringen'. Baum stellte dagegen: „Blicken wir auf das letzte Jahrhundert zurück so ist es, als sei mit dem Industrialismus ein Fremdstoff, *wie Sauerteig wirkend*, in die Masse des Volkes geworfen worden“ (Baum 1910, S. 10). Dieser Fremdstoff habe letztlich das gesellschaftliche Leben derart verändert, dass nur mit Hilfe der neueren sozialen Wissenschaften die Situation begriffen und Gegenmaßnahmen gefunden werden könnten. Die Pädagogik habe dabei die Perspektive der Persönlichkeitsbildung einzunehmen und die großen Momentaufnahmen der Sozialwissenschaft dahingehend zu hinterfragen, wie der einzelne Mensch in seiner jeweiligen Lebenssituation sein *Ich* erhalten und seine Persönlichkeit stärken könne.

> „Die industrielle Entwicklung hat ungeheure Anforderungen an die Anpassungsfähigkeit der Menschen gestellt. Gewaltig ist die Kräfteanspannung eines Volkes, das sich aus ruhiger, beschaulicher Daseinsform zu einer wirtschaftlichen und kulturellen Großmacht entwickelt. Und wenn dieses Ringen und Kämpfen auch in oft unerhört leidvoller Form die Unterordnung des Einzelnen unter den Zweck verlangt, so stecken doch auch andererseits kräftige Keime zur Persönlichkeitsentwicklung darin. Es ist auch Leben, wenn man sein Ich bewusst gegen Druck und Widerstand verteidigt, auch Leben, wenn man leidet und dieses Leiden unter höhere Gesichtspunkte und Notwendigkeiten einordnen lernt, Leben, wenn man sein persönliches Glücksverlangen mit den Forderungen der Zeit in Einklang zu bringen hat. Heute in unserer schnelllebigen Zeit müssen sich in allen Bevölkerungsschichten Mann und Weib mit der großen Frage auseinander setzen: wie erhalte und entwickle ich mein Ich? Wie wehre ich mich gegen das Erdrücktwerden, sei es in der Enge des Hauses, sei es in der Masse da draußen, wenn ich mich in den Strom des Lebens wage? Wie rette ich in meiner Arbeit, in meinem Leben die persönliche Note und adle damit zugleich beides, Leben und Arbeit?“ (Baum 1910, S. 10)

Baum argumentierte ausgehend von den Erkenntnissen der sozialen Statistik und setzt die pädagogischen Maßnahmen in ein Verhältnis zu den Vergesellschaftungsformen des Frauenlebens im industriellen Kapitalismus. Sozialpolitik und Wohlfahrtspflege sah sie als gesellschaftliche Mittel, die dem Menschen im industriellen Kapitalismus die „Bewegungsfreiheit“ sichern und geben sollen, damit er sich zu einer Persönlichkeit entwickeln könne. Dabei wollte Baum insbesondere die Mädchen in den sozialpolitischen Horizont rücken. Sie forderte pädagogische Maßnahmen vergleichbar mit denen für die Jungen, denn letztlich habe die Pädagogik für die Mädchen den gleichen Dienst zu erfüllen, wie die Gewerkschaften und

Arbeiterbildungsvereine ihn für den erwachsenen männlichen Arbeiter leisten. Die Pädagogik – so kann man Baum pointiert interpretieren – müsse letztlich eine *Gewerkschaft für die Jugend* sein.

Verfolgt man diesen Strang der sozialpolitisch engagierten Sozialpädagogik in der Frauenbewegung in seiner ganzen Breite, so wird deutlich, dass um die Jahrhundertwende und in der Weimarer Republik in der Frauenbewegung wohl am entschiedensten um *die sozialpädagogischen Aufgaben angesichts der gesellschaftlichen Umgestaltung* gestritten wurde.

So machte Gertrud Bäumer – ebenso wie Mennicke (s.o.) – in ihrem berühmt gewordenen Aufsatz zu den historischen und sozialen Voraussetzungen der Sozialpädagogik und ihrer Theorie angesichts der wohlfahrtsstaatskritischen Diskussionen am Ende der 1920er Jahre deutlich, dass sich „die Grundlage des öffentlichen Erziehungssystems" gewandelt habe und die tradierten Orte der Erziehung und Bildung nur durch eine „gesellschaftliche Mehrleistung" bewahrt werden könnten. Sie strich unmissverständlich heraus, dass die Sozialpädagogik und ihre Theorie nur zu begreifen seien, soweit man die, „Veränderungen der gesellschaftlichen Struktur soziale(r) Probleme" betrachte, die „Grundlagen und Wesen der Hilfsbedürftigkeit durchaus verändert hätten" (vgl. Bäumer 1929, S. 11). Letztlich falle die Entwicklung der Sozialpädagogik, so Bäumer, in die Entwicklungsperiode, die man auf die Formel *‚Von der Caritas zur Sozialpolitik'* bringen könne (vgl. Maurer/Schröer 2002).

Insofern ist die Entwicklung der sozialen Berufsarbeit, wie sie durch die Frauenbewegung grundlegend geprägt wurde, in dem sozialpolitischen Zusammenhang der ‚great transformation' hin zu den „Basissicherheiten des Wohlfahrtsstaates" zu verstehen, wie sie sich seit dem Ende des 19. Jahrhunderts entwickelten (vgl. Evers/Nowotny 1987). Dabei ist es eine besondere Leistung der Frauenbewegung, dass sie diesem Transformationsprozess eine eigene Richtung zu geben versuchte, dass sie die Herausforderungen der Sozialpädagogik und Sozialarbeit – in erster Linie über eine Sozialpolitik aus dem Blickwinkel des Reproduktionsbereichs und der menschlicher Sorge – in den Horizont der sozialpolitischen Entwicklungen rückte.

Der sozialpädagogische Diskurs der Frauenbewegung, der sich in der Spannung zwischen Gesellschaftstheorie und zu ihr vermittelter sozialpädagogischer Praxis bewegte, ging quer durch die professionsorientierten Debatten. Schon Lily Braun wehrte sich dagegen, die Reproduktions- und Familienfrage in der kapitalistischen Gesellschaft auf die „Frauenfrage" einzuengen.

Geschlechterkampf und Arbeiterinnenfrage

Nach Lily Braun rückte die deutsche bürgerliche Frauenbewegung von der Forderung nach Gleichberechtigung der Geschlechter ab, sobald diese zum Programmpunkt der Sozialdemokratie erhoben worden sei. Die bürgerliche Frauenbewegung streite für Religion, Sitte und Ordnung und gegen die Sozialdemokratie: „Aber während weiter die bürgerlichen Frauen um die Abschaffung der staatlich regulierten Prostitution Bittschriften einreichen und verschiedene Mittel empfehlen, von deren Anwendung sie die Heilung des Volkskörpers von dieser fressenden Krankheit erwarten, sehen die Arbeiterinnen und ihre Vertreter im Reichstag einzelne dieser Mittel lediglich als momentan nützliche Palliative an, erwarten aber die Heilung allein von der radikalen Umgestaltung der wirtschaftlichen Zustände." (v. Gizycki 1895, S. 596) Nun habe freilich die deutsche Frauenbewegung eine Menge im Gebiet der Wohltätigkeit geleistet, aber noch zu wenig eingesehen, „dass die Beschränkung lediglich auf das Gebiet der Wohlthätigkeit im Grunde einen Verzicht auf die Lösung der eigentlichen Schwierigkeiten des sozialen Problems" bedeute (ebd., S. 586). Unmissverständlich machte sie deutlich, dass die Frauenfrage „ein Teil des modernen Arbeitsproblems" sei, verschärft dadurch, dass weiterhin die Frauen sich nie nur der Berufsarbeit widmen könnten, da die Familie Ansprüche an die Frau stelle, die sie zusätzlich zu erfüllen habe.

Die Auflösung der Familie war für Braun wie die Frauen- und Männerfrage eine sozioökonomische Frage. Die alleinige Sorge der Frau für die Familie entpuppe sich folglich als eine durch wirtschaftliche Abhängigkeit erkaufte Sorge. Sobald die Abhängigkeit der Frau sich lockere, werde auch der letzte Halt der alten patriarchalisch geordneten Familie gelöst. Umgekehrt erkannte Braun die Chance, nunmehr gemeinsam (Mann, Weib, Kind) an einer neuen Gemeinschaft als Teil der sozialistischen Gesellschaft zu bauen. Die Suche nach einer neuen Gesellschaftsform implizierte für sie die Neudefinition der Geschlechtervorstellungen, losgelöst von der Macht des Geldes der Patriarchen.

Mittels der Wohltätigkeitsbestrebungen, die ihren Ausgang mehrheitlich von Frauen nähmen, könne die Frauenbewegung einen bedeutenden Anteil an der Sozialreform haben. Sie hätte sich so von der Vorherrschaft des Mannes auf dem Gebiet der sozialen und kulturellen Theoriebildung emanzipiert und sich „den jüngsten Wissenschaften, den Sozialwissenschaften" zugewandt: Wie sie einst die „Oekonomie des Hauses" begriffen habe, versuche sie nun die „Oekonomie der Welt" zu fassen (vgl. Braun 1901, S. 140). Das Zeitalter des Feminismus bedeute sozialen Fortschritt und eine Lösung des Geschlechterkampfes auf der Grundlage der Überwindung der Klassengegensätze und keinesfalls, wie einige Gegner meinten, eine kulturelle Rückbildung.

Die Gebundenheit der Frau an die Familie und ihre damit erzwungene Abhängigkeit sollte über neue Gemeinschaften aufgelöst werden, welche die geschlechtshierarchische Spaltung der Lebens- und Arbeitswelten überwinden mussten. Die Frauen sollten auf der Grundlage einer feministisch inspirierten antikapitalistischen Sozialwissenschaft neue Sozialstrukturen jenseits des Patriarchats entwerfen.

Alice Salomon und Helene Weber sahen entsprechend die Soziale Arbeit der Frau eben nicht nur auf die Beziehungsarbeit des Nahraums beschränkt, sondern als gesellschaftliche Arbeit, die es zum Ziel haben muss, öffentlich zu zeigen, dass „der Mensch höher gewertet wird als die Wirtschaft" (Weber 1931, S. 308). Salomon begriff in diesem Sinne die soziale und fürsorgerische Begabung der Frau als gesellschaftliche Begabung, welche in der Sozialen Arbeit und in der Sozialerziehung ihr Medium gefunden hatte: „Die moderne Zeit und die von uns angestrebte und durch die Verfassung grundsätzlich anerkannte Gleichberechtigung der Geschlechter birgt die Gefahr in sich, daß die Frau im Streben nach Einordnung in das öffentliche Leben und das Berufsleben die Maßstäbe und Methoden des Mannes zu sehr zu den ihren macht. Die sozialen Berufe geben aber den Frauen nicht ohne weiteres die Möglichkeit, in eigenartiger Weise ihren weiblichen Einfluss auszuüben, und der Kultur neue und eigene Werte hinzuzufügen. Die Eingliederung der sozialen Arbeit in den Behördenapparat ist dafür nicht günstig" (Salomon 1931, S. 312).

Hier wird das Problem der Autonomie der Sozialpädagogik und Sozialarbeit gegenüber den Funktions- und Kontrollerwartungen des Staates von der Geschlechterseite her thematisiert, wie es schon vorher die sozialpädagogischen Diskurse bestimmte, wenn es um die Autonomie der Arbeitergemeinschaften und -genossenschaften gegenüber dem Staate ging. Die soziale (Berufs-)Arbeit im Magnetfeld der Frauenbewegung entwickelte so ein eigenes anthropologisches und erziehungswissenschaftliches Paradigma, das zudem noch – von Anfang an – in die die industrielle Welt umspannende Internationalität der Frauenbewegung rückgebunden war. Die von Sylvia Staub-Bernasconi in den 1990er Jahren proklamierte „Sozialarbeit als Menschenrechtsprofession" (vgl. 1998) hat diese Tradition wieder aufgenommen.

Auch wenn Salomon, Baum und Bäumer eine gesellschaftspolitische Begründung der Sozialpädagogik und Sozialarbeit formulierten – die Rückholung und Verteidigung des Menschen in der rationalisierten industriekapitalistischen Gesellschaft – so suchte man doch für die Professionalisierung der Sozialarbeit in der sozialpädagogischen Praxis eine besondere „weibliche" Methodik und fand sie insbesondere in der Einzelfallhilfe. „Bei aller Einordnung in die Organisation der Ämter, bei aller selbstverständlichen Rücksichtnahme auf die wirtschaftlichen und sozialpolitischen Grenzen der öffentlichen Arbeit, ist das Menschliche, der Liebeswille, der seelische Prozess in dieser Arbeit das wichtigste Element in der sozialen Berufstätigkeit der Frau" (Weber 1931, S. 305). „Weder das allgemeine Ziel des Staates noch die großen Reichsgesetze [stehen, d.A.] am Anfang der sozialen Berufsarbeit der Frau. Sie haben vielmehr ihre Impulse von den Menschen erhalten" (ebd., S. 303).

Entsprechend beschrieb Marie Baum in ihrer Bilanz „Zehn Jahre soziale Berufsarbeit“ (1926) die fürsorgerische Tätigkeit schon durchaus im modernen Sinne des case-work („Überblick über das Ganze“) verbunden mit einem frauenspezifischen care-work: Die Fürsorgerin sollte gleichzeitig rationalmethodisch arbeiten und den Klienten mit „Wärme und Liebe“ entgegen treten, damit sie nicht als „Fall“ im behördlichen Apparat nur „bearbeitet“ würden. Helene Weber griff Ende der 1920er Jahre diese Bilanz auf und beklagte die geschlechtstypisch geteilte Struktur der Jugend-, Wohlfahrts- und Gesundheitsämter, in denen den Frauen der praktische Außendienst, den Männern der administrative, letztentscheidende Innendienst zugewiesen war: „Die Frage der Eingliederung der Frauen in die Verwaltung ist noch längst nicht gelöst. [...] Es gibt eine einfache, aber falsche Lösung, die nur zwischen Außen- und Innendienst unterscheidet, die der Frau in der fürsorgerischen Tätigkeit nur den Außendienst zuerteilt und den Innendienst als die davon reichlich getrennte Verwaltungsarbeit auffasst. Nun ist es sicher richtig, daß der Schwerpunkt der fürsorgerischen Tätigkeit in einer bestimmten Außenarbeit liegt, in der unaufhörlichen Bemühung mit den Menschen. Aber die Hilfe am Menschen selbst, die einheitliche Bearbeitung des „Falles“ („Fall“ ist in diesem Sinne etwas ganz besonderes, ein Menschenschicksal!) verlangt eine lückenlose Verbindung zwischen Außendienst und Innendienst [...] Die Synthese von beiden muss in ihrer Verschmelzung doch dem Dienst an den *Menschen* den Vorzug geben“ (1931, S. 306).

Alice Salomon begründete die Einrichtung der Sozialakademie für Frauen ebenfalls geschlechtsspezifisch: „Die Universität ist für diese Zwecke nicht geeignet. Denn sie dient der reinen Forschung, nicht unmittelbar der Vorbereitung zum Handeln. Sie kann sich nicht auf besondere weibliche Aufgaben und Leistungen einstellen. Nur eine Bildungsstätte, die eine Verbindung zwischen praktischer, sozialer und pädagogischer Arbeit und wissenschaftlichem Studium darstellt, kann diesen Aufgaben entsprechen. (...) Bestimmte Gebiete der Wissenschaften, die vor allem die schöpferische Kraft der Frau auslösen, sollen hier in einer besonderen Form behandelt und mit besonderem Geist erfasst werden, etwa in dem Sinne, in dem

Gertrud Bäumer einmal davon gesprochen hat, daß die geistige Höherentwicklung der Frau ihre ursprüngliche Geschlechtsindividualität, ihre unauslöschbare Wesensart steigern wird" (Salomon 1931, S. 313).

Soziale Diagnose

Für Alice Salomon war die Empathie („mit anderen Menschen zu fühlen und sie zu verstehen") eine vor allem weibliche Fähigkeit und in diesem Sinne zentrales Element des frauenberuflichen fürsorgerischen Handelns. Von ihr aus sollten sich die hermeneutischen Verfahren des „Fallverstehens" und der „stellvertretenden Deutung" (Kuhlmann 2000) entfalten und die Methodik der „sozialen Diagnose" strukturieren können. Im Anschluss an amerikanische Modelle (vgl. Richmond 1917) bestand sie gleichzeitig darauf, dass die diagnostischen Grundlagen in einer differenzierten empirischen Ermittlungsarbeit gesichert werden müssen. Auffälliges Verhalten und Dissozialität waren für sie Symptome tiefer liegender psychischer und sozialer Ursachen, die es methodisch – ähnlich der Ermittlungsarbeit der Justiz, der Quellenarbeit der Geschichte und der psychologischen Diagnostik – aufzuschließen galt. Da Beziehungsarbeit immer mit dem Alltag verstrickt ist und entsprechende Voreingenommenheiten und Stereotype zwangsläufig die professionelle Arbeit immer wieder beeinträchtigen, verlangte sie von den Fürsorgerinnen (selbst-)reflexive Kompetenzen, die sie sich schon in der Ausbildung aneignen sollten. Genauso wichtig war es ihr – bei aller Empathie – die Möglichkeit „professionelle Distanz" (Kuhlmann) dadurch zu erreichen, dass die Sozialarbeiterinnen „sich selbst ein erfülltes Leben" (Salomon) jenseits der Hilfetätigkeit schaffen können. Ziel jeder Hilfe war für sie, den Menschen dazu zu befähigen, im Wechsel der Lebensprobleme und Lebenskrisen handlungsfähig bleiben zu können. Damit – so Carola Kuhlmann – könne man ihre Methodik aus heutiger Sicht durchaus als alltagsorientierte Hilfe zur Lebensbewältigung bezeichnen.

(zit. und zusammengefasst nach: Kuhlmann 2000, S. 300ff.)

Gegen die einseitig weibliche Definition der Sozialen Arbeit wehrte sich die „männliche" Sozialpädagogik, wie sie sich in der Nachfolge der (überwiegend männlichen) Jugendbewegung im Umkreis der Universitätspädagogik und in der jugendbewegt methodischen Arbeit (Führer- und Gemeinschaftsprinzip) mit meist männlichen Fürsorgezöglingen und Strafgefangenen, aber auch in der Jugendpflege entwickelt hatte, indem sie ihr die Figur des „männlichen Sozialbeamten“ entgegen hielt (vgl. Stecklina 1997). Dessen sozialadministrative Leitungstätigkeit sowie die gruppen- und gemeinschaftsbezogene Führungspädagogik wurden nun ebenfalls geschlechtstypisch legitimiert. Herman Nohl setzte den männlichen Berufstypus in Kontrast zum „ausgesprochen femininen Typus mit seiner Weichheit“, wie ihn die Fürsorgerinnen repräsentierten und schrieb ihm einen pädagogischen Ethos der Ritterlichkeit zu, die dem Manne allein „aus seinem Geschlechtscharakter aufwächst“ (Nohl 1927, S. 15-16). Er übertrug damit das herrschende System der geschlechtsspezifischen Arbeitsteilung auf die Wohlfahrtspflege und ihre sozialpädagogischen Arbeitsfelder. Gleichzeitig lieferte er eine Legitimation für die inzwischen auffällige Dominanz der Männer in den damaligen Leitungspositionen der Jugendhilfe und Sozialarbeit. Im Jahre 1928 betrug der Frauenanteil an den rund tausend Leitungsstellen in deutschen Jugendämtern ca. drei Prozent (vgl. Peukert 1986). Dem Mann definierte Nohl eine besondere geistige Haltung zu, die sich auszeichne durch das „aktive Einsetzen der Person für das Ganze, die Bereitschaft zur Führung und vor allem eine ganz bestimmte charakterisierte helfende und sorgende Haltung gegenüber dem Schwachen, die in ihm immer den selbständigen Menschen respektiert“ (ebd. S. 17) und die gleichsam kulturgenetisch tradierte Fähigkeit des Schutzes der Gemeinschaft und der aktiven Verantwortung für das Ganze des sozialen Geschehens. Der männliche Tätigkeitskreis sei der der „Wohlfahrtspolitik“′, gegenüber dem weiblichen der Wohlfahrtspflege. Dabei wurde auch die Vorstellung einer „vorsorgendführenden Väterlichkeit“ (Frank 1926/27, S. 205) gegenüber dem historisch gebundenen Ritterlichkeitssymbols ins Spiel gebracht; ein Bild, das Nohl ablehnte, weil es eine zu große Affinität zur weiblichen Mütterlichkeit und Fürsorglichkeit aufweisen würde.

Dieser geschlechtstypische Dualismus zwischen männlicher, rationaler, wissenschaftlicher Sozialpädagogik und weiblich unmittelbarer Sozialarbeit hat sich im deutschen Sozialwesen lange gehalten. Bis heute lassen sich hinsichtlich der Arbeitsfelder thematisch und organisatorisch geschlechtstypische Arbeitsteilungen erkennen. Zwar schien in der geschlechtsübergreifenden Modernisierung und Professionalisierung der Sozialpädagogik und Sozialarbeit in den 1960er und 1970er Jahren die Frage einer „weiblichen" oder „männlichen" Disziplin für die Sozialpädagogik/Sozialarbeit ausgestanden. Mit der neuen Frauenbewegung, so wie sie in den 1990er Jahren in die Sozialbereiche hinein wirkte, wurde diese Kontroverse aber wieder virulent. Dabei ging es aber nicht mehr so sehr darum, die Soziale Arbeit als typischen Beruf für die Frau zu reklamieren. Vielmehr stand und steht die Frage einer geschlechtsreflexiven Ausrichtung und entsprechender gesellschaftlicher Kontextualisierungen der Sozialen Arbeit zur Debatte (vgl. Böhnisch/Funk 2002). Der Care-Diskurs nimmt dabei das alte Motiv der Frauenbewegung, die Humanisierung der Gesellschaft unter weiblicher Perspektive, neu auf. In den 1980er Jahren feministisch angetrieben, soll die weibliche Seite gegenüber den neokapitalistisch forcierten ökonomisch-technischen (und in gewissem Sinne männlichen) Arbeitsvollzügen kritisch und schließlich gestaltend ins Spiel gebracht werden.

So lange aber der Mainstream der wissenschaftlichen Sozialpädagogik sich in sozialstaatlicher (Hintergrund-)Sicherheit wähnte, galt diese Diskurslinie eher als gruppen- und interessengebunden: Care-Theoretikerinnen, die versuchen die heutige Sozialarbeit wieder an die Frauenbewegung rückzubinden auf der einen und die meist männlichen System- und Steuerungstheoretiker auf der anderen Seite. In der Mitte gibt es dann den Mainstream der Wissenschaft der Sozialpädagogik und Sozialarbeit, der sich am Leitbild einer geschlechtsneutralen Professionalität orientiert und die Genderthematik in diesem Sinne mehr oder minder gewichtend ‚handled'. Ähnlich wie im Falle der Koedukation in der Schule entwickelte sich damit eine auf Geschlechtsneutralität ‚setzende' Ko-Professionalisierung, in der auf die Befindlichkeit und Betroffenheit des Menschen zielende Definitionen wie ‚Subjekt', ‚Lebenswelt', ‚Lebensthemen' zwar zentral waren, nicht aber in ihrer Geschlechtsbezogenheit als – männlich und weiblich – differente Bewältigungsmuster erkannt werden konnten. So war es nicht verwunderlich, dass die aus der neuen Frauenbewegung hervorgegangene Frauenforschung erst spät – in den 1990er Jahren – und dann immer noch partiell die Sozialpädagogik und Sozialarbeit erreichte. Damit ist uns – wie in der Schule – ein verdecktes Gender-Curriculum unterhalb einer geschlechterneutralisierenden Fachkultur weiterhin erhalten geblieben.

1.5 Die Formation der „sozialpädagogischen Bewegung“: Auf dem Weg zur disziplinären Eigenständigkeit

Im sich damals formierenden Wohlfahrtsstaat der 1920er Jahre wurden sozialpädagogische Arbeitsfelder etabliert, die – von der Erziehungs- bis zur Berufsberatung – auf die biographischen Risiken, Übergangs- und Integrationsprobleme der Familien und ihrer Kinder und Jugendlichen in der modernen arbeitsteiligen Gesellschaft reagieren sollten. Beschäftigungs-, Familien-, Bildungs- und Wohnungspolitik sowie der Aufbau sozialtherapeutischer und sozialpädagogischer Dienste wurden nun zur sozialstaatlichen Aufgabe, das Arbeitsfeld der Jugendwohlfahrt – gegliedert in Jugendfürsorge und Jugendpflege – expandierte und differenzierte sich aus.

Das Reichsjugendwohlfahrtsgesetz

Nach vielfältigen Vorläufern wurde das Reichsjugendwohlfahrtsgesetz (RJWG) vom 09.07.1922 ab 1. April 1924 wirksam, das den beiden Strängen der Jugendwohlfahrt, der Jugendfürsorge und der Jugendpflege, eine einheitliche Rechts- und Verwaltungsgrundlage bieten sollte. Mit dem RJWG wurden gleichzeitig die Erziehungsaufgabe der Eltern und im Besonderen das Recht des Kindes auf Erziehung rechtlich einheitlich verankert. Kindheit und Jugend galten als ein per Gesetz der öffentlichen Förderung anvertrautes, nationales Gut; „Jedes deutsche Kind hat ein Recht auf Erziehung zur leiblichen, seelischen und gesellschaftlichen Tüchtigkeit“, so hieß es in § 1 des RJWG. Das Gesetz war – nach dramatischen

Auseinandersetzungen – Ergebnis eines Rückzugs: Der insbesondere zu Beginn des Jahrhunderts diskutierte Vorschlag eines „allgemeinen Jugendrechtes" konnte sich nicht durchsetzen. Es wurde kein „Rechtssystem für den gesellschaftlichen Teilbereich Jugend" verabschiedet, das „durchaus vergleichbar mit der Entwicklung des Arbeitsrechts zur Regelung der Rechtsposition des Arbeitnehmers gegenüber Betrieb und Staat" gewesen wäre. Das Gesetz wurde ein „Jugendhilferecht, das den Maßnahmen von Erziehungsinstitutionen eine gesetzliche Grundlage geben sollte" (Hering/Münchmeier 2000, S. 132–133) und das – so Detlev Peukert – „trotz des programmatischen § 1 kein eigentliches Leistungsgesetz, sondern ein Organisationsgesetz" war und damit letztlich ein „Jugendamtsgesetz" (Peukert 1986, S. 137). Das Jugendamt sollte vier Kompetenzbereiche zusammenfassen: Die Amtsvormundschaft für unehelich geborene Kinder, die Durchführung der Fürsorgeerziehung, die Unterstützung jugendpflegerischer Aktivitäten und die Jugendgerichtshilfe.

In dieser Zusammenstellung war – trotz der wenig ausgearbeiteten Rechtssystematik – wegweisend, dass Fürsorgeerziehung und jugendpflegerische Aktivitäten (also Jugendfürsorge und Jugendarbeit) zusammengenommen waren, Jugendhilfe also – unter dem Titel der „Einheit der Jugendhilfe" – sich als Pädagogik sowohl für Jugendliche in besonderen Notlagen, als auch für alle Jugendliche verstand. Die Jugendgerichtsbarkeit dagegen blieb in dem engen Konzept des Jugendwohlfahrtsgesetzes abgespalten, sie wurde in einem eigenen Jugendgerichtsgesetz (JGG) geregelt. Das Prinzip Erziehung statt Strafe oder der erziehenden Strafe wurde zwar eingeführt, blieb aber in der Definitionshoheit der Justiz, und die dem Jugendamt zugeschlagene Jugendgerichtshilfe ein Zwitter. Abgespalten blieben ebenso gesetzliche Grundlagen für behinderte Kinder und Heranwachsende, die so als Sondergruppe gleichsam gesetzlich stigmatisiert waren.

Was sich aber trotzdem im Gesetz ausdrückte, war der Versuch, das herausgeforderte Generationenverhältnis in eine modernisierte Balance zu bringen. Das Jugendhilferecht und das Recht des Kindes auf Erziehung gestanden den Kindern und Jugendlichen eine eigenständige Rechtsposition zu, wie sie spätestens in der Weimarer Republik mit der Freisetzung der Jugend als eigenständige Lebensphase und insbesondere als Modernisierungsfaktor im industriellen Kapitalismus gefordert war, entlässt sie aber nicht aus dem pädagogischen Generationenverhältnis, sondern bindet sie in eine – nun sozialstaatlich regulierte – Verhältnisbestimmung ein (vgl. Gedrath/Schröer 2002).

Die Entwicklung sozialpädagogischer Arbeitsfelder fasste Herman Nohl in den 1920er Jahren zusammen, indem er sie als in sich konsistentes Gefüge und darin als eigenständiges Erziehungsfeld verstand, das sich aus der Fülle der gesellschaftlichen Bestrebungen um das Soziale heraushebt und sich – gleichsam in systemtheoretischer Perspektive – als funktional, institutionell und professionell selbstständiger Bereich darstellt. Indem Nohl dafür den Terminus Sozialpädagogik reklamiert, wird dieser – und dies ist das bis heute vorherrschende Verständnis von Sozialpädagogik – die Bezeichnung für ein pädagogisches Arbeitsfeld. Gleichzeitig war Sozialpädagogik für Nohl immer selbstverständlich eingebettet in allgemeine Fragen nach der historischen, gesellschaftlichen und anthropologischen Begründung von Erziehung überhaupt, also in dem, was er als allgemeine Pädagogik im Kontext der klassischen Bildungstheorie und vor allem der hermeneutischen Tradition Schleiermachers und Diltheys verstand.

Bereits im 19. Jahrhundert (vgl. Gedrath 2003) und insbesondere um die Wende zum 20. Jahrhundert – im Umkreis des damals vorherrschenden Herbartianismus – hatten Pädagogen versucht, ihre theoretischen Ansätze, neben der Schule, auch auf andere Erziehungsfelder, wie die Familien- und der Fürsorgeerziehung auszuweiten. Im Mittelpunkt stand dabei seit Beginn des 20. Jahrhunderts auch die Frage, wie die neu entstehenden Erziehungs- und Bildungsinstitutionen in die wissenschaftliche Pädagogik integriert werden können und eine Übernahme vor allem durch die Psychologie verhindert werden könne. Johannes Trüper gründete eigens 1896 eine Zeitschrift für Kinderfehler, um den Anspruch der Pädagogik zu verdeutlichen. So wurde damals u.a. der Grundstein dafür gelegt, dass in der wissenschaftlichen Pädagogik die Heimerziehung als ein Kernfeld der Sozialpädagogik angesehen wurde.

Die Kontinuität der Diskussion wird deutlich, wenn dann später Nohl die Mitherausgeberschaft der Zeitschrift für Kinderforschung (früher Kinderfehler) übernahm, um auch hier den Anspruch der von ihm vertretenen Pädagogik durchzusetzen (vgl. zur Zeitschrift für Kinderforschung: Schönberger 2004).

Nohl machte, so gesehen, wie die Herbartianer, „Pädagogik im sozialpädagogischen Feld“, allerdings bei Betonung ihrer Eigenständigkeit, die er als eigenen Teilbereich wiederum innerhalb der Eigenständigkeit der Pädagogik verstand. Die Sozialpädagogik war dadurch charakterisiert, dass in ihr unterschiedliche sozialethische Strömungen zusammen gesehen und im sozialpädagogischen Ansatz integriert werden konnten (vgl. Gängler 2003). In einem Vortrag *Die geistigen Energien der Jugendwohlfahrtsarbeit* auf der sozialpädagogischen Woche in Hamburg (1926) begründete Nohl die pädagogische Zuständigkeit: Für die Jugendwohlfahrtsarbeit waren demnach „die sozialistische“ Bewegung, „die innere Mission, die Frauenbewegung, die Sozialpolitik, die Jugendbewegung und die pädagogische Bewegung“ u.a. von grundlegender Bedeutung. „Keine von ihnen ist entbehrlich, denn jede hebt einen Bezug des neuen Lebens ans Licht. (…) Die Spannungen sind gewiss da und lassen sich nicht wegphilosophieren. Aber in einer gemeinsamen Grundhaltung haben sie ihre letzte Gegensätzlichkeit verloren. (…) Aber das bleibt gewiss richtig: das pädagogische Verhalten, die erzieherische Hingabe an den einzelnen Menschen, den ‚Menschen im Menschen’ ist der feste Grund aller aufbauenden Wohlfahrtsarbeit.“ (Nohl 1927, S. 1-2; 9-11)

Aus Nohls Perspektive sollte die Sozialpädagogik vom Alltag ausgehen, in dem die Heranwachsenden leben: „Der Alltag des Lebens, der gegebene Lebensraum, die Großstadt, die Arbeit, die Technik, der Staat, sie werden jetzt in ihrer Notwendigkeit als Schicksal der Gegenwart begriffen, dem man nicht entfliehen wollen darf, sondern den man zu beherrschen versuchen muss“ (Nohl 1948, S. 22). Damit war nicht Anpassung an den Zwang der Verhältnisse gemeint, sondern die Notwendigkeit, von der Realität gegebener Lebensverhältnisse auszugehen. Wenn die Sozialpädagogik sich so in den „lebendigen Zug des Lebens der Jugend einstellt, um aus ihm heraus das Schicksal der Jugendlichen zu deuten und die

Möglichkeiten einer höheren Lebensform zu sehen, die sich in diesem Alltag zeigt“ (ebd, S. 109), wenn sie so ein „Ort der Aufklärung des Lebens“ (Nohl 1949, S. 118) wird, Aufklärung im „Sinn einer rationalen Besinnung über das dunkle, gelebte Dasein, die aber auch das kritische Moment einer unerbittlichen Wahrhaftigkeit enthält“ (ebd., S. 109), dann könne sie auch ihre neue pädagogische Form finden. Für diese ist das Moment des „pädagogischen Bezugs“ zentral. Dieses an das Konstrukt des pädagogischen Handelns bei Pestalozzi unmittelbar anknüpfende und in Referenz zu Adlers Individualpsychologie (s.u.) stehende spezifisch pädagogische Konzept realisiert sich im Zusammenhang von Verantwortung und Vertrauen und meint das „leidenschaftliche Verhältnis eines reifen Menschen zu einem werdenden Menschen und zwar um seiner selbst willen“ (Nohl 1948, S. 134). Und es sollte immer in Korrespondenz gesehen werden zu weiteren sozialen Bezügen, zur Gruppe und „zur Kraft und zum Mut der Selbsthilfe in der Gemeinschaft”. Sozialpädagogisches Handeln sollte sich in dieser Form in den sozialpädagogischen Institutionen repräsentieren, vor allem im Jugendamt, das in der dezidierten Frontstellung zur traditionellen Verwaltungsbehörde – als „lebendiges Jugendamt“ (ebd.), also als organisationelle Mitte der unterschiedlichen sozialpädagogischen Aktivitäten – gesehen wurde.

Der humanistisch verstandene Anspruch des Menschen auf sein Lebensrecht und auf Wohlsein sowie die Entfaltung seiner Persönlichkeit ist der eigentliche Kern und Bezugspunkt dieser Eigenständigkeit der Sozialpädagogik. Sie hat dieses Recht anderen Interessen gegenüber zu verteidigen und Erziehungsverhältnisse als Lebensverhältnisse zu schaffen, in denen Menschen sich in diesem Eigenrecht entwickeln können. Nohls pädagogische Ausdeutung der Jugendwohlfahrtsarbeit wurde in der späteren Rezeption zum Inbegriff einer sozialpädagogischen Professionalisierung der Erziehung und Bildung neben der Familie und Schule (vgl. Bäumer 1929). Im Bild geredet, wurde so gleichsam als zweiter Kontinent neben der im 19. Jahrhundert etablierten schulischen Bildung ein weiterer Bereich neuer, nichtschulischer Bildungs- und Erziehungssphären entdeckt.

Sozialpädagogen sollten demnach neben der Schule und nicht in Konkurrenz zu ihr agieren. Diese Nohlsche Intention scheiterte allerdings daran, dass sich auf der Reichsschulkonferenz 1925 die dort vertretendenen Sozialpädagogen gegen die Einheitsschule durchsetzten, weil sie befürchteten, dass sonst die Eigenständigkeit sozialpädagogischer Arbeit gefährdet wäre. Dieser Bruch setzt sich bis heute im Dilemma der Schulsozialarbeit und ihrer Stellung gegenüber und in der Schule fort und scheint auch in der aktuellen Debatte um die Ganztagsschule immer wieder auf.

Am Beispiel Nohls kann zudem gezeigt werden, wie die Sozialpädagogik im 20. Jahrhundert sich vor allem im Kontext der Jugendbewegung entwickelt hat. Für Nohl gehörte es zur historischen Gesetzlichkeit sozialer und kultureller Bewegungen, dass sie – in einer historischen Stufenfolge – ihren Bewegungscharakter aufgeben müssen, damit sich ihre Prinzipien institutionell verbreiten und Struktur bildend in die Gesellschaft eingebracht werden können. Diesen Stufenmechanismus vom revolutionären Ausnahmezustand der Avantgarde schließlich zur institutionellen Phase der Reform kennen wir aus der Theorie und Entwicklung sozialer Bewegungen – z.B. der Frauen- und Ökologiebewegung.

Vor dem Hintergrund eines solchen historischen Entwicklungsmodells der Vergesellschaftung sozialer Bewegungen konnte Nohl auch die „Sozialpädagogisierung" der Jugendbewegung in der Weimarer Zeit plausibilisieren. „So ist die Jugendbewegung wie ein Ferment in alle soziale Arbeit, vor allem auch der Ämter und Anstalten, der staatlichen wie der konfessionellen, eingegangen (...). So kritisch man zunächst die ‚offizielle Jugendbewegung' von Staat, Kirche und Parteien ansehen mußte, wo jede dieser organisierten Lebensmächte auch ihre entsprechende Jugendgruppe schuf, schließlich hat doch diese Arbeit von oben die Entwicklung ungeheuer beschleunigt und sie in der ganzen Breite des berufsgeteilten Lebens hineingearbeitet, so daß sie heute für die Jugend jeder Art so gut wie selbstverständlich geworden ist. Den Bewegungscharakter hat sie damit allerdings verloren. Und auch nach einer anderen Seite hat die Bewegung eine Grenze erreicht. Ihre ersten Träger waren allmählich erwachsen geworden, und hatten sie ursprünglich von ihrem Gegensatz zum Erwachsenendasein gelebt, so standen sie nun selbst an der Front. (...) Damit verlor die alltägliche Ideologie der Jugendbewegung ihren Gegenpol." (Nohl 1970, S. 28) Nohl sah in der Jugend und ihrem Entwicklungspotenzial eine gesellschaftsbildende Kraft, die der Programmatik einer gesellschaftlich eigenständigen Jugend- und Sozialpädagogik entgegenkam. Deshalb versuchte er – in drei Schritten – das gesellschaftliche Interesse für die Entwicklungspotenziale in Kindheit und Jugend und das Erlebnis der Jugendbewegung sozialpädagogisch zu transformieren: Zum einen beschwor er den zugleich kulturkritischen wie -schöpferischen Impetus der Jugendbewegung (vgl. dazu Hermann 1991), aus dem er die gesellschaftliche Orientierung der Sozialpädagogik formte. Zum Zweiten knüpfte er an das Gesellungsprinzip der freien Gemeinschaft an, das zum pädagogischen Kernprinzip der neuen Sozialpädagogik in Korrespondenz zu den reformpädagogischen Konzepten für die Schule werden sollte (vgl. dazu Oelkers 1996). Schließlich – drittens – versammelte er in seinen Seminaren Mitglieder der Jugendbewegung selbst, die nun als jugendbewegte Erwachsene in den neuen sozialpädagogischen Berufen tätig und gleichsam für die Verberuflichung der Jugendbewegung – vor allem was die männliche Seite betrifft – verantwortlich waren (vgl. dazu Böhnisch/Schröer 1997).

Nohl beschrieb diese sozialpädagogische Transformation der Jugendbewegung als „dritte Jugendbewegung" (nach der „zweiten", der Kriegsjugendbewegung), die sich in der nun neu entstandenen *sozialpädagogischen Professionalität* auf den Alltag der Gesellschaft einlässt und sich nicht mehr, wie die „erste Jugendbewegung" des Wandervogels, von ihr abwendet (vgl. Nohl 1948). In der Formel der Sozialpädagogik als vergesellschafteter Jugendbewegung ist auch jenes Strukturmuster enthalten, mit dem er eine theorie- und handlungsleitende Idee der Sozialpädagogik begründen wollte: Die Prinzipien der Einheit und Ganzheit, die die erste Jugendbewegung auf den inneren Menschen (Persönlichkeitsentwicklung und -bildung) bezog, wird nun nach außen auf die arbeitsteilige („berufsgeteilte") Industriegesellschaft hingewendet.

Werner Kindt hat in der Nachfolge Nohls in seiner Dokumentation der Jugendbewegung vor allem die Wirkung dieser jugendbewegten Persönlichkeiten für den Aufbau der sozialpädagogischen Arbeit nach dem Krieg in den Vordergrund gestellt (vgl. Kindt 1963/1974; kritisch dazu: Niemeyer 2001; 2002). Er schildert Projektversuche der ersten Nachkriegsjahre, in denen Gemeinschaften des betreuten Wohnens für obdachlose, vom Krieg verstreute und sozial deklassierte Jugendliche von Ehemaligen der Jugendbewegung gegründet und betreut wurden.

Der Impetus der Jugendbewegung vereinte demnach unterschiedlich sozialpädagogisch Engagierte der damaligen Zeit, ob sie nun aus z.B. einem religiösen Hintergrund oder der proletarischen Jugendbewegung kamen. Auch die Geschichte der Gilde Sozialer Arbeit (vgl. Schnurr 1997; Thorun 2000) zeigt, wie verschiedene theoretische und politische Gruppierungen der Sozialpädagogik und Sozialarbeit über den gemeinsam gesetzten Geist der Jugendbewegung immer wieder zusammenfanden. Öffentliche Aufmerksamkeit erhielten dabei vor allem die reformpädagogisch „ausgewiesenen" Projekte zur Fürsorgeerziehung und zum Jugendstrafvollzug, die von Karl Wilker (Lindenhof), Curt Bondy und Walter Hermann (reformierte Jugendstrafanstalt Hahnöfersand) gegründet wurden. Diese Experimente setzten auf die aus der Jugendbewegung abgeleitete sozialpädagogische Arbeitsform der Gemeinschafts- und Gruppenerziehung sowie die Entwicklung eines jugendbewegten Milieus des Vertrauens und der Kameradschaft.

Die Auseinandersetzung mit der repressiven Anstaltspraxis der damaligen Zeit, wie sie z.B. innerhalb der Inneren Mission im fatalen Zusammenspiel von religiöser Vereinnahmung und autoritärer pädagogischer Praxis geführt wurde (vgl. Niemeyer 1998a), war dabei ein zentraler Schauplatz auf dem sich diese „sozialpädagogische Bewegung" (vgl. Hermann 1956) in den 1920er Jahren profilierte.

„Gerade für den Versuch, die repressiven Zwingburgen der vorherrschenden Form von Heimerziehung und Strafvollzug zu überwinden, fanden die Ideen der Refompädagogik einen günstigen Nährboden. Ein Beispiel für die Übertragung reformpädagogischer Ideen auf die Fürsorgeerziehung gibt

Karl Wilker, der 1917 zum Leiter der Fürsorgeerziehungsanstalt Berlin-Lichtenberg (später zum „Lindenhof" umbenannt) berufen wurde. Nur ca. drei Jahre kann sich Wilker in dieser Position behaupten und seinen Anspruch auf eine fundamentale Veränderung des knastähnlichen Großheims gegen den Widerstand der älteren Heimerzieher sowie der vorgesetzten Behörden durchhalten. Äußerlich geht es Wilker um die Abschaffung von Mauern, Einschlussvorrichtungen und all den anderen Insignien einer geschlossenen Anstalt; vor allem liegt ihm die Begegnung mit den ‚Jungen' am Herzen: Ganz vom Menschen ausgehen, an die Menschenwürde der Insassen appellieren, sie nicht nur mit mechanischen Verrichtungen zu beschäftigen, sondern auch zu ihrer kulturellen Persönlichkeitsbildung beizutragen (Museumsbesuche etc.), mit Hilfe von ‚Jugendgerichten' Ansätze zur Selbstverwaltung stärken – all diese Gedanken waren es, die Wilker zu einem ebenso bekannten wie von den Behörden abgelehnten Vertreter reformpädagogischer Prinzipien werden ließen. Doch war sein Scheitern nicht nur auf Differenzen mit der Verwaltung und Machenschaften seiner Gegner zurückzuführen, sondern mindestens ebenso sehr auf die innere Widersprüchlichkeit seines Konzepts, die er mit vielen anderen Vertretern des Reformdiskurses teilt: Auch Wilker kann seine Vision eines menschenfreundlichen Umgangs mit aggressiven Deliquenten schließlich nur um den Preis des Auslesegedankens aufrechterhalten. In einem Referat vor sächsischen Erziehern sagt er 1928, acht Jahre nach seinem von großen Solidaritätsdemonstrationen begleiteten Ausscheiden aus dem Lindenhof: ‚Wir müssen eine Auslese treffen. Wir müssen erwägen, wie viele Schwachsinnige, wie viele Psychopathen von einer Gemeinschaft von soundsoviel sonst annähernd Normalen getragen werden können.'" (v. Wolffersdorff 1997, S. 107-108)

Auch Wilker hatte damit Teil an dem spätestens seit der Jahrhundertwende verbreiteten Psychopathologie-Diskurs, der sich später verhängnisvoll auswirkte.

Das Scheitern dieser Experimente machte „die Grenzen der eigenen Handlungsmöglichkeiten klar (...), die nicht nur in den Widerständen der Bürokratie und in dem pädagogisch nicht ausgebildeten Anstaltspersonal zu suchen waren. Diese Grenzen lagen eben auch in der Überschätzung der Jugendbewegungserfahrungen und ihren Transformationsmöglichkeiten auf proletarische Jugendliche, deren Lebenswelt und Konflikte den bürgerlichen Jugendbewegten letztlich fremd bleiben mussten" (Dudek 1988, S. 46; vgl. auch Weniger 1929).

Zusammenfassend lässt sich resümieren: Nohls Konzept von der professionellen Eigenständigkeit der Sozialpädagogik in der Jugendwohlfahrtsarbeit hat im weiteren Verlauf der disziplinären Entwicklung einen strukturbildenden Einfluss gehabt. In der hier angelegten Verbindung von Analyse, Handlungstheorie und darin gegebenen Professionalisierungsmöglichkeiten wurde es zu einem Kern der sich nach 1960 etablierenden universitären Ausbildung. Doch mit seinem Ansatz verbindet sich auch eine Verengung des gesellschaftlichen Horizonts auf pädagogische Zuständigkeiten (vgl. Münchmeier 1981). Der Einwand, dass eine solche Verengung der Preis dafür sei, dass Disziplin und Profession sich konsolidieren konnten, ist in seiner Programmtik zwar plausibel, vor dem Hintergrund aber theoretisch folgenreich (vgl. Niemeyer 1997), dass reflexive Praxis sich nur im Horizont ihrer gesellschaftlichen Rückbindung entwickeln kann.

Auch Nohls Verständnis von Alltag und Jugend ist nicht rückgebunden an die Realität der damaligen Alltagsverhältnisse mit ihrer Dramatik von Entfremdung, Armut und Ausgrenzung. Nohls Interpretation der Jugendbewegung und der Jugendfrage übergeht, wie Jugend als gesellschaftliche Kategorie im Prozess des Strukturwandels der Arbeitsgesellschaft freigesetzt wurde und deshalb nicht aus sich selbst heraus, sondern nur in diesem historisch-gesellschaftlichen Kontext verstanden werden kann. Die sehr sporadische Berücksichtigung der damaligen Jugendforschung – vor allem zur Situation der proletarischen Jugend – ist hierfür ein deutliches Indiz. Schließlich hat die Betonung der Eigenständigkeit der Sozialpädagogik – ebenso wie die der Erziehung – dazu verführt, dass der sozialpädagogische Diskurs sich allzu sehr auf sich selbst bezog und sich kaum durch eine breitere Rezeption empirischer Forschung ebenso wenig wie durch die

Psychoanalyse herausfordern ließ. Diese Verengungen werden deutlicher, wenn das Konzept Nohls im Folgenden in den weiteren sozialpädagogischen Diskurs der damaligen Zeit gesetzt wird.

1.6 Die Jugendformation: Zur sozialpädagogischen Verlegenheit der industriekapitalistischen Moderne

Die Modernisierung der Gesellschaft wurde in den 1920er Jahren vor allem mit dem „Fetisch“ Jugend verbunden (vgl. Peukert 1987; Dudek 2002). Die Jugendlichen lernten die neuen Berufe und wuchsen in einen neuen Rhythmus von Ausbildung, Arbeit, Konsum und Freizeit hinein. Dies äußerte sich unübersehbar und massenhaft, folgt man den Zeitdiagnosen, in bislang nicht gekannten öffentlichen Verhaltens- und Konsumstilen der jungen Menschen. Das Selbstbewusstsein und die Selbstständigkeit der großstädtischen Proletariermädchen wurde z.B. von der Jugendkundlerin Liesbeth Franzen-Hellersberg in die folgende Charakteristik gefasst: „Das Mädchen hat sich einen eigenen Lebensstil geschaffen, der Ausdruck ihres Jugenderlebnisses ist“ (1932, S. 64). Allerdings – folgt man einer neueren Rekonstruktion zeitgenössischer Materialien zur Situation der Arbeitermädchen in der Weimarer Republik – war ihr Jugenderlebnis als Freizeiterlebnis „männlich konnotiert“. Es „stand den erwerbstätigen weiblichen Jugendlichen gleichsam nur leihweise zu“ (Benninghaus 1999, S. 215).

Schon damals tauchte der Begriff der „individualisierten“ Jugend auf, der Jugend, die aus ihren traditionellen sozialen Herkunftsmilieus heraus strebte. Die Jugendfrage, die seit der Jahrhundertwende den pädagogischen Diskurs beherrschte, hatte jetzt eine unübersehbare gesellschaftliche Dimension bekommen. Jugend wurde – empirisch wie ideologisch – als strategische Sozialgruppe einer sich stetig modernisierenden Gesellschaft erkannt. Sie blieb es wohl – zumindest ideologisch – fast während des gesamten 20. Jahrhunderts. Damit war die Kinder- und Jugendpädagogik sozialstrukturell herausgefordert, konnte sich nicht länger nur am inneren Entwicklungsmodell Jugend orientieren; eine gesellschaftszugewandte Sozialpädagogik der Kindheit und Jugend war gefragt. An dieser Frage schieden sich die sozialpädagogischen Geister der Zeit.

Die an der Jugendhilfe orientierten und der geisteswissenschaftlichen Pädagogik verpflichteten Sozialpädagogen wie z.B. Herman Nohl und Walter Hoffmann (1926) hatten zwar die Herausforderung erkannt: Der Begriff „Jugendkultur“ als Zugangsbegriff des pädagogischen Verstehens dieser neuen Jugend wurde eingeführt. Sie versuchten, die pädagogischen Errungenschaften aus der Jugendbewegung – so vor allem die Erfahrung der Eigenständigkeit und Gemeinschaftlichkeit der Jugend – mit den modernen sozialen und kulturellen Differenzierungen des Jugendlebens zu verknüpfen, aber sie blieben einem Geist der Jugendbewegung verhaftet, deren Gestalt sie nicht gesellschaftstheoretisch transformieren konnten. Denn sie hielten letztlich am inneren Entwicklungsmodell des Jugendalters fest und versuchten von da aus die neuen sozialen und kulturellen Erscheinungsformen des Jugendverhaltens zu integrieren. Dagegen orientierten sich Sozialpädagogen wie Carl Mennicke und auch die empirischen Jugendkundler oder das sozialpädagogische Denken der Wiener Schulreform an der gesellschaftszugewandten Thematik der modernen Freisetzung der Jugend und ihrer damit verbundenen Bewältigungsprobleme.

In diesen Arbeitszusammenhang gehören auch die jugendpsychologischen Arbeiten von Charlotte Bühler (1933), die Untersuchungen zu Selbstbehauptung und Lebensbewältigung von proletarischen Kindern und weiblichen Jugendlichen durch Hildegard Hetzer (1929) und die berufssoziologischen Arbeiten Paul Lazarsfelds (1931), der die Berufsorientierung Jugendlicher vor dem Hintergrund des Wandels der arbeitsgesellschaftlichen Verhältnisse untersuchte und mit dem Begriff der „verkürzten Pubertät“ den Mangel an jugendkulturellen Experimentier- und Gestaltungsräumen proletarischer Jugendlicher beschrieb.

So entstand ein empirischer sozialpädagogischer Jugenddiskurs, der sich auf die Probleme der berufstätigen, berufssuchenden und arbeitslosen Jugend und vor allem ihr jugendkulturelles Freizeitverhalten bezog, fokussiert in der neuen Großstadtjugend, aber auch in der Landjugend (im Prozess der Modernisierung). Die ersten großen empirischen Jugenduntersuchungen wurden gemacht: Fragebogenerhebungen, Klassenzimmerbefragungen, Schulaufsatzanalysen, qualitative Interviews und Gruppendiskussionen (vgl. Benninghaus 1999). Es waren damals nicht primär professionelle SozialforscherInnen, wie wir sie heute kennen, sondern in der Regel PädagogInnen (vgl. u.a. Dehn 1929; Fuchs 1928; Jüngst 1929; Franzen-Hellersberg 1932), die vielfach in der neuen Berufsschule arbeiteten. Es war für sie eine neue – damals nannte man sie „amerikanische" – Jugend, die in den Modernisierungsschüben der Nachkriegszeit freigesetzt wurde, sich aus ihren Herkunftsmilieus löste, konsum- und freizeitaktiv agierte und von der jugendbewegten Pädagogik nicht mehr verstanden werden konnte.

Die Disziplin dieser ForscherInnen war die „Jugendkunde", die sich pädagogisch ganzheitlich verstand, sich weder in der psychologischen Entwicklungsthematik der Jugend erschöpfen, noch sich an ihren sozialen Erscheinungsformen ausrichten wollte, sondern als „Lebenskunde der Jugend" das miteinander verbinden wollte, was man in die Jugend pädagogisch hineinlegte, mit dem, wie sie sich seelisch und sozial gab (vgl. wiederum Dudek 1990). Aber auch in diesen methodisch durchaus ernst zunehmenden empirischen Untersuchungen der Jugendkundler spürt man vielfach Spuren jener pädagogischen Befangenheit, die wir schon bei Nohl konstatierten, die ihnen die Sicht auf die gesellschaftliche – und damit auch pädagogische – Tragweite der massenhaften Freisetzung der Jugend in der Weimarer Gesellschaft versperrte.

Später wird die moderne Sozialisationstheorie die Brücke zwischen soziologischer, psychologischer und pädagogischer Dimension schlagen. Es mutet von heute aus betrachtet fast kurios an, wenn man auf der einen Seite die sozialempirisch genauen Beobachtungen und Befunde der Jugendkundler sieht, gleichzeitig aber ihre krampfhaften Versuche liest, diese in ein interpretatives Bezugssystem zu bringen, das an einem sozialpädagogischen Wesen- und Wertemodell von Jugend orientiert ist. So finden wir immer wieder die typische Interpretation, dass hier eine Jugend heranwachse, die „sich selbst überlassen ist". „Selbstüberlassenheit" wurde zum Inbegriff für den pädagogischen Argwohn, diese Jugend der 1920er Jahre habe keinen Bezug, keine Spannung zu Vorbildern eines gehaltvollen und sinnreichen Jugendlebens, ja zur Kultur überhaupt. Die neue Jugend sei vom „amerikanischen Bazillus" der Äußerlichkeit infiziert: Dies zeige sich vor allem darin, dass sie nicht mehr – wie etwa die Jugendlichen der Jugendbewegung – im Immateriellen ihren Sinn suche, sondern materiell orientiert sei, dass sie dem baren Genuss fröne und den geistvollen Verzicht nicht mehr kenne. Die empirisch so oft umschriebene Gegenwartsorientierung dieser neuen Jugend war über den normativ voreingenommenen Zugang der Jugendkundler nicht erschließbar. Natürlich betrieben sie ihre empirische Forschung ja gerade deswegen, um herauszufinden, welche Probleme die Jugendlichen – im Nohlschen Sinne – hatten, und welche sie machten, um dann daran sozialpädagogisch ansetzen zu können. Aber wenn der Jugendliche nun ein Leben führt, das so ganz anders ist, als sich die Sozialpädagogen und Jugendkundler die Jugend vorstellen, wie soll man ihn dann pädagogisch begreifen können? „Sein Buch ist das reale Leben oder die Phantasien von Kino [...] und Romanen. Da gibt er sich selbst die Erklärung" (Stockhaus 1926, S. 71). In dieser „Selbsterklärung" schien die Jugend rücksichtslos gegenüber den pädagogischen Vorstellungen, die man an sie richtete. Und die jugendbewegten pädagogischen Figuren taugten kaum als Vorbilder für das moderne Leben in der neuen Konsumgesellschaft. Die Sozialpädagogen und Jugendkundler, die diese empirische Jugendforschung betrieben, hätten also das soziokulturelle Verhalten dieser neuen Jugend nicht vorschnell pädagogisch bewerten sollen, sondern sich mehr auf die Gesellschaft beziehen müssen, die diese Jugend hervorbrachte und von dieser Gesellschaftlichkeit der Jugend her (Jugend als Vergesellschaftungsform) ihre Pädagogik neu formulieren müssen.

Dies taten pädagogische Außenseiter wie vor allem Siegfried Kawerau (1921), die die in der Jugendbewegung beschworene Zeitkrise gesellschaftskritisch wendeten, die Jugendfrage aus der Selbstdeutung der Jugendbewegung heraus führten und als Abbild und Medium der Krise der kapitalistischen Industriegesellschaft und ihrer Moderne interpretierten. Kawerau versuchte die Jugendbewegung als „soziologische Erscheinung“, als ein Symptom der „spätfamilialen Krise“, als ein Zeichen des sich zersetzenden Kapitalismus zu begreifen. Seine Grundthese war, dass der sich in seiner einseitig auf ökonomische Rationalität und technische Instrumentalität und Nutzbarmachung angelegte Wachstumsfetischismus des Kapitalismus den Menschen seiner ganzheitlichen Menschlichkeit berauben und funktionell zergliedern müsse. Die Familie sei in ihrer sozialen Reproduktionsfunktion bedroht, weil sie die Bewältigungsprobleme und die Pathologien, die der Kapitalismus so erzeuge, bei den Individuen auffangen müsse. Aus dieser Überforderung der Familie erklärte sich für Kawerau die Dynamik, mit der die jugendbewegte Jugend aus den erodierenden Familienstrukturen freigesetzt, gleichsam herauskatapultiert wurde.

Die Generationenfrage

Das methodologische Rüstzeug für die Erklärung des neuen Jugendphänomens hätte die junge Generationensoziologie der Weimarer Zeit geben können, deren prominentester Vertreter Karl Mannheim (1926) war. Er zeigte auf, dass das Phänomen der jungen „sich selbst überlassenen“ Nachkriegsgenerationen als Freisetzungsphänomen im Kontext der industriegesellschaftlichen Modernisierung zu begreifen sei. Das Prinzip des arbeitsteiligen linearen Fortschritts lässt die jeweils junge Generation immer wieder dem Neuen näher und rücksichtsloser gegenüber dem Alten erscheinen. Der junge Mensch wird zum Symbol des Fortschritts. Dies symbolisiert sich in entsprechenden Haltungen, die gesellschaftliche Generationenkonflikte erzeugen, die die Arbeitsteilung aber weiter vorantreiben. Der moderne Kapitalismus schafft sich damit seine eigene Generationenfrage. Jenseits der Erfahrungen der älteren Generation und der Familie wird die Jugend dazu gezwungen, auf sich selbst zu bauen und die eigene Selbstständigkeit schon früh wahrzunehmen. Sie wird mit jeweils ganz neuen Anforderungen und Herausforderungen konfrontiert, die in dieser Form ihren Eltern bzw. der Vorgänger-Generation nicht bekannt waren. Dabei sorgt sich der moderne Kapitalismus aber nur so weit um die Selbstständigkeit der Jugend, wie sie in Form von zu qualifizierender Arbeitskraft oder als neuer Pool des Konsummarktes genutzt werden kann. Deshalb bedarf es – so der Tenor der damals um die Generationenfrage kreisenden Sozialliteratur und Sozialpublizistik – einer gesellschaftlichen und pädagogischen Auseinandersetzung mit der Jugend, die ihre neue Selbstständigkeit respektiert und mit ihr gemeinsam Wege der Integration sucht.

Diese sozialwissenschaftlich fast revolutionär zu nennende neue Perspektive der Freisetzung fasste im Umkreis einer sozialpolitisch rückgebundenen Sozialpädagogik Fuß. Carl Mennicke griff sie auf und verallgemeinerte sie; er sprach von der „sozialpädagogischen Verlegenheit" der industriekapitalistischen Moderne. Ihr Vergesellschaftungsmodus setze den Menschen frei, vermittle ihm aber nicht *wozu*, setze ihn gleichsam einer für ihn nicht überschaubaren „Bewältigungslast" aus. Damit entwickle sich aus der gesellschaftlichen Dynamik heraus ein sozialpolitischer und sozialpädagogischer Aufforderungscharakter. Der Sozialpolitik falle dabei die Aufgabe zu, die Menschen so gesellschaftlich einzubetten, dass sie über ihr Bewältigungshandeln hinaus – hier setzt Sozialpädagogik ein – eine soziale Gestaltungsperspektive entwickeln können. In diese Dialektik von Gebundenheit und Freiheit suchte Mennicke seine Perspektive sozialistischer Lebensgestaltung zu integrieren und orientierte sich auch an der pädagogischen Perspektive der Gemeinschaft. Die Suche nach neuen Gemeinschaftsformen sollte aber nicht, wie dies in den überkommenen Verbänden der Fall gewesen war, die Menschen erneut festsetzen, sondern sie sollten sich in freien Arbeits- und Lebensgemeinschaften verwirklichen können.

Diese Perspektive stand durchaus im Gegensatz zur vorherrschenden universitären Pädagogik: Diese war orientiert an einem Entwicklungsmodell von Jugend, das in einem vorgegebenen gesellschaftlichen Rahmen ablief, der der Jugend und der Pädagogik gleichermaßen ihren festen Platz zuwies. In dieser pädagogischen Argumentationsfigur aber ging unter, *wo* diese Jugendlichen – Lehrlinge und junge Arbeiter –, die in der „Kontrolllücke zwischen Schule und Kasernentor" (vgl. Münchmeier/Peukert 1990) massenhaft auffielen, eigentlich herkamen und dass sie eine Sozialgruppe bildeten, die sich vor dem Hintergrund der industriellen Arbeitsteilung formierte und aus ihr heraus ihre Sozialgestalt erhielt. Dies zu klären ist Aufgabe einer Sozialpädagogik, die im 20. Jahrhundert ihre Eigenständigkeit aus der gesellschaftlichen Dynamik und Ambivalenz des Sozialen im Kontext der gesellschaftlichen Arbeitsteilung ableiten konnte.

Mennicke sah in der Perspektive von Freisetzung und Bewältigung die Möglichkeit, einen pädagogischen Zugang aus dem Leiden der Menschen unter der Sozialform und Lebensgestalt, wie sie von der industriekapitalistischen Moderne vorgegeben wurde, zu entwickeln. Daran schloss er die Frage an, wie Menschen diesen Lebensalltag bewältigen, um zu ihrem (Selbst-)Wert als Menschen finden zu können. Seine These, dass sich aus diesem Leiden ein Bedürfnis nach einer gemeinschaftsorientierten Lebensgestalt ergäbe, erschloss er aus der Praxis. In den Arbeitervierteln und entsprechenden pädagogischen Projekten suchte er nach Vergesellschaftungsformen und Reformansätzen, die diese Perspektive der gemeinschaftsorientierten Lebensgestaltung unterstützen und zeigen konnten, dass ein Aufbrechen der bürgerlichen Lebensgestalt ein Bedürfnis der Menschen selbst war. Hier findet sich auch – gleichsam in der geistigen Brücke des zeitgenössischen sozialpädagogischen Diskurses und weniger innerhalb einer disziplinären Kommunikation – eine deutliche Verbindung zu Siegfried Bernfeld (s.u.), dessen Kinderheim Baumgarten für Mennicke ein exemplarisches Beispiel der Gemeinschaftserziehung im Sinne der Gestaltung einer eigenen Form des Gemeinschaftslebens war.

1.7 Die kritisch-psychoanalytische und individualpsychologische Formation

Mennickes Kernpunkt, das Leiden an der bürgerlich-kapitalistischen Lebensgestalt, führte ihn letztlich zu seinem religiösen Fundament als protestantischer Sozialist. Siegfried Bernfelds Konzept kam vom gleichen Ansatzpunkt zu einer gleichsam säkularen – in Marxismus und Psychoanalyse fundierten – Analyse. Bernfeld schloss die sozialen Orte des Leidens psychodynamisch auf und zeigte, dass die Pädagogik solange eine Sisyphosarbeit bleiben muss, solange sie die Entwicklungspotenziale von Mensch und Gesellschaft nicht in ihrer Tiefendimension und Dialektik begreift. Erst wenn die Pädagogik sich nicht über sozialidealistische und anthropologische Legitimationsformen aus der sozialen und menschlichen Lebensrealität flüchtet und die innere Konfliktstruktur, die sich hinter dem Leiden verbirgt, im Zusammenspiel mit der gesellschaftlichen Konfliktstruktur analysiert, wird sie erkennen, dass die sozialen Orte des Leidens die Chance zu einem pädagogischen und gesellschaftlichen Anfang bieten, in dem das individuelle und soziale Leiden zu einem selbstbestimmten sozialen Handlungs- und Gestaltungsbedürfnis in einer neuen Gesellschaft werden kann.

Das Pädagogikkonzept Bernfelds – er war als Jude, Psychoanalytiker und Marxist dreifacher Außenseiter – blieb zu seiner Zeit weithin unbeachtet. Ausgang aller Pädagogik war für ihn die Gesellschaftsanalyse. Danach ist die Klassengesellschaft des Kapitalismus dadurch gekennzeichnet, dass „die Wirtschaft keineswegs dazu dient, den Hunger der Menschheit, ich meine jedes einzelnen Menschen, zu stillen, sondern dazu, den durch Genuss überreizten Appetit ihrer Minderheit, und zwar einer recht unbeträchtlichen Minderheit, der Angehörigen der herrschenden Klasse, bis zur Übersättigung zu befriedigen“ (Bernfeld 1967, S. 11). Da diese Ungleichheit aber dem modernen Anspruch auf Selbstbestimmung widerspricht, ist es für den Bestand der Gesellschaft notwendig, dass die Masse in die Ungleichheit der Lebenschancen einwilligt, sie bejaht. „Was in Wahrheit gewaltsam erzwungene Ausbeutung ist, soll ihnen (den Angehörigen der ausgebeuteten Mehrheit, d.A.) als freiwillig dargebrachtes Opfer der Liebe erscheinen. Sie sollen Mehrwert leisten, aber sie sollen es gern tun, aus innerem Liebeszwang“ (ebd., S. 98). Vor diesem Hintergrund bestimmt Bernfeld die Dialektik der Pädagogik: Im bestehenden System dient sie der Anpassung, vor allem auch durch die Herstellung von Bindungen und Identifikationen, in der Kritik und Überwindung dieser Mechanismen soll sie Freiheit befördern und stiften.

Medium der herrschenden Pädagogik – und der Grund ihrer ideologischen Funktionalität für die Gesellschaft – ist ihre Realitätsblindheit, ihr Mangel an „Tatbestandsgesinnung“ (ebd., S. 15). Pädagogik wirkt vor allem durch das Lebens- und Erziehungsarrangement von Institutionen. Schule erzieht also nicht so sehr – wie sie selbst glaubt – durch Didaktik und Methodik, sondern durch ihre Ordnung als Klassenschule, die den Willen der proletarischen Jugend zur Anpassung ebenso erzeugt wie ein elitäres, gesellschaftsblindes Lebensverständnis der Mittelschicht (das allerdings, in sich ungefestigt, durch Abgrenzung und Ausgrenzung von anderen, zum Beispiel von Juden, abgesichert werden muss).

Neben der „Institutionenkritik“ bedarf es der Analyse der persönlichen pädagogischen Beziehungen: Was in der klassischen Pädagogik als Unbedingtheit des persönlichen Bezugs gilt, erweist sich angesichts seiner verdeckten gesellschaftlichen Funktion als vordergründig: „Die individuellen Unterschiede verschwinden nicht minder als die außertypischen des Alters, es ist die große bürgerliche Schafherde, die schlecht und recht die Masse Wolle gibt (...). Zwar versichert der Schäferjunge, jedes habe sein eigenes Gesicht. Ich glaube es kaum; vielleicht täuscht ihn seine Liebe. (...) Auf die Wolle kommt es an, ihr Freunde“ (Bernfed 1967, S. 111). Medium der persönlichen Bindung ist – nach Bernfeld – die Realitätsblindheit im dreifachen Bezug zwischen Erzieher und Zögling, der ihm ebenso als das Kind, das er früher war, wie als reales Kind, wie als Objekt seiner Projektionen entgegentritt.

„Tatbestandsgesinnung“ – als elementares Prinzip jeder wissenschaftlichen Pädagogik – war für Bernfeld vor allem notwendig auch in Bezug auf die Lebensverhältnisse und Lebenserfahrungen der Jugend. Er geißelte die herrschende Jugendideologie der besonderen Entwicklung, wie er sie in der Jugendpsychologie Sprangers zusammengefasst sah: „Ermutigung, Lebenswerte, Kulturbejahung, tätige Lebensgesinnung usw. fordert zwar das heutige Publikum, aber eine Kultur, welche eine so große Anzahl von Teilnehmern unbefriedigt lässt und zur Auflehnung treibt, hat weder Aussicht sich dauernd zu erhalten, noch verdient sie es“ (Bernfeld 1970, S. 550). Der Analyse der Lebenslagen von Jugendlichen sollen Institute der Jugend- und Kinderforschung dienen, für die Bernfeld Arbeitsprogramme – neben seinen ausgedehnten Arbeiten zur Säuglingsforschung – entworfen hat. Es geht um Rekonstruktionen des „sozialen Orts“ (Bernfeld 1969), an dem Jugend lebt, und an dem sie sich in einer „Tantalussituation“ (Bernfeld 1970) erfährt, nämlich konfrontiert mit herrschenden Versprechungen von Gerechtigkeit und Gleichheit und der eigenen Mittellosigkeit, sie zu erreichen. In dieser anomischen Situation erweisen sich – so Bernfeld – Handlungen, die als auffällig und gesellschaftlich problematisch erscheinen, als der Situation angemessene Überlebensstrategien, als funktional. Dies ist eine Analyse, die abweichendes Verhalten so als Bewältigungsverhalten erkennt und damit zu den Grundlegungen moderner pädagogischer Devianztheorien zählt.

Pädagogik kann sich ihrer herrschenden Tatbestandsblindheit nur entziehen, wenn sie in Räumen und Beziehungen Gelegenheiten schafft, in denen sich Heranwachsende als selbstständig erfahren können. In diesem Sinne entwickelte Bernfeld früh sein Konzept der „Sprechsäle für Jugendliche“. „Der Sprechsaal, den es zuerst nur in Berlin und in Wien gab, verbreitete sich nach 1913 auch in anderen Städten wie München, Freiburg, Breslau, Jena, Heidelberg und war ein organisierter Treffpunkt für Gymnasiasten und Studenten, in denen die Jugendlichen und jungen Erwachsenen über alles sprechen konnten, was sie bewegte. Es war ein Ort, der wie die Ausflüge des Wandervogels aus dem Bereich der Kontrolle und Bevormundung durch Eltern und Lehrer ausgegrenzt war, ein Freiraum, den die Jugendlichen sich selbst gestalten konnten“ (Jaletzke 1997, S. 201).

Bernfelds pädagogische Prinzipien werden in seiner Beschreibung des Kinderheims Baumgarten, einer Erziehungseinrichtung für jüdische, verwahrloste Kriegswaisen des Ersten Weltkrieges besonders deutlich. Trotz der administrativen Schwierigkeiten und der kurzen Laufzeit des Projektes war es für ihn selbst ein Erfolg, weil es ihm gelungen war, den Jugendlichen das Stigma der Verwahrlosung zu nehmen und ihre bildungsfähigen Eigenkräfte zu wecken (vgl. Koch 1974). Im Gegensatz zu den traditionellen Waisenhäusern sollten hier die Erzieher mit den Kindern leben, für sie sorgen und ihnen als Identifikationsfiguren dienen. Die Pädagogik sollte dabei die herrschenden Anpassungs- und Bindungsmechanismen unterlaufen, indem sie Räume und Beziehungen schafft, die den Heranwachsenden Freiheit ermöglichen. Als Erziehungsmaximen galten: „Unbedingte Liebe und Achtung gegenüber den Kindern, rücksichtslose Hemmung aller Macht, Eitelkeits-, Herrscher-, Erziehungsgelüste in sich selber“ (Bernfeld 1969, S. 113). „So ist des neuen Erziehers Tun vielmehr ein Nichtstun, vielmehr Beobachten, Zusehen, Leben, als ein stetes Mahnen, Strafen, Lehren, Fordern, Verbieten, Anfeuern und Belohnen“ (ebd., S. 107f.). Die hier entwickelte Kritik des traditionellen Erziehungsbegriffs geht einher mit der notwendigen Selbstkritik und Selbstaufklärung des Erziehers in seinem Umgang mit den Kindern. Erziehung bedeutet – so Hörster/Müller (1992) – im Umgang Anfänge zu finden, um von ihnen aus Wege zum pädagogischen Kompromiss in der Vermittlung der unterschiedlichen Interessen entwerfen zu können. Dieser Umgang mit den Kindern ist eingebettet in Formen ihrer Selbstbestimmung, die über Anläufe in Prozessen der Selbstregulierung durch Gruppenbildung und Selbstkontrolle zur Schulgemeinde führen.

Der „Soziale Ort“, so entweder als Lebensort oder pädagogisch inszenierter Ort verstanden, entscheidet über die Art des pädagogischen Zugangs und Erfolgs. Bernfeld verstand ihn nicht nur als sozialstrukturelles und sozialräumliches Bedingungsgefüge, in das die Jugendlichen eingebunden waren, sondern vor allem auch als ihr so verortetes subjektives Erleben und Handeln, als ihre „gelebte Realität“ (vgl. ebd.). Damit legte er den disziplinhistorischen Grundstein für eine *akzeptierende* und *alltagsorientierte* Jugendhilfe und Sozialarbeit, wie sie heute diskutiert wird.

Neben Bernfeld, der in der Disziplingeschichte der Sozialpädagogik heute als überragende Einzelfigur der psychoanalytischen Pädagogik beschrieben und interpretiert wird, bleibt die Breite jenes disziplinären Aufbruchs seit Mitte der 1920er Jahre verdeckt, der von einem tiefenpsychologischen Denken getragen wurde, das neben und jenseits der freudschen Psychoanalyse mit seiner Fortführung zum Beispiel in kinder- und jugendpsychologischen Arbeiten (Zeitschrift für psychoanalytische Pädagogik), seine praktische Umsetzung in der Sozialarbeit suchte: die *individualpsychologische* Bewegung.

Der Sozialpädagoge Henry Jacoby, Anfang der 1930er Jahre Sekretär der deutschen Vereinigung für Jugendgerichte und Jugendgerichtshilfen in Berlin, bilanzierte später im Rückblick auf diese Reformströmung: „Als 1933 die nationalsozialistische Herrschaft begann, war in Mitteleuropa die Individualpsychologie im Begriff, Schule, Jugendfürsorge, Verbrechens- und Verwahrlosungstherapie sowie das pädagogische Denken im Allgemeinen zu beeinflussen. [...] Die These der Individualpsychologie, dass das Unzulängliche das Produktive sei, daß die Schöpfung des Menschen, ja dessen eigene Existenz, sich aus Positionen biologischer Schwäche ergeben, war für die im Rassenwahn Befangenen unerträglich. Adlers Entlarvung des Machtstrebens als fehlgeleiteter Ausgleich eines Minderwertigkeitsgefühls wandte sich gegen die herrschenden Gestalten. Die pädagogische Zielsetzung der Individualpsychologie, der bewußte Abbruch des Strebens nach Macht, stand in offenem Gegensatz zu jeglichem System der Diktatur. So verschwanden auf dem europäischen Kontinent die Institutionen und Bücher der Individualpsychologie sowie ihre Theoretiker und Praktiker für viele Jahre, und jene Lücke entstand, in der das aktive Vergessen gedeihen konnte“ (Jacoby 1974, S. 11).

Die individualpsychologisch rückgebundene Sozialpädagogik und Sozialarbeit – auf die sich auch Nohl immer wieder bezog – gab damals einer neuen, jungen Generation von SozialarbeiterInnen jene zeitgemäße professionelle Orientierung, die sie von der nun älter gewordenen Generation der jugendbewegten Pädagogen und der frauenbewegten Fürsorgerinnen absetzte. Statt gleichsam intuitiver Beziehungspädagogik und jugendbewegtem Führertum (vgl. die Kritik von Naegele an Bondy 1926, S. 412) sollten nun wissenschaftlich fundierte tiefenpsychische Diagnostik und soziale Aktivierung hin zur Gemeinschaft die Sozialarbeit auf eine professionelle Ebene heben. Das, was das sozialpädagogische Denken der späteren Weimarer Zeit quer durch die verschiedenen Ansätze bestimmte und vor allem von Carl Mennicke theoretisch pointiert wurde – die Hinwendung zur Bewältigungsperspektive –

schien hier empirisch einlösbar. Die Chancen und Risiken der Selbstbehauptung des Menschen in einer machtstrukturierten sozialen Umwelt sollten – von der frühen Kindheit an – nicht nur pädagogisch-programmatisch, sondern in der sozialen Wirklichkeit bis hinein in die Tiefenschichten des Unbewussten aufgeschlossen und pädagogisch thematisiert werden können. Dieser individualpsychologisch-sozialpädagogische Diskurs und die mit ihm verbundenen Forschungs- und Modellansätze gediehen – vor allem in Wien, aber auch in München und Berlin sowie anderen deutschen Großstädten – in einem politischen Klima, in dem die Idee der sozialen Emanzipation des Menschen und der sozial aktivierenden Gemeinschaft ein Leitthema der Sozialpädagogik war.

Im Umkreis der Wiener Schulreform hatte sich ein interdisziplinärer sozialpädagogischer Diskurs entwickelt, dessen Leitparadigma die Individualpsychologie Alfred Adlers war, die in die pädagogischen Felder der Kindererziehung, der Erziehungs- und Berufsberatung, der Schule, der Fürsorge- und Heimerziehung und der Straffälligenhilfe hineinwirkte. Die Individualpsychologie nahm für sich in Anspruch, die freudsche Psychoanalyse ziel- und handlungsorientiert zu überschreiten, auch wenn sie sie in ihren analytischen Grunderkenntnissen weiterhin voraussetzte. Sie betont die „soziale Seite des seelischen Problems“ und differenzierte sich daher „immer mehr zu einem sozialen Erziehungssystem“ aus (Jung 1930). Die von der sozialistischen Wiener Stadtregierung der zweiten Hälfte der 1920er Jahre bis in die 1930er Jahre hinein inszenierte Bildungs- und Erziehungsreform quer durch alle Erziehungsfelder und Bildungsbereiche hindurch sollte das Bildungs- und Sozialwesen pädagogisch und politisch modernisieren. Pädagogisch sollten – im Sinne der Bekämpfung sozialer Ungleichheit durch Bildung – allen Kindern und Jugendlichen größtmögliche biografische Entwicklungs- und Entfaltungschancen so gegeben werden, dass dies im Sinne einer gemeinschaftsorientierten Erziehung auch der politischen Gestaltung des Gemeinwesens zugute kommen konnte. Dafür bot sich die Individualpsychologie geradezu an, weil sie diese Gemeinschaftsorientierung als dem Menschen innewohnend nachweisen und pädagogisch umsetzen wollte.

Individualpsychologie und Psychoanalyse

Im Konzept Individualpsychologie ist einerseits der Begriff der Individualität, d.h. der psychosozialen Ganzheitlichkeit des Menschen enthalten, andererseits die Perspektive der psychischen Antriebskräfte, welche im sozialen Austausch mit der gesellschaftlichen Umwelt wirken. Adler, der Begründer der Individualpsychologie setzte sich von der Psychoanalyse Freuds vor allem dadurch ab, dass er dessen Triebdeterminismus und die sexualzentrierte Bestimmung von Persönlichkeitsstörungen ablehnte. „Man kann den Kernpunkt der beiden Lehren in zwei Schlagworte zusammenfassen. Freud lehrt: alles kommt vom Sexuellen her. Adler lehrt: alles kommt vom Machtwillen her. Oder vielmehr: alles strebt zur Überlegenheit hin. Bei Freud ist es die Frage nach dem „woher", bei Adler nach dem „wohin". Freud ist kausal, Adler final orientiert" (Rühle-Gerstel 1924, S. 69). Die an der Individualpsychologie orientierte Pädagogik geht in diesem Sinne von einem inneren „Lebensplan" des Menschen als tiefendynamischer Spannung zwischen endogenem Entwicklungsvermögen und sozial ausgelöstem Bewältigungsdruck aus. Darin sind auch die Strebungen hin zur Gemeinschaft angelegt (der Mensch als genuin soziales Wesen). In diesem Kontext formieren sich die drei zentralen „Lebensaufgaben" (Entwicklung der mitmenschlichen Beziehungen, der Geschlechterbeziehungen und der Arbeitsbeziehungen) und lassen sich entsprechend fördern. Am Anfang vieler neurotischer Verhaltensstörungen und aggressiven bis destruktiven Sozialverhaltens „steht drohend das Gefühl der Unsicherheit und Minderwertigkeit und verlangt mit Macht eine leitende, sichernde, beruhigende Zwecksetzung, um das Leben erträglich zu machen. Was wir das Wesen der Neurose nennen, besteht aus dem vermehrten Aufwand der verfügbaren psychischen Mittel" (Adler 1922, S. 6). Der Begriff Neurose umfasst dabei einen multiplen Komplex psychischer Störungen und abweichender Verhaltensmuster, die aus der Überkompensation erfahrender Wert- und Hilflosigkeit entstehen können. „Es ist daher auch nur zu helfen, wenn man die ganze Persönlichkeit, ihr aus einem Minderwertigkeitsgefühl hervorgewachsenes Kompensationsstreben, den Lebensplan, der zur Überlegenheit führen soll, die unbewussten Sicherheitstendenzen […] erfasst. Wenn man ferner erreicht, das schlummernde Gemeinschaftsgefühl zu wecken und so zu stärken, dass der Mensch sich künftig nicht mehr seinen ungelöst vor ihm stehenden menschlichen Aufgaben entzieht" (Rühle-Gerstel 1924, S. 87). „Die Individualpsychologie sieht also den ganzen Menschen in seiner Beziehung zu sich selbst in engster Verknüpfung mit der Gemeinschaft" (Sumpf 1926, S. 81). Daraus ergibt sich auch ihr interdisziplinärer Charakter: Denn wenn „das Seelenleben des Menschen unlöslich verknüpft (ist) mit seinen Gemeinschaftsbeziehungen", dann findet man „auch in den Gemeinschaftsbeziehungen der Menschen Stoff genug für unsere Menschenkenntnis. Ein Gebiet, das bisher der Soziologie vorbehalten war, wird auch der individualpsychologischen Betrachtung zwanglos zugänglich. (...) Die Individualpsychologie ist also wie keine andere psychologische Methode geeignet, auch die Psychologie der Gemeinschaft im Kleinen wie im Großen, also der Gruppen und der Masse zu beleuchten" (ebd. S. 51).

Dass die Adlersche Individualpsychologie einen solchen Einzug in die Praxis der Sozialarbeit der Weimarer Zeit hielt, war vor allem darauf zurückzuführen, dass ihr „Herangehen an die Klientel dem [...] Grundsatz der Sozialpädagogik entgegenkommt, die Menschen so anzunehmen wie sie sind" (Schille 1997, S. 218), d.h. erst einmal ihre subjektive Bewältigungskonstellation zu akzeptieren. Sozialarbeiterinnen und Sozialarbeiter treffen ihre Klienten in Befindlichkeiten und Bewältigungskonstellationen an, die zentral durch Minderwertigkeitsgefühle und ihre Kompensationen gekennzeichnet sind. Die Stärkung eines sozial gerichteten Selbstwertgefühls, die Gemeinschaftsorientierung als „Überschreiten des Ichs" (Wexberg 1974) und die Hilfe zur Herausbildung eines Lebensstils, „der sich in der frühen Kindheit als individuelle Stellungnahme zu den Anforderungen der Umwelt entwickelt" (Schille 1997, S. 219) als zentrale Maximen individualpsychologischen Handelns, verweisen auf ein sozialpädagogisches Verständnis, das wir heute als *bewältigungsorientiert* definieren.

Die Individualpsychologie wurde zur Praxistheorie weiter Kreise der Weimarer Sozialarbeit, weil sie sich als empirische Sozialpädagogik verstand, und damit die idealistisch ausgerichtete Gemeinschaftsperspektive der Natorpschen Sozialpädagogik (s.o.) sowohl aus entwicklungspsychologischen Gesetzmäßigkeiten als auch aus der sozialen Bindung des Menschen zu erklären und entsprechend pädagogisch zu transformieren versuchte (vgl. Lazarsfeld 1926). Dies kommt besonders in dem von Sofie Lazarsfeld herausgegebenen ‚Kursbuch' der individualpsychologischen Pädagogik – „Technik der Erziehung" (1929) – zum Ausdruck und zeigt, wie interdisziplinär die individualpsychologisch fundierte Pädagogik ausgerichtet war und sich in diesem Sinne gleichsam als Querschnittspädagogik für Kindergarten, Jugendhilfe, Schule, Berufshilfe und Anstaltserziehung verstand. Vor allem waren es die Erziehungs-, Jugend- und Lebensberatungsstellen, die nach dem Wiener Vorbild gleichsam als sozialpädagogische Basisstationen auch in deutschen Großstädten eingerichtet wurden (vgl. Handlbauer 1984). Auch die Kinderfreundebewegung, die unter dem Motto „Erziehung ist zuerst Entwicklungshilfe" (vgl. Oelkers 1996) stand, war individualpsychologisch beeinflusst. Beim fünften Kongress für Individualpsychologie 1930 in Berlin mit dem Hauptthema „Neurosen und Lebenssinn" waren führende VertreterInnen der Sozialpädagogik – Alice Salomon, Carl Mennicke, Sidney Wronsky u.a. – im Ehrenausschuss des Kongresses vertreten. Die Individualpsychologie fand also ihre Resonanz in der Breite der sozialpädagogischen Praxis der damaligen Zeit, sie trat gleichsam in „eine innige Verbindung mit dem Fürsorgewesen in Deutschland [...]; hingegen hat die Psychoanalyse von Sigmund Freud weder in der Schule und der Erziehungsfürsorge noch im allgemeinen Wohlfahrtswesen große Wirkung gehabt [...]. Und da es sich im Fürsorgewesen meistens um Menschen handelt, die ihre Bindung an die Gemeinschaft verloren haben, war die adlersche Lehre wie geschaffen, die Hilfsmaßnahmen zu bestimmen" (Ottenheimer 1959, S. 894).

Diese „innige Verbindung mit dem Fürsorgewesen" fand ihren fachpublizistischen Ausdruck in den Jahrgängen der „Zeitschrift für Individualpsychologie" und im umfangreichen, von Erwin Wexberg 1926 herausgegebenen „Handbuch der Individualpsychologie" (1923-1937), das auch durchaus – gerade heute – als Handbuch einer empirischen Sozialpädagogik gelesen werden kann. Neben dem Wiener Zentrum war es vor allem die „Münchner individualpsychologische Fürsorgegemeinschaft", die neben anderen großstädtischen Arbeitsgruppen das fachliche Bild der individualpsychologisch fundierten Sozialarbeit prägte. Der Beitrag der Individualpsychologie „zur Lösung der Aufgaben der Jugendfürsorge" wurde dabei ganzheitlich definiert: „Die Individualpsychologie sieht in jedem jungen – und erwachsenen – [...] Rechtsbrecher, A-sozialen und Verwahrlosten einen Menschen mit gestörtem Gemeinschaftsgefühl, einen Entmutigten" (Freudenberg 1926, S. 370). Im Mittelpunkt der Diagnostik standen die je biografische Erfahrung der Minderwertigkeit und die paradoxen Formen ihrer Kompensation als Versuche der Selbstbehauptung, die hinter den Symptomen der ‚Verwahrlosung' und ‚Auffälligkeit' stehen. Der Interventionsansatz war entstigmatisierend, Biografie und soziales Umfeld als Matrix der misslungenen Bewältigung der Lebensaufgaben wurden in der Methode der „social case study" (vgl. Mende 1925) aufgeschlossen. Der Gemeinschaftsbezug verlangte von der Sozialarbeit eine soziologische Analyse der Gemeinschaftspotenziale des Jugendlichen und seiner Umweltbeziehungen. Dreh- und Angelpunkt – auch im Sinne der Prävention – waren die Erziehungsberatungsstellen, von denen aus ein Netzwerk mit Familie, Schule, offenen Jugendhilfeeinrichtungen und Heimen aufgebaut werden konnte.

Die individualpsychologisch orientierten Sozialarbeiterinnen und Sozialarbeiter machten die sozialen Verhältnisse, welche gerade bei sozial benachteiligten Kindern zu einem Minderwertigkeits- bzw. gestörten Gemeinschaftsgefühl führten, aber auch die geschlechtshierarchische Familien- und Sozialordnung als Hintergrund für autoritäres Macht- und Geltungsstreben bzw. autoritäre Unterwerfung aus. In der Gemeinschaftserziehung sahen sie deshalb das geeignete Mittel der Behandlung und Heilung ‚autoritärer Charaktere'. Diese pädagogische Perspektive war auch in den schulpädagogischen Modellen – Schule als Arbeits- und Lebensgemeinschaft (vgl. Spiel 1979, Wittenberg 2000) – lebendig.

Im Umkreis der Wiener Schulreform versammelte sich über den Kern der individualpsychologischen Pädagogik hinaus eine Pluralität psychoanalytischer, psychologischer, soziologischer und pädagogischer Ansätze, die durch das politische

Band der Bildungs- und Sozialreform zusammengehalten wurden und die sich im Ziel des Abbaus sozialer Benachteiligung, lebenslagenorientierter Chancenentwicklung und Gemeinschaftsorientierung im Rückbezug auf die sozialstrukturellen Verhältnisse trafen. Im Bereich der Heimerziehung war es vor allem August Aichhorn (1925), der – psychoanalytisch orientiert und im Einklang mit individualpsychologischen Prinzipien – die innere Reform des Fürsorgewesens vorantrieb. Er behandelte aggressive Zöglinge verstehend aus der Erkenntnis heraus, dass antisoziale Aggressivität meist durch gestörtes Selbstwertgefühl – sei es durch Liebesentzug oder durch missbrauchte Autorität – entstanden ist. Das kriminelle Kind ist ein „entmutigtes Kind“ (Rühle 1929) – so lautete damals ein individualpsychologischer Leitsatz. Die Trennung von Person und Delikt, die erst den pädagogischen Zugang zu delinquenten Jugendlichen ermöglicht und die heute Grundmaxime jeder sozialpädagogischen Kriseninterventionen im Straffälligenbereich ist (vgl. Enke 2003), war damit theoretisch und praktisch fundiert. Der Erfolg einer Resozialisierung entschied sich somit darin, wie und inwieweit den jugendlichen Zöglingen ein positives Gruppen- und Gemeinschaftsgefühl vermittelt werden konnte.

Die Verbindung von sozialpädagogischem Denken und gesellschaftlicher Praxis blieb bei den meisten Individualpsychologinnen und Individualpsychologen der Jugendhilfe und Sozialarbeit auf die Thematisierung der sozialen Umwelt, des Milieus und damit der sozialen Herkunft der Kinder und Jugendlichen beschränkt. Weit darüber hinaus aber ging eine Gruppierung, die sich in der „Arbeitsgemeinschaft für Marxismus und Individualpsychologie“ mit ihren Zentren in Wien, Dresden und Berlin zusammengeschlossen hatte. Sie argumentierten, dass die neurotischen Persönlichkeitsstrukturen in ihrem Minderwertigkeitsgefühl, Geltungsstreben und ihrer Gemeinschaftsfeindlichkeit ihre soziologische Entsprechung in den ‚neurotisierten' Machtstrukturen einer individualistischen Gesellschaft kapitalistischer und patriarchalischer Prägung haben. Die Menschen könnten die ihnen innewohnenden Lebensaufgaben nur sozial produktiv entwickeln, wenn gleichzeitig gesellschaftliche Verhältnisse angestrebt werden, welche Solidarität, Geschlechterdemokratie und gerechte Verteilung der

Produktionsmittel zum Ziel haben: „Die erste der drei Lebensaufgaben, die Lösung der mitmenschlichen Beziehungen, erfolgt im Sinne der Kameradschaft und des Miteinander-Daseins. [...] Die zweite der drei Lebensaufgaben, die Lösung der Geschlechtsbeziehungen erfolgt im Sinne der Gleichberechtigung und der Gleichwertigkeit. [...] Die dritte Lebensaufgabe, die Regelung der menschlichen Arbeit, erfolgt im Sinne einer zweckentsprechenden, alle Gemeinschaftsmitglieder umfassenden Arbeitsteilung" (Rühle-Gerstel 1924, S. 196-197).

Vergleicht man die konzeptionelle Struktur der individualpsychologisch begründeten Sozialarbeit mit dem Bewältigungsansatz, wie er heute diskutiert wird, so ergeben sich Entsprechungen, die auf die Aktualität des damaligen Konzepts hinweisen. So wie heute abweichendes Verhalten als Bewältigungsverhalten gedeutet werden kann, sah auch die individualpsychologisch rückgebundene Sozialarbeit in den sozialen Verhaltensformen einen Ausdruck der Kompensation von Minderwertigkeits- und Entmutigungszuständen. Jedoch wurde die Definitionsfigur des abweichenden „Lebensplans" in der sozialarbeiterischen Praxis oft gefährdungspädagogisch und damit – dem pädagogischem Verständnis der Zeit verhaftet – einseitig normativ verstanden. Zudem war die Gemeinschaftsperspektive zwar nicht mehr idealistisch begründet, wie z.B. bei Natorp, dennoch aber so im Individuum „gesetzt", dass sie oft als selbstverständlich hingenommen und nicht weiter operationalisiert und soziologisch ausdifferenziert wurde. Der innovative Charakter der individualpsychologischen Sozialarbeit lag also zweifellos im kasuistischen Bereich: Die Ablaufmuster des devianten Bewältigungsverhaltens – Abspaltung, Projektion und Umkehrung (vgl. Böhnisch 2001) – und ihr Verstehen waren damals schon vorweggenommen: In der „äußersten Bedrängnis erwächst gerade ein Drang zur Selbstbehauptung um jeden Preis, zur Selbstbehauptung mit allen Mitteln, zur Selbstbehauptung auch auf krummen Wegen, wenn einem der gerade versperrt scheint. Je gedrückter seine Stellung, desto größer wird der Hunger nach Geltung und Anerkennung (Simon/Seelmann zit. n. Credner 1926, S. 212). „Dem Erstreben nach der vermeintlichen Erhöhung des Selbstwertgefühls dienen alle sog. unbewussten Arrangements

[...] Dahin gehört auch der sog. ‚dialektische Formenwandel', der die Umkehrung einer Verhaltensweise in ihr Gegenteil bedeutet, wenn dies dem Persönlichkeitsideal dienlich zu sein scheint" (Sumpf 1926, S. 80). In diesem Zusammenhang konnte die individualpsychologische Sozialpädagogik gerade auch die Geschlechtsspezifik des Bewältigungsverhaltens thematisieren: In „unserer Kultur fallen Männlichkeit und Überlegenheit zum größten Teil zusammen, weshalb sich Männlichkeit dem Persönlichkeitsideal jedes Kindes, der Knaben wie der Mädchen eignet" (Kaus 1926, S. 165). Dies stellt eine „Generalentmutigung" für die Mädchen dar, eine „Entwicklungshemmung", der gegenüber sich die Mädchen früh auflehnen. Dieser „männliche Protest" (Adler) als „Überlegenheitsstreben im Sinne des Strebens nach fiktiv verstandener Männlichkeit" (Sumpf 1926, S. 80) kann sich dann, wenn sie das männliche Ideal nicht erreichen, bei den Mädchen als dissoziales Verhalten äußern, mit dem sie auf sich aufmerksam machen wollen.

1.8 Exkurs: Sozialpädagogik im Exil

Viele der sozialpädagogischen Diskussionslinien der Weimarer Zeit wurden durch den Nationalsozialismus abgebrochen. Auf die nun einsetzende Diskussion zur „Unerziehbarkeit" und die rassistische Auslesepolitik gehen wir nicht ein, ebenso wenig auf die Fragen nach verhängnisvollen Affinitäten und Übergängen in sozialpädagogischen Ansätzen zur nationalsozialistischen Ideologie (vgl. u.a. zu Nohl bereits Klafki/Brockmann 2002; zur Jugendbewegung Niemeyer 2002). Stattdessen wollen wir skizzieren, wie vor allem sozialistisch und psychoanalytisch orientierte Sozialpädagoginnen und Sozialpädagogen in die Emigration getrieben wurden, um deutlich zu machen, wie und warum die Brücke vom sozialpädagogischen Denken der Weimarer Zeit zur disziplinären Entwicklung der Nachkriegszeit nicht geschlagen wurde. Nach 1945 blieben sie und ihre Arbeiten in der deutschen Diskussion randständig und damit Entwicklungslinien und Diskussionsstränge der sozialpädagogischen Szene abgeschnitten und verdeckt.

Nach über sechzig Jahren wurde im Jahr 2001 bspw. erstmals eine deutsche Übersetzung der *Sociale paedagogie. Grondslagen, vormen en middelen der gemeenschapsopvoeding* von Carl Mennicke veröffentlicht. Er hatte dieses Buch 1937 im niederländischen Exil (Utrecht) geschrieben, wo er die Schulleitung an der *Internationale School voor Wijsbegeerte in Ammersfoort* innehatte. Die Schrift ist der einzige systematische Begründungsversuch zur Sozialpädagogik in dieser Form seit der Jahrhundertwende. Mennicke war 1933 nach seiner Entlassung aus dem Hochschuldienst in Frankfurt in die Niederlande geflüchtet. Nach dem Einmarsch der deutschen Truppen wurde er ins Konzentrationslager Sachsenhausen gebracht, aus dem er 1943 wieder entlassen wurde. Erst 1952 erhielt er einen Ruf zurück an die Universität Frankfurt a.M., obwohl er bereits 1946 dem Rektor der Universität seine Bereitschaft zur Rückkehr mitgeteilt hatte (vgl. Feidel-Mertz 1995).

Die Frankfurter Pädagogik wurde zu Beginn der dreißiger Jahre vor allem durch die ‚religiösen Sozialisten' vertreten. Zusammen mit Mennicke lehrte hier z.B. Paul Tillich Sozialphilosophie und Sozialpädagogik (vgl. Feidel-Mertz/Lingelbach 1994). Tillich emigrierte in die USA. Als Sozialpädagoge ist er bis heute nicht wieder interpretiert worden, obwohl er auch schon in Dresden Sozialpädagogik unterrichtet hatte. Die Sozialpädagogik, wie sie sich im Umfeld der religiösen Sozialisten – zu dem auch Eduard Heimann zählte – in der Weimarer Republik entwickelt hatte, ist nur ein Beispiel für die sozialpädagogischen Formationen, die in den zwanziger Jahren grundlegend die professionelle, akademische sowie politische Diskussion um die Soziale Arbeit mitgeprägt hatten und nach 1945 nicht wieder ihre einstige Bedeutung erlangen konnten.

So wurde 1933 – als prominentestes Beispiel – auch das Wirken Alice Salomons für die Soziale Arbeit abrupt unterbrochen (vgl. zum Folgenden: Wieler 1987, Kuhlmann 2000). Zwar blieb Salomon noch bis 1937 in Deutschland, bevor sie von der Gestapo an die deutsch-holländische Grenze gebracht wurde und später in die USA auswanderte, doch sie musste 1933 u.a. ihre Lehrtätigkeit an der noch ein Jahr zuvor nach ihr benannten Schule für Wohlfahrtspflege aufgeben. Auch

Fachzeitschriften, wie die von Gertrud Bäumer herausgegebene ‚Die Frau', veröffentlichten nach 1933 keine Beiträge von Salomon mehr. In New York wurde Salomons Emigration zunächst in der Öffentlichkeit breit aufgenommen: „Doch bald schon interessierte sich die Presse nicht mehr für die ‚deutsche Jane Addams'. Jüdische Flüchtlinge gehörten bald zum Alltag New Yorks" (Kuhlmann 2000, S. 215).

Im Gegensatz zur Lehrerschaft und zum Schulwesen (vgl. zusammenfassend: Feidel-Mertz/Schnorbach 1998) ist bisher in der Sozialpädagogik das Wirken der Emigrantinnen und Emigranten im Exil meist nur in einzelnen Fallanalysen erforscht worden. So hat Franz-Michael Konrad (vgl. 1993) Siddy Wronskys Bedeutung für die Soziale Arbeit in Palästina beschrieben. Wronsky war von 1908 bis 1933 die Leiterin des Archivs für Wohlfahrtspflege in Berlin und hatte grundlegende Lehrbücher der Sozialen Arbeit – z.B. Soziale Therapie (1931) – verfasst.

Hildegard Feidel-Mertz, die u.a. Mennickes Exil-Schriften (vgl. Mennicke 1995; 1999; 2001) neu ediert hat, plädiert dafür, nicht nur die „prominenten ‚Paradebeispiele'" herauszustellen, zu denen z.B. auch Otto Rühle (vgl. Stecklina/Schille 2003), Friedrich Siegmund-Schultze oder Curt Bondy gehörten: „Nicht weniger interessant und ‚typischer' erschienen jedoch die Schicksale derer, die in der Weimarer Republik noch zum Nachwuchs zählten, als unbequeme Außenseiter sich und ihre Intentionen nur partiell durchzusetzen vermochten oder sich mehr in der Praxis als in der Produktion von pädagogischer Fachliteratur bewährten" (Feidel-Mertz 1990, S. 11). In diesem Zusammenhang stehen vor allem die vierunddreißig Porträts vertriebener Sozialarbeiterinnen und Sozialarbeiter, die Joachim Wieler und Susanne Zeller in ihrem Band „Emigrierte Sozialarbeit" zusammengestellt haben (1995).

In den Vordergrund rücken dann nicht nur die bereits etablierten Fachvertreter, sondern ebenfalls die nachwachsende Generation von Sozialpädagoginnen und Sozialpädagogen, die aus Deutschland vertrieben wurde und deren Arbeiten mitunter auf die Sozialpädagogik im Nachkriegsdeutschland zurückwirkten. Gisela Konopka, die spätere ‚Mutter' der Gruppenpädagogik, beteiligte sich z.B. als Dreiundzwanzigjährige

1933 am Widerstand gegen den Nationalsozialismus (vgl. Konopka 2000).

Insgesamt wird in der Exilforschung darauf hingewiesen, dass aus der Gruppe der Sozialpädagogen, sowohl der Anteil Emigranten vergleichsweise hoch war, wie auch der der Rückkehrer oder Remigranten wesentlich geringer war, als in anderen Bereichen z.B. der Erziehungswissenschaft. Etwas voreilig erscheint es allerdings, den Verbleib im Exil vornehmlich damit zu begründen, dass „für die Sozialpädagogen, aber auch für die psychoanalytische Bewegung (…) die USA in den 1940er und 1950er Jahren tatsächlich so etwas wie das ‚Land der unbegrenzten Möglichkeiten'" war (Horn 1998, S. 729). Dieser Hinweis berücksichtigt kaum die jeweiligen Emigrationsbiographien und die politische Kultur in Deutschland und den USA in den zwanziger Jahren sowie in der Nachkriegszeit. Zudem wird die Emigration von Sozialpädagoginnen und Sozialpädagogen nach Osteuropa – die bisher nur wenig erforscht ist – mit dieser These übergangen.

Für die Soziale Arbeit kann in erster Linie festgehalten werden, dass ein auffällig hoher Anteil der Frauen und auch Männer, die den politischen und reformorientierten Diskurs der Weimarer Republik mit geprägt hatten, zur Emigration gezwungen wurde. Dieser Diskurs ging weit über die erziehungswissenschaftlichen Fachkreise hinaus und war gerade durch die soziale Praxis und eine darauf bezogene theoretische sowie fachpolitische Reflektion charakterisiert.

Für die fachliche Entwicklung in der Nachkriegszeit sind die Folgen nicht zu unterschätzen, die sich aus dem Umstand ergaben, dass z.B. die entsprechende Generation der Frauenbewegung entweder emigriert war oder angesichts der eigenen Rolle im Nationalsozialismus für die politische und fachliche Entwicklung und den Wiederaufbau der Sozialen Arbeit nicht erneut in Frage kam. Es verwundert darum kaum, dass erst in den sechziger Jahren eine neue Generation der Frauenbewegung die für die gesellschaftspolitische und fachliche Entwicklung der Sozialen Arbeit zentralen Aufgaben aufgriffen, ohne sich aber auch – von Ausnahmen abgesehen – selbst mit der eigenen Fachgeschichte auseinander zu setzen. Dieser

Prozess setzte auch in der Frauenbewegung erst in den achtziger Jahren ein.

Doch diese fehlende Bezugnahme auf die Soziale Arbeit im Exil betrifft nicht nur die Frauenbewegung, sondern noch mehr die Disziplin in ihrer Gesamtheit. Bis heute wird der Sozialen Arbeit im Exil – insbesondere in den Büchern zur Theoriegeschichte der Sozialen Arbeit – entweder nur ein kleiner Abschnitt gewidmet oder sie fehlt ganz. Die Dynamik, Bedeutung und Verdrängung einer heterogenen und pluralen fachlichen Entwicklung – wie sie die 1920 Jahre charakterisiert hatte – wird historisch so nicht aufgearbeitet. Im Mittelpunkt der Diskussion steht stattdessen die in sich notwendige und ihrerseits lange Jahre hindurch unterdrückte Rekonstruktion und Aufarbeitung der so unheilvollen disziplinären und fachlichen Kontinuität zwischen den 1920er Jahren, der Nazizeit und der Nachkriegszeit (vgl. Otto/Sünker 1986), wie sie zum Beispiel Christian Schrapper (1993) am Beispiel von Hans Muthesius nachdrücklich aufgewiesen hat.

Ansätze wie die Gruppenpädagogik von Gisela Konopka (vgl. 1968; 2000) wurden zwar als methodische Anregungen aufgenommen (vgl. Feidel-Mertz 2000) und das 1949 eröffnete Haus Schwalbach, geleitet von Magda Kelber (vgl. Müller 2001), wurde zu einem Symbol der Erziehung zu einem demokratischen Lebensstil, doch in ihren theoretischen und politischen Ansprüchen blieben die Sozialpädagoginnen und Sozialpädagogen im Exil unberücksichtigt. Ansätze dazu lagen allerdings vor, so wies Mennicke z.B. 1954 in selbstkritischer Perspektive – im Epilog zur vierten Ausgabe seiner Sozialpsychologie – darauf hin, dass die Gruppe als betriebliches und sozialpädagogisches Prinzip den ideellen Führungsgedanken der Jugendbewegung, dem er vor allem in den zwanziger Jahren nahe stand, ablösen könne, um den „Geist des Feudalismus“ in Deutschland endgültig zu beenden (vgl. Mennicke 1999). Ein derartiger Wandel wurde aber nicht theoretisch-systematisch aufgenommen, sondern letztlich nur implizit als von außen kommende methodische Entwicklung akzeptiert.

Denn in der politischen Kultur im Nachkriegsdeutschland ging es – in der BRD wie in der DDR – nicht darum, die Heterogenität der Sozialpädagogik der 1920er Jahre wieder zu beleben und demokratietheoretisch zu untersetzen. Auch die erneute disziplinäre und fachpolitische Öffnung der Sozialen Arbeit in den sechziger Jahren hat sich nicht an den Diskursen der Fachvertreter der zwanziger Jahre oder der Sozialen Arbeit im Exil orientiert, sondern hat aus Konzepten der Sozialwissenschaft Soziale Arbeit neu begründet. Diese Generation kannte häufig die eigene Geschichte kaum und setzte dadurch implizit – und hinter dem Rücken ihrer eigenen politischen Intention – die Verdrängungspolitik der Vorgängergeneration fort. Sie verdrängte die Soziale Arbeit im Exil erneut, indem sie z.B. unterstellte, dass eine kritisch-sozialwissenschaftliche Perspektive bisher in der Sozialen Arbeit noch nicht vorhanden gewesen sei. Nur hin und wieder gab es Verweise z.B. auf die kritische und sozialistische Pädagogik der zwanziger Jahre, wie z.B. in der breiten Rezeption von Bernfeld, Vera Schmidt und Aichhorn oder in dem Buch ‚Gefesselte Jugend', das bewusst den Titel von einer gleichnamigen Schrift aus dem Jahr 1929 entlieh, um an den „Kampf der revolutionären Arbeiterbewegung gegen die bürgerliche ‚Fürsorge'" (vgl. Autorenkollektiv 1971, S. 9) anzuknüpfen.

Zu diskutieren wäre schließlich auch, ob die tendenzielle Abschottung der Sozialen Arbeit in Deutschland gegenüber internationalen Entwicklungen und transnationalen Aktivitäten nicht nur mit der nationalzentrierten Sozialstaatsentwicklung einherging, sondern ihren Grund auch darin fand, dass insbesondere international argumentierende und transnational aktive Fachvertreter emigrieren mussten und diese Traditionen nicht wieder aufgenommen wurden. Inwieweit Sozialpädagogen nach dem Exil – z.B. Henry Jakoby bei den Vereinten Nationen – später auch in transnationalen Organisationen ein Betätigungsfeld fanden, ist dabei weiterhin unerforscht.

1.9 Die sozialintegrativ-fürsorgerische Formation: Soziale Hilfe als gesellschaftliche Integrationshilfe

Die sozialpädagogischen Diskurse der westdeutschen Nachkriegszeit waren von zwei gesellschaftlichen Strömungen gekennzeichnet, welche die Sozialpädagogik und Sozialarbeit der damaligen Zeit gleichzeitig so geprägt und verstört haben, dass im Nachhinein leicht der Eindruck einer restaurativ-starren Professionsepoche entstehen konnte: Zum einen die unbedingte Einordnung der Sozialpädagogik und Sozialarbeit in die ökonomisch-soziale und institutionelle Politik des Wiederaufbaus und der Neu- und Wiedereingliederung desintegrierter Massen von Familien, Kindern und Jugendlichen im Sog der Kriegsfolgen; zum Zweiten – später – die Konfrontation der Sozialpädagogik mit einer ‚hinter ihrem Rücken' abgelaufenen gesellschaftlichen Entwicklung, die im Zeichen des ‚Wirtschaftswunders' ein ‚außengeleitetes' Menschenbild freisetzte (vgl. Riesman 1956), dem sie dann fassungslos und in entsprechend pädagogischer Verlegenheit gegenüberstand. So musste fast zwangsläufig das Bild einer immobilen institutionell wie gesellschaftlich konzeptionslosen Sozialpädagogik und Sozialarbeit entstehen, die sich an alte pädagogische Ideologien und Institutionen sowie neue ‚amerikanische' Methoden klammerte. Gleichzeitig war die sozialpädagogische Praxis dieser Zeit ein Sammelbecken für alle pädagogischen Berufe und Erziehungsideologien, so dass sich kein leitendes oder kontroverses Diskursprofil herausbilden konnte. Pädagogische Alltagstheorien beherrschten die Praxis. Da schließlich unter dem pragmatischen Druck des Wiederaufbaus die organisatorischen Strukturen des nationalsozialistischen Volkswohlfahrtsstaates z.T. weiter getragen wurden, bewegte sich die sozialarbeiterische Praxis zwischen Pragmatismus und Restauration. Auch die wenigen Inseln sozialpädagogischer Reflexivität konnten sich diesem Pragmatismus oft nicht entziehen.

Vor diesem gesellschafts- wie professionspolitisch fragilen Hintergrund ist es plausibel, dass an die konzeptionell wie professionell hoch entwickelte Sozialpädagogik und Sozialarbeit der Weimarer Zeit kaum angeknüpft wurde. Angesichts dieser pragmatisch-restaurativen Fassade der fürsorgerischen Maßnahmen und Einrichtungen wurde allerdings auch nicht das innere Ringen um eine humanistisch ausgerichtete konzeptionelle Linie sichtbar, das man hinter den institutionellen Kulissen – exemplarisch am Beispiel der traditionell reformorientierten *Gilde Sozialer Arbeit* – rekonstruieren kann. Hier entwickelte sich in den 1960er Jahren eine sozial- und professionskritische Linie, die im Professionalisierungsdiskurs der 1960er und 1970er Jahre ihre ausdrückliche Fortsetzung fand (vgl. Otto/Utermann 1971), in ihrem gesellschaftskritischen Bezug aber von den sozialen Bewegungen der nach-68er Jahre überdeckt und vergessen wurde.

Die westdeutsche Sozialpädagogik und Sozialarbeit hatte Ende der 1940er und Anfang der 1950er Jahre ihren institutionellen Start. Mit der Verankerung des Begriffs des ‚Sozialstaats' im Grundgesetz (1949) hatten sich Staat und Gesellschaft verfassungsmäßig verpflichtet, soziale Hilfe als gesellschaftliches Gut zu definieren. Sozialpolitik wurde damit zur Gesellschaftspolitik (vgl. Achinger 1958), bezog sich somit auf die gesamte Bevölkerung über die Standardrisiken hinaus und zog damit auch die Jugendhilfe und Sozialarbeit in einen gesellschaftlich umfassenden Legitimationskreis. Während in der Weimarer Zeit trotz damals schon faktisch sozialstaatlicher Gesetzgebung die Initiativen zur Entwicklung der Sozialarbeit am ehesten von den Kommunen, Kirchen und verbandlichen Organisationen ausgingen, war nun eine sozialstaatliche Kodifizierung und ein entsprechender Legitimationsrahmen gegeben. Mit der Novellierung des Reichsjugendwohlfahrtsgesetzes 1953 wurde diese gesellschaftliche Legitimation in der Einrichtung von Jugendwohlfahrtsausschüssen (heute: Jugendhilfeausschüssen) auch kommunal transferiert. Allerdings musste diese neue kommunale und verbandliche Apparatur der sozialen Hilfe in den Nachkriegsjahren voll in den Dienst der Lösung der sozialen Kriegsfolgen gestellt werden. Über zwei Millionen Kinder und Jugendliche waren vertrieben, es gab eineinhalb Millionen Waisen und Halbwaisen und über eine halbe Million arbeitslose Jugendliche. Ein Drittel der Kinder und Jugendlichen lebte in Armut (vgl. Jordan/Sengling 1992, S. 56).

Hans Achinger hat die Nachkriegsprobleme und die darauf bezogene Sozialarbeit damals in eine prägnante Systematik gefasst: Danach war das deutsche Hilfesystem und damit auch die deutsche Soziale Arbeit zur Weimarer Zeit „ein relativ geordnetes System von generellen Sicherungen in der Sozialversicherung und in der Versorgung, ergänzt durch die Fürsorge als persönliche Hilfe in solchen Fällen, wo der Einzelne aus individuellen Gründen den normalen Standard nicht erreichen konnte. [...] Heute wissen wir die Antworten nicht, heute ist die entscheidende Masse der Hilfsbedürftigen, vor allem der Eingliederungsbedürftigen, nicht durch eine persönliche Ursache, durch ein individuelles Unglück, sondern durch eine politische Disqualifikation in die Lage gekommen, keine normale Basis des Lebens zu besitzen. [...] Wir wissen heute gar nicht genau, wo die soziale Arbeit im engeren Sinn, wo die Aufgaben der Rententräger, der Gesundheitshilfe, der Arbeitsvermittlung, der Berufsschulung anfangen. Das läuft alles ineinander. [...] Die Einzelhilfe muss heute vielmehr durch die Fähigkeit des Sozialarbeiters, Gemeinschaft zu bilden, ergänzt werden. Denn die unerhörte Vereinsamung der Menschen besteht nicht nur in den Notstandsgebieten, wo sie Fremdlinge sind, sondern auch in den Großstädten" (Achinger in Rundbrief Gilde Soziale Arbeit Nr. 5, 1952).

Durch diese gesellschaftliche und zeitgeschichtliche Verortung der Sozialpädagogik und Sozialarbeit zieht sich ein Verständnis gesellschaftlicher Fürsorge, das im Begriff der *sozialen Hilfe*, wie er für die sozialarbeiterischen Diskurse der 1950er Jahre prägend war, seinen Ausdruck fand. Fürsorgetheoretisch war dies schon früher – Ende der 1920er Jahre – von Hans Scherpner auf den Begriff gebracht worden: Hilfe ist seiner Auffassung nach „eine Funktion der Gemeinschaft, also zuallererst ein soziales Phänomen – nicht etwa eine Frage der individuellen Motivation oder des Altruismus. Hilfe wurzelt in Formen des gemeinschaftlichen Zusammenlebens der Menschen in Familien, Nachbarschaft etc. wird aber dann ‚auf Grund der immer komplizierter werdenden Gesellschaftsverhältnisse' von staatlicher Seite planmäßig organisiert und institutionalisiert" (Gängler 2001, S. 781). Die soziale Stabilität der Gemeinschaft steht im Zentrum dieses fürsorgerischen Denkens, auch wenn Hilfe – so Scherpner – in der Praxis immer nur personenbezogene Hilfe, Hilfe am Einzelnen sein kann. Denn vor allen persönlichen Einzelbedürfnissen steht der soziale Ausgleich in der Gesellschaft zum Zweck der Erhaltung der gesellschaftlichen Stabilität, die der Staat zu gewährleisten hat. In dieser gesellschafts- und staatszentrierten Fürsorge ist die Not und sind die Lebensschwierigkeiten der betroffenen Personen auch entsprechend auf diesen gesellschaftlichen Zweck hin definiert: Die Armut als zentrales fürsorgerisches System wird als materielle gesellschaftliche Unangepasstheit definiert, abweichendes Verhalten gilt als kulturelle gesellschaftliche Unangepasstheit, die bei Jugendlichen, da sie sich noch im Entwicklungsprozess befinden, besonders behandelt werden muss (vgl. Scherpner 1962).

Dieser sich im fürsorgerischen Verständnis der 1950er und 1960er Jahre meist implizit wieder zu findende Hilfebegriff wurde in der damaligen sozialpädagogischen Praxis meist auf die vorherrschende Maßnahmeorientierung reduziert und nicht weiter theoretisch reflektiert. Dies ging auch zu Lasten des sozialpädagogischen Diskurses. Es wurde zwar – wie in der Gilde Sozialer Arbeit – um alte und neue Menschenbilder in der Folge des geistigen und kulturellen Zusammenbruchs nach dem Krieg und angesichts der neuen Zivilisationsentwicklungen gerungen. Der ‚sozialpädagogische Auftrag an den Sozialarbeiter' – so das Leitthema der Gildetagung von 1954 – stand aber weiterhin ganz im Zeichen der nachkriegsgeprägten Integrationshilfen: Sozialpädagogik war demnach – so fasste Hanns Eyferth damals das Hauptreferat von Fritz Trost zusammen – „nicht so sehr ein Gebiet der Pädagogik als vielmehr der Auftrag, der in jenen Zeiten sich erhebt, in denen der Mensch seine Zuordnung zu einem geordneten Ganzen verloren hat, in denen eine Entzweiung zwischen ihm und dem bewahrenden Lebensgrund eingetreten ist. Dann gerät der Mensch in eine gefährdende Sonderung, die zunächst als eine Parzellierung" erscheinen mag, als Sonderung vom Eigentum, von der Arbeit, von der Ordnung des Lebens, die [...] den Menschen entwurzelt". Die „Notwendigkeit organisierter Hilfe" stand im Vordergrund. „Der in die Sonderung geratene Mensch muss hinein genommen werden in ein menschliches Verhältnis, in dem er gleichberechtigt handeln kann. Denn schöpferische Hilfe wird stets die Kräfte der Selbsthilfe beanspruchen: Sie zielt, wo immer möglich, auf die Mündigkeit des Menschen" (zit. nach Thorun 2000, S. 26).

Die pädagogisch-kritische Diskussion setzte dann Ende der 1950er und Anfang der 1960er Jahre ein. Vom früheren Thema der materiellen und sozialen Not der Jugend wandte man sich nun der zeitgenössischen pädagogischen Frage des Verstehens der neuen Jugendgeneration zu, die – im Bild der „skeptischen Generation“ (Schelsky 1957) – so normativ indifferent und so angepasst an die Technik- und Konsumgesellschaft schien. Gerade dem immer noch jugendbewegten Pädagogikverständnis der älteren Sozialarbeiter und Sozialarbeiterinnen lief dies zuwider. So nahmen denn auch die unterschiedlichsten Kreise der Sozialarbeit an der Zivilisations- und Kulturkritik der beginnenden 60er Jahre teil, die dort pädagogisch zu Widerstand aufforderte, wo „immer Elemente der rationalen Zivilisation den Menschen sich selbst entfremden; wo das Erlebnis und die Erfahrung des persönlichen Lebens durch ‚objektive‘ Betrachtungsweisen neutralisiert werden; wo der Mensch verführt oder genötigt wird, auf menschliche Grunderfahrungen [...] zu verzichten oder wo ihren Lebensformen kein Raum mehr bleibt“ (Deutscher Ausschuss für das Erziehungs- und Bildungswesen 1960, zit. n. Thorun 2000, S. 152). In diesem kultur- und gesellschaftswissenschaftlichen Spektrum entwickelte sich auch ein erster Diskurs über die Probleme der Abhängigkeit und Autonomie der Sozialarbeit bezüglich ihres gesellschaftlichen Auftrages. Achinger versuchte in diesem Zusammenhang, die Scherpnersche Dualität der Sozialen Hilfe – als gesellschaftliche Aufgabe *und* als persönliche Hilfe im Einzelfall – in eine Spannung zu bringen: „Wenn es dem Sozialarbeiter aufgegeben ist, über die Gesellschaftlichkeit hinaus seine Soziale Arbeit am Menschen zu verstehen, dann heißt das, gegenüber allen möglichen Aufträgen der Auftraggeber gibt es den utopischen Charakter der sozialen Ziele (ou/tópos heißt kein Ort, das heißt diese Ziele haben in dieser Welt keinen Ort, wo sie von einem Auftraggeber vertreten würden, sind aber trotzdem darin)“ (Achinger im Gilde-Rundbrief Nr.3/4, 1963).

Diese Frage nach der Autonomie der Sozialarbeit in einer sie als Kontrollinstanz beauftragenden Gesellschaft weitet sich in die Mitte der 1960er Jahre hinein nicht nur in der Gilde Soziale Arbeit, sondern auch in anderen entstehenden Diskurskreisen zu einer innerdisziplinären Konfliktfrage aus. Es geht nicht mehr um die gefährdeten Jugendlichen, sondern um die jugendgefährdende Gesellschaft. Dabei gerät das eigene Hilfssystem der Sozialpädagogik und Sozialarbeit als Kontrollsystem – als ‚autoritäre Praxis in einer autoritären Gesellschaft‘ –

selbst ins Visier. Die später breit diskutierten Dilemmata der Gleichzeitigkeit von Hilfe und Kontrolle, des doppelten Mandats des Sozialarbeiters und der Stigmatisierungseffekte, die in den zentralen Begriffen der sozialen Hilfe und der Verwahrlosung stecken, desavouierten den fürsorgerischen Hilfebegriff, so dass er seine prägende Bedeutung für den weiteren sozialpädagogischen Diskurs zwangsläufig verlieren musste.

Eine mögliche Neubelebung des Hilfsbegriffs müsste deshalb heute paradigmatisch neu begründet werden. Scherpner hatte ausdrücklich darauf hingewiesen, dass sich der Begriff der sozialen Hilfe als gesellschaftlicher Begriff auch mit der Gesellschaft wandeln muss. Insofern könnte er nun seiner repressiv-integrativen Interpretation der 1950er Jahren entkleidet und in einem anderen gesellschaftlichem Licht gesehen werden: Denn in einer Zeit der Krise des Sozialstaates, in der die öffentliche Verantwortung für Bildung, Erziehung und soziale Unterstützung nicht mehr als Selbstverständlichkeit angesehen wird, erhält die Formel von der strukturell begründeten Gesellschaftlichkeit sozialer Hilfe eine neue Bedeutung. Zudem bleibt der theoretische Zugang, die Soziale Arbeit über den Begriff der sozialen Hilfe auch in Zukunft aus der Vergesellschaftungslogik moderner Gesellschaften heraus bestimmen zu können, bestehen. In diesem Kontext sieht auch Hans Gängler das in den 1990er Jahren wieder aufkeimende Interesse am Hilfebegriff in engem Zusammenhang mit den systemtheoretischen Versuchen der gesellschaftlichen Funktionsbestimmung sozialer Arbeit und einer daraus ableitbaren Autonomiedefinition (2001, S. 784). Jedoch bleibt ‚Hilfe' in diesen Entwürfen all zu oft eine Behelfskonstruktion und wird kaum in ihrer zivilgesellschaftlichen sowie lebensweltlichen Ambivalenz wahrgenommen (vgl. dazu Schefold 2004). Andererseits wird in den systemtheoretischen Rahmungen die sozialhistorische Genese eines Funktionsbereichs Hilfe unterstellt, der gegenüber den neueren Entwicklungen in der Sozialpädagogik und Sozialarbeit, den Aufgaben der Bildung und der Lebensbewältigung, zu pauschal bleibt und der zum anderen kaum gegenüber den derzeitigen Entgrenzungstendenzen abgeschottet werden kann. Diesbezüglich sind die systemtheoretischen Begründungsformen Sozialer Arbeit in ihrer analytischen Reichweite begrenzt. Zwar hat sich mit der Begründung und Darstellung der Eigenständigkeit des Arbeitsfeldes Sozialer Arbeit als Hilfe der systemtheoretische Zugang so profiliert, dass er die Mechanismen sozialer Benachteiligung und Exklusion als interdependent systemlogische Folgeerscheinungen ausweisen und die gesellschaftliche – eben wieder systemlogische – Funktionalität sozialpädagogischer Institutionen als Teilsysteme der „allgemeinen stellvertretenden Inklusion tendenziell ausgeschlossener Individuen“ (vgl. Bommes/Scherr 2000) darstellen kann. So wichtig diese Klärung der Position der Sozialen Arbeit ist, so wird doch dem systemischen Konzept seine Indifferenz gegenüber historischen Gehalten – von jeher ein wunder Punkt der Systemtheorie – zum Verhängnis: Mit der Entgrenzung der Arbeitsgesellschaft und den neuen Exklusionstendenzen des digitalen Kapitalismus und seinen Vergesellschaftungsfolgen der Segmentierung werden ökonomische – auf Obsoleszenz des Humankapitals abzielende – Exklusion und sozialstaatliche Inklusion nicht mehr so einfach aufeinander beziehbar. Das systemtheoretische Modell hält der Dynamik des sozial entbetteten und darin soziale Systeme sprengenden Kapitalismus nicht stand. Ohne eine politökonomische bzw. sozialpolitische Hintergrundtheorie, die den nun neu, aber anders aufgelegten Grundkonflikt von Mensch und Ökonomie thematisieren und von daher die immanente Selbstläufigkeit systemtheoretischer Logik relativieren kann, wird der systemtheoretische Ansatz stumpf.

2. Institutionalisierung und Entgrenzung – Kristallisationspunkte sozialpädagogischen Denkens und Zuständigkeiten Sozialer Arbeit im Wandel

Der von uns gewählte disziplinär offene und diskursorientierte Blick auf die Geschichte der Sozialpädagogik und Sozialarbeit kommt uns heute – anfangs des 21. Jahrhunderts – wieder zugute. Angesichts eines ökonomisch-gesellschaftlichen Strukturwandels und der damit verbundenen Entgrenzung des Sozialen reicht es nicht aus, von der Warte einer inzwischen etablierten Sozialpädagogik und Sozialarbeit aus auf Bestandserhaltung zu setzen. Ähnlich wie in den 1920er Jahren geht es darum, das disziplinübergreifende „Projekt Sozialpädagogik" wieder zu beleben und von da aus die sozialpädagogischen Herausforderungen zu formulieren. Carl Mennickes These von der „sozialpädagogischen Verlegenheit der industriekapitalistischen Moderne" gilt für die gegenwärtige Phase des digitalen Kapitalismus im Prinzip wieder neu. Insofern stehen der erste und zweite Teil des Buches in einem – methodologisch gesehen – komplementären Verhältnis zueinander.

Aus der institutionellen Perspektive wiederum haben sich in der disziplinären Entwicklung der Sozialpädagogik im 20. Jahrhundert bestimmte zentrale Themen herausgebildet, die sich zu *Kristallisationspunkten* sozialpädagogischen Denkens und zu *Zuständigkeitsbereichen* bzw. *Zuständigkeitsansprüchen* der Jugendhilfe und Sozialarbeit verstetigt haben. Diese haben – gesellschaftlich gesehen – im Zuge der arbeitsteiligen Ausdifferenzierung und Modernisierung des Erziehungs-, Sozial- und Bildungsbereiches im sozialstaatlichen Rahmen ihre moderne Form erhalten. Um die mit Familie, Kindheit und

Jugend verbundenen Bewältigungsprobleme herum hat sich die Kinder- und Jugendhilfe entwickelt. Armut und die damit verbundenen sozialen Probleme sowie die sozialhygienischen Aspekte der Gesundheit gelten als klassische Zuständigkeiten der Sozialarbeit, wenngleich sich auch die Jugend- und Familienfürsorge in den 1920er Jahren als ‚Soziale Arbeit' verstanden. Hinzugekommen ist seit den 1970er Jahren die Sozialplanung, aber auch die Migrationsthematik. Aus ihren Wurzeln in der Frauenbewegung heraus war die Sozialpädagogik zudem schon immer in der Geschlechterfrage engagiert, aus den modernen feministischen Konzepten hat sie sich ihre eigene Fachlichkeit der Frauen- und Mädchenarbeit abgeleitet.

So weit hatte sich ausgangs des 20. Jahrhunderts das institutionelle und professionelle Feld der Sozialpädagogik konsolidiert und galt – im Rahmen sozialstaatlicher Verfassung – als in seiner öffentlichen Verantwortung und Zuständigkeit abgesichert. Mit dem ökonomisch-technologisch induzierten Strukturwandel der Arbeitsgesellschaft und der damit einhergehenden fiskalischen und politischen Krise des Sozialstaats ist diese institutionelle Selbstverständlichkeit nun nicht mehr gegeben, die Sozialpädagogik/Sozialarbeit in ihrer sozialstaatlichen Gemütsruhe aufgestört. Diesen gesellschaftlichen Umbruchsprozess in seinen Konsequenzen für sozialpädagogisches Denken und Handeln versuchen wir mit dem Begriff der *Entgrenzung* reflexiv ‚einzufangen'. Damit ist die teilweise Erosion oder gänzliche Auflösung bestehender regulativer Begrenzungen (und eben auch Zuständigkeiten) des Sozialen und Politischen, aber auch von Strukturen des Alltags gemeint: „Der Begriff schließt Merkmale von Entstrukturierungen oder Entstandardisierungen ein, geht aber zugleich über sie hinaus, indem er die Ausweitung bzw. die Öffnung des jeweiligen Bereiches und die Durchdringung mit jeweils anderen Bereichen signalisiert […] Die Erosion und Auflösung der alten überkommenen Strukturen ermöglicht die Bildung neuer Strukturen […], die ihrerseits […] Potentiale freisetzen. […] Zugleich bringen die Entgrenzungen auch selbst wieder Grenzen hervor und lassen auch Kernbereiche des Ausgangssystems bestehen" (Kirchhöfer 2004, S. 24; vgl. auch Kirchhöfer 2005). Auch muss „die Auflösung alter Grenzen und Unterscheidungen […] durch neue – allerdings gemäß einer Logik der inneren Grenzflexibilisierung provisorische, moralisch und rechtlich plurale – Ab- und Eingrenzungen ersetzt werden“ (Beck/ Bonß/Lau 2004, S. 49) Dies geschieht vor allem durch die Verschiebung von Entscheidungen von der öffentlichen in die private Sphäre.

Auf die gesellschaftliche Sphäre des Sozialen und auf die Sozialpädagogik angewendet, kann mit dieser Begrifflichkeit nicht nur aufgeschlossen werden, wie die sozialpolitische Regulationsmacht des Sozialstaats erodiert, von ökonomischen Imperativen durchdrungen und damit ins Ordnungspolitische gedrängt wird (neue Grenzen). Gleichzeitig wird die Regulation sozialer Probleme und Konflikte stärker als bisher den privaten Beziehungen überlassen. Dabei wird vor allem auch sichtbar, wie sich die Kristallisationsbereiche der sozialpädagogischen Disziplin und ihrer Fachlichkeit – Familie, Jugend, Armut etc. – aus ihrem bisherigen gesellschaftlichen und sozialpolitischen Rahmen lösen, sich in diesem Entgrenzungsprozess den traditionellen sozialpädagogischen Zugangskonzepten zu entziehen drohen und ihr somit eine neue Reflexivität abverlangen. Gleichzeitig ergeben sich aber auch neue sozialpädagogische Problemstellungen dadurch, dass früher institutionell abgegrenzte und sozialpädagogisch schwer zugängliche Sphären – vor allem die der Bildung und Arbeit – in den gesellschaftlichen Entgrenzungssog geraten sind, wobei ebenso vorher zurückgedrängte wie neue sozialpädagogische Perspektiven und Aufgaben freigesetzt werden. Ob diese nun aber der Sozialpädagogik/Sozialarbeit zufallen ist ungeklärt, weil ihre bisher sozialstaatlich gesicherten Zuständigkeiten vor dem Hintergrund der Krise des Sozialstaates selbst wieder entgrenzt sind, da soziale Probleme in der neoliberalen Matrix der gegenwärtigen Gesellschaftspolitik neu reguliert werden.

Die Tragweite des Entgrenzungsparadigmas wird deutlich, wenn man es gegenüber dem Pluralisierungsbegriff absetzt. Während Pluralisierungsprozesse in einem weiter bestehenden Rahmen ablaufen, wird bei der Entgrenzung dieser Rahmen gesprengt. Dies lässt sich z.B. im Falle der Entgrenzung der Lebensalter operationalisieren: Die Pluralisierung (als Entstrukturierung) des Jugendalters bewegte sich im Rahmen der gesellschaftlich gesetzten Moratoriumsperspektive. Diese ist aber heute biographisch-zeitlich und sozial aufgebrochen (vgl.

Schröer 2004). Die familialen Problemlagen wiederum können nicht mehr länger und selbstverständlich über die Dualität und Abgrenzung von Arbeit und Familien-/Frei-Zeit sowie von öffentlich und privat definiert werden.

Erwerbsarbeit ist als Strukturrahmen zur Bestimmung des Erwachsenenalters („Erwerbsalters“) nicht mehr hinreichend und das Alter hat in diesem Entgrenzungsprozess der Arbeitsgesellschaft eine wesentlich veränderte Rahmenperspektive erhalten als in den Hochzeiten der einfachen Modernisierung, in denen es eher als „Restkategorie“ angesehen wurde. Mit dieser Entgrenzung der Lebensalter sind schließlich aus den vormals „gerahmten“ und entsprechend verlässlichen Statuspassagen offene und mitunter riskante „Übergänge“ geworden.

Entgrenzungsprozesse müssen in der Perspektive der *Freisetzung* gesehen werden. Die Veränderungen entspringen zwar der historischen Entwicklungs- und Krisendynamik der vorgängigen Epoche, weisen aber eine andere Logik auf als die, nach der das bisherige gesellschaftliche System reguliert wurde und wird. Deshalb hilft hier auch das Konzept der „reflexiven Modernisierung“ (Beck) nur bedingt weiter, denn die negativen Folgen sozialstaatlicher Definitions- und Gewährleistungspolitik, auf die dieses Konzept abzielt, sind bekannt; mit dem *lebensweltorientierten* Ansatz wird in der Sozialpädagogik bis heute versucht, ihnen gegenzusteuern. Entgrenzungen setzen die Suche nach *Handlungsfähigkeit* bei den Organisationen wie bei den Betroffenen neu und unbestimmt frei. Das Problem der Handlungsfähigkeit steht auch im Mittelpunkt des lebensweltlich rückgebundenen Bewältigungskonzepts. Dieses werden wir in der folgenden Darstellung sozialpädagogischer Kristallisationspunkte und ihres Wandels verfolgen. Es hilft uns nicht nur dabei, Lebensschwierigkeiten pädagogisch aufzuschließen und sozialpolitisch, rückzubinden, sondern führt uns auch immer wieder auf die Frage nach der ‚institutionellen Handlungsfähigkeit’ der Sozialpädagogik und Sozialarbeit heute zurück.

2.1 Die Formierung der Sozialpädagogik im Sozialstaat

Die gesellschaftliche Konstellation, in der die Sozialpädagogik in Deutschland ihre heutige infrastrukturelle Ausdehnung und professionelle Strukturierung erlangte, entwickelte sich mit dem ökonomischen und politischen Aufstieg des Sozialstaates in den 1970er und 1980er Jahren. Der Sozialstaat wurde zum Garanten des ökonomischen Wachstums, zum Regulator der sozialen Integration und Motor des Demokratisierungsprozesses, kurzum zu einem Kristallisationspunkt der gesellschaftlichen Modernisierung.

Auch in der Bundesrepublik hatte sich die fordistische Wirtschaftsgesellschaft hin zur Massenproduktions- und Massenkonsumgesellschaft neu formiert. Die soziale Dynamik bezog sich zunehmend stärker auf den Reproduktionsbereich. Der Staat wurde direkt zum Adressaten sozialer Probleme, die sich aus ökonomischen Krisen und damit zusammenhängenden Konflikten ergaben. Jürgen Habermas (1973) hat diese Entwicklungsstufe der sozialökonomischen Gesellschaftsformation auf Grund dieser herausgehobenen Rolle des Staates mit dem Begriff des „staatlich geregelten Kapitalismus“ umschrieben. Dieser Interventionsstaat neuen Typs war durch Machtzuwachs und Krisenanfälligkeit gleichermaßen bestimmt. Er verfügte auf der einen Seite über bemerkenswerte sozialstaatliche Gestaltungsräume; gleichzeitig war er in vielen Bereichen mit der kapitalistischen Wirtschaft eng verflochten: Über Staatsaufträge wurden (und werden) öffentliche Investitionen getätigt, Beschäftigungen angekurbelt, Zuschüsse für ökonomisch-technologische Investitionen an die Betriebe gezahlt, Subventionen vergeben. Erhaltung und Weiterentwicklung der sozialen Integration auf der einen Seite und Stärkung der internationalen Konkurrenzfähigkeit der heimischen Wirtschaft auf der anderen – eine Balance zwischen gestaltender Sozialpolitik und funktioneller Standortpolitik – stellen bis heute die Politikpole des modernen nationalen Sozialstaates dar.

Die 1960er und die 1970er Jahre brachten – nach der industriezentrierten Phase des Wiederaufbaus – einen Schub in der ökonomisch-technologischen und sozialen Arbeitsteilung. In Deutschland und in den westeuropäischen Staaten wurde deutlich, dass die einfachen fordistischen Rationalisierungsprozesse mit niedrigen Arbeitsqualifikationen an ihre Grenzen stoßen: Der Massenkonsum hatte sich ausdifferenziert und verfeinert, die Bedürfnisse nach einer Erhöhung der Lebensqualität und der Verbesserung der infrastrukturellen Versorgung setzten sich in breite Bevölkerungsschichten hinein durch. Damit waren die Ansprüche an den Produktions- und Dienstleistungsbereich gestiegen, der internationale Wettbewerb verschärfte sich nun über Qualität und nicht mehr über Quantität. Die deutschen Unternehmen waren auf qualifizierte Massenarbeitskraft, den Faktor „Humankapital" angewiesen. Dies wiederum setzte sich in kollektive und private Ansprüche an den Staat, vor allem an seine Bildungs-, Ausbildungs- und Sozialpolitik um. Mit Blick auf das internationale Wettbewerbsniveau wurde die „deutsche Bildungskatastrophe" beschworen und staatliche Bildungs- und Ausbildungsoffensiven in Angriff genommen. Die durch enormen sozialökonomischen Wandel erzeugten Umbrüche in der Sozialstruktur – Auf- und Abstiegsprozesse, Mobilität und Migration, Verdrängungen alter Qualifikationen, soziale Segregationen – bedurften einer sozialpolitischen Flankierung, die an diesen „neuen" sozialen Risiken als Folge- und Begleiterscheinungen der Modernisierung anknüpfen musste. Gleichzeitig stand der Sozialstaat ob seines gewachsenen demokratischen Anspruches („mehr Demokratie wagen") und der nun damit verbundenen expansiven und differenzierten Wohlfahrtsprogrammatik (Chancengleichheit und Angleichung der Lebensbedingungen) unter dem Legitimationsdruck, die wohlfahrtspolitische Garantie einzulösen. Die Risikozonen sozialer Probleme und die Lage benachteiligter Gruppen galten in diesem Zusammenhang als „Testgebiete" der Integrationsfähigkeit des Sozialstaates.

Die Problematik dieser Konstellation hat Habermas (ebd.) in den Begriff der „Legitimitätskrise" gefasst. Mit der Entwicklung einer fordistischen, durch Massenproduktion und Massenkonsum strukturierten Gesellschaft steht nicht mehr der Konflikt von Arbeit und Kapital im Vordergrund, sondern die Einlösung von Realitätsansprüchen und die Erhaltung von Lebensniveaus und Konsum, deren Garantieerwartungen man im

Wohlfahrtsstaat aufgehoben sieht. Es zählen Konstellationen von Ansprüchen, auf die mit Regelsystemen von Zumutbarkeiten sozialstaatlich reagiert wird. Der deutsche Sozialstaat wird so Kristallisationspunkt und Adressat nahezu aller gesellschaftlichen Ansprüche und damit Anziehungspunkt der zentralen sozioökonomischen Konflikte. Er entwickelt sich zu einem System, das sich gegenüber den Alltagswelten der Bürger verselbstständigt hat, und gleichzeitig zwischen der Ökonomie und dem Sozialbereich vermittelt. Es gibt zwar weiterhin eine gesellschaftliche Sphäre des sozialpolitischen Konfliktes – Tarifkonflikte, Streiks, Aussperrungen, Verbraucherboykotte, Betroffenendemonstrationen. Diese sind aber nicht mehr durch den Grundwiderspruch von Arbeit und Kapital geprägt, sondern in die Dimension von Konsumentenansprüchen und Gruppenbefindlichkeiten gefasst.

In dieser sozialstaatlichen Sphäre entfaltete sich auch die Sozialpädagogik. Nach dem Abbruch der sozialpädagogischen Entwicklungen der 1920er Jahre durch den Nationalsozialismus und der Zeit des Wiederaufbaus im Zeichen von Hilfe und Nothilfe konnten nun die Intentionen der zwanziger Jahre (Sozialpädagogik als strukturelle Antwort auf die sozialpädagogische Verlegenheit der Moderne und der Beginn des Aufbaus differenzierter und eigensinniger sozialpädagogischer Institutionen) wieder bestimmend werden. Charakteristisch aber für die damalige Situation war, dass diese historischen Bezüge nicht bewusst aufgenommen wurden; man lebte im Gefühl der Neuheit von Herausforderungen und Modellen. Wahrscheinlich waren es die Vorgaben und Spielräume eines gestaltenden Sozialstaates, die das Magnetfeld für die neue professionelle Sozialpädagogik bildeten und die Weimarer Zeit in den Hintergrund drängten. Denn zu dieser Zeit musste die Praxis der Sozialpädagogik und Sozialarbeit sich selbst oft das sozialstaatliche Milieu herstellen, in dem sie agieren konnte. Nun aber fand sich Sozialpädagogik im Spielraum eines gestaltenden Sozialstaats. Herman Nohl war noch davon ausgegangen, dass Sozialpädagogik aus geistigen Energien heraus – dem Sozialismus, der Frauenbewegung, der Jugendbewegung – zur gesellschaftlichen Praxis in sozialstaatlicher Rahmung (RJWG) wird. Er hatte ein einfaches modernisierungstheoretisches Modell der Institutionalisierung sozialer Bewegungen.

Sozialstaatliche Modernisierung geht aber nicht einfach aus sozialen Bewegungen hervor, sondern aus der dialektischen Spannung von Ökonomie und sozialer Idee.

Eduard Heimanns in der Weimarer Zeit entwickelter Grundansatz (1929), nach dem das Sozialpolitische zugleich Bestandteil und Fremdkörper im Kapitalismus ist, hebt die Institutionalisierung des sozialpolitischen Prinzips im Sozialstaat als eine eigene historische Kraft hervor. Die Sozialpolitik nimmt soziale Bewegungen auf und reguliert sie im System von Anspruch und Zumutbarkeit; sie ‚entbewegt' sie gleichsam und gießt sie – wie dann später in den 1970er Jahren – in ‚Modellbewegungen' um und führt zu neuen sozialstaatlichen Rahmungen der gesetzlich definierten Rechte und Verbindlichkeiten. Dabei erzeugt der Sozialstaat ein typisches kulturelles Spannungsfeld von sozialökonomischer Hintergrundsicherheit, kollektiver Identität und exemplarischer (lebensweltlich verankerter und gesellschaftlich orientierter) Partizipation, in dem sich nun auch die Sozialpädagogik und Sozialarbeit entfalten konnte.

Eduard Heimanns „Soziale Theorie des Kapitalismus"

Der Kapitalismus hat sich vom 19. ins 20. Jahrhundert nicht linear entwickelt, weder in der liberalistischen noch in der marxistischen Perspektive. Vielmehr ergaben sich über den Staat und die sozialen Bewegungen, in erster Linie die Arbeiterbewegung, überraschende soziale Durchdringungen und Umstrukturierungen der modernen Industriegesellschaft sowie historisch neue Qualitäten der Vergesellschaftung. Ausdruck dieser sozialen Verwandlung des Kapitalismus – die seine historische Form, nicht aber sein asoziales Wesen verändert hat – ist die moderne Sozialpolitik:

„Sozialpolitik ist die Summe von Maßregeln zum Schutz und zur Förderung des arbeitenden Menschen, den die Güterordnung als eine Sache unter Sachen behandelt. Kapitalismus ist aber – hinter und unter jedem bloß rationalen Zwecksinn – Kapitalherrschaft und enthüllt sich als solche besonders in der rational so störenden Monopolgipfelung; Sozialpolitik ist Abbau der Herrschaft zugunsten der Beherrschten. Sozialpolitik ist also der Einbau des Gegenprinzips in den Bau der Kapitalherrschaft und Sachgüterordnung; es ist die Verwirklichung der sozialen Idee im Kapitalismus gegen den Kapitalismus. In der Doppelstellung der Sozialpolitik als Fremdkörper und zugleich als Bestandteil im kapitalistischen System liegt ihre eigentümliche Bedeutung; darin ihre Dynamik, darin ihre dialektische Paradoxie und theoretische Problematik, welche schon als solche für ein undialektisches Denken unerkennbar ist. Das undialektische Denken bricht hier, wie stets, das dialektisch Zusammengehörige auseinander und wirft von der einen Seite her der Sozialpolitik vor, sie zerstöre von innen her das kapitalistische System, das doch erhalten bleiben müsste; sie sei Gift, welches ausgestoßen werden müsse: während von der anderen Seite her geklagt wird, daß die Sozialpolitik innerhalb des Kapitalismus, also unter Bewahrung des Kapitalismus, dasjenige kümmerlich zu leisten versuche, das nur auf seinen Trümmern voll geleistet werden könne." (Heimann 1929, S. 167f.).

Sozialpädagogische Hilfen lassen sich als gesellschaftlich institutionalisierte, lebensweltlich orientierte Reaktion auf psychosoziale Bewältigungsprobleme in der Folge gesellschaftlichen Wandels und darin enthaltener sozialer Desintegrationstendenzen verstehen. Zu einer solchen Reaktion ist die moderne Industriegesellschaft strukturell gezwungen. Da die gesellschaftliche Dauerkrise auf Grund ihrer strukturellen Anlage nicht aufhebbar ist, muss sie in ihren Folgen für den und am Einzelnen angegangen, also pädagogisch transformiert werden. Gleichzeitig enthalten die psychosozialen Bewältigungskonstellationen selbst einen pädagogischen Aufforderungscharakter, d.h. sie folgen nicht der Rationalität der ökonomisch-technischen Arbeitsteilung, sondern dem sozialtechnisch nur bedingt kalkulierbaren Eigensinn der Menschen: „Was über Recht und Geld nicht zu erreichen ist, ist die Änderung der Personen selbst" (Luhmann 1981, S. 97). Die am Menschen orientierte sozialpädagogische Konstellation, die auf die sozial beschädigte Individualität des Menschen eingeht und aus seiner Betroffenheit heraus neue Formen des sozialen Anschlusses zu entwickeln sucht – vgl. o. das „Modell" Pestalozzi – macht die Eigenständigkeit der Sozialpädagogik innerhalb der Sozialpolitik aus, lässt sie mehr sein als nur deren lebensweltliches Korrelat. Dies bildet sich im zentralen Vermittlungskonstrukt zwischen Sozialpolitik und Sozialpädagogik, dem Konzept der *Lebenslage* ab. Es verweist auf die Lebensverhältnisse als Handlungsspielräume individueller Lebensgestaltung, bindet diese aber gleichzeitig an die allgemeinen sozialökonomischen Bedingungen der Vergesellschaftung zurück. Die soziale Modernisierung des Kapitalismus in der Dialektik von Kapital und sozialer Idee hat auch die Entwicklung der Lebenslagen vorangetrieben und die Spielräume der Lebensbewältigung erweitert. Je mehr die Wirtschaft unter dem Druck stand, im Zuge der notwendigen Modernisierung Arbeiter und Angestellte zu qualifizieren und ihre Reproduktionsbedingungen zu verbessern, desto mehr erweiterten sich die soziokulturellen und sozialen Spielräume, die sozialen Entwicklungs- und biografischen Beteiligungsperspektiven der arbeitenden Menschen (vgl. Böhnisch/Arnold/ Schröer 1999).

Wichtig ist dabei, dass Lebenslagen immer auch eine Subjektperspektive enthalten. Nun haben Subjekte keine Lebenslage an sich; Lebenslage ist vielmehr ein theoretisches Konstrukt, in dem sich die Gesamtheit der Lebensbedingungen des Einzelnen unter einer spezifischen Perspektive strukturieren lässt: Unter der Perspektive der Handlungsspielräume zur alltäglichen Lebensbewältigung. Lebenslagen sind in diesem Sinne sozialstaatlich vermittelte Zustände von Chancen, Belastungen und Ressourcen. Sozialstaatlich vermittelt bedeutet in diesem Zusammenhang, dass es gesellschaftlich-politische und entsprechend öffentliche Vorstellungen von der Dringlichkeit sozialer Probleme und dem damit zusammenhängenden Interventionsbedarf gibt und dass diese gesellschaftliche und sozialpolitische Akzeptanz der Lebenslage diese mehr oder minder strukturieren, die Spielräume der Lebensbewältigung variieren, verengen oder erweitern kann. Die Entwicklungsmöglichkeiten der Sozialpädagogik und Sozialarbeit sind damit eng mit der Frage verbunden, welche gesellschaftspolitischen Spielräume der Sozialstaat selbst hatte und hat. Ein gestaltender Sozialstaat kann über seine institutionelle Gebundenheit hinaus das sozialpolitische Prinzip als gesellschaftliches Spannungs- und Bewegungsmoment aktivieren und damit auch der Sozialpädagogik entsprechende „Bewegungsfreiheit“ geben.

Institutionenkritik und interdisziplinäre Professionalität

In dieser Bewegungsfreiheit und aus ihrem neuen Selbstverständnis heraus hat die Sozialpädagogik in Westdeutschland seit den 1970er Jahren ihre infrastrukturelle, professionelle und disziplinäre Gestalt entwickelt. Diese Entwicklung ist ebenso bestimmt von einer sozialkritischen Reflexivität wie von neuen, offensiven Gestaltungsansätzen. Trotz der vielfältigen Reformansätze der 1920er Jahre – im Umkreis des sozialen Bildungsverständnisses, der Reformpädagogik und der psychoanalytischen und individualpsychologischen Konzepte – war die allgemeine Praxis bis in die 1960er Jahre hinein autoritär und disziplinierend-stigmatisierend bestimmt. Sie präsentierte sich in den die Kinder- und Jugendhilfe dominierenden großen Anstalten in der Form totaler Institutionen und in der Dominanz von Verwaltung. Die darauf bezogene kritische Betrachtung verband sich wiederum mit einem Unbehagen gegenüber neuen Entwicklungen, die den Ausbau der Sozialpädagogik im Zeichen sozialtechnisch-methodisch orientierter und psychologisch individualisierender Konzepte vorantrieben und dabei gesellschaftliche Probleme und ihre sozialpädagogischen Herausforderungen verdeckten.

Es war die Zeit, in der Ivan Illich (1971) die Selbstmächtigkeit von Institutionen am Beispiel von Schule und Medizin analysierte und Foucault (1977) die Formen von Unterdrückung und Macht rekonstruierte, die sich gerade auch in den kapillaren Verästelungen der neuen, weichen Formen von Verstehen und Hilfe darstellten. In der Sozialpädagogik und Sozialarbeit wurde – ganz analog – der gesellschaftskritische pädagogische Ansatz Bernfelds ebenso bedeutsam wie die Stigmatheorie oder die kritische Kriminalsoziologie. Dass nicht die Adressaten, sondern die Institutionen das Problem der Sozialpädagogik sind, wurde – in Anlehnung an die Position H.S. Beckers (1973) – zum impliziten Leitsatz dieser Sozialpädagogengeneration. Der institutionenkritische Diskurs war eingebettet in einen kritischen Gesellschaftsdiskurs, der ebenso antikapitalistisch wie staatskritisch geführt wurde. Perspektiven der kritischen Psychologie und der Psychoanalyse wurden integriert: Weniger als diagnostische Zugänge, sondern als analytische

Paradigmen mit denen aufgezeigt werden konnte, wie sich gesellschaftliche Widersprüche und Konflikte in den Menschen abbilden.

Diese Kritik führte zum Aufbau einer gestaltungsoffenen Sozialpädagogik. Individuelle Ansprüche wurden als Rechtsansprüche auf Erziehungshilfen gefasst, soziale Bewegungen (Studentenbewegung, Frauenbewegung, Lehrlingsbewegung, Jugendzentrumsbewegung etc.) und soziale Initiativen (Bürger- und Stadtteilinitiativen) trugen ihre Interessen an den Sozialstaat heran und wurden von ihm mediatisiert. Diese Regulation erfolgte – angesichts der gesellschaftspolitischen Gestaltungsspielräume des Sozialstaates – nicht restriktiv, sondern gesellschaftlich offensiv. Der Sozialstaat festigte sich über eine Politik der sozialen Erweiterung, in der das sozialpolitische Prinzip als Konflikt- und Bewegungsprinzip gleichermaßen zum Tragen kam. Dies äußerte sich in der damaligen breit und differenziert angelegten sozialstaatlichen Politik der Modellentwicklung vor Ort. Über diese sozialen Modellprojekte – Randgruppenprojekte, Stadtteilprojekte, Beteiligungsprojekte – sollten Konflikt- und Integrationsmöglichkeiten als Faktoren der Modernisierung und Demokratisierung ausgetestet und infrastrukturell verstetigt werden.

Diese Entwicklung war durch die intensive, immer wieder neu ansetzende Arbeit an einer Neuformulierung des Jugendwohlfahrtsgesetzes begleitet, in dem die neuen Aufgaben in Rechtsansprüchen und Leistungsprogrammen sozialstaatlich verbindlich gemacht werden sollten. Das Institutionengefüge und Handlungsrepertoire erweiterte sich. Sozialpädagogik agierte nicht mehr primär sozial reaktiv, sondern vor allem auch lokal gestaltend im Konzept von Infrastruktur- und Gemeinwesenorientierung. Der in den siebziger Jahren beginnende Diskurs um eine ‚kommunale Sozialpolitik' (vgl. Olk/Otto 1981) entsprach dieser sozialstaatlichen Emanzipation der Sozialpädagogik. Parallel dazu verbanden sich methodische Zugänge der Sozialpädagogik – Einzelfallhilfe, Gruppenarbeit und Gemeinwesenarbeit – mit lebensweltorientierten und sozial ermöglichenden Bildungsformen. Der in der Ambivalenz des modernen Sozialstaats begründete Widerspruch von Hilfe und Kontrolle konnte – so schien es – produktiv verschoben werden. Die Sozialpädagogik war nun in der Lage ihren Selbstanspruch der Parteilichkeit – ausgehend von den Lebens- und Bewältigungskonstellationen der Adressaten im gesellschaftlichen Gefüge – in neuer Weise sozialpolitisch zu begründen und im Gefüge ihrer organisatorischen und methodischen Zugänge realisieren zu können (vgl. kritisch dazu: Wolff 1983). Gestützt aus den breiten Erfahrungen der Modellentwicklung in der Kinder- und Jugendhilfe der 1970er und 1980er Jahre und angetrieben von den sozialpolitischen Diskussionen zur Neufassung des KJHG und der vielgliedrigen theoretischen Diskussion entwickelte sich dann auch ein Konsens zu einem Reformprogramm für die Praxis.

Kinder- und Jugendhilfegesetz (KJHG)

Als Ergebnis und Bilanz jahrzehntelanger Diskussionen wurde 1990 als Neufassung des Jugendwohlfahrtsgesetzes (JWG) das KJHG verabschiedet. Es versteht sich als Dienstleistungsgesetz, das das allgemein gefasste Recht auf Förderung der Entwicklung und Erziehung der Heranwachsenden einerseits im Sinne des Abbaus und der Vermeidung von Benachteiligungen akzentuieren und andererseits positive Lebensbedingungen für Kinder, Heranwachsende und ihre Familien ermöglichen soll. Dabei werden „die unterschiedlichen Lebenslagen von Mädchen und Jungen berücksichtigt, Benachteiligungen abgebaut und die Gleichberechtigung von Mädchen und Jungen gefördert“ (§1, §9). Das Gesetz hält – trotz massiver Einwände – an der subsidiären aber – im Verwaltungskontext gesehen aufwändigen Institution der Zweiteilung des Jugendamts (Jugendhilfeausschuss und Jugendamt) fest. Im Spiel zwischen dem – durch das Grundgesetz festgelegten – dominanten Elternrecht und den Rechtsansprüchen von Heranwachsenden entwirft das Gesetz zudem vielfältige Formen der Beteiligung und Mitbestimmung. Planung soll als kommunikativer Aushandlungsprozess ebenso den individuellen Hilfeplan wie die sozialräumliche Angebotsstruktur der Dienstleistungen bestimmen. Rückgebunden an diese Notwendigkeit der je konkreten Planung werden die unterschiedlichen Leistungen der Kinder- und Jugendhilfe als System auf einander bezogener Angebote dargestellt, die der Jugend- und Jugendsozialarbeit, die der Förderung der Erziehung in der Familie, die der

Tageseinrichtungen und Tagespflege, die der Erziehungshilfen. Der plausiblen Systematik der Maßnahmen entspricht die Umsetzung in rechtliche Verbindlichkeiten nur bedingt. Neben den individuellen Rechtsansprüchen bleiben die Intentionen des Gesetzes zur Gestaltung der Kultur des Sozialen blass. Trotz des aus dem RJWG übernommenen und konkretisierten allgemeinen Erziehungsanspruchs ist auch dieses Gesetz kein allgemeines Kinder- und Jugendgesetz, obwohl die Erweiterung der Zuständigkeit z.B. auf seelisch behinderte Kinder und Jugendliche in die Richtung einer Vereinheitlichung zwischen Jugendhilfe und Behindertenhilfe – im Zeichen der allgemeinen Lebensprobleme von Kindern und Jugendlichen vor den Besonderungen der Behinderung – weist. Im Jahr 1990 zeitgleich mit der deutschen Vereinigung verabschiedet, hat das Gesetz zwar die Einheitlichkeit der Strukturen der Sozialen Arbeit in Deutschland befördert, konnte aber die historischen Herausforderungen und sozialen Probleme der neuen Bundesländer nur beschränkt regulieren.

Der Entwicklung insgesamt entsprach auch die Ausbildung des professionellen und disziplinären Selbstverständnisses der Sozialpädagogik. Nach den 1920er Jahren und ihren sich über die Breite der Sozialwissenschaften und Psychologie erstreckenden Ansätzen zur Diskussion und Begründung sozialpädagogischer Aufgaben und Kompetenzen konzentrierte sich nun die Diskussion auf die Fachhochschulen der Sozialarbeit und die Erziehungswissenschaft in den Universitäten. Beide nämlich boten mit ihren Konzepten einer pragmatischen Wissenschaft, das Theorie und Ausbildung, disziplinäres Denken und professionelle Handlungslehre miteinander verband, einen Ort zur Fokussierung und Entwicklung der Voraussetzungen zur Reflexion und Praxis sozialpädagogischer Aufgaben. Die Vielfältigkeit der Diskurse wurde so kanalisiert; die Ausbildungskonzepte der Diplomstudiengänge entstanden und etablierten sich. Dass damit die Fachdiskussion zunächst sehr von Ausbildungsaufgaben bestimmt war, ist die – sicher nicht unproblematische – Konsequenz dieser Konzentration und bestimmt den innerhalb der Wissenschaftskultur durchaus unüblichen Weg einer nachgehenden Ausbildung der wissenschaftlichen Diskussion bis in die Gegenwart.

Die Ausbildung innerhalb spezifisch strukturierter Institutionen und die sich durchsetzende Professionalisierung der Sozialpädagogik und Sozialarbeit – deutlich im Rückgang der Unausgebildeten im Feld, in der Anhebung des Ausbildungsniveaus und v.a. der Expansion der Beschäftigungsverhältnisse – war und ist Indiz und Voraussetzung der Stabilisierung des Arbeitsfelds Sozialpädagogik (vgl. Rauschenbach 1999). Innerhalb der für die zweite Hälfte des 20. Jahrhunderts charakteristischen Expansion der Dienstleistungen – und darin der von Frauen wahrgenommenen Dienstleistungsberufe – ist die Etablierung und Expansion der sozialpädagogischen Berufe eine der auffälligen und im Vergleich zu anderen Berufen besonders hervortretenden professionellen Entwicklungen. Neben den im staatlichen Schulwesen Beschäftigten ist die Gruppe derer, die in sozialpädagogischen Feldern tätig sind, inzwischen eine fast gleich große Gruppe. Sozialpädagogen sind damit eine – neben Lehrern, Medizinern, Juristen und Psychologen – selbstverständliche, und in ihrer eigenen Kompetenz akzeptierte und nachgefragte Berufsgruppe der sozialen und pädagogischen Arbeitswelt.

Parallel zur Konsolidierung der Ausbildung entwickelte sich zunehmend ein differenzierter theoretischer Diskurs in der Sozialpädagogik und Sozialarbeit. Er repräsentiert sich heute – wie es der Normalisierung von Fachentwicklungen entspricht – ebenso in Zeitschriften, in der zunehmenden Zahl von Handbüchern und vor allem im Ausbau der empirischen Forschung. Dem spezifischen Theorie-Praxisbezug der Sozialen Arbeit entspricht es, dass Konzepte der Entwicklungsforschung (der Handlungs- und Begleitforschung v.a. auch im Kontext von Modellen) besonderes Gewicht hatten. Entscheidend für die Entwicklung war hier zunächst, dass die den Bildungs- und Erziehungsprozessen zugewandte Sozialpädagogik und die auf soziale Probleme gerichtete Sozialarbeit sich ineinander verschränkten und in der Diskussionsszene zur Sozialen Arbeit verbanden. Nachdem sich schon in den 1920er Jahren die Diskurse aufeinander zu bewegt hatten, wurden nun im Zeichen des neuen sozialstaatlichen Selbstverständnisses die Überlappungen und Parallelen deutlicher und die Trennung obsolet. Sozialpädagogik erweiterte – ihrer Tradition gegenüber – sowohl den Kreis ihrer Adressatinnen und Adressaten über Kindheit, Jugend und Familien hinaus wie dementsprechend ihr Handlungsrepertoire. Die Sozialarbeit erkannte zunehmend den in ihren Interventionsmustern gegebenen pädagogischen – auf Bewältigungshilfen – bezogenen Kern. Dass innerhalb dieser Gemeinsamkeit Fachdiskussionen bis in die Gegenwart hinein unterschiedlich akzentuiert sind, ist selbstverständlicher Bestandteil einer ausdifferenzierten Wissenschaftskultur.

Professioneller Habitus und Ausbildung

Die Kompetenzen einer reflexiven Praxis in der Sozialpädagogik und Sozialarbeit sind fundiert in einem sozialwissenschaftlich orientierten Studium. Dies hat sich – in unterschiedlich profilierten Studiengängen – nach Ansätzen der 1920er Jahre seit den 1960er Jahren durchgesetzt, analog zu Ausbau und Differenzierung der Sozialpädagogik und Sozialarbeit im Kontext des sich etablierenden Sozialstaats. Mit dem damit erreichten Status einer akademischen Ausbildung hat die Sozialpädagogik und Sozialarbeit sich im Kontext der anderen Sozialwissenschaften normalisiert. Sozialpädagogische Professionalität entspricht so dem Selbstverständnis einer Wissenschaftsgesellschaft, in der Problemverständnis, Problemlösung und die Institutionalisierung von Problemlösungskompetenz nur im Kontext von Wissenschaft verantwortet werden können (vgl. Dewe/Otto 2001). Die akademischen Ausbildungsgänge der Sozialpädagogik hatten es schwer, sich durchzusetzen – gegen Praxiseinwände in den 1960er und 1970er Jahren und – bis heute – gegen Rivalitäten und Konkurrenzen zu anderen sozialwissenschaftlichen Studiengängen und innerhalb der verschiedenen sozialpädagogischen Studiengänge selbst. Die Standards akademischer Ausbildung gelten auch nicht in allen Bereichen der Sozialpädagogik; vor allem die Pädagogik der Kindheit ist im internationalen Vergleich randständig. Die Nachfrage nach Studienmöglichkeiten ist unvermindert groß. Den skeptischen Aussagen stehen zunehmend empirische Erhebungen gegenüber, die deutlich machen, dass in großen Bereichen der Praxis elementare Standards professionellen Handelns realisiert werden (z.B. JULE 1998, Schneider 2004, Heiner 2004b). Der Habitus sozialpädagogischer Professionalität aber ist gleichsam strukturell prekär; er steht im Gegensatz zu weit verbreiteten Professionalisierungsmustern, die auf Status, Sicherheit und Abgrenzung gegenüber Laien zielen. Sozialpädagogische Ausbildung qualifiziert – in Studiengängen und Studienphasen unterschiedlich akzentuiert – für die Gestaltung konzeptioneller und planender Prozesse und wissenschaftliches, empirisch-methodisches sowie für kasuistisches Arbeiten, dem im Sinn der wissenschaftlich gestützten Konkretisierung eine besondere und intensivierte Bedeutung zukommen muss.

Gleichzeitig sieht sich das Studium angesichts des Strukturwandels der Arbeitsgesellschaft vor neue Herausforderungen gestellt. Dass Sozialwissenschaften – die typischen Prestigevorhaben der Sozialreform der 1970er Jahre – zunehmend eingeschränkt werden, gibt den Rahmen auch für die Sozialpädagogik vor. Ihr Ausbildungskonzept wird zudem in spezifische Auseinandersetzungen gezogen. Im Zeichen eines modularisiert-technologischen Verständnisses von sozialen Problemen werden Ausbildungsgänge zu Methoden und Praxisstudien zurückgenommen; vor allem wird im Zeichen der Reprivatisierung sozialer Probleme und der Aktivierung bürgerschaftlicher Selbsthilfen die Leistungsstärke eines ehrenamtlichen Alltagshandelns gegen Professionalität ausgespielt.

Jenseits dieser Entwicklungen ist für die Diskussionen der 1970er und 1980er Jahre charakteristisch, dass sie sozialwissenschaftlich und interdisziplinär offen geführt wurden. Die Sozialpädagogik und die Soziale Arbeit fanden ihre eigene wissenschaftliche Qualität in der Gestalt einer *Interdisziplin*. Sozialisationstheorie und die neue Kriminologie wurden als Hintergrundtheorien für die Soziale Arbeit relevant. Je deutlicher nämlich wurde, dass außerhalb der intentionalen und geplanten, methodisch strukturierten und professionell realisierten Erziehungs- und Hilfeverhältnisse verschiedene soziale und kulturelle Faktoren maßgeblich sind, desto notwendiger wurde die sozialisationstheoretische Erweiterung der Begriffe von Erziehung und Bildung. Die Sozialisationstheorie – in der sich die Frage nach den gesellschaftlichen, sozialen und kulturellen Bedingungen des Aufwachsens mit der nach psychischen Dispositionen, sowie Lern- und Bildungsaufgaben und der Erweiterung des Handlungsrepertoires verbanden – wurde genauso wie der institutionenkritische, auf Entstigmatisierung abzielende Etikettierungsansatz der neuen Kriminologie zu einer Bezugstheorie, in der sich unterschiedliche Diskursstränge konzeptionell finden konnten.

Die Alltagswende

Diese Diskussion diente zwar der Modernisierung der sozialpädagogischen Institutionen, vernachlässigte aber die in ihr auch angelegten Fragen nach den subjektiven Betroffenheiten und Lern- und Bildungsmöglichkeiten und damit die pädagogische Dimension sozialer Unterstützung. Neben den Monita aus der Erziehungswissenschaft, wie sie z.B. von Micha Brumlik (1976), Reinhart Fatke (1987) und Walter Hornstein sowie Klaus Mollenhauer (1988) formuliert wurden, ist in diesem Zusammenhang, die ‚Eigenkritik' des kritischen Kriminologen Stefan Quensel aufschlussreich, der in den achtziger Jahren eine pädagogische Besinnung der neuen Kriminologie einforderte: „Das aktive Handeln des Täters, der Versuch seiner Situation einen Sinn abzugewinnen, das gewollte Zusammenwirken der Beteiligten mit deren bewußt oder unbewußt abgestimmten Verhalten bleibt [im Etikettierungsansatz, d.A.] ausgeklammert. [...] Diese Subjektlosigkeit gilt [...] in gleicher Weise für global soziologische, marxistische, wie aber auch für die große Zahl der Labelingtheorien" (1986, S. 20).

Wenn man Carl Mennickes Bild von der „sozialpädagogischen Verlegenheit" der modernen industriekapitalistischen Gesellschaft (s.o.) theoretisch wendet, dann hat er damals – in den 1920er Jahren – schon jene theoretische Lücke zwischen sozialpolitischer Gesellschaftsanalyse und Jugendwohlfahrtsarbeit angesprochen, die die Sozialpädagogik zu thematisieren hätte, um theoretische Eigenständigkeit zu erlangen. In den 1970er Jahren wurde diese Lücke dann u.a. durch die sozialpädagogische Alltagstheorie gefüllt: Wie spiegelt sich die sozialstaatliche Vergesellschaftung in ihrer Krisenanfälligkeit, aber auch in ihrer Hintergrundsicherheit und Gestaltungsoffenheit auf der Ebene des alltäglichen Bewältigungshandelns wider; wie sind diese Konflikte und Widersprüche, aber auch die darin enthaltenen Gestaltungsmöglichkeiten am Menschen zu fassen? Der Alltagsdiskurs stellte somit nicht nur den Zusammenhang zwischen Lebensbewältigung und gesellschaftlicher Praxis her, sondern konnte gleichzeitig im Kontext und Widerhall eines sozialstaatlichen Diskurses geführt werden. Der ‚gelingendere Alltag' und die Perspektive eines ‚gestaltenden Sozialstaates' wurden so aufeinander bezogen. Der Alltag wurde als die Sphäre des Erlebens und Handelns, als Ereignisbereich des täglichen Lebens, als für jedermann verfügbare Wissensform (Alltagswissen, Commonsense) den entsubjektivierten Zweckwelten der Institutionen gegenüber gestellt. Hier schneiden sich die Alltagstheorien mit dem Habermasschen System-Lebenswelt-Paradigma (1986), in dem die Substitution lebensweltlich-kommunikativer Verständigung durch zweckorientierte systemische Rationalität beklagt wird.

Alltagsorientierung

Das sozialpädagogische Alltagskonzept (vgl. Thiersch 1986, Thiersch 2003) basiert – zum einen – auf den phänomenologisch-interaktionistischen Analysen zum Handeln und Wissen in der immer schon vorhandenen, je gegebenen Alltäglichkeit – der ‚Paramount-Reality' (vgl. Schütz 1972). Sie stellt sich in den Schichten unterschiedlicher Erfahrungswelten dar, und ist in Raum, Zeit und sozialen Bezügen gliedert. In ihr muss sich der Mensch, gestützt durch Routinen und pragmatische Zugänge, im Handeln behaupten, gesteuert durch kausale und konditionale Motive. Hier muss er die anfallenden Aufgaben bewältigen und sein Lebensprofil ausbilden. Das Konzept Alltagsorientierung verbindet – zum anderen – diese phänomenologischen Analysen mit der gesellschaftskritischen (sozialethisch normativen) Frage der sozialistischen Alltagstheorie, inwieweit Alltag als Welt der vordergründigen, bornierten und gesellschaftlich unaufgeklärten „Pseudokonkretheit" (vgl. Kosik 1971) bezogen sein muss auf Lebensansprüche, in denen, in einem gelingenderen Alltag, Anerkennung und Gerechtigkeit realisiert werden. Charakteristisch für das sozialpädagogische Alltagskonzept ist, gegenüber den Ansätzen einer harten Alternative zwischen borniertem, verblendeten Alltag und gelingenderem Alltag, der Versuch einer gesellschaftskritisch offenen Vermittlung. Alltag wird verstanden als „Dämmerlicht von Täuschung und Wahrheit", in dem sich die Bewältigungsleistungen des Überstehens mit den Erfahrungen unterschlagener, unterdrückter Ansprüche und den Anstrengungen zu ihrer Realisierung verbinden. Gegenüber dezidiert philosophischen Intentionen sind Analysen der Alltäglichkeit sozialwissenschaftlich orientiert und konkretisieren sich in der Darstellung heutiger Alltagsverhältnisse in den Konstellationen z.B. von Familie, Lebensalter, Schule, Arbeit, Öffentlichkeit und der dort zu bewältigenden Arbeit des Alltags (vgl. Voß 1991). Das in solchen Rekonstruktionen dargestellte Verhältnis von Lebenslage und Lebensbewältigung ist konstitutiv. Alltag wird verstanden als die Schnittstelle der subjektiven Erfahrungs- und Bewältigungsmuster mit den sie bedingenden „objektiven" gesellschaftlichen Strukturen. Alltag ist die Vorderbühne, auf der in eigensinnig strukturierten Selbstdarstellungen, Möglichkeiten und Zwängen, agiert wird. Die gegenwärtige Frage nach dem Alltag thematisiert vor allem die Verunsicherungen und Entwertungen von Alltäglichkeit in den Ambivalenzen der Moderne. Alltagsorientierte Soziale Arbeit distanziert sich kritisch von bevormundender Hilfe im Sinne einer ‚fürsorglichen Belagerung' (vgl. Keupp 1998) der Lebenserfahrungen und Bewältigungsmuster, ebenso aber von der Unterstellung selbstverständlich-kompetenter, gleichsam heiler Alltagszuständigkeit. Sie sucht in der Kritik gegen die sich immer neu herstellende Selbstbezüglichkeit institutioneller und professioneller Arrangements ein eigenes Selbstverständnis und organisationsbezogene Handlungsmuster auszubilden, die Lebenswelten als sozialpädagogische Orte eines gelingenderen Alltags qualifizieren (vgl. Grunwald/Thiersch 2004).

Indem die sozialpädagogische Rezeption der Alltagstheorie Traditionen der Sozialpädagogik und Sozialarbeit sozialwissenschaftlich und sozialpolitisch neu untersetzte, konnte sie zwischen der Gefahr, dass sich der Pragmatismus, der den interaktionistischen Alltagstheorien innewohnt, verselbstständigt und dem Problem, dass die kapitalismuskritische Dimension des Konzeptes von der konsumkapitalistischen Gesellschaftsentwicklung selbst ausgehebelt werden könnte, konzeptionell verortet werden. Ihre Intention konkretisierte sich aus der Kritik an den institutionell versäulten Definitions- und Stigmatisierungsprozessen heraus in Handlungsmaximen: Prävention, Alltagsnähe und Regionalisierung rückten die Arbeit in den lebensweltlichen Strukturen mit ihren Ressourcen in den Vordergrund; Integration sowie Partizipation sollten das demokratische Moment in der sozialpädagogischen Praxis stärken. In den Handlungsbezügen versucht eine alltagsorientierte Sozialpädagogik und Sozialarbeit entsprechend die lebensweltliche Offenheit in der Situation mit methodisch strukturierten und kooperativen sowie Transparenz schaffenden Arbeits- und Organisationsformen zu verbinden (strukturierte Offenheit). Soziale Arbeit sieht sich dabei der Doppelaufgabe gegenüber, sowohl unterstützende und Bildung fördernde Lebensverhältnisse und Bildungsräume zu organisieren und zu strukturieren, als auch soziale Beziehungen zu klären und Bewältigungshandeln zu stabilisieren. Professionelles sozialpädagogisches Handeln findet seine Identität in der Balance von methodischem Können und persönlichem Einsatz, es wird als reflexives Handeln und als Moment von Sozialpolitik im Prinzip der Einmischung verstanden.

Die dieses Konzept bestimmenden Problemkonstellationen lassen sich auch als ein Strukturmuster theoretischer Grundfragen – gleichsam einer theoretischen Topographie der Sozialpädagogik und Sozialarbeit – verstehen, wie sie in unterschiedlicher Profilierung auch in anderen, die Diskussion der Sozialpädagogik und Sozialarbeit prägenden Theoriekonzepten verhandelt werden, z.B. fokussiert auf Bildung, auf Professionalisierung und Dienstleistung oder in systemtheoretischen Ansätzen (vgl. zusammenfassend: Füssenhäuser/Thiersch 2001; Thole 2002; Hamburger 2004).

Sozialpädagogik und Sozialarbeit – dies zeichnet sich in fast allen Theorieentwürfen ab – ist zunehmend zum integralen Bestandteil moderner Daseinsfürsorge und des allgemeinen öffentlichen Diskurses zur Gestaltung des Sozialen geworden (vgl. Thiersch 1992, Rauschenbach 1999, Merten 2002). Diese Entwicklungen ließen sich als Erfolgsgeschichte lesen, sollten aber nicht dazu verführen, sich in der Gemütsruhe von Modellen und Programmatiken einzurichten und offenkundige Herausforderungen zu überdecken. So bleiben empirische Forschungen hinter den Programmen und Theoriekonzepten zurück und sind in manchen Bereichen nur sporadisch verfügbar – vor allem in der Analyse der Neuorganisation der Sozialen Dienste. Neben Begleit- und Entwicklungsprojekten ist die sozialpädagogische Grundlagenforschung zu randständig. In der Praxis verlieren sich Reformintentionen oft in der Beharrungskraft gewachsener Strukturen. So werden z.B. die Handlungsmaximen der Lebensweltorientierung ihrer kritischen Intention entblößt und zur Überschrift dessen, was sowieso geschieht, verflacht.

Diese offenkundigen Defizite könnten als disziplinärer Nachholbedarf gelesen und damit in ihrer Interpretation entdramatisiert werden. Eine solche Lesart – die auf dem beharrlichen Verfolgen des eingeschlagenen Pfads insistiert – ist aber unzulänglich. Sie unterschlägt, wie sehr sich seit den 1980er Jahren die gesellschaftlichen Problemlagen verschoben haben und die Voraussetzungen der Sozialpolitik und der Sozialen Arbeit zunehmend weg brechen. Wenn die Arbeitsmuster der Sozialen Arbeit nicht nur gleichsam ins Leere hinein fortgeschrieben und platziert werden sollen, verlangt die neue Situation der Gesellschaft eine sozialpolitische Reflexion und – von ihr ausgehend – neue sozialpädagogische Antworten.

Die Entgrenzung des Sozialen

Die politische und fiskalische Krise des Sozialstaats ist vor allem auch darauf zurückzuführen, dass er in jenem nationalstaatlichen Rahmen begründet war und seine Ressourcen requiriert hat, der im Zug des Strukturwandels der Arbeitsgesellschaft und der Globalisierung zunehmend entwertet wird. Die Konsequenzen dieser Entwertungen sind in Deutschland deshalb besonders dramatisch, weil hier – anders als in anderen europäischen Ländern – die Bindung von Staat und Sozialpolitik besonders eng war. Reiner Funke sprach schon 1978 von einem „Strukturirrtum" der deutschen Wohlfahrtspolitik. Indem hier nämlich das sozialpolitische Prinzip der Balance von Arbeit und Kapital vornehmlich staatlich transformiert wurde, sei eine unbedingte Tendenz zur rechtlich-administrativen und organisatorischen Verstetigung aller institutionellen Sozialpolitik mit der Illusion verbunden gewesen, man könne dies strukturell auf Dauer stellen. Gleichzeitig aber waren damit die Sozialpolitik – und damit die Sozialpädagogik und Sozialarbeit – der Krisenanfälligkeit eines ökonomisch gebundenen, d.h. in seinen Spielräumen von ökonomischen Gesetzlichkeiten abhängigen Sozialstaats ausgesetzt. Diese enge Bindung reißt nun die Sozialpädagogik und Sozialarbeit in besonderer Weise in den gegenwärtigen Einbruch der sozialstaatlichen und nationalstaatlichen Gestaltungsmöglichkeiten hinein. Neben Restriktionen in Bund und Ländern hat die zunehmende Finanznot der Kommunen – die für die Sozialpädagogik besonders zuständig sind – harte Konsequenzen. Die auf Aushandlung von Hilfen und politischem Gestaltungswillen angewiesenen Aktivitäten der Sozialpädagogik und Sozialarbeit bieten sich als Kompensations- und Sparmasse im kommunalen Haushalt geradezu an. Der „digitale" Kapitalismus droht die bisherige Balance zwischen Arbeit und Kapital, Sozialstaat und Ökonomie außer Kraft zu setzen.

Digitaler Kapitalismus

Der mit der postfordistischen Wirtschaftsentwicklung aufkommende Begriff des digitalen Kapitalismus zielt auf die Phänomene der sozialen Entbettung der Ökonomie, der damit einhergehenden Abstraktion der Arbeit von sozialen Bindungen und der Ortlosigkeit einer globalen Kapitalzirkulation ab. Die kapitalistische Wirtschaft hat zwar schon immer international agiert, die heutige Globalisierung stellt aber demgegenüber ein qualitativ neues Phänomen dar: Die sprunghafte Entwicklung der Informations- und Kommunikationstechnologien hat zur Substitution von menschlicher Arbeit und zu Möglichkeiten internationaler Arbeitsverlagerung in einem ungeahnten Maße geführt. Gleichzeitig hat sich der Konkurrenzdruck auf die heimische Produktion in einer vorher nie gekannten Weise internationalisiert und verschärft. Auf dieser informationstechnologischen Basis hat sich auch eine Internationalisierung des investiven und spekulativen Kapitaleinsatzes mit überstaatlichen Regulativen („Börsenkapitalismus") entwickelt. Durch all dies geraten die Nationalstaaten und ihre Sozialpolitik unter Druck, sich an den Imperativen einer globalisierten Ökonomie ausrichten zu müssen. Das bedeutet, dass die nationalen Sozialstaaten in den Sog internationaler Standortkonkurrenz und unter den Druck transnationaler Konzerne geraten. Gleichzeitig muss die durch die Rationalisierungsschübe und internationale Arbeitsverlagerung erzeugte Strukturkrise und

Massenarbeitslosigkeit vom Sozialstaat getragen werden (regulative und fiskalische Krise des Sozialstaats). Dies hat Rückwirkungen auf das nationalgesellschaftliche politische und soziale Klima, drängt auf die Ökonomisierung des Sozial- und Bildungsbereiches. Das kann auf die Sozialpädagogik dergestalt zurückschlagen, dass Verfahren sozialtechnologischer Modularisierung überhand nehmen und ganzheitliche Ansätze zurück gedrängt werden (s.u.). Denn der Begriff „digital“ verweist in diesem Zusammenhang auch darauf, dass nur das zählt, was auf den Punkt abrufbar und brauchbar ist. Schwierige Entwicklungen und Umwege, deren Anerkennung so wichtig für sozialpädagogische Zugänge ist, werden in diesem Verständnis eher ins Private verwiesen. Die Sozialpädagogik hat hier wenig gesellschaftliche Gegenmacht; ihre Klientel gehört unzweifelhaft zu den Verlieren des Globalisierungsprozesses, denn „zu den Globalisierungsverlierern werden allgemein jene Menschen gezählt, deren Lebenschancen bislang durch die nationalen Grenzen geschützt und garantiert wurden und für die die Entgrenzung nationaler Räume eine Gefährdung ihres sozialen Status und eine Bedrohung ihrer materiellen Sicherheit bedeutet“ (Kriesi/Grande 2004, S. 404-405). In diesem Sinne ist das Klientel der Sozialpädagogik in seiner Lebenslage eng an das „Schicksal“ des nationalen Sozialstaates gebunden.

Der gegenwärtige Übergang zum digitalen Kapitalismus wird flankiert durch die Wiederkehr und Reaktivierung neoliberaler Gesellschaftskonzeptionen und die in ihrem Kontext entwickelte Gegenposition zum Sozialstaatspostulat und zum Ausbau der sozialen Dienstleistungen. Die Argumente des Neoliberalismus sind alt und haben die Diskussion sozialer Fragen ebenso wie den Ausbau des Sozialstaats und der Sozialen Arbeit seit den Anfängen begleitet. In ihnen konkretisiert sich die Gegenposition zu dem von Heimann dargestellten, im Kampf um die Durchsetzung des Sozialen erreichten Kompromiss, der dem Kapitalismus abgerungen werden muss, gleichzeitig aber die gesellschaftlich-ökonomische Modernisierung vorantreibt. Die neoliberale Kritik hingegen sieht den Sozialstaatskompromiss als Hemmschuh liberal-gesellschaftlicher Entwicklung. Hirschmann (1991) hat diese Kritik in drei Thesen – eher rhetorischen Figuren – zusammengefasst: Sozialpolitik und Soziale Arbeit – so die erste, die *Sinnverkehrungsthese* – schwächten die Fähigkeit von Menschen, sich in Bedrängnis und Armut selbst zu helfen; Sozialpolitik und Soziale Arbeit würden so zur Ursache von Elend und Armut; sie untergraben die Würde des Menschen in seiner Selbstzuständigkeit für sich in seinen Verhältnissen und belasteten zugleich die Freiheits- und Gestaltungsräume des Staates. Im Kontext des modernen Anspruchs- und Konsumdenkens auch in Bezug auf die Beanspruchung sozialer Dienste gewinnt dieses Argument in der Gegenwart besondere Brisanz. Soziale Arbeit nutze – so die zweite, die *Vergeblichkeitsthese* – nicht denen, auf deren Unterstützung sie ziele, sondern diene denen, die nicht auf Unterstützung angewiesen sind. Dies seien vor allem diejenigen, die sich als Helfer anbieten. Sie profitieren, indem sie Hilfsbedürftigkeit definieren und sich als Helfer unentbehrlich machen. Ausbau und Selbstreferenzialität der Sozialen Dienste werden zum Selbstzweck, gestützt durch die Konstruktion eines Zusammenhanges von Bedürfnissen und Hilfsanspruch, der sich ins Beliebige steigern lässt. Sozialpolitik, Sozialpädagogik und Sozialarbeit können als Machtstrukturen vorgeführt und als solche analysiert und destruiert werden. Sie riskieren – so die dritte, die *Gefährdungsthese* – humane Selbstverständlichkeiten der wechselseitigen Hilfe und schon errungene Fortschritte, z.B. bürgerliche Freiheiten, die im Namen patriarchaler Fürsorglichkeit oder präventiv motivierter Kontrollen zurückgenommen werden.

Die Komplexität der gegenwärtigen Situation liegt nun darin, dass diese radikale Kritik von außen auf eine interne kritische Reflexivität trifft. Kritik an der Institutionalisierung und Selbstreferenzialität der Sozialen Arbeit – im Sinne einer „reflexiven Modernisierung“ (s.o.) – war, als Frage nach ihrem Ort in der Gesellschaft, immer auch ein Moment ihrer Selbstreflexion. Wir haben entsprechend das Arbeitskonzept einer lebenswelt- und bewältigungsorientierten Sozialen Arbeit in seiner Intention dargestellt, von der Erfahrung eigensinniger Lebenswelten und Bewältigungsmuster aus durch die Kritik institutioneller und professioneller Zugänge hindurch zu produktiven Formen einer Vermittlung lebensweltlicher Erfahrungen und professioneller Kompetenzen zu kommen.

Nun aber wird diese Kritik gegen sie selbst gewendet, werden selbst organisierte Initiativen außerhalb der professionellen Sozialpädagogik und Sozialarbeit als Beweis dafür angeführt, dass die in ihr ausgedrückte sozialstaatliche Apparatur sich nicht mehr bewegen könne. Neoliberale Kampagnen suchen z.B. nach lokalen Passungen für diese Kritik und verweisen auf US-amerikanische Modelle der Selbstorganisation, ohne deren andere Geschichte und gesellschaftlich-politische Rahmung zu berücksichtigen. So ist ein eigenartiges sozialpolitisches Patt entstanden: Die neoliberalen Sozialkampagnen bleiben weitgehend in der Programmatik hängen, die Sozialarbeit selbst wiederum scheint in ihrem disziplinären und institutionellen Gehäuse gebannt.

Das von Habermas geprägte Diktum der „Erschöpfung der utopischen Potentiale“ bestätigt sich auch hier. Die praktische Sozialarbeit – so scheint es an vielen Orten – versucht den erworbenen Status der Zuständigkeiten und Arbeitsformen zu sichern und sich damit unter der Entwicklung gleichsam ‚hinwegzuducken'. Sie insistiert auf Standards und Ressourcen, auf Bestandssicherung und qualifiziert sich dazu ebenso durch Organisationstechnologien wie durch spezifische Methodenkompetenz.

Auch die gegenwärtig vorgetragenen theoretischen Konzepte, wie sie den Mainstream der Diskussion bestimmen, reichen nur unzulänglich an die gesellschaftspolitische Herausforderung heran: Eine Gruppe sucht im Rekurs auf die pädagogische Engführung der Sozialpädagogik im ersten Drittel des 20. Jahrhunderts ihr Heil, eine andere proklamiert, um auf gleichsam unangefochtenes, sicheres Gelände zu gelangen, den Rückzug auf jene traditionellen Aufgaben der Hilfe in besonders belasteten Lebenslagen (also pointiert geredet der Armenfürsorge), in deren Erweiterung sich das Profil einer modernen Sozialen Arbeit – als Hilfe in der Bewältigung der normalen Krisen der Moderne in der Mitte der Gesellschaft – entwickelt hat.

Die „neue“ Dienstleistungsdebatte der 1990er Jahre wiederum, die die Ermüdung des Wohlfahrtsstaates als Gewährleistungsstaat ins Kalkül zieht, hat auf eine Verstetigung infrastruktureller Interaktionszusammenhänge zwischen Anbietern und Nachfragern personenbezogener Dienstleistungen gesetzt, um die fachliche Eigenständigkeit der Sozialpädagogik und Sozialarbeit gegenüber einer staatlichen Kontrollapparatur wahren zu können. In dem Maße aber, in dem mit der Erosion sozialer Hintergrundsicherheit in der Krise von Arbeitsgesellschaft und Sozialstaat, die das Klientel der sozialen Arbeit besonders stark betrifft, der Kern des Dienstleistungsansatzes, die Partizipation der Nachfragenden (der „Kunden" gleichsam als mittelbarer „Produzenten" der Dienstleistung) in Frage gestellt ist, wird das ganze Konzept anfällig: Die „Kooperation von Konsument und Produzent" (Henry Fords Dienstleistungsformel hält bis heute) gerät in eine machtungleiche soziale Schieflage. Deshalb fordert der kritische Ansatz der Dienstleistungstheorie auch eine gesellschaftstheoretische Rückbindung, um die gesellschaftlichen Bedingungen der Erbringung (vgl. Schaarschuch 2000) analysieren zu können, und von da aus – z.B. im Entwurf eines republikanischen Konzepts der zivilen, politischen und sozialen Bürgerrechte – Bedingungen der gesellschaftlichen Stützung der Nachfrageseite formulieren zu können.

Auch das Konzept der Lebensweltorientierung läuft derzeit Gefahr, in verschiedene Fallen zu laufen: Zum einen in die Biographisierungsfalle: Die riskanten Freiheiten, in die der Klient in der Zuständigkeit für seine eigene Biographie gerät, unterlaufen die Perspektive des Empowerment als Aktivierungskern der Hilfe. Zum anderen in die Sozialraumfalle: Indem regionale Ressourcen unterstellt werden, die sozialpolitisch nicht mehr thematisierbare Probleme vor Ort zu lösen sollen, werden dieser der Kinder- und Jugendhilfe zugeschoben oder gleich an die vermeintlich lebensweltlich orientierten, bürgerschaftlichen Aktivitäten verwiesen. Und schließlich die Modernisierungsfalle, indem lebensweltliche Arbeitsansätze jenseits ihrer kritischen Intention als Module einer modernen Sozialtechnik genutzt werden. Die Institutionen versuchen also das Konzept in der Form einer Technik lebensweltlicher Ausrichtung der Jugendhilfe in ihre organisatorischen Möglichkeiten zu integrieren. Es wird uminterpretiert in ein Diagnose- und Interventionsverfahren, das die Effektivität des Zugangs zum Klienten gewährleisten soll.

Um Bewegung in das sozialpädagogische Denken in der Perspektive gesellschaftlicher Praxis zu bringen und zu weiterführenden Perspektiven kommen zu können, ist es notwendig, die aufgezeigten allgemeinen Entwicklungslinien an sozialpädagogischen Problemen zu operationalisieren und in den Kontext der gegenwärtigen Umbrüche zu stellen, den wir in dem Begriff der *Entgrenzung* fassen und in der Perspektive *gesellschaftlicher Praxis* auslegen. Die Problemkonstellationen werden als gegenwärtig neu freigesetzte Spannungsfelder gesehen, in denen sich die Entsprechungen zwischen lebensweltlichen Bewältigungskonstellationen, sozialpädagogischem Handeln und sozialpolitischer Hintergrundstruktur in Folge des ökonomisch-gesellschaftlichen Strukturwandels deutlich verschoben haben und verdeckt sind. Diese Spannungen sollen in sozialpädagogischer Reflexivität wieder aktiviert und entsprechend neu kontextualisiert werden.

2.2 Hilfen zur Bewältigung im Lebenslauf – Erziehung und Beratung

Im traditionellen Arbeitsfeld der Sozialpädagogik und Sozialarbeit – der Kinder- und Jugendhilfe und der sozialen Unterstützung im Lebenslauf – geht es um Lern-, Bildungs- und Bewältigungskontexte auf die sich ein Handlungsrepertoire zwischen Beratung, Erziehung, biographischer Begleitung, situativer Intervention und Ressourcenorganisation bezieht. Dabei steht die institutionelle Maxime heute im Vordergrund, die sozialpädagogischen Organisationen und Einrichtungen lebensweltlich so zu öffnen, dass sie zu einem wesentlichen aber nicht allzuständigen Teil des alltäglichen und biographischen Unterstützungssystems der Klientinnen und Klienten werden können.

Dieses bis heute in der Disziplin weithin geteilte bewältigungs- und lebensweltorientierte Professionsverständnis sucht bei allen vorgegebenen gesellschaftlichen und institutionellen Rahmenbedingungen zunächst das Subjekt in seinen Verhältnissen zu respektieren. Es grenzt sich ab von jenen traditionellen Methoden der Strukturierung, wie sie auf dem normativ gesetzten Kontinuum von Normalität und Abweichung vorgegeben, in Kontrollparadigma eingebunden waren und abweichende Sozialisationsverläufe stigmatisierten. Es macht Angebote, eröffnet Optionen, zwingt aber nicht. Es hat Bezüge zu den Konzepten der Selbstbildung (vgl. Sting 2002) und Eigentätigkeit und überschneidet sich – nun in sozialpädagogischer Perspektive – mit dem Konzept des Empowerment. Sozialpädagogik und Sozialarbeit agiert in der Lebenswelt im Spannungsverhältnis von biographischer Entwicklung (Person) und ihrer sozialen Umwelt (Ort) (vgl. Winkler 1988). Diese Arbeit sollte sozialräumlich eingebettet und sozialpolitisch rückgebunden sein.

Indem sich sozialpädagogische Arbeit so auf Menschen in ihren Verhältnissen und in ihrer Biographie einlässt – also auf die Komplexität von Lebenswelten, auf Lebensthemen, individuelle Prägungen, Situationen und Gelegenheiten – arbeitet sie im Rahmen ihrer unterschiedlichen institutionell geprägten Zugänge im Offenen. Sie grenzt sich darin ab von einem Arbeitsverständnis, das sich in geprägten methodischen Zugängen fundiert und damit gegebene Lebensverhältnisse schematisiert. In dieser Offenheit aber braucht Sozialpädagogik Zugänge, die die Sensibilität für die Situation mit einer verantwortbaren, kontrollierbaren und das sozialpädagogische Handeln sichernden Verlässlichkeit verbinden. Die Maxime einer „strukturierten Offenheit“ entwickelt und verdichtet sich zu einem kommunikativen Modell, das im Medium einer gemeinsamen Verhandlung mit der lebensweltlichen Bewertung der Anlässe möglicher Interventionen ansetzt, sich parteilich im Sinne des Verstehens der je subjektiven Bedeutung von Problemen begreift und sich um eine interaktive oder vertragliche Sicherung (als Arbeitsbündnis) des methodischen Settings und der gemeinsamen Zielperspektive des Hilfeprozesses bemüht (vgl. Hörster/Müller 1992).

Im Primat eines solchen Arbeitskonzepts kann sich Sozialpädagogik und Sozialarbeit mit methodisch ausgearbeiteten Zugängen verbinden, die in diesem Zusammenhang dann eine stützende aber nur nachgehende instrumentelle Bedeutung gewinnen. Sozialpädagogik agiert in diesem offen-strukturierten Feld in der Spannung zwischen personaler Nähe und professioneller Distanz. Die in der sozialpädagogischen Praxis notwendige Sicherung ist darum auf kollegiale Beratung, Supervision und Praxisberatung als Medium kritisch-selbstkritischer Reflexivität angewiesen. Dieses auf Verhandlung und Reflexivität ausgerichtete Konzept hebt die sozialpädagogische Spannung von Hilfe und Kontrolle in unserer Gesellschaft nicht auf. Es braucht das für die Klientinnen und Klienten transparente und nachvollziehbare „Eingeständnis" als strukturelles Argument, dass sozialpädagogische Hilfen immer auch kontrollierende Funktionen beinhalten. Eine so verstandene Soziale Arbeit ist darum in und gegen gesellschaftliche Anpassungserwartungen und verwaltungstechnische Regelungen auf Spielräume angewiesen, in denen kommunikative Aushandlungen möglich sind und sich die Klientinnen und Klienten in der Eigensinnigkeit ihres Lebensverständnisses gegenüber der kolonialisierenden Macht des Hilfsapparates behaupten können.

Diese Prinzipien moderner sozialpädagogischer Arbeit waren (und sind es zum großen Teil noch immer) eingebettet in jenen sozialstaatlichen Rahmen, in dem sich Sozialpädagogik und Sozialarbeit als spezifische Dimension der Sozialpolitik legitimieren konnte. Diese sozialstaatlich rückgebundene Funktion der Sozialen Arbeit im Sinn der psychosozialen Reproduktion von alltäglicher Lebens-, Familien- und Arbeitsfähigkeit ist heute aber ebenso in ihrer gesellschaftlichen Selbstverständlichkeit wie in ihrer professionellen Angemessenheit in Frage gestellt. Die riskante Dynamik neuer Übergänge und die Unübersichtlichkeiten der Entwicklung von Lebensperspektiven und biographischen Möglichkeiten machen die Arbeit des Alltags zu einer eigenen, anspruchsvollen, Energien okkupierenden Arbeit, in der die Balance von lebensweltlichen Verlässlichkeiten und gesellschaftlich bedingten Offenheiten immer wieder neu ausgehandelt werden muss. Die darin liegenden sozialen Risiken reichen bis in die Mitte der Gesellschaft hinein. Zugleich werden die sozialstaatlichen Hintergrundsicherheiten zurückgenommen, die Risiken in einer segmentierten Gesellschaft biographisiert und die mit ihnen gegebenen Probleme tabuisiert.

In der Schwächung des Sozialstaats wird die Soziale Arbeit institutionell an den Rand gedrängt, in der neuen Entgrenzung der Lebensverhältnisse entgrenzen sich auch ihre institutionellen und professionellen Möglichkeiten. Diese Situation wird als Einfallstor für eine Ökonomisierung der Hilfsprozesse benutzt; Tendenzen der Abkehr vom Grundprinzip der Kommunikation und der Zunahme modularisierter Programme im Kontext von Erledigungszwängen und Kontrollpragmatiken setzen sich durch. Sozialpädagogik und Sozialarbeit gerät in den Sog eines technologisch-restriktiven Umgangs mit sozialen Problemen, der mit dem Rückzug auf gegebene institutionelle Ordnungen und Zuständigkeiten einhergeht.

In dieser Situation ist die Sozialpädagogik und Sozialarbeit auf eine fachliche Perspektive angewiesen, in der die Ambivalenz der Lebens- und Bewältigungskonstellationen aufgenommen wird, in der sich die Menschen angesichts dieser Entgrenzungs- und Entbettungstendenzen befinden. Die Ambivalenz von lebensweltlich notwendiger Sicherheit und gesellschaftlich gegebener riskanter Offenheit bestimmt – als elementares Vermittlungsproblem – ebenso die Erziehungsverhältnisse wie die Aufgaben der Unterstützung und Lernhilfen im Lebenslauf. Gegenüber der Tendenz, die Aufgaben in der Spannung von Sicherheit und Risiko zu privatisieren, hat der elfte Jugendbericht bereits die öffentliche Verantwortung gestellt (vgl. Bundesministerium 2002). Lebensweltlich verstandene Hilfen zur Bewältigung als Kern der Sozialpädagogik und Sozialarbeit können nicht in ein enges personenzentriertes Korsett gefasst werden, sondern müssen als hilfegenerierendes Modell anerkannt werden, dessen Durchsetzung und Gestaltung nicht ohne eine sozialpolitische Entsprechung möglich ist.

Das Bewältigungskonzept

In der Sozialisationstheorie (vgl. Hurrelmann 2000) wie in der Theorie Abweichenden Verhaltens (vgl. Böhnisch 2001) hat die Perspektive des Strebens nach *Handlungsfähigkeit* in alltäglichen Sozialbeziehungen, biographischen Übergängen und kritischen Lebensereignissen einen zentralen Stellenwert. Im *sozialpädagogischen Bewältigungskonzept* wird diese Dimension strukturiert, indem Handlungsfähigkeit als subjektiv zu erreichendes psychosoziales Gleichgewicht definiert wird, in dem die Variablen *Selbstwert, soziale Anerkennung und Selbstwirksamkeit/Selbstkontrolle* einander bedingen. Es handelt sich dabei um eine emotionale Antriebsdynamik, wie sie zuerst im Coping-Konzept der Psychologie (vgl. Brüderl 1988) aufgeschlossen wurde, dessen physiologisch-psychologische Begrenztheit in der sozialpädagogischen Perspektive dadurch überwunden wird, dass das Zusammenwirken von psychischen *und* sozialen Faktoren in den Mittelpunkt gestellt wird. Das Selbstwert und Anerkennung suchende Streben nach Handlungsfähigkeit richtet sich dabei auf *erreichbare* Formen sozialen Rückhalts und sozialer Integration. Dies können auch abweichende Sozialbezüge sein, wenn subjektiv erlebbare Handlungsfähigkeit nicht sozial verträglich realisierbar ist. Mit dem Bewältigungskonzept kann die lebensweltliche Dynamik des Handelns diagnostisch aufgeschlossen und – im Sinne der „Hilfen zur Lebensbewältigung" – pädagogisch transformiert werden.

Die Bewältigungsperspektive entspricht der Alltagsorientierung insofern, als sie die Interventionsanlässe nicht von den Institutionen, sondern von den Klientinnen und Klienten her formuliert: Erziehungshilfen z.B. werden nicht als institutionelle Reaktion auf Abweichung und Dissozialität gesehen, sondern beschreiben einen Raum, in dem man auf die subjektive Bedeutung und die dahinter liegenden Botschaften des Bewältigungsverhaltens eingehen und darin Vermögen wie Verwehrungen sichtbar machen kann. Die Bewältigungsperspektive erschöpft sich nicht in einem „über die Runden kommen", sondern erweitert sich – analog zum kritischen Alltagskonzept gedacht – in der biographischen Interventionsabsicht auf die Perspektive des „gelingenderen Alltags". Damit erkennen wir im Bewältigungsparadigma der Sozialpädagogik und Sozialarbeit eine implizite Bildungstheorie, die aber sozialpolitisch rückgebunden ist. Im Bewältigungskonzept ist somit ein Akteurmodell enthalten, das von einer gesellschaftlichen Verfasstheit von Handlungsspielräumen zur Lebensbewältigung ausgeht. Dieser Zugang, in dem Bildung immer im Rahmen einer sozialpolitischen Ermöglichungsstruktur gedacht wird, hat in der sozialpädagogischen Diskursgeschichte (z.B. im Konzept Natorps oder Mennickes) ihre Tradition.

In der Bewältigungsperspektive können jene tiefendynamischen Verdeckungen, Verschiebungen, Abspaltungen und Regressionen thematisiert werden, in denen Menschen kritische Lebensprobleme bewältigen, ohne dass sie zu einer grundlegenden Verbesserung ihrer biographischen Lebensperspektive kommen können. Sie erstreben ein gutes Leben, das ihnen immer wieder verwehrt ist. In den Erfahrungen geschlechtsspezifischer Beratung wird beispielsweise deutlich, dass es unter Männern eine verdeckte Bedürftigkeit gibt, nicht nur immer funktionieren zu müssen, sondern auch zu sich selbst kommen und daraus das Leben gestalten zu können.

Dies führt uns aber auch dazu, den Zugang der Sozialen Arbeit zur Bewältigungsthematik zu differenzieren. Zum einen ist Sozialpädagogik Hilfe zur Lebensbewältigung und sieht sich der Komplexität und Dynamik des Bewältigungsverhaltens ausgesetzt. Darin trifft sie – zum anderen – auch auf Probleme, die in der schon von Mennicke aufgezeigten Spannung von gesellschaftlicher Freisetzung und individuellem Bewältigungsdruck und damit außerhalb der Möglichkeiten pädagogischer Intervention liegen, also sozialpolitisch verhandelt werden müssen. Hier hat sie sich in den öffentlichen – vor allem den regionalen und kommunalen – Raum einzubringen, um über den sozialpolitischen Gehalt der von ihr wahrgenommenen Probleme aufklären zu können.

Die darin liegenden Aufgaben wollen wir im Folgenden an konkreten Arbeitsprinzipien der Sozialpädagogik illustrieren. Hier bieten sich das Konzept der sozialpädagogischen Beratung und das Gefüge der Erziehungshilfen als Organisationsproblem an.

Charakteristisch und zentral für die Sozialpädagogik und Sozialarbeit ist ihr Verständnis von Beratung (vgl. Thiersch 2004b). Die autoritären und disziplinierenden Umgangsformen sollen durch „weichere“, also beratende ersetzt werden. Beratung wird darum als kommunikative Klärung und Bearbeitung von Bewältigungsherausforderungen verstanden. Für die Sozialpädagogik und Sozialarbeit ist Beratung zudem deshalb zentral, weil sie als Form einer respektierenden Hilfe ihrem Selbstanspruch in besonderer Weise gerecht werden kann. Klaus Mollenhauer hat in diesem Sinn Beratung als Kernstück einer emanzipatorischen Sozialpädagogik verstanden (vgl. Mollenhauer 1965), in die gleiche Richtung weist das Konzept einer – nur! – „stellvertretenden Deutung“ (vgl. Dewe u.a. 2001) oder das lebensweltliche Konzept einer Beratung im Medium des Aushandelns, als Versuch zwischen Problemlösungen der Adressatinnen und Adressaten, die sich als unbefriedigend oder unzulänglich erweisen, und Vorschlägen zu weiterführenden Problemlösungen als Optionen zu vermitteln (vgl. Frommann 1990).

Beratung bezieht sich auf unterschiedliche Aufgaben, also ebenso auf Beratung von Klientinnen und Klienten wie auf Beratung von Mitarbeiterinnen und Mitarbeitern und von Organisationen sowie von Gemeinwesen in ihren sozialen Entwicklungsproblemen. Beratung wird so als allgemeines pädagogisches Prinzip praktiziert. Sozialpädagogische Beratung von Klientinnen und Klienten wird in vielfältigen Formen praktiziert, nicht nur in Beratungsinstitutionen mit eigenen Arbeitssettings sondern in allen sozialpädagogischen Kommunikationen, also vor allem auch in den nicht formalisierten Settings, z.B. im Alltag der Heimerziehung oder Familienhilfe oder in den Jugendszenen der Straßensozialarbeit. Die Unterschiedlichkeit der verschiedenen Settings kann nicht gegeneinander ausgespielt – oder gar im Anschein von Fachlichkeit abgewertet – werden. Unterschiedliche Orte und Gelegenheiten machen unterschiedliche Thematisierungen und Zugänge möglich zwischen dem offenen, auch ungeplanten Gespräch und der konzentrierten, in der Distanz zum Alltag entlasteten und klärenden Verhandlung.

In der gegenwärtigen Beratungsszene (vgl. Engel/Nestmann/Sickendiek 2004) zeigt sich der – für die Soziale Arbeit bestimmende – Widerspruch von Problemdruck und Entwertung sowie Verformung der Arbeit in spezifischer Weise. Der Anspruch von Beratung als respektierender Umgang wird in Frage gestellt von jenen repressiven und autoritären Tendenzen, die den Aufwand für Verhandlungen sparen wollen und sich mit autoritär-repressiven Ordnungsarrangements begnügen. Er wird ebenso unterlaufen durch die Verheißungen einer auf rasche Effekte zielenden, modularisierten Beratung, die vielleicht Geschicklichkeiten vermittelt, aber Probleme, die mit den Bewältigungsaufgaben gegeben sind, gar nicht erst zur Sprache kommen lässt. Zu solchen Verkürzungen aber ist Beratung auch da, wo sie ihre eigene Intention verfolgen kann, also gleichsam aus ihrem eigenen Zugang heraus verführt. Die besondere emanzipatorische Zielsetzung von Beratung repräsentiert sich immer wieder in einer Rhetorik des selbstüberzeugten Wohlmeinens, so wie es den Selbstdarstellungserwartungen der heutigen Marktgesellschaft entspricht.

Damit kann die Arbeit einer gemeinsamen Verständigung verkürzt oder unterlaufen werden, ebenso wie die Realität einer Beratungssituation, die Ratsuchende oft erst nach Selbstüberwindung aufsuchen und auch als Kampf zwischen Abwehr, Selbstüberwindung und Bereitschaft zu neuen Wegen erfahren. Beratung braucht Gesprächsfähigkeit (vgl. Thiersch 2004c). Sie muss oft in den biographisch geprägten Konstellationen hergestellt werden – z.B. in erworbenen Traumatisierungen, Beschämungen und Projektionen, aber auch in den genderspezifischen, unterschiedlichen Verdeckungszusammenhängen (s.u.). Beratung kann – in den heutigen entgrenzten und individualisierten Lebenskonstellationen und -entwürfen nur als Anstrengung um einen gemeinsamen Weg im Wissen von Andersheit und Fremdheit praktiziert werden. Beratung als Klärung im Medium des Gesprächs ist – schließlich – dazu verführt, sich mit der Kommunikation gleichsam als Ersatzklärung zu begnügen und vor allem, in der Konzentration auf die Interaktionssituation von Beratung Lösungen mit und für die Betroffenen so zu entwickeln, dass sie mit der Last der Lösung individuell behaftet sowie überfordert und – vor allem – so auf ihre individuell privaten Ressourcen verwiesen sind, wie es sich in den gegenwärtigen Gesellschaftstrend zur Reprivatisierung und Biographisierung sozialer Probleme fügt. Gegen solche Verengungen hat sich die sozialpädagogische Beratung zu öffnen.

Lebenslauf und Biographizität

Gegenwärtig steht auch die Sozialpädagogik und Sozialarbeit vor der Herausforderung, dass die Grundvoraussetzungen des *institutionalisierten Lebenslaufs* entgrenzt werden. Traditionelle Grundlage des Modells vom institutionalisierten Lebenslauf war, dass der Mensch – von der Geburt bis zum Tod – Entwicklungsstufen durchläuft und abschließt und darauf jeweils aufbauend sich in einer neuen Entwicklungsphase entfaltet (vgl. Havighurst 1951). Das Modell basiert auf der strukturellen Voraussetzung, dass in modernen Gesellschaften die Lebensalter durch unterschiedliche gesellschaftliche Erwartungen bestimmt sind, die die Funktionserfordernisse der Lebensphasen für den industriekapitalistischen Modernisierungsprozess widerspiegeln: Entwicklung in der Kindheit und frühen Jugend, Qualifikation in der mittleren und späten Jugendphase bis hinein in die junge Erwachsenenzeit, Erwerbstätigkeit im Erwachsenenalter, Entberuflichung im Alter. Diese Ablaufstruktur des institutionalisierten Lebenslaufs wurde im 20. Jahrhundert zu der Grundstruktur, an der sich die Erziehungs- und Bildungsprozesse und -einrichtungen – Beispiel: Schule, Kinder- und Jugendhilfe – orientierten.

Diese auch das Leistungsprofil der sozialen Dienste bestimmende Struktur bricht gegenwärtig auf. Die Gestaltung der je eigenen Biographie wird in die Spannung zwischen den neuen Vergesellschaftungsformen individueller Lebensführung und dem Anspruch auf Selbstgestaltung hinein freigesetzt. Über das Konzept *Biographizität* (vgl. Alheit 1996) kann nun die sich damit ergebende Herausforderung der Herstellung der eigenen Biographie thematisiert werden. Es geht von der Offenheit des biographischen Entwurfs aus, in dem sich die einzelnen Momente nur gleichsam als ein „Patchwork" darstellen und „Identitätsarbeit" (vgl. Keupp 2002) im prekären Bemühen um Kohärenz erfordern. Das Konzept Biographizität verweist damit auf eine Gestaltungsaufgabe, die auch als Lebensinhalt und Ressource für Lebenssinn erfahren wird.

Der Anspruch, sich in seiner Biographie als Subjekt des eigenen Lebens zu erfahren, ist konstitutiv für die Moderne und bestimmt das neuzeitliche Bildungskonzept. Indem Biographizität aber in die Ambivalenzen des digitalen Kapitalismus hinein freigesetzt wird, gilt es, soziale Anerkennung und Raum für die Identitätsarbeit einzuklagen und sich dagegen zu wehren, dass diese in den Sog der Privatisierung gerät. Die sich damit abzeichnende Konstellation bestimmt die neuen pädagogischen Diskussionen (vgl. Schulze 1995). Der Auftrag der

Sozialpädagogik und Sozialarbeit verlangt eine professionelle Haltung der „Ermöglichung“ (vgl. Hanses 2004) – gegenüber den standardisierten Erwartungen z.B. von Schule oder Ausbildung –, die sich nur im biographischen Zugang entfalten kann. Das darin liegende Potenzial einer Gegenmacht steht aber weiterhin einer Sozialpädagogik und Sozialarbeit gegenüber, die in ihren Organisationen noch immer in Strukturen des institutionalisierten Lebenslaufes und tradierten Schematismen von Jugend-, Familien-, Geschlechts- und Migrationsrollen denkt und in ihren spezifischen Definitions- und Maßnahmezugängen befangen ist sowie – neuerdings und zunehmend – in den Erwartungsdruck einer technologisch-modularisierten oder repressiv-verkürzenden Fallerledigung gerät. Gegen diese Verkürzungen können die spezifischen Ressourcen biographischer Zugänge nur entwickelt werden, wenn sie in soziale und gesellschaftliche Bezüge eingebunden werden.

In diese Richtung sind die reflexiven Beratungsansätze (vgl. Engel 2004) weiter zu entwickeln. Beratung sieht Lebensschwierigkeiten als lebensweltliche und soziale Konstellationen; sie fügt sich mit ihren Möglichkeiten in andere Formen der unterstützenden, begleitenden und Ressourcen organisierenden Hilfen ein. Beratung verlängert sich so – gleichsam im zweiten Schritt – in die Gruppe hinein und wird an bestehende, erreichbare oder neu zu arrangierende soziale Netzwerke rückgebunden. Wenn Bewältigungsprobleme sich aus der unmittelbar helfenden Interaktionssituation und vom einzelnen Betroffenen lösen, kann sich Beratung zur multiplen (Netzwerk-)Struktur öffnen, in der Unterstützung und Ressourcenorganisation zunehmend neben und vor die klassischen Beratungen treten. Beratung wird dann ein Moment in einem breiter angelegten und sozial und bürgerschaftlich eingebundenen Hilfekonzept.

Ein solches Beratungsverständnis kann auf historische Traditionslinien verweisen, in denen – z.B. im Zusammenhang der individualpsychologischen Sozialpädagogik der 1920er Jahre – Individualberatung in gemeinschaftliche Ermöglichungskonzepte eingebunden worden war, wie sie heute – jenseits der bisher über die Gewährleistung des Sozialstaats realisierten

Einbindung – im sozialen und bürgerschaftlichen Kontext neu gefunden werden muss. In einer solchen Beratung darf – darauf eigens zu verweisen scheint uns wichtig – der Ressourcenbegriff nicht eindimensional formuliert, also unterhalb der in der Ambivalenz des Alltags und seiner Bewältigungsaufgaben liegenden Widersprüche gesetzt werden. Häufig wird unhinterfragt von einem positiven Ressourcenfundus ausgegangen, der linear zu erschließen sei. Die Dialektik von Unterstützung und Bewährung, Aktivierung und Blockierung wird dabei nicht berücksichtigt, ebenso wenig wie die Tatsache, dass sich Ressourcen erst in der begleitenden und aktivierenden Interaktion entwickeln. Es geht nicht einfach um ein Set von Ressourcen, sondern um Handlungsspielräume, in denen Ressourcen geöffnet, aber auch verwehrt werden können.

Ein ähnliches Problemprofil im Zeichen von Entgrenzung findet sich auch in der Entwicklung der Organisationen der Hilfen zur Erziehung (vgl. Trede 2001, Thiersch/Grunwald/Köngeter 2002, Schefold 2004). In der – sozialstaatlich abgesicherten – Expansion und Differenzierung der Sozialpädagogik und Sozialarbeit seit den 1960er Jahren haben sich auch die Erziehungshilfen als Unterstützung in Lern- und Bewältigungsaufgaben bis in die Mitte der Gesellschaft hinein verbreitert und differenziert. Das traditionell auf soziale Randständigkeit bezogene Primat der Heimerziehung – als einer Unterbringung schwieriger Kinder jenseits ihres familialen oder sozialen Lebensumfeldes – hat sich hin zu einem breiten Angebot von Hilfen verschoben, die auf unterschiedlich individuelle Bewältigungskonstellationen mit sehr unterschiedlichen Angeboten reagieren. Neben Beratungen gibt es Hilfen zur Begleitung von Familien und Jugendgruppen (Familienhilfe, Streetwork), Einzelbetreuungen, Gruppenangebote und – nicht zuletzt – Angebote zu unterschiedlich strukturierten pädagogisch gestalteten Lebensräumen, z.B. im Hort, in der Tagesgruppe, in teilstationären und stationären Einrichtungen. Das in dieser Struktur angelegte Prinzip, Hilfen in der Vielfältigkeit von Problemen in differenten Formen zu praktizieren, hat sich in seiner Leistung auch im Vergleich zu anderen Bereichen der sozialen oder medizinischen Hilfen – z.B. in der Altenarbeit, der Psychiatrie oder der Behindertenpädagogik – als Organisationsformen öffnend erwiesen.

Indem dieses System gestufter Zugänge in den Erziehungshilfen aber mit den neuen Bewältigungsaufgaben und gesellschaftlichen Rahmenbedingungen konfrontiert ist, gerät es zunehmend in Gefahr, sich in seinen Möglichkeiten gleichsam zu entleeren. Die Nutzung der Unterschiedlichkeit von Hilfeformen verlangt eine sorgfältige Klärung des Ausgangsproblems. Hier setzen sich im Zeichen einer modularisierten Sozialtechnologie zunehmend Diagnoseinstrumente durch, die auf individuelle Verhaltensauffälligkeiten, ihre Klassifikation und Pathologisierung abheben, und sich dann auch im Interesse von Sparzwängen als Entscheidungshilfe über das, was nicht gezahlt werden soll, einsetzen lassen (vgl. Heiner 2004a, Widersprüche 2003). Das Prinzip, dass ambulante, begleitende Maßnahmen Vorrang haben, führt zudem im Zeichen der Dethematisierung des Sozialen und des Sparpostulats dazu, dass die unaufwendigeren Hilfen jenseits aller Problemanzeigen gleichsam um ihrer selbst willen praktiziert werden; die Maxime der Differenzierung und Individualisierung von Hilfe wird so gegen sich selbst gekehrt.

In diesen Sog gerät auch die Präventionsdiskussion. Hier setzt sich ein oft medizinisch oder auch juristisch inspiriertes Denken durch, das von der Katastrophe, dem *worst case* aus argumentiert und Lebensverhältnisse unter den Generalverdacht von Risiken und Bedrohungen setzt. So werden durch das Versprechen einer höheren Sicherheit Lebensverhältnisse und Verhaltensmuster verunsichert, pathologisiert und Ängste geschürt (vgl. Landesjugendbericht BW 2004). Schließlich verfestigt sich die Vielfältigkeit der Angebote zu einem Kanon je eigener, jeweils dem Gesetz des Settings folgender, voneinander abgegrenzter institutioneller Arrangements, denen die Adressatinnnen und Adressaten in ihren Problemen zugeteilt werden. Dies wird ebenso deutlich in den oft so bruchlos in das institutionelle Angebot passenden Indikationen für Hilfen, vor allem aber an jenen „Jugendhilfekarrieren“, in denen Heranwachsende von Angebot zu Angebot verwiesen werden (JULE 1998, Blandow 1997, Permien/Zink 1998).

Gegenüber diesen Entwicklungen gilt es, die organisationsbezogene Selbstreferenzialität zu thematisieren. Diagnosen müssen z.B. als Ansatz zur Rekonstruktion von Geschichten verstanden werden, die als Klärung der Ausgangssituation ebenso wie als sich entwickelnde Lern- und Bildungsgeschichten Menschen in der Auseinandersetzung mit ihren lebensweltlichen Verhältnissen sehen. In der Literatur zur Kasuistik wird darum von einer zweidimensionalen diagnostischen Konstellation – einer psychodynamischen „Hinterbühne“ und einer sozialen „Vorderbühne“, die es miteinander zu vermitteln und methodisch zu strukturieren gilt – gesprochen (vgl. Hörster 2001). Hinter den Verhaltensäußerungen werden „Lebensthemen“ und damit verbundene Bewältigungsprobleme gesucht (vgl. Mollenhauer/Uhlendorff 1995, Uhlendorff 1997), die allerdings geschlechtsreflexiv aufgeschlossen werden müssen, weil in der Komplexität der Befindlichkeiten gerade „geschlechtstypische“ Bewältigungsdynamiken paradoxe Konstellationen erzeugen. Männliche Gewalt und Bedürftigkeit, weibliche (überforderte) Sorge und Vernachlässigung der Kinder liegen eng beieinander (vgl. Böhnisch/Funk 2002). Abspaltung und Projektionen markieren das diagnostische Feld und verweisen auf Bewältigungshandeln in entgrenzten Lebenskonstellationen.

Hilfen müssen, wo sie in geprägten Settings (z.B. eines Kinderhauses, eines Erziehungsheims, einer Beratungsstelle oder eines Projekts) praktiziert werden, sich in die Kooperation mit anderen Organisationen und in den Sozialraum hinein öffnen (vgl. Peters/Koch 2004, Wolff 2000). Wenn also eine „positive“ Verschiebung des Falles (Hörster 2001) gelingen soll, braucht es multiple Beziehungs- und Anerkennungsangebote über den Binnenraum des Hilfesystems hinaus. Das verlangt eine entsprechende professionelle Autonomie des/der Sozialpädagog/in, gerade wenn er/sie dem Klienten „zur Wiedererlangung der Autonomie seiner Lebenspraxis“ (Müller 2001, S. 1200) helfen soll.

2.3 Zur Entgrenzung der Lebensalter und die Konsequenzen für die Sozialpädagogik – Kindheit, Jugend und Alter

Es bedarf kaum einer ausführlichen Analyse, um festzustellen, dass in den vergangenen fünfzehn Jahren die Jugend als Kristallisationspunkt bildungspolitischer Praxis in Deutschland durch die Kindheit abgelöst wurde. PISA und IGLU als Synonyme dieses Trends haben diese Entwicklung nur verstärkt. Die gegenwärtige Kindheitsforschung sieht das Kind als Akteur seiner Bildungsbiographie und beschreibt die in ihm/ihr angelegten Potenziale. Während die Schule in diesem Kontext weiterhin strukturkonservativ dem Bild des institutionalisierten Lebenslauf folgt (vgl. Havighurst 1951), nach dem die Hauptqualifikationsphase in der mittleren und späten Jugendphase verläuft, weist dieser neue Bildungstrend insgesamt darauf hin, dass eine selbstgesteuerte Kompetenzentwicklung bereits in der frühen Kindheit anzustreben sei.

Bildungspolitisch wird diese Wiederentdeckung der Kindheit in einen digitalen Kapitalismus hinein freigesetzt, der darauf abzielt, die öffentliche Erziehung vor allem als Form der ökonomie-orientierten Humankapitalausstattung zu interpretieren, damit die Kinder den arbeitsgesellschaftlichen Anforderungen gewachsen sein werden. Dieser neuen Form der Durchdringung pädagogischer Zugänge mit ökonomisierten Rationalitätssemantiken ist die Sozialpädagogik bisher unvorbereitet ausgesetzt. Noch viel mehr als die Jugend findet für sie die Kindheit in einem Schonraum statt, der fern aller arbeitsgesellschaftlichen Verwertungslogiken sich im Sozialstaat institutionalisieren konnte. Es ist somit die Sorge um die Ausstattung der Kinder mit genügend Humankapital, so dass sie im „positionalen Wettbewerb" (vgl. Brown 2004) bestehen können und weniger die soziale Dynamik der Jugend als generativer Kern einer Neugestaltung von Gesellschaft, die heutige bildungspolitische Diskurse bestimmt und auch die Sozialpädagogik in ihren Sog zieht.

Kindheit rückt in diesem Zusammenhang aus der Randstellung in der Sozialpädagogik heraus, in der sie bis in die 1960er Jahre in der Bundesrepublik stand. Das 19. Jahrhundert brachte zwar vielfältige Ansätze und Modelle für Kinderbewahranstalten und Kindergärten, stand aber in der Spannung von Versorgung und Bildung im Primat von Kompensationsaufgaben für die pädagogische Unzulänglichkeit von – vor allem armen – Familien (vgl. Konrad 2004). Inspiriert von Ansätzen u.a. aus der Frauenbewegung und entwicklungspsychologisch sowie pädagogisch fundiert, wurde dann das 20. Jahrhundert zwar als „Jahrhundert des Kindes“ (Key 1908) ausgerufen, es blieb aber in seiner Realität hinter dem pathetischen Anspruch dieser Formel zurück (vgl. Andresen 2002). Es war – zum einen – in den westlichen Industrieländern das Jahrhundert der abnehmenden Kinderzahl, in dem Kinder und Familien mit Kindern in den gesellschaftlichen Minderheitenstatus gerieten. Es blieb – zum anderen aus disziplinärer Perspektive – bestimmt durch eine weiterhin nur randständige Sozialpädagogik der Kindheit.

Nach den Bahn brechenden kinderpsychologischen und -soziologischen Arbeiten der 1920er Jahre, nach vielfältigen Modell- und Reformansätzen zum Kindergarten und – schließlich sozialpolitisch erweitert – zur Sicherung der Kinderschutzrechte und des allgemeinen Erziehungsrechts im Reichsjugendwohlfahrtsgesetz (RJWG), entwickelt sich nach dem 2. Weltkrieg die Pädagogik in Bezug auf die Kindheit in Ost und West unterschiedlich. In der DDR entsteht im Kontext der Arbeits-, Familien- und Frauenpolitik ein flächendeckendes und einheitliches System der Kinderversorgung für Kinder von der Geburt bis zur Schule mit einem sozialistischen Bildungsauftrag. In der alten Bundesrepublik brach sich die Entwicklung einer verbindlichen Kinderbetreuung an der traditionellen Familien- und Frauenideologie. Erst in den 1960er Jahren wurden im Zug des sich entfaltenden Sozialstaats und seiner neuen Ansätze zur Familien- und Bildungspolitik auch die Kinderbetreuung und der Kindergarten zu einem zentralen sozialpolitischen und sozialpädagogischen Thema (vgl. Flitner 1967). Neben den Ansätzen zur Förderung kindlicher Lernprozesse und sozialpolitisch inspirierter kompensatorischer Konzepte bestimmte wiederum – wie zu Beginn des 20. Jahrhunderts – die Entdeckung der spezifisch kindlichen Lebens- und Bildungserfahrungen die Szene (vgl. Zimmer 1984).

Derzeit wird der Kindergarten als Versorgungsinstitution – und die damit einhergehenden bevölkerungs- und arbeitsmarktpolitischen Interessen – aber vor allem auch im Horizont internationaler Vergleiche mit einer neuen Aufmerksamkeit für die Lern- und Bildungsprozesse von Kindern konfrontiert. Die Kinder sollen frühzeitig Voraussetzungen erwerben, um später den gesellschaftlichen Notwendigkeiten gewachsen zu sein. Neben dem Bildungswesen, das sich ebenso im Anspruch von Verteilungsgerechtigkeit wie in der Gestaltung von Lernmöglichkeiten als nicht hinreichend erwiesen hat – so jedenfalls das Ergebnis der neueren, breiten Effektivitätsstudien zum schulischen Lernen – werden nun im Kindergarten neue Bildungsmöglichkeiten gesehen. Zumindest hat die öffentliche Diskussion gerade in diesen Schulergebnissen auch die dringliche Aufforderung gesehen, kindliches Lernen zu intensivieren und den Kindergarten zu reorganisieren, obwohl sich kein solider Zusammenhang zwischen den Lernleistungen von 15-jährigen und der Ergiebigkeit von Bildung im Kindergarten nachweisen lässt und sich zudem herausgestellt hat, dass Lernleistungen von Grundschülern denen der Sekundarschüler überlegen sein können, diese also offenbar auch während der Schulzeit schwanken.

Das neue Verständnis von Kindheit würde sich nicht durchsetzen, gäbe es nicht zugleich breite wissenschaftliche Forschungsergebnisse aus der Entwicklungspsychologie und vor allem der Neurobiologie und Hirnforschung, die den „Reichtum“ der im Kind angelegten Lernmöglichkeiten herausstellen. Nachdem die deutsche Kindheitsforschung auch in den 1970er und 1980er Jahren eher marginal geblieben war, (trotz vielfältiger, vor allem historischer und phänomenologischer Ansätze und ganz parallel zu den – auch im internationalen Vergleich – ungewöhnlich mageren Konzepten zu einer wissenschaftlich gestützten Ausbildung für diesen Bereich, vgl. Thiersch 1999) erfährt sich die Kindheitspädagogik – in gleichsam ironischer Pointe – nun von außen provoziert und gestärkt. Kindliches Lernen wird in der Abhängigkeit der gegebenen sozialen (also vor allem auch familialen) Ressourcen gesehen und darin als Prozess der Selbststeuerung und Selbstbildung verstanden, der sich im Spiel von Autonomie, Bindung und Anregungen vollzieht.

Die Diskussion zielt auf eine neue Infrastruktur des kindlichen Aufwachsens (Liegle 2001). In ihr aber bleiben sozialpolitische Ansätze zur Frauen-, Familien- und Arbeitsmarktpolitik gebremst, ebenso wie die Ansätze zum Ausbau eines flächendeckenden Systems von Kindestagesbetreuungen für Kinder von der Geburt an. Es entwickeln sich vielfältige Initiativen und Programme zur Elternbildung, die – abgesehen von zweifellos unmittelbar sinnfälligem Gewinn – auch im Kontext jener für den digitalen Kapitalismus charakteristischen Reprivatisierung sozialer Probleme gesehen werden müssen: Eltern und vor allem Mütter sollen lernen, im privaten Raum mit ihrer Zuständigkeit für die Kinder zu Rande zu kommen, damit diese dann auch den Anforderungen von Kindergarten und Schule gerecht werden können. Vor allem aber konzentriert sich die Diskussion auf Probleme des Kindergartens. Die neue Sicht von Kindheit öffnet den Blick dafür, wie vielfältig in ihm bisher kindliche Lernmöglichkeiten übersehen und im Zeichen eines überkommenen Verständnisses von Kindergarten als Schon- und Spielraum und von verengten vermeintlich pädagogischen Kindheitsbildern ungenutzt blieben.

In diesem Kontext werden wieder Potenziale von Reformkonzepten – z.B. der Montessori-Pädagogik oder Reggio-Pädagogik – aufgenommen und es entstehen neue Bildungskonzepte. Sie müssen aber immer auch gegen jene Imperative einer Gesellschaft ausgewiesen werden, die nur an der Förderung des Humankapitals schon in der Kindheit interessiert ist und auf vorgezogenes schulisches Lernen und den einseitigen Erwerb kognitiver Kompetenzen zielt: „Vor diesem Hintergrund erscheint es sinnvoll, in Kindertageseinrichtungen für einen spezifisch *sozialpädagogischen* Zugang zur Bildung zu plädieren: Es gilt, die Perspektive der Entwicklungsförderung und des Kompetenzerwerbs mit der Bearbeitung der Ungleichheit familiärer Bildungsvoraussetzungen zu verknüpfen. Ebenso ist die Kindertageseinrichtung ein Ort der Aushandlung differierender Lebensstile, Wert- und Normorientierungen. Und schließlich ist sie für viele Kinder der Ort erster sozialer Erfahrungen und Gruppenbeziehungen mit Gleichaltrigen, wo sie ihre eigenen Interessen und Bedürfnisse in konfliktreichen sozialen Lernprozessen mit den Bestrebungen anderer Kinder vermitteln und zu gemeinschaftlichen, interaktiv konstituierten Formen der Konfliktregulierung und des sozialen Handelns finden müssen. Eine derartige sozialpädagogische Orientierung der Bildungsarbeit in Kindertageseinrichtungen könnte ein Gegengewicht gegen Tendenzen darstellen, formale Bildungsanforderungen schon vor der Schule unreflektiert zu erhöhen und schon Kindertageseinrichtungen mit den damit unvermeidlich verbundenen Prozessen der Selektion und der Stigmatisierung zu konfrontieren“ (Sting 2005, S. 10).

Kindliches Lernen hat demnach eigene Aufgaben und folgt darin eigenen Gesetzen (vgl. Schäfer 2005). Kinder lernen im relativ offenen Feld des Kindergartens Beziehungen aufzunehmen und zu gestalten, also sich in der Gruppe zu behaupten und darin die eigene Integrität ebenso wie die der anderen zu wahren. Sie lernen Kooperation und Konflikte zu bewältigen, ebenso aber eigene Interessen zu entwickeln und zu verfolgen. Getrieben von ihrer offenen Neugier erschließen sie sich – oft im Medium des Spiels – die Wirklichkeit ebenso im elementar materiellen wie in sozialen und symbolischen Bezügen und nicht zuletzt in nützlichen Kompetenzen und Erfahrungen (vgl. Elschenbroich 2001). Die eigenen Gesetze solchen Lernens verlangen die Balance zwischen Offenheit, Zeiten für Versuche, Umwege und Eigenwilligkeiten sowie strukturierenden Herausforderungen und Anregungen.

Kindliches Lernen gliedert sich in Phasen – indem Kinder in eine neue Phase hineinwachsen, verlieren sie bisherige Möglichkeiten. Die Neurobiologie hat gerade diesen Prozess der Einschränkung zunächst gegebener Fülle und allmählicher Strukturierung zunächst offener Möglichkeiten eindrucksvoll (z.B. am Sprechen und Sprachlernen) belegt. Die in der Lerngeschichte notwendige Anpassung an die sich erweiternden Lebens- und Bewältigungsaufgaben steht immer in Gefahr, die produktiven Möglichkeiten der früheren Phase abzuwerten und zu verlieren, statt sie in ihren eigensinnigen Möglichkeiten in den Konstellationen der neuen Stufe aufzunehmen. Wichtig ist die Gestaltung von Übergängen z.B. von der Familie zum Kindergarten und zur Schule.

Kindliches Lernen sollte – als spezifische Form lebensweltlicher Bewältigung – wie alle Bildungsprozesse sozial rückgebunden und sozialpolitisch gestützt sein. Der Kindergarten ist verankert in den gegeben Sozialbezügen: Kindererziehung kann nur als gemeinsames Projekt von Eltern und Kindergarten gelingen und muss in das Gemeinwesen hinein offen sein, wie dies z.B. Kinderhäuser und Mütterzentren praktizieren (vgl. R. Thiersch 2002). Dieser Sozialraumbezug konkretisiert sich in Arbeitskonzepten, die auf die jeweilige soziale Lage der Region, in der ein Kindergarten angesiedelt ist, bezogen sind. Kindliche Lebensverhältnisse, Erfahrungs- und Lernfelder sind different und oft bestimmt durch Exklusion, Armut und nicht verfügbare Partizipationschancen. Das Nebeneinander und oft konflikthafte Gegeneinander solcher kindlichen Lebenswelten – z.B. im Zeichen einer multiethnischen Zusammensetzung von Kindergruppen – verlangt im Kindergarten gezielte Investitionen. Es braucht pädagogische Förderung von Interaktionskompetenz und in sie eingebettet von Sprachkompetenz, notwendig ist vor allem aber Elternarbeit besonders mit jenen, die sich von sich aus nicht engagieren können oder wollen. Das Faktum, dass ein Großteil der nach dem Kindergarten in die Sonderschule für Lern- und Verhaltensprobleme überwiesenen Kinder zuvor keine besondere soziale Förderung erhalten hat (vgl. Klein 2002), ist ein alarmierendes Indiz für die hier versäumten Chancen einer sozialen Prävention, zu der der Kindergarten – den *alle* Kinder besuchen – ja gleichsam strukturell besondere Chancen hätte (vgl. Landesjugendbericht BW 2004).

Die Notwendigkeit einer solchen sozialpolitischen Profilierung der Kindergartenarbeit muss in der Gegenwart besonders betont werden. Allzu leicht faszinieren evolutionäre und neurobiologische Erkenntnisse über die Emphase kindlicher Lernmöglichkeiten und Selbstbildungsprozesse und befördern dadurch die Dethematisierung sozialer und politischer Probleme. Sie dienen dann als Alibi zur Verdeckung sozialer Ungleichheiten und sozialpolitischer Aufgaben. Diese Emphase – so scheint es bisweilen – wächst gleichsam parallel zur Zunahme der gesellschaftlichen Zwänge, die die Kinder ihrer Kindheit enteignen. Der Verdacht einer solchen Alibifunktion der Diskussion wird auch noch dadurch gestützt, dass die derzeitigen Postulate in Bezug auf Kindererziehung ungewöhnlich weit greifen, ohne hinreichende Ressourcen zu schaffen und – vor allem – ohne die überfälligen Ausbildungsdefizite der Erzieherinnen anzugehen. Die Gesellschaft beschwört – wie schon so oft – Kindheit als Raum besserer Möglichkeiten und Hoffnungen, um so den eigenen Spannungen und Frustrationen zu entgehen.

Zur Entgrenzung von Jugend

Die Sozialpädagogik galt über viele Jahre als Anwalt der Jugend im Interesse einer Neugestaltung von Gesellschaft. Sie sollte die sozialen Räume öffnen, die die Jugendlichen benötigen, um ihren Eintritt in die öffentliche Sphäre der Gesellschaft nicht in den ausgetretenen Wegen der Vorgängergeneration machen zu müssen. Längst wird der sozialpädagogische Anspruch reduziert; sie wird primär zuständig für diejenigen Kinder, die den „positionalen Wettbewerb" nicht entsprechend bewältigen und hat sich um die privaten Verhältnisse zu kümmern, in denen die Kinder nicht gemäß ihrer Fähigkeiten gefördert werden. Entsprechend dreht sich die öffentliche und politische Aufmerksamkeit zunehmend weg von der Jugendarbeit oder politischen Jugendbildung hin zu einer sozialräumlichen Infrastruktur für Kinder.

Letztlich können die im öffentlichen Diskurs damit verbundenen Bilder kaum gegensätzlicher sein: Das Kind als Akteur seiner Bildungsbiographie, das es verdient, eine Bildungschance zu bekommen, steht dem Jugendlichen gegenüber, der sich seine zweite Chance erst wieder verdienen soll, da er die erste Chance bereits vertan hat. Diese Zuspitzung weist darauf hin, dass im öffentlichen Diskurs der Blick auf die Jugendlichen sich wieder intensiver auf Gefährdungszonen fokussiert. Die Programme unter dem Slogan: *Fördern und Fordern* zur Bekämpfung von Jugendarbeitslosigkeit und die jugendspezifische Kriminalprävention folgen letztlich diesem Trend.

Dagegen setzte die in den 1960er Jahren einsetzende breite Bildungsmobilisierung – Jugend als ökonomischer und politischer Modernisierungsfaktor – einen *sozialen* Blick auf das Jugendalter frei. Jugend wurde nicht mehr primär entwicklungspsychologisch und -pädagogisch gesehen, sondern ebenso und vielmehr als besondere soziale Phase des Lernens, die sozialisationstheoretisch zu fassen war: Nicht nur die Entwicklung des Jugendlichen in der Auseinandersetzung mit sich selbst stand im Vordergrund der Analyse, vielmehr wird das Aufwachsen von Kindern und Jugendlichen als interaktive Auseinandersetzung mit der dinglichen und sozialen Umwelt und darin mit sich selbst begriffen. Die Pubertätsforschung schloss die Diskussion des Übergangs von der Intimwelt der

Familie in die Kultur der Arbeit und des gesellschaftlichen Lebens auf, gleichzeitig wurde die Jugend als „politische Generation" entdeckt und die traditionelle Problematik des abweichenden Verhaltens Jugendlicher im integrationsorientierten Bild von der Jugend als Lebensphase „potenzieller Devianz" relativiert. Dieser neue Jugenddiskurs war für die Sozialpädagogik dreifach anschlussfähig: Sozialpädagogische Arbeitsfelder wurden als besondere, notwendige Lernorte in der Entwicklung und Bildung der Heranwachsenden anerkannt und ausgebaut, vor allem wurde die Jugendarbeit als politisch-soziales Gestaltungsfeld der Jugend entwickelt und die Arbeit mit gefährdeten und delinquenten Jugendlichen aus den Zonen der sozialreaktiven Fürsorgeerziehung heraus in eine soziale Integrationsperspektive gerückt. Mit diesem Konzept rückt Sozialpädagogik auch hier vom Rand des Wohlfahrts- und Bildungsgeschehens als integratives Segment in die Mitte der Gesellschaft.

Die psychologische, soziale und pädagogische Neuvermessung des Jugendalters im Gefolge der Bildungsmobilisierung der 1970er Jahre kann exemplarisch an bestimmten Analyse- und Interpretationsfiguren der damaligen Zeit nachvollzogen werden und wird in ihrer Anschlussfähigkeit für die Sozialpädagogik am besten über Mario Erdheims These von der Jugend als „zweite Chance" (1988) beschrieben. Darin wird von der traditionellen psychoanalytischen These Abschied genommen, dass sich die frühkindliche Phase auf der biographisch neuen Stufe der Jugendpubertät im Großen und Ganzen wiederholt. In den Triebschüben der jugendlichen Pubertät – so wird nun argumentiert – entsteht eine neue Qualität des Individuum-Welt-Verhältnisses. Der entscheidende Unterschied zwischen Pubertät und frühkindlicher Entwicklungszeit bestehe vor allem darin, dass die sexuellen Reifungsprozesse in der Adoleszenz nun nicht mehr – wie in der frühkindlichen Entwicklungszeit – primär innerhalb des familiären Kontextes ablaufen, sondern nach den Vorlauferfahrungen in Kindergarten, Schule und Kinderkultur diesen nun entschieden und endgültig überschreiten. Die damit verbundene Ablösung von der Familie, das selbstständige Heraustreten in die soziale Welt – ein Prozess den wir jugendpädagogisch als zentral für die Herausbildung des Selbst und der Persönlichkeit ansehen – macht die Pubertät zu einem Entwicklungssprung im Spannungsverhältnis zwischen der Intimwelt Familie und der Kultur der Arbeit und des gesellschaftlichen Lebens.

Auf dieses einzigartige „Entwicklungsmoment“ der Differenzierung und Kultivierung der Persönlichkeit hatte Siegfried Bernfeld schon in den 1920er Jahren (1925) hingewiesen. Das Spannungsverhältnis zwischen Familie und „Kultur“ besteht darin, dass beide zwar notwendige Formen menschlichen Zusammenlebens sind, aber nicht – da sie verschiedenen Strukturprinzipien gehorchen – ineinander überführt bzw. voneinander abgeleitet werden können. Die Familie ist von Intimitätsstrukturen gekennzeichnet, „Kultur hingegen strukturiert sich über das Phänomen der Arbeit“ und des gesellschaftlichen Lebens mit seinen gewählten, abstrakten und funktionalen Verständigungs- und Handlungsmustern (Erdheim 1988). Die kulturelle Aufladung des Jugendalters beruht auf der Brisanz dieses antagonistischen Spannungsverhältnisses, in dem Jugendliche hin- und her gerissen sind, ohne es versöhnen zu können. Dass sich aus dieser Spannung heraus eine besondere jugendkulturelle Schubkraft entwickeln kann, ist vor allem auch auf das besondere Wirken narzisstischer und Wirklichkeit überschreitender (vgl. Winnicott 1988) Stimmungen in der Pubertät zurückzuführen. Diese Phänomene dürfen nicht als Störung betrachtet werden, sondern bilden die emotionale Grundschicht des Lernens im Jugendalter. Darin sind sie freilich ambivalent, da sie genauso und gleichzeitig in konformes wie abweichendes Verhalten umschlagen können. Diese ambivalente Lerndynamik des Jugendalters wird durch die besondere Generationengestalt der Jugend noch verstärkt. Folgt man der soziologischen Generationentheorie Karl Mannheims in ihrer späten jugendsoziologischen und -pädagogischen Rezeption in den 1960er Jahren (vgl. v. Friedeburg 1965), so erklärt sich das, was sich als generationstypische Unbefangenheit der Jugend verstehen lässt daraus, dass sie aus der Familie heraustretend, dem Neuen, Gegenwärtigen gegenüber unbedingt offen und dem Vergangenen gegenüber rücksichtslos ist.

Danach benötigte es eine eigene jugendkulturelle Rahmung, wie sie die gesellschaftlich strenger verpflichteten Institutionen der Schule und Ausbildung nicht abgeben konnten. Es ist die Aufgabe der Sozialpädagogik, dass sie vor allem in der Jugendarbeit – als freiwilliges Angebot für alle – Räume für Jugendkultur und vielfältige offene Projekte anbietet und damit gleichzeitig in der Beziehung zwischen Heranwachsenden untereinander und Sozialpädagoginnen und Sozialpädagogen die Brücke zur Erwachsenengesellschaft schlägt. Es entstand so die vielgestaltige Szene der offenen und verbandlichen Jugendarbeit, die deutlicher – wenn auch im großen Abstand zur Schule – in den Vordergrund des Bildungsgeschehens rückt. Im Bildungsratsgutachten „Lernen im Jugendalter" (vgl. Hornstein u.a. 1975) fand dies seinen Niederschlag. Auch hier wurde der soziale Kontext, in dem die Pubertät abläuft, in den Mittelpunkt gestellt und eine entsprechende Lernumgebung gefordert. Jugendliche erfahren die soziale Tragweite der Pubertät nicht nur an den eigenen körperlichen Veränderungen, sondern vor allem an der Art und Weise, wie sie von anderen wahrgenommen werden. Die soziale Erweiterung der Persönlichkeit und Lebenswelt wird als implizites Entwicklungsziel des pubertären Prozesses gedeutet, von da aus werden die sozialen Rahmenbedingungen des Lernens und damit der Beitrag der Sozialpädagogik formuliert.

Die gesellschaftliche Freisetzung einer Jugendöffentlichkeit in den 1960er und 1970er Jahren führte zur diskursiven Figur der Jugend als „politischer Generation", wie sie im Nachklang der Studenten-, Schüler-, Lehrlings- und Jugendzentrumsbewegungen zu einer Leitfigur der Jugendarbeit und vor allem der politischen Jugendbildung der 1970er bis in die 1980er Jahre hinein wurde. Das von Karl Mannheim beschriebene Generationsmerkmal des Neueintretens in die Kultur und der Rücksichtslosigkeit gegenüber dem Alten konnte sich als Kraft in einer Gesellschaft entfalten, die durch einen eklatanten Bruch zwischen erreichter ökonomischer Modernisierung und sozialer und kultureller Stagnation gekennzeichnet war. Die politische Jugendbildung richtete sich an diesem Generationskern aus. Politisches Lernen und politische Aktion waren wichtige Medien der Aneignung und Bewältigung der gesellschaftlichen Wirklichkeit, der Erlangung persönlichen Selbstwertes und sozialer Kompetenz in der Erfahrung der eigenen abhängigen Lage und ihrer Überwindung. Über die politische Jugendbildung sollten Gegenwelten zu den autoritären Strukturen in Schule und Betrieb aufgebaut werden. Sie war gleichzeitig Hilfe zur Lebensbewältigung und zur Erweiterung der gesellschaftlichen Handlungsmöglichkeiten, also gesellschaftliche Praxis im besten Sinne. Die Fundierung des Lernens in der Alltagserfahrung gesellschaftlicher Verhältnisse, gefasst im Begriff des exemplarischen Lernens (vgl. Negt 1968) wurde zum methodischen Kredo der Jugendarbeit.

Weit reichend für das neue Selbstverständnis der Sozialpädagogik waren auch die devianz- und kriminalitätstheoretischen Interpretationen, die sich an diese neue Sicht der Jugendphase als ambivalenten, produktiven wie kritischen Entwicklungsabschnitt anschlossen. Eine erwachende kritische Kriminologie und eine an Entstigmatisierung interessierte Sozialpädagogik und Sozialarbeit gingen damals eine bis heute fruchtbare Verbindung ein, indem versucht wurde, Erscheinungen abweichenden Verhaltens Jugendlicher in eine Spannung zum Entwicklungs- und Sozialisationsmodell des Jugendalters zu bringen. Die Formel vom Jugendalter als Lebensphase „potenzieller Devianz“ wurde zur Legitimationsgrundlage dafür, dass der Umgang mit jugendlichem Risikoverhalten, Jugenddelinquenz und Jugendkriminalität im Rahmen einer allgemeinen Jugendpädagogik ihren Platz fanden. Damit konnten sich die Erziehungshilfen, die traditionell auf diese Jugendlichen im Sinne einer „Randgruppe“ verwiesen war, auch hier in allgemeinen Erziehungs- und Bildungsaufgaben verorten, wie es in dem Postulat von der Einheit der Jugendhilfe und in der Intention der neueren, entstigmatisierenden Sozialen Arbeit angelegt war. Durch die kritische Spannung im Verhältnis von Triebstruktur des Selbst und sozialer Umwelt in der Pubertät, die damit verbundene Normdiffusion sowie die jugendkulturellen Dynamiken ist das Jugendalter – so die entsprechende Argumentation – Devianz fördernden Strömungen stärker ausgesetzt als andere Lebensalter.

Die Jugendzeit ist eine Phase der Erprobung und des Austestens von normativen Regeln und Grenzen, in der die Grenzen zwischen Jugendkultur und Devianz oft fließend sind und es letztlich darauf ankommt, wie die öffentlichen und institutionellen Reaktionen auf dieses Verhalten ausfallen bzw. welche Kompetenzen die Jugendlichen entwickeln können, sich aus solchen Definitionszonen herauszuhalten. Da Jugendliche gleichzeitig jugendkulturell und sozialräumlich orientiert, aber genauso – neben der Familie – in Kontrollagenturen wie die Schule eingebunden sind und in der Öffentlichkeit leben, sind sie der Gefahr ausgesetzt, dass ihr Verhalten als abweichend definiert und sozial eingeordnet wird. Die Gesellschaft der Erwachsenen sieht ängstlich in ihr nach den Tendenzen und Chancen der Zukunft. So werden sie zum bevorzugten Objekt sozialer Kontrolle und laufen eher als andere Altersgruppen in Gefahr, in soziale Risikozonen oder gar in deviante oder kriminelle Karrieren hinein etikettiert zu werden. Zwei Aspekte waren in diesem Zusammenhang für die Sozialpädagogik wichtig. Sie bekam die Aufgabe, zur Entkriminalisierung des Jugendalters beizutragen und zu verhindern, dass sich abweichende Karrieren über das Jugendalter hinaus verfestigen können. Sie begreift sich aber nicht nur als Kriminalprävention, wie dies die Öffentlichkeit ihr weiter gern zuschiebt. In der Jugendarbeit hat sie den eigensinnigen Auftrag; Konfliktkonstellationen der Jugend zum Sprechen zu bringen und in kreative Bahnen zu lenken.

So fand die Soziale Arbeit neue Formen der Unterstützung für jene Jugendlichen, die in sich verhärtenden Situationen auf besondere pädagogische Hilfe angewiesen sind. Dem normalisierenden Verständnis von Jugendkonflikten entsprechen Arrangements eigener lebensweltlich orientierter, gruppenbezogener, offener Jugendarbeit, wie sie sich z.B. in der mobilen Jugendarbeit oder akzeptierenden Straßensozialarbeit präsentierten. Auch die Erziehungshilfen wurden umstrukturiert in Arrangements (s.o.), in denen Heranwachsende einen neuen ‚sozialen Ort' – Siegfried Bernfeld hat diesen Begriff geprägt (s.o.) – und Perspektiven für neue Verständnis- und Bewältigungsmuster finden. Die neue Sicht von Jugend bestimmt schließlich auch die Interpretation des Erziehungsverständnisses im Kontext der Jugendgerichtshilfe, wie es in Modellen der Diversion und des Täter-Opfer-Ausgleichs deutlich wurde (vgl. Müller 2001).

Inzwischen aber hat sich die gesellschaftliche Bedeutung der Jugend verändert. Sie ist keine strategische Sozialgruppe einer entwicklungsbewussten Gesellschaft mehr. Sie ist nicht mehr

Bühne der Gesellschaftspolitik. Produktivität wird durch technischen Fortschritt – durch neue Techniken und Rationalisierungen – erzeugt, die menschliche Arbeitskraft der nachwachsenden Generation an sich ist entwertet. Die Aura der technologischen Eliten prägt nun den Diskurs. Qualifikationen werden zwar weiter nachgefragt, aber sie werden vorausgesetzt. Dort, wo qualifizierte Arbeitsplätze gebraucht werden, will man sie – angesichts beschleunigter Technologie- und Marktentwicklung – *sofort* abrufen können, will nicht auf lange Ausbildungszeiten Rücksicht nehmen müssen. Wie Qualifikationen erworben werden, wer mit ihnen zum Zuge kommt, wird dem Einzelnen überlassen.

Der Zusammenhang von Jugend und gesellschaftlicher Erneuerung hat sich entkoppelt. Der damit gegebene Entwertungsprozess der zentralen Figur Jugend geht einher mit einer Entwicklung die als *Entgrenzung* gefasst werden muss (vgl. Schröer 2004). Der weithin verwendete Begriff der Entstrukturierung (vgl. Olk 1985) besagt nur, dass sich das herkömmliche Jugendmodell pluralisiert und vielfach zeitlich verschoben hat. Indem Jugendliche aber aus ihrem geschützten Entwicklungsraum herausgelöst werden, geraten sie früh in eine Generationenkonkurrenz, auf die sie nicht vorbereitet sind. So werden sie mit sozialen Problemen konfrontiert, von denen sie eigentlich im traditionellen jugendpädagogischen Modell des Moratoriums fern gehalten sein sollten. In ihrer pubertären Unbefangenheit überblicken sie diese Belastungen nicht und gehen unbefangen damit um. Das Experimentier- und Risikoverhalten, das der Eigenart des Jugendalters als Lebensphase „potenzieller Devianz" gesellschaftlich bisher zugebilligt wurde, hat darum heute bei nicht wenigen Jugendlichen die jugendkulturelle Schwelle übersprungen und ist in soziale Risikozonen geraten.

Gleichzeitig äußert sich die Entgrenzung des Jugendalters darin, dass die Übergänge in den Erwachsenenstatus für viele nicht mehr übersehbar und kontrollierbar sind. Aus der früher geordneten Statuspassage, in der eine soziale Integration erwartbar und eine Berufsperspektive erreichbar waren, ist ein kontingenter Bewältigungsraum geworden, in dem Entwicklungs- und Identitätsprobleme erneut freigesetzt werden, so dass die Jugendzeit mitunter auch mit 25 Jahren noch nicht beendet scheint. Dabei handelt es sich weniger um eine „Verlängerung der Jugendphase“, welche diese Lebenszeit der *jungen Erwachsenen* zwischen dem 18. und 30. Lebensjahr konstituiert, sondern um die Entgrenzung des Statusübergangs, der für einen großen Teil der jungen Leute heute gleichermaßen risikohaft wie experimentell offen ist. Entgrenzung der Jugend und des Erwachsenenstatus gehen im Junge-Erwachsenenalter ineinander über (vgl. Stauber/Walther 2002).

Dabei wirkt ein Freisetzungsparadox, das hauptsächlich von der Ambivalenz und Doppelbödigkeit der neokapitalistischen Ökonomie herrührt. Jungen Menschen wird zwar abverlangt, dass sie früh und zielgerichtet (‚auf den Punkt’) ihre Ausbildung abschließen, ob sie damit aber auch mittel- und langfristig biographisch abgesichert sind, bleibt im Ungewissen, ist ihnen privat überlassen. Instrumentelle Berufsqualifikation und biographische Lebensperspektive können deshalb viele erst lange nach der Jugendzeit einigermaßen zusammenbringen. Die Lebenszeit der jungen Erwachsenen wird so zur Schlüsselphase der biographischen Suche nach personaler Identität und sozialer Integration. Etwa die Hälfte der Altersgruppe der 18-25 jährigen ist in Europa (EU) noch oder wieder in der Ausbildung. In dieser Gruppe ist auch die Zahl der Arbeitslosen und Sozialhilfeempfänger in den letzten Jahren signifikant, weil überproportional, angestiegen. Aber auch die jungen Erwachsenen, die den gesellschaftlich durchschnittlichen Einkommens- und Familienstatus schon erreicht haben, sind mehr als früher dem Strukturwandel der Arbeitsgesellschaft ausgesetzt, dem Druck der ökonomisch-technologisch induzierten Durchsetzungs- und Verdrängungskultur unterworfen.

Entwertung und Entgrenzung der Jugend ziehen auch die Sozialpädagogik in ihren Bann. Jugendarbeit wird, obwohl die Bewältigungsprobleme der Jugendlichen wachsen, in ihrer pädagogischen Eigenständigkeit zunehmend problematisiert (vgl. Landesjugendbericht BW 2004). Gleichzeitig wird versucht, diese in eine institutionell-funktionale bildungs- und kontrollpolitische Richtung zu drängen. Sie wird für Aufgaben in den Dienst genommen, die sich nicht aus der Logik ihres eigenen Zuganges ergeben: Wenn sie schulisches Lernen im

Kontext schulischer Zielorientierung unterstützen oder mit besonders problembelasteten Gruppen präventiv den Risiken von Arbeitslosigkeit und Kriminalität vorbeugen und in Qualifizierungs- und Übergangsprojekten den Erwartungen von Ausbildung und Arbeitsmarkt entsprechen soll. In diesem Zusammenhang steht die Jugendarbeit vor der Herausforderung, die Verengungen ihrer eigenen Traditionen zu öffnen, um ihre eigenen spezifischen Möglichkeiten neu zu profilieren und offensiv vertreten zu können.

Deshalb muss die Jugendarbeit deutlich machen, wo angesichts der heute entgrenzten Entwicklungs- und Erfahrungskonstellationen Jugendlicher mit ihren offenen und riskanten Suchbewegungen ihre besonderen pädagogischen Möglichkeiten liegen: Also in der Freiwilligkeit, in der Kulturarbeit und Projektorientierung, in der Ermöglichung von Gleichaltrigenkultur, in der exemplarischen Zulassung von Konflikten und der produktiven Auseinandersetzung zwischen den Generationen (vgl. Treptow 2001). Indem die Jugendarbeit Lernen im informellen Kontext von Aneignung und Bewältigung und damit Selbstwertschöpfung und Anerkennung ermöglicht, bietet sie Raum für Selbstbildungsprozesse (vgl. Müller/Schmidt/Schulz 2005) und mithin Anregungsbezüge für Kompetenzentwicklung. Gleichzeitig kann sie in ihren Settings die in den Bildungsinstitutionen verdeckten geschlechtsspezifischen und interkulturellen Konflikte sozial thematisieren. So wird es ihr möglich sein, sich auch in Zukunft als lebensweltliches Erfahrungs- und Lernfeld für Jugendliche im Kontext integrierter Bildungs- und Übergangsstrukturen zu behaupten.

Die Entgrenzung des Alters

Alter war in der Tradition der Sozialen Arbeit kein besonderes Thema. Die Sozialarbeit kannte die armen Alten als Versorgungsempfänger innerhalb der Armenfürsorge; daneben gab es kranke Alte als Aufgabe für die Medizin. Diese Trennung in materielle und medizinische Zuständigkeit prägt die Altenarbeit bis heute. Im Kontext aber eines Selbstverständnisses von Sozialpädagogik und Sozialarbeit, die in lebensweltlichen Bewältigungskonstellationen im Lebenslauf engagiert ist, rückt das Alter zunehmend in ihren Horizont (vgl. Otto 2001; Schweppe 2004).

Zudem: Angesichts der Fortschritte in der Medizin und der prognostizierten demographischen Entwicklung gewinnt das Alter auch im sozialpolitischen Diskurs an Bedeutung. Noch nie war der Anteil älterer und alter Menschen an der Gesamtbevölkerung so hoch, noch nie hatten so viele ältere und alte Menschen berechtigte Hoffnungen auf ein gesundes und jenseits von Arbeitszwängen und unmittelbaren Familienaufgaben auch materiell abgesichertes Leben (vgl. Lenz/Rudolph/Sickendiek 1999).

Die erwerbszentrierte industrielle Moderne ließ das Alter dagegen als unproduktive Restzeit erscheinen, vor allem verwiesen auf private Sorgeverhältnisse. Alter wurde von einer erwerbs- und jugendzentrierten Perspektive aus betrachtet. Das verraten nicht nur Attribute wie die der „vergreisenden" und „ergrauenden" Gesellschaft, sondern ebenso die Paradigmen, die auf Partizipation älterer Menschen bezogen sind und in denen aus der Sicht der Jungen und noch jungen Gesellschaft Qualitäten des Alters interpretiert werden. Alter war – so gesehen – nur eine abgeleitete Sozialkategorie.

Diese Sicht kontrastiert mit jener Position, in der das Alter als eine in Westeuropa und den USA zunehmend wachsende und zentrale Gruppe gesehen wird, die die beiden Antriebsrelais des neues Kapitalismus aufladen kann: zum einen die Konsumintensivierung und Markterweiterung, zum anderen den Kapitalnachschub für die Expansion der Investitionen. Das alte Menschen darüber hinaus auch als Wahlbürger wichtig sind, kommt hinzu. Natürlich gilt eine solche Sicht nur für einen Teil der Altersbevölkerung, die ärmeren Schichten sind von diesem neokapitalistischen Integrationsprozess des Alters ausgeschlossen und fallen den sozialstaatlichen Versorgungsleistungen anheim. Die neuen Formen der sozialen Segmentierung bilden sich auch hier ab.

Zudem ist mit dem Strukturwandel der Arbeitsgesellschaft die biographische Erfüllung im Kontext einer traditionellen Erwerbsarbeitszentrierung im Lebenslauf relativiert und da die Biographie und die lebensweltlichen Bewältigungskonstellationen zunehmend an Gewicht gewinnen, wird das Alter auch zur sozialpädagogischen Größe. „Lebenstätigkeit", „Bürgerarbeit" sowie „intergenerationale und interkulturelle Integrationsarbeit" werden inzwischen als zentrale Begriffe einer Tätigkeitsgesellschaft verstanden, die sich neben der traditionellen Erwerbsarbeitsgesellschaft zum Experimentierfeld „neuer Arbeit" und neuer Lebensformen entwickelt. Alter wird zu einer Phase „später Freiheiten" (vgl. Rosenmayr 1983), also neuer Lebensmöglichkeiten und gesellschaftlicher Gestaltungsaufgaben.

In diesem Zusammenhang ist es sinnvoll, die die Diskussion bestimmenden Paradigmen des Aktivierungskonzeptes und der Disengagementthese zu thematisieren: „Das Aktivitätskonzept konzentriert sich in seinen Aussagen auf mögliche Bewältigungsformen der Altersprobleme, die hauptsächlich – so die Annahme – aus Funktionslosigkeit entstehen" (Backes/Clemens 1998, S. 115). In diesem Sinne sollen im Alter Substitute für Rollenverluste gesucht werden, wobei generell davon ausgegangen wird, dass sich die Bedürfnisse dieser Lebensphase sonst nicht so sehr von denen des mittleren Lebensalters unterscheiden. Es handelt sich hier also um eine Integrationsperspektive, welche die erzwungene Ausgliederung durch Entberuflichung kompensieren soll. Die Disengagementthese hinwieder geht davon aus, dass „der zurückgezogene ältere Mensch zufriedener und glücklicher ist, und [dass d.A.] in der Gesellschaft [...] alternde Individuen rechtzeitig durch leistungsfähigere ersetzt werden [können d.A.]. Somit dient Disengagement Individuum und Gesellschaft. Der soziale Rückzug ältere Menschen wird [...] als ‚natürlicher' Prozess gesehen, da er individuellen Bedürfnissen im Alter entspreche und durch die Perzeption nachlassender Fähigkeiten entstehe" (ebd. S. 119). Beide Sichtweisen aber greifen zu kurz, weil sie von der überkommenen Perspektive der Entwertung des Alters in der auf Erwerbsarbeit bezogenen Moderne ausgehen.

Es ist aber gerade die darin liegende soziale und öffentliche *Rollenlosigkeit* des Alters (vgl. Riley/Riley 1994), die die Alten gesellschaftlich nicht erkennbar macht. „Sowohl die demographische Entwicklung als auch Einsichten über die Plastizität von Alterungsprozessen [...] und über neue Generationen älterer Menschen kontrastieren zunehmend mit dem, was immer mehr ältere Menschen leisten können und wollen, was sie aber unter den gegenwärtigen gesellschaftlichen Rahmenbedingungen nicht leisten dürfen“ (Mayer u.a. 1994, S. 726). Wir brauchen deshalb eine andere gesellschaftliche Rahmung, in der wir das Alter neu verorten und eine zukünftige Rollenperspektive entwickeln können.

Durch die Prozesse der biographischen Entwertung von Erwerbsarbeit und Entberuflichung kommt dem Alter eine neue Bedeutung im zukünftigen arbeitsgesellschaftlichen und bürgergesellschaftlichen Diskurs zu. Ältere und alte Menschen, Sozialgruppen, die immer mehr in sich ausdifferenziert sind, wollen und können neue Chancen der „Lebenskunst“ und der intergenerationellen und gemeinschaftlich-bürgerschaftlichen Aktivitäten wahrnehmen. Sie wollen nicht nur passive Wahlbürger, sondern Aktivbürger in der Gesellschaft sein. Die Lebensphase Alter kann so zur biographischen und gesellschaftlichen Herausforderung werden, es ergeben sich – in den neuen Freiheiten – neue Gestaltungsräume und -aufgaben. Dennoch wird auch im zukünftigen Alter das lebensphasentypische „Nicht-mehr“ (positiv ausgedrückt: Das Sich-zurückziehen-Können) eine Rolle spielen.

Diese neuen Möglichkeiten aber stehen in Gefahr, im Zeichen der Tendenzen zur Reprivatisierung missverstanden und ausgenutzt zu werden. Gesellschaftliche Probleme, die mit der Verteilung von Arbeit und Partizipationschancen, vor allem auch mit einer neuen gesellschaftlichen Anerkennung von „neuer Arbeit“ einhergehen, also von Tätigkeiten außerhalb der geltenden Arbeitsordnung, dürfen ebenso wie sozialpolitische Probleme der Altersversorgung nicht überdeckt werden. Das Wissen um neue Potenziale im Alter darf auch nicht dazu führen, dass ältere und alte Menschen für die in ihren Verhältnissen sich ergebenden Versorgungs- und Betreuungsleistungen gleichsam bedingungslos in Anspruch genommen und damit überfordert werden: Die älteren versorgen die ganz alten. Dies ist ein Bewältigungsmuster, das aus den Traditionen unserer Gesellschaft heraus sehr leicht aktivierbar ist.

Alte Menschen stehen nicht mehr in den Rollenzwängen der Arbeitsgesellschaft oder der Familie, sie verfügen über experimentelle Spielräume, die Jüngeren nicht zur Verfügung stehen. Dazu aber braucht das Alter eine sozialpolitische Hintergrundstruktur, die nicht vom Prinzip der Versorgung geprägt, sondern in der Perspektive der Bewältigung gestaltet ist. Zu den Zeitressourcen, über die Ältere verfügen, kommt bei einigen – im Zuge der biographischen Neuinterpretation des Alters – der Wunsch, sich bürgergesellschaftlich zu beteiligen und zu engagieren. In einem solchen bürgerschaftlich orientierten Konzept ergeben sich Gelegenheiten, in denen alte Menschen sich in der Balance von neu entdeckter Experimentierlust und lebensaltertypischem Rückzugsprivileg entfalten und sich selbst und die Gemeinsamkeit mit anderen erproben können. Gesellschaftspolitisch gesehen muss die traditionelle Betreuungskultur des Alters durch eine bürgergesellschaftliche Ermöglichungskultur abgelöst werden. Sozial aktive ältere und alte Bürgerinnen und Bürger haben inzwischen vielerorts Intergenerationenmodelle aufgebaut, die arbeitsteilig funktionieren und die die inzwischen eingeschlichene marktgesellschaftliche Generationenkonkurrenz überwinden helfen könnten. In Wohnverbünden und Hausgemeinschaften („Kombiwohnen"), übernehmen ältere Menschen Betreuungsfunktionen für ihre Altersgenossen aber auch für Kinder; sie spielen bei der Organisation des sozialen Zusammenhalts und der Alltagsarbeiten eine wichtige Rolle und werden so eher zu Motoren als zu Anhängseln sozialer Hausgemeinschaften. Dies kann sich zu „Seniorengenossenschaften" (vgl. Otto 2001) und Netzwerken der gegenseitigen Dienstleistung erweitern, so dass ältere und alte Menschen durchaus – im Sinne des Dienstleistungsparadigmas – zu Koproduzenten ihrer Lebenssicherung und -aktivierung werden; durch Bildung eigener Zusammenschlüsse, die die Sozialversicherung garantiert, bilden sich ergänzend gemeinschaftliche Formen zur Herstellung sozialer Sicherheit (vgl. Schmidt 1994, S. 169). In diesem Sinne könnten ältere und alte Menschen auch zu einer der „Trägergruppen" gesellschaftlich anerkannter neuer Arbeit werden, indem sie das Netzwerk alltäglicher Kommunikation durch „kleine Dienste" zusammenzuhalten helfen.

Selbstwert, Anerkennung und Selbstwirksamkeit müssen auch für die alten Menschen erfahrbar sein können, die in ihren Aktivitäten eingeschränkt sind. Sie sind Bürgerinnen und Bürger und keine Versorgungsfälle und leben bezogen auf bürgerschaftliche Nachbarschafts- und sozialpädagogische Unterstützungskontexte im Sinne „sekundärer Aktivierung". Christel Schachtner (1988) hat in ihrem Buch „Störfall Alter" mit dem Prinzip „Teilhabe durch Gegenseitigkeit" eine entsprechende Richtung vorgegeben: „Wer nur fragt was für die Alten getan werden kann, hat dem Prinzip der Gegenseitigkeit schon eine Absage erteilt. Auf den wechselseitigen Austausch aber kommt es an, soll ein Leben – ein junges ebenso wie ein altes – lebendig bleiben, soll Vorsorge getroffen werden gegen Verleugnung, Vergessen, Erstarrung" (S. 238).

Zunehmend geraten Menschen in Verhältnisse, in denen ihnen die Ressourcen zu sozialen Tätigkeiten fehlen und sie oft – auch durch Krankheit belastet – darauf beschränkt sind, für sich zu sorgen – oder dann auch nur noch versorgt zu werden. Solche Konstellationen dürfen nicht einfach schematisch als Lebensphase eines vierten Alters gegenüber dem dritten Alter eingegrenzt werden; sie bilden sich in vielfältigen – oft auch ganz ungleichzeitigen – Entwicklungen und Verschiebungen (vgl. Schweppe 1996). Ältere Männer sind in solch einer Situation in der Regel hilfloser als ältere Frauen, weil sie den größten Teil ihrer sozialen Beziehungen im Lauf des Lebens über den außerfamilialen Berufsstatus erworben haben und nun durch die Entberuflichung auf sich selbst zurück geworfen sind.

Für diese Menschen wird eine lebensweltlich orientierte Soziale Arbeit in der Verbindung von unterstützender Versorgungs- und aktivierender Netzwerkarbeit besonders wichtig. Die Prinzipien solcher Arbeit werden z.Z. – vor allem auch im Kontext der sich neu formierenden Pflegewissenschaften – interdisziplinär und interprofessionell praktiziert; sie bilden den Grund für die disziplinäre und professionelle Beteiligung der Sozialpädagogik und Sozialarbeit an der Altenarbeit (vgl. Otto/Bauer 2004) und eine Basis zur interdisziplinären Verständigung. Lebensweltliche Erfahrungen sind für Menschen im Alter unmittelbar wichtig: der Raum, den sie kennen, die Zeitstrukturen, an die sie gewöhnt sind, die Selbstverständlichkeiten und Routinen, in denen sie sich bewegen können, die Menschen, denen sie vertrauen. Ältere Menschen kommen auch mit Schwierigkeiten zu Rande, so lange dies gegeben ist.

Sie können hilflos werden, wenn ihnen dieses Lebensgerüst wegbricht (oder z.B. bei einer Übersiedelung in ein Alten- oder Pflegeheime genommen werden muss). – Die Soziale Arbeit hat von diesem Wissen her vielfältige Formen der Hilfe entwickelt – wenn auch Verbreitung und Standards dieser Angebote international durchaus noch rückständig sind. Es entstehen Möglichkeiten der ambulanten Versorgung in eigenen Wohnungen, es entstehen altengerechte Wohnungen, in denen Menschen sich ihre eigene Lebenswelt möglich machen können und die zudem, wenn es nötig wird, Versorgung und Pflege erlauben, es entstehen Hospizhäuser. Daneben bilden sich Angebote der Unterstützung für Angehörige und Freunde, die sich auf die Hilfe für alte Menschen im häuslichen Milieu einlassen (vgl. Siekendiek 1999).

Gleichzeitig bleibt der Umgang mit alten Menschen in den Strukturen unserer auf Nützlichkeit und Produktivität hin orientierten Gesellschaft verhaftet und damit den Problemen des Abbaus und Abschieds gegenüber hilflos: „Die Grenzen kenne ich wohl, aber ich akzeptiere sie nicht. Ich gestehe meine Grenzen ein, aber nur, weil ich nicht anders kann", – so der italienische Philosoph Norberto Bobbio (vgl. 1997, S. 61). Auch Carl Améry hat schon in den 1960er Jahren die Kränkungen des Altwerdens eindringlich beschrieben (vgl. Améry 2001). Altenarbeit gewinnt hier ein neues Profil. Es geht auch darum, haltgebende Lebensräume zu gestalten, da zu sein, Abbau und Verlust auszuhalten und darin Formen eines versorgten und akzeptierten Lebens zu wahren (vgl. Thiersch 2002).

Schließlich: In der Literatur zur Versorgung alter Menschen wird zwar von „every-day-activities", also von Alltagsaktivitäten und -bedürfnissen ausgegangen, diese aber werden oft – in Zeiten knapper Kassen – technologisch bestimmt und reduzieren damit ebenso die humanen Probleme wie die auf sie eingehenden, kommunikativen Möglichkeiten von Hilfe. Die Diskussion um die Pflege gerät in Gefahr, in den Bann medizin-technologischer und organisations-rationeller Kalküle zu kommen. Der Fortschritt in der Pflege wird als Fortschritt der Pflegetechnologie diskutiert. Dies steht im Gegensatz zu der oft so vollmundigen Rhetorik in öffentlichen Diskussionen und Wohltätigkeitsbasaren.

2.4 Die Entgrenzung der Familie als sozialpädagogisches Zugangsproblem

Familien sind privat und öffentlich zugleich, aber darin im Vergleich der Industriegesellschaften deutlich unterschiedlich strukturiert. Der schwedische Wohlfahrtstheoretiker Esping-Anderson (1998) unterscheidet egalitäre und nicht egalitäre Gesellschaften auch danach, wie die Familie in die Gesellschaft eingebunden ist. In weniger egalitären Industriegesellschaften, wie in den USA zum Beispiel, werden die gesellschaftlichen Probleme der sozialen Ungleichheit und der sozialen Gerechtigkeit nicht primär zum Gegenstand von Sozialpolitik, sondern stärker familial reproduziert bzw. in der Privatheit der Familien – und der von ihnen her geprägten bürgerschaftlich-religiösen Assoziationen – thematisiert.

Innerhalb der deutschen Tradition wurde die gesellschaftliche Überforderung der Familie in der industriekapitalistischen Gesellschaft schon früh sozialpädagogisch thematisiert. Pestalozzi hat z.B. – so haben wir oben skizziert – gegen Verelendung und Verwahrlosung von Familien sein Konzept einer gemeinwesenorientierten Volks- und Familienerziehung gesetzt. Die im 19. Jahrhundert sich ausbreitenden Kinderbewahranstalten gründeten sich ebenso wie Fröbels Kindergarten in der Erfahrung der – klassenspezifisch geprägten – familialen Überforderung und Unzulänglichkeit in pädagogischen Aufgaben und verbanden deshalb die Bildungsangebote für Kinder mit Konzepten der Mutter- und Familienerziehung.

Das Misstrauen in die Erziehungsfähigkeit der Familie war in der Pädagogik immer auch prinzipieller Natur. Rousseau hatte sein Konzept einer Modellerziehung als Arrangement zwischen einem Zögling und einem Erzieher entworfen, durch das ganz ausdrücklich die autoritären und obsessiven Elterneinflüsse unterlaufen und außer Kraft gesetzt werden sollten. Das – noch einmal radikaler gefasste – Erziehungskonzept in Fichtes Nationalerziehung setzte darauf, dass gesellschaftliche Veränderungen nur möglich seien, wenn Kinder ihren – immer schon in gegebenen Verhältnissen verhafteten und Kinder in sie hineinsozialisierenden – Eltern weggenommen und in einer eigenen pädagogischen Provinz entsprechend den in ihnen angelegten Intentionen zu einem freieren Leben erzogen würden. In diesem Kontext steht dann auch die kritische Familiendiskussion im Gefolge der Jugendbewegung, die nicht nur eine pädagogische, sondern tief greifend ebenfalls eine antikapitalistische Argumentationsfigur hervorbrachte. So wurde die Erziehungskrise der bürgerlichen Elternhäuser, die zum Auszug der Jugend aus der starren Welt der Erwachsenen führte, im wissenschaftlich-literarischen Krisenerlebnis der Jahrhundertwende als untrüglicher Hinweis auf die „spätfamiliale Krise“ eines Kapitalismus gedeutet, der in seinen Rationalisierungs- und Produktionszwängen die familialen Sozialbezüge auflöste (vgl. Müller-Lyer 1911, Kawerau 1921). Dieser Generationenkonflikt, in dem sich die fortschreitende industrielle Arbeitsteilung mit ihren Integrationskrisen abbildete und Zustände der Anomie und der gesellschaftlichen Orientierungslosigkeit erzeugte, pointierte eine Zeit lang die Erziehungsdiskussion: „Nur in der Jugend ist Leben“ postulierte damals Gustav Wynecken (1919) und sprach den Elterngenerationen ab, die Jugend erziehen zu können. Die Kultur der Gleichaltrigen – Jugend erzieht Jugend – sollte die überkommene Erziehungsmacht der Eltern ablösen. In tiefenpsychologischer Perspektive verstand Siegfried Bernfeld (1925) die in der Familie, also zwischen Erwachsenen und Kindern, vermittelten Gefühlsbeziehungen als intimitätsgebundene Produktion einer Anhänglichkeit an gegebene Verhältnisse, die ebenso die Einpassung in sie zur Folge hat, wie den Widerstand gegen sie erschwert. Die hieraus entstehenden Verstrickungen beschrieb Bernfeld an Schülerkonflikten und Schülerselbstmorden, die er darauf zurückführte, dass in der Schule als außerfamilialer Institution – vor allem im Schüler-Lehrer-Verhältnis – immer noch mit familial-intimen Bindungs- und Abhängigkeitsverhältnissen operiert wurde, welche Schüler hilflos und wehrlos machten. Das hier gegebene Muster finden wir ähnlich bei Max Horkheimer und Theodor Adorno in ihren Studien zur autoritären Familie (1936). Damit ist eine Konstellation gemeint, in der durch die Vermischung frühkindlicher Triebkonflikte mit den Problemen des Hineinwachsens in eine familial-vermittelte gesellschaftliche Autoritätsstruktur Charaktere der willigen Unterordnung wie der Abspaltung dieser Selbstunterdrückung im Ventil des Fremdenhasses erzeugt werden. Diese Figur hat sich bis in die 1960er Jahre in ihrer Kritik an der autoritären Erziehung bis zu der daraus abgeleiteten Forderung nach dem „Tod der Familie" (Cooper 1972) fortgesetzt.

Diese kritische Sicht von Familie trifft ihre reale gesellschaftliche Funktion nur bedingt, denn sie wird ihrer elementaren Leistung für die Erzeugung von sozialemotionalen Ressourcen, die Voraussetzung dafür sind, sich im gesellschaftlichen Leben zu behaupten, nicht gerecht. Auch Horkheimer verweist auf diese – allerdings ambivalente – gesellschaftliche Funktion, dass die bürgerliche Familie vormodern und modern zugleich ist. Sie ist gleichermaßen ein Raum privater Intimität wie öffentlicher Reproduktion. Familie soll – das ist die eine Seite – die Tugenden hervorbringen und pflegen, die für die emotionale Seite der Identitätsbildung gebraucht werden: Zuneigung, Empathie, Geborgenheit. Sie soll die Menschen arbeitsfähig machen und halten sowie gleichzeitig auch jene auffangen, die aus dem Arbeitsmarkt herausfallen. Diese Funktion lässt sich auch anthropologisch-psychologisch deuten. Familie vermittelt – so Parsons (1972) – basale Lebenseinstellungen, nämlich die universalistischen, ganzheitlichen, naturhaften Lebensmuster der Bindung, der unbedingten Anerkennung und der Ermutigung zur Selbständigkeit, also jedenfalls da, wo es ihr gelingt Grundvertrauen und „Lebensoptimismus" (Claessens 1967) zu bewirken. Dass Familie darin elementare – aber nicht hinreichende – Voraussetzung des gesellschaftlichen Lebens ist, wird auch, gleichsam aus der harten Gegenprobe heraus, deutlich, wenn Entwicklungs- und Lebensschwierigkeiten von Kindern und Heranwachsenden wie auch auffälliges, schwieriges Verhalten ihren Grund im Versagen dieser elementaren familialen Leistungen haben, ebenso wie – so zeigt die Resilienzforschung – Kinder und Heranwachsende unter ungünstigen, ja von außen her gesehen verzweiflungsvollen Lebensbedingungen dann sich behaupten, wenn sie in und trotz aller Schwierigkeiten elementare Erfahrungen des Angenommenseins und Zutrauens machen konnten (vgl. vor allem Winnicott 1988).

Familie aber ist – das ist die zweite Seite – immer auch eingebunden in die Aufgaben der öffentlichen Reproduktion, ist damit eine moderne ökonomisch-gesellschaftliche Reproduktionsagentur. Dies bezieht sich nicht nur auf den demographischen Aspekt, sondern vor allem auch auf die Frage der sozialen Reproduktion der Arbeitsgesellschaft, also der alltäglichen Wiederherstellung der Arbeits- und Erziehungskraft ihrer Mitglieder.

Damit erweist sich der Alltag der Familie als Bewältigungskonstellation, in der die strukturelle Trennung zwischen privat und öffentlich immer neu auszubalancieren ist. Sie steht einerseits unter öffentlichem Einfluss und muss Lebensschwierigkeiten und soziale Probleme bearbeiten, die ihre Mitglieder in die Familien hineintragen. Dies kann zu Überforderungssyndromen und internen Belastungen führen, die aber in der familialen Intimität verbleiben und deshalb schwer an die Öffentlichkeit und in den Horizont öffentlicher Hilfe gelangen können. Das Leiden an der häuslichen Intimität kann von der sozialen Blockierung einzelner Familienmitglieder bis zur „verhäuslichten Gewalt" (vgl. Honig 1992) meist gegen Kinder und Frauen reichen; dies ist die Kehrseite der Familie als gegenseitigem Unterstützungssystem und zentralem Ort der emotionalen Beziehungen von Kindern. So zeigt sich die Gleichzeitigkeit von vormodernen und modernen Strukturen in der Familie nicht als historisches Entwicklungsdefizit, sondern als typisches Strukturmerkmal, in dem sich Bewältigungsprobleme in immer wieder neuer Form zeigen. Dieses Modell hat die sozialstaatliche Rahmung und die sozialpädagogischen Zugangsdefinitionen seit den 1970er Jahren bestimmt.

Entsprechend wurden und werden familiale Bewältigungsprobleme als sozialpolitische und sozialpädagogische Aufgaben verstanden. Familie wird zum einen sozialpolitisch unterstützt (z.B. durch Kindergeld und Erziehungsgeld), zum anderen aber dadurch entlastet, dass neben der Familie ein eigener Raum für Kinderbetreuung und -erziehung ausgebaut wird (z.B. durch Kindergartenplätze und Angebote der Tagesbetreuung). Für Familien in besonderen Belastungen entwickelt die Sozialpädagogik – unter dem Titel der Erziehungshilfen – ein differenziertes Angebot von Unterstützungen zwischen Beratungen, Teilzeithilfen (z.B. Spielgruppen, Tagesgruppen) und Familienhilfe. In diesen Angeboten agiert die Sozialpädagogik und Sozialarbeit bisher immer auf der Scheidelinie zwischen Privatheit und Öffentlichkeit. Sie stützt die innerfamilialen Beziehungen und versucht sie zugleich gegen die in der Intimität angelegten Überforderungen und Gefährdungen zu schützen und in soziale Netzwerke zu bringen, die sie durch ihre Öffentlichkeit entlasten und stabilisieren. Die Spannung zwischen Intimität und Öffentlichkeit repräsentiert sich vor allem auch im Elternrecht. Das Elternrecht schützt – auf der einen Seite – die Intimität der Familie. Indem es – auf der anderen Seite – als Erziehungspflicht ausgelegt wird, ist die Familie allgemeinen Erwartungen unterworfen, über die die Gesellschaft – repräsentiert im Wächteramt der Kinder- und Jugendhilfe – befindet. Daraus resultiert eine Gratwanderung zwischen öffentlich und privat, die in der strukturellen Widersprüchlichkeit der modernen Familie begründet ist und nur fallweise, d.h. in der kasuistischen Abwägung der je konkreten Situation, bewältigt werden kann.

Diese hier notwendige Balance bildet den Bezugsrahmen, in dem sich die „sozialpädagogische Organisation der Familie“ (vgl. Karsten/Otto 1987) bisher professionell bewegt. So paradox es klingen mag, die Familien- und Jugendhilfe konnte und kann sich in diesem Muster orientieren, ihren „Eingriff ins Private“ legitimieren. Im Sinne des Scherpnerschen Hilfebegriffs (s.o.) tritt die Sozialpädagogik ja dann auf den Plan, wenn die Familie nicht mehr in der Lage ist, sich selbsttätig oder innerhalb ihres privaten Netzwerkes zu organisieren. Wenn dies eintritt, bzw. institutionell so definiert wird, wird die Familie zum öffentlichen Problem, ihre Rolle als Reproduktions- und Sozialisationsagentur tritt vor den Anspruch auf Privatheit. Die Wiederherstellung der Arbeitsfähigkeit der erwachsenen Familienmitglieder, die Erziehung der Kinder und generell die soziale Anschlussfähigkeit der Familie stehen nun auf dem gesellschaftlichen Prüfstand. Mit der modernen Vergesellschaftung der Familie bei gleichzeitig innerfamilialer Individualisierung („Aushandlungsfamilie“) hat sich die Eingriffsdefinition – vor allem auch im Kontext der Entprivatisierung familialer Gewalt – begründet und erweitert.

In den letzten Jahren aber gerät die Familie in den Sog der gesellschaftlichen Entgrenzungstendenzen: Vor allem die zunehmende Auflösung der Grenze zwischen Produktions- und Reproduktionssphäre und damit das ambivalente Problem der „Reprivatisierung“ der Familie bei zunehmender öffentlicher Inanspruchnahme sind hier von Interesse (vgl. Jurzcyk 2001). Gleichzeitig vermischen sich für viele Menschen familiale und berufliche Kontexte, die im Alltag nicht mehr voneinander zu trennen sind. Männliche Bedürftigkeit und weibliche Doppelbelastung als Quellen von Familienstress bis hin zur Familiengewalt wirken weiter, nun aber in einer für die Familien- sowie Kinder- und Jugendhilfe wesentlich schwieriger zugänglichen Dynamik. Mit der Entgrenzung der Familie lösen sich die Grenzen von öffentlich und privat dort auf, wo die sozialpädagogischen Hilfen sie eigentlich als Markierung gebraucht hätten. Gleichzeitig wird das den privaten Regelungen der Familien überlassen, was bislang weitgehend sozialstaatlich flankiert war. Die Familie gerät unter den Druck der Humankapitalideologie: Die Partner sollen zugleich ihre Leistungsfähigkeit und die ihrer Kinder optimieren und die dafür notwendige Organisation des Familienlebens möglichst allein managen. Individualisierung und Privatisierung laufen prekär zusammen. Ulrich Beck hat dies in einer Paradoxieformel plastisch ausgedrückt: „Die Lebensbedingungen der Individuen (werden) ihnen selbst zugerechnet; und dies in einer Welt, die sich fast vollständig dem Zugriff der Individuen verschließt“ (Beck/Bonß 2001, S. 3). Es entwickelt sich eine „Reprivatisierung ohne Privatheit“ (Appelt/Sauer 2001, S. 132).

So werden die Konstitutionslinien von Familie, auf die sich ja die sozialpädagogische Familienhilfe bezogen hat, immer weniger sichtbar, während gleichzeitig der sozialstaatliche Rahmen für die Begründung und Gestaltung der Familienintervention zu verwischen droht. Angesichts dieser Entgrenzungstendenzen ist es für die Sozialpädagogik wichtig, das Familienmodell zu überprüfen, von dem aus die sozialstrukturellen Bedingungen und psychosozialen Bewältigungsprobleme von Familien kontextuell eingeschätzt werden können. Dazu scheint uns der Versuch von Thomas Meyer (2002) relevant, den gegenwärtig grassierenden „Krisendiskurs Familie“ mit den empirischen Befunden der neueren Familienforschung zu konfrontieren. Meyer orientiert sich an dem Krisendiskurs US-amerikanischer Prägung, wie er auch Eingang in hiesige sozialpädagogische Diskursarenen gefunden hat. In der Tradition der USA-Gesellschaft gelten – so haben wir gerade erinnert – Familien und ihre lokalen Netzwerke als zentrale gemeinschafts- und gesellschaftsbildende Kerne. Tendenzen familialer Desintegration werden schnell und unvermittelt in den gesamtgesellschaftlichen Integrationsdiskurs verlängert. Gerade von sozialkonservativer Seite wird in diesem Zusammenhang eine Auflösung des Familienzusammenhalts in ein Ensemble individualzentrierter und autonomieorientierter Interessenträger befürchtet und die scheinbar intakte Kernfamilie früherer Zeiten beschworen (z.B. Etzioni 1986; 1987).

Wenn man aber solche ideologisch aufgeladenen, rhetorischen Figuren der familialen Wert-, Erziehungs- und Bindungskrise mit Ergebnissen der neueren Familienforschung konfrontiert, ergibt sich ein differenziertes Bild (vgl. Liegle 2001, Lenz 2002): „Bei dem derzeitig zu beobachtenden Strukturwandel der Familie geht es weniger um die Entstehung neuer privater Lebensformen als darum, dass neben der „Normalfamilie“ andere Privatheitsmuster an Gewicht gewonnen haben“ (Meyer 2002, S. 209). Umfragen der letzten 10 Jahre zeigen, dass Familie als erstrebenswertes biographisches Ziel und familiale Bindungen als Haltepunkte in einer kontingenten Umwelt hoch im Kurs stehen. Familien sind in vielfältige Netzwerke eingebunden, in traditional familiale vor allem auch intergenerationelle, vor allem aber auch in nachbarschaftliche und freundschaftliche, die teilweise und oft mit hohem Aufwand organisiert werden. Trotz dieser Öffnungen aber geraten viele Familien in eine „Modernisierungsfalle“ (Wahl 1989), also in ein Bewältigungsmuster, in dem sich die Menschen umso mehr an die Familie klammern, als sie ihnen bedroht und die Umwelt unüberschaubar erscheint. Wichtig ist auch die Unterscheidung von Partnerschaft und Elternschaft (vgl. Herlth u.a. 1994), die sich im Durchschnitt weiterhin als stabil und verantwortungsvoll darstellt. Auch zeigen die neueren Befunde der Familienforschung in Deutschland nicht, dass die Vernachlässigung von Kindern zugenommen hat; selten sei Elternschaft so kindzentriert gewesen wie heute. Die Kindzentrierung kann aber in der familialen Bindungs- und Beziehungswelt zu problematischen Bewältigungskonstellationen zu Lasten der Kinder führen.

Diese hintergründig ambivalenten Problemkonstellationen verweisen auf die gesellschaftlichen Bedingungen im Zeichen der Entgrenzung: „Für die aktuelle Einschätzung von Familie und Erziehung ist weniger das lange und viel diskutierte Problem des Privatismus, sondern umgekehrt das Problem einer durch äußere Mächte bestimmten Familie ausschlaggebend. Außerfamiliale Organisationsprinzipien und Wertsysteme ragen immer mehr in den Privatbereich hinein. Externe Härten wie Erfolgs- und Leistungsdruck, monetäre Steuerungsmechanismen, Sach- und Rationalitätslogiken (...) durchdringen den Privatraum der Familie“ (Meyer 2002, S. 218).

Dass schulischer Leistungsdruck, antizipierte Ausbildungskonkurrenz, rationale Organisations- und Zeitkalküle bei der Vereinbarkeit von familialen und außerfamilialen Interessen und Anforderungen den Familienalltag gravierend verändern und unter Stress setzen, erfahren u.a. die MitarbeiterInnen in den sozialpädagogischen Familienhilfen, auf die wir hier beispielhaft eingehen wollen.

In den gestressten Familien lösen sich die kalkulierbaren Rollenstrukturen auf, der Medienalltag bringt die Eltern- und Kinderrollen in Fluss und macht gewachsene Autoritätsstrukturen porös. Das Profil der hier liegenden Probleme wird noch deutlicher, wenn man die familialen Konstellationen in der Bewältigungsperspektive im Bild der Modernisierungsfalle weiter aufschließt: Dass man sich weiter an einen familialen Idealzustand klammert, auch wenn dieser noch so desaströs ist, lässt darauf schließen, dass man die familiale Bindung für naturgegeben und damit für sozial unzerstörbar hält. Wenn solche Familien sich einer Konkurrenzgesellschaft, in der es nur um das Entweder-oder des Mithaltens oder Scheiterns geht, direkt ausgesetzt fühlen, werden sie zwangsläufig unter bedrohlichen Stress geraten und sich abzuschotten versuchen. Dann besteht die Gefahr, dass Gewalt zu dem innerfamilialen Bewältigungsmittel wird, das den Familienzusammenhalt angesichts der Angst vor einem weiteren, dann aber bodenlosen sozialen Absturz sichern soll. Dies erscheint ebenso paradox, wie das Faktum, dass die unbedingte Suche nach Geborgenheit und Liebe, die man selbst früher nie erfahren hat, nun auf Partnerschaft und Kinder projiziert und häusliche Gewalt praktiziert wird. Partner- und Familienverhältnisse werden aufrechterhalten, auch wenn sie längst zu versteckten, ja offenen Formen der Gewalttätigkeit geworden sind. Diese Verdeckungen und Paradoxien werden in Zukunft bei weiterer Ökonomisierung der Sozialbeziehungen zunehmen, wenn die sozialstaatlich gesicherten sozialpädagogischen Möglichkeiten der Entlastung zurückgehen.

Wenn Familienhilfe sich auf solche Situationen einlässt, sucht sie zunächst die Basis der Alltagsorganisation in den Familien wieder herzustellen, versucht aber zugleich – den Maximen der Lebensweltorientierung in der Sozialen Arbeit entsprechend – den Binnenraum aufzusprengen und in den Sozialraum mit seinen vielfältigen stützenden Angeboten zu öffnen. Um die verdeckten familialen Dynamiken zu erkennen braucht es lebensweltliche Einfühlung und Ausdauer, ebenso wie die Anstrengungen eines interaktiven Verfahrens, um „mit Klienten die Leistung, an denen sie aktiv mitwirken müssen, auszuhandeln“ (Woog 2004, S. 47). Wenn Familienhilfe so auch primär versucht die Leistungsfähigkeit von Familie und ihren Mitgliedern zu stärken, so hilft sie – ebenso – desaströse, nicht heilbare Familienverbünde aufzulösen. Wenn Familienhilfe aber ökonomisch eingeschränktem Rationalisierungsdruck ausgesetzt wird, gerät sie in jene eher befehlende und kontrollierende Interventionsmuster, die zu unterlaufen ihr konzeptuelles Ziel war.

Die Entgrenzung der Familie ist schließlich auch unter dem Aspekt zu problematisieren, dass öffentliche und familial-intime Verkehrsformen sich vermischen und mit der Ökonomisierung der Familie auch eine Familialisierung vor allem betrieblicher Öffentlichkeiten einhergeht. Die Unternehmen, längst keine „Familienbetriebe“ mehr, setzen unter Standort- und Konkurrenzdruck arbeitsvertragliche Regelungen außer Kraft, erklären ihre Betriebe zu familialen Orten, in denen familienähnlicher Zusammenhalt zur obersten Tugend erklärt wird. Statt vertraglichen Ansprüchen und Regelungen gelten dann intime und diffuse Muster des Vertrauens und der Enttäuschung, der Selbstverständlichkeit des „Mitziehens“ und der schicksalsgemeinschaftlichen Unterordnung. Die „Tyrannei der Intimität“ (vgl. Sennett 1985) ist in die Betriebe eingekehrt.

Fassen wir zusammen: Die Ambivalenzen, die mit der Entgrenzung der Familie hervortreten, haben unsere These, nach der die psychosozialen Bewältigungsprobleme, die früher nur an den Rändern der Gesellschaft sichtbar wurden, heute bis in die Mitte der Gesellschaft hineinreichen, verdeutlicht und plausibilisiert. Es geht hier um gesellschaftliche Risiken, die einer öffentlich verantworteten sozialpädagogischen Infrastruktur bedürfen und deshalb nicht dem Markt überlassen werden können. Gleichzeitig wird auch hier die Notwendigkeit der Verbindung sozialpolitischer und bürgergesellschaftlicher Perspektiven als Rahmen sozialpädagogischer Arbeit nachvollziehbar: Sozialstaatliche Infrastruktur bietet die sozialpolitische Hintergrundsicherheit, vor der sich Familien öffnen können, ohne gleich in den konkurrenzgesellschaftlichen Risikosog des Scheiterns zu geraten, lokale bürgergesellschaftlich aktivierte Netzwerke können dann diese Öffnung strukturieren.

2.5 Sozialpädagogik im Fokus Geschlecht – Alte Konflikte und neue Verdeckungen

Feministisches Denken und Arbeiten ist ‚parteilich’ und von daher hat es bis heute Mühe, sich in den männerdominierten Diskursen der wissenschaftlichen Sozialpädagogik durchzusetzen. Deshalb und eben von diesem eigenen Anspruch her gehen wir auf die geschlechtszentrierte sozialpädagogische Arbeit in einem besonderen Kapitel ein, gleichwohl wir versucht haben, den Geschlechteraspekt in allen Problemlagen deutlich werden zu lassen. Feministische Parteilichkeit hatte sich in den 1980er Jahren vor allem an der Selbstverständlichkeit patriarchaler Macht- und Gewaltstrukturen im Verdeckungszusammenhang der Familie entzündet, dem der Anspruch und das Recht auf Schutz, Gegenwehr und der Überwindung von Opfererfahrungen entgegengesetzt wurden. Parteilichkeit wurde in diesem Verständnis zum Symbol einer Gegenwelt, aber auch einer Haltung, aus der heraus Mädchen und Frauen Raum zu jener Selbstentwicklung gegeben wird, die ihnen in ihrer sozialen Umgebung und in personellen Beziehungen in ganz unterschiedlichen Formen von Entwertung, Nichtachtung und Missdeutung ihrer Erfahrung verweigert werden kann. Parteilichkeit – so Heide Funk – wurde dabei vor allem im Bereich sexueller Gewalt in ihrer Wirkung als gesellschaftlicher Tabubruch definiert; ein Konfliktfeld wurde aufgeschlossen, das in den Privatbereich der persönlichen Beziehungen und der Familie eingeschlossen war und immer noch ist und gesellschaftlich still gestellt war. Das parteiliche Eintreten zum Schutz der Opfer hat dazu geführt, dass die gesellschaftliche Funktionalität des Tabus durchbrochen und damit der patriarchale Verdeckungszusammenhang aufgebrochen wurde (vgl. ausführlich Böhnisch/Funk 2002).

Diese Spannung scheint durch die Entgrenzung der Geschlechter im neokapitalistischen Strukturwandel der Arbeitsgesellschaft aus der Frauenfrage wieder herausgenommen, zumal sie mit der Verlagerung sozialstaatlicher Genderpolitik auf den Bereich der sozialtechnologischen Regulation (Gender Mainstreaming) einhergeht. Im Prozess der ökonomisch-technologischen Abstraktion des Sozialen wird die Geschlechterfrage nun zwar als steuerungspolitische Größe gouvernemental anerkannt, weiter bestehende Geschlechterkonflikte aber sind der Selbstorganisation und -behauptung der Frauen (und Männer) überlassen.

So bleibt die Entscheidung über das Leben mit Kindern und/oder im Beruf, die Vereinbarkeitsthematik also, wie sie der herrschenden geschlechtshierarchischen Arbeitsteilung folgte, im Privaten zurück. Die Übereinkunft zwischen den Geschlechtern, wie der Aufbau der Familie und die Erziehung der Kinder realisiert werden soll, war zwar schon immer privat. Doch heute liegt diese Aushandlung *trotz* bildungs- und alltagskultureller Geschlechternivellierung immer weniger in der freien Verfügung der Privatleute: Die Intensivierung der Arbeit und die im Lebenszuschnitt von Männern verankerte höhere Arbeitsverfügbarkeit bewirken, dass sich in den Familien die herkömmliche Rollenaufteilung der Geschlechter wieder neu einstellt. Auch wenn Männer allmählich ihre neuen sozialstaatlich gedeckten Ansprüche auf Teilhabe in der

Familie und an der Erziehung für sich realisieren möchten (Elternzeit), werden sie durch ihre weiter intensivierte ökonomische Einbindung daran gehindert. Die Frauen wiederum kommen vom Vereinbarkeitsproblem nicht los, die beruflichen Zugänge sind zwar offen, verlangen aber, wenn sie in Karrieren münden sollen, oft die Zurückstellung des Kinderwunsches. Oder: Sie verbleiben in jenen „abgeflachten“ Berufsverläufen (vgl. Reich 2002), die so unbefriedigend und im Zusammenleben von Mann und Frau belastend sein können.

Neue Modelle von Arbeit und Leben entwarfen Fraktionen der Frauenbewegung bereits in der zweiten Hälfte des 20. Jahrhunderts, die von einer Neubestimmung des Arbeitsbegriffs ausgingen und auf eine Neugestaltung der Gesellschaft und ihre Humanisierung als Entpatriarchalisierung der kapitalistischen Ökonomie zielten. Ihr Forderungen richteten sich dabei – entsprechend der institutionalisierten Macht- und Konfliktstruktur des staatlich regulierten Kapitalismus (s.o.) – an den „männlichen Sozialstaat“, der nach einem sozialpolitischen Prinzip aufgebaut sei, das die geschlechtshierarchische Arbeitsteilung als Voraussetzung industriekapitalistischer Arbeitsteilung zwar in ihren Folgen mindere, aber prinzipiell nicht antaste. In dieser analytisch-systematischen und sozialwissenschaftlich fundierten Perspektive gingen der wissenschaftliche Feminismus und die neue Frauenbewegung grundsätzlich über die Ebene der Programmatik hinaus, auf der die Forderungen der sozialpolitisch und sozialpädagogisch engagierten Frauen der 1920er Jahre (s.o.) verblieben waren. Der klassischen Politökonomie wurde in diesem Zusammenhang vorgehalten, dass sie das Problem der Verschränkung von Patriarchat und Kapitalismus übergangen und entsprechend nicht thematisiert habe, wie der industrialistische Expansionsdrang und das für die Männerherrschaft typisch externalisierte Macht- und Kontrollstreben ein historisches Bündnis eingegangen seien. Dadurch sei nicht nur das Patriarchat im Medium der gesellschaftshierarchischen Arbeitsteilung modernisiert worden, sondern auch der grundlegende weibliche Anteil an der gesellschaftlichen Produktion unterschlagen und so das weibliche Gestaltungspotenzial an der Gesellschaft unterdrückt worden. Auch – so die feministische Argumentation – wenn sich der Kapitalismus in seinen Prinzipien und seinem

Erscheinungsbild auf die (äußere) Produktionslogik zurückführe, so werde er doch immer wieder durch die (innere) Reproduktionstätigkeit, die in der Regel den Frauen zugewiesen ist, *hergestellt*. Der Aspekt der *Herstellung* wird deshalb so betont, weil er seinem Sinn nach mehr als nur die Vorstellung beinhaltet, der Industriekapitalismus „funktioniere" nur, weil diese Reproduktionstätigkeit selbstverständlich und alltäglich ausgeführt wird.

Dieser reproduktive Bereich vornehmlich weiblicher Haus-, Erziehungs- und Beziehungsarbeit bleibt verdeckt, weil er in der industriegesellschaftlichen Logik entlang der Trennlinie öffentlich-privat dem Privaten zugeschlagen und vorausgesetzt ist. Dieser „Verdeckungszusammenhang" (vgl. dazu Böhnisch/Funk 2002) ist ein geschlechtshierarchischer: Die weibliche Reproduktionsarbeit wird nicht nur gegenüber der Produktionsarbeit minder bewertet, auch in der Erwerbssphäre wird diese Minderbewertung weitergeführt, indem die Arbeit von Frauen sowohl im Entlohnungs- als auch im Rentenbereich niedriger eingestuft wird. Dies hängt vor allem auch damit zusammen, dass die Sozialpolitik von ihren Anfängen her produktions- und erwerbszentrierte Arbeiterpolitik war, den männlichen Normalarbeiter in den Mittelpunkt stellte und die Frauen über die Familien nur mittelbar ansprach (vgl. Gerhard 1990, Ostner 1995). Dies hat schließlich auch zur Feminisierung der Armut geführt, die heute – bei struktureller Massenarbeitslosigkeit – immer noch bzw. wieder wirkt (vgl. Riedmüller 1985, Sellach/Enders-Dragässer 2000). In dieser analytischen Perspektive wird plausibel, dass sich die sozialpolitische Ausgrenzung der Fürsorge (s.u.) und die Feminisierung der Armut (s.u.) ebenso bedingen wie die Feminisierung der Fürsorge und damit die gesellschaftliche Minderbewertung der Wohlfahrtspflege und späteren Sozialarbeit. Bis heute setzt sich die gesellschaftliche Einsicht nur mühsam durch, dass die Bearbeitung der Probleme sozialer Desintegration, wie sie von der industriegesellschaftlichen Arbeitsteilung ausgelöst werden, diese immer wieder neu ermöglichen und stabilisieren und deshalb nicht als nachrangiges gesellschaftliches Problem behandelt werden dürften.

Im Sinne der feministischen Analyse wird das weibliche Gestaltungspotenzial für eine zukünftige, primär am Menschen und nicht nur an der Ökonomie orientierten Gesellschaft in der gesellschaftlichen Transformation der weiblichen Fürsorgemoral (Care) gesehen. Die konzeptionelle Zielrichtung des Care-Diskurses für eine Sozialpädagogik und Sozialarbeit, die auf die Gestaltung der gesellschaftlichen Praxis ausgerichtet ist, ist darin interessant, dass sie aus ihrer Logik heraus auf die Perspektive der *sozialen Nachhaltigkeit* abzielt. Frauen – so die entsprechende Argumentation – sind die Baumeisterinnen des Alltags. Sie vor allem knüpfen die sozialen Netzwerke (vgl. Nestmann/Schmerl 1991) und sind in ihrem Reproduktionsbezug mehr in das Prinzip der sozialen Verantwortlichkeit hineingewachsen als die Männer. Sie schaffen in den Familien- und unmittelbaren sozialen Beziehungen jene elementaren Voraussetzungen, auf die die Menschen verwiesen sind, damit sie sich in ihren Verhältnissen behaupten können, gerade wenn Markt und Konkurrenz soziale Beziehungen dauernd verändern, funktionalisieren oder destruieren (vgl. dazu auch Brückner 2001). Allerdings kann auch in der feministischen Argumentation dieses Potenzial nur dann gesellschaftlich wirksam werden, wenn geklärt wird, wie eine im Intimbereich von Familie und Beziehungen entstandene und erlernte Moral in die Vertrags- und Konkurrenzwelt der Arbeitsgesellschaft übertragen wird, wenn (also) die Care-Ethik „von der Bezugnahme auf bestehende Beziehungen gelöst und auf gesellschaftliche Zusammenhänge“ übertragen werden kann (Rampf 1997, S. 107).

Die Frage der besonderen gesellschaftlichen Verantwortung für soziale Nachhaltigkeit hat auch die im Vergleich zur Frauenbewegung kleine männerbewegte Szene, die in den Kreis der Sozialpädagogik hineinreichte, in den 1990er Jahren beschäftigt. Angeregt durch die Schriften von Robert Connell (1987) und David Gilmore (1991) wurde versucht, die herrschende Männlichkeit als Hegemonialkultur der industriekapitalistischen Moderne nicht aus der feministischen Täter-, sondern aus einer – im übertragenen Sinne – Opferperspektive des industriell zugerichteten und verfügbaren Mannes – als paradoxe Herrschaft des Mannes über den Mann – zu begreifen und von da aus einen Weg zu den historisch verschütteten männlichen Tugenden des sozialen Schutzes, der Durchsetzung öffentlicher Verantwortlichkeit und Gerechtigkeit zu finden, um so auch von hier aus Wege zu einem neuen Verständnis der Vermittlung von Arbeit und Care eröffnen zu können. In der Alltagswirklichkeit der sozialpädagogischen Profession spiegelt sich diese Verschränkung – für Frauen und Männer – besonders wider.

Hier zeigt sich, dass sich vom sozialpädagogischen Geschlechterdiskurs aus ein besonderer sozialpädagogischer Zugang zur Frage der sozialen Kompetenzentwicklung finden lässt, indem deutlich wird, welche unterschiedlichen Beiträge Männer und Frauen in den reproduktiven Alltagsbereichen leisten, in welcher Beziehung dies zum Produktionssektor steht und wie beides aufeinander zugeführt werden kann (vgl. Karsten 2004). Zugleich aber wird deutlich, wie mit der Entgrenzung der Geschlechter in der Entwicklungsdynamik des Kapitalismus sich die „weibliche" und „männliche" Perspektive in der Sorge für die Welt der Nachgeborenen und der sozialen Verantwortung für den Erhalt einer gerechten Gesellschaft treffen. Insofern ist die Sozialpädagogik und Sozialarbeit – zumindest in der Person einiger ihrer Vertreterinnen – heute zu einem Forum geworden, von dem aus Möglichkeiten der gesellschaftlichen Transformation geschlechtsdifferenter Zugänge zur Perspektive sozialer Verantwortung und Gerechtigkeit sichtbar gemacht werden können.

Soziale Ungleichheit und Geschlechterhierarchie sind zwar aus dem neuen sozial abstrahierendem ökonomischen Blick der postindustriellen Gesellschaft verschwunden, bestehen aber weiter und werden neu verortet. Dem Fortschritt, dass Männer und Frauen inzwischen gleich gut ausgebildet in den Arbeitsmarkt eintreten, steht gegenüber, dass trotzdem – wenn nun auch verdeckt – die familiale Reproduktions- und Fürsorgearbeit immer noch vor allem von den Frauen getragen wird, obwohl die Männer inzwischen ihr häusliches Engagement verstärkt haben, ohne jedoch zu dem Kern des alltäglichen Erziehungsgeschehens in der Familie zu gelangen (vgl. Fthenakis 2001). Dies spiegelt sich arbeitsmarktstatistisch darin, dass Frauen das Gros der Teilzeitbeschäftigten stellen, während viele Männer noch mehr in den Sog der Intensivierung der

Arbeit geraten sind. Aus dem traditionellen geschlechtshierarchischen Modell, das in entsprechenden Institutionen und Verkehrsformen sichtbar wird, ist ein Modell vielseitiger und nicht eindeutig benennbarer Diskrepanzen, Chancen und Verwehrungen geworden, das Frauen und Männer gleichermaßen aufeinander zuführt und auseinander treibt. In dieser – sozial verdeckten – Orientierungsdiffusion der Geschlechter gedeihen die neuen innerfamilialen Konflikte und Bedürftigkeiten, hinter denen die geschlechtshierarchischen Dynamiken weiter wirken und in denen traditionell geschlechtstypisches Verhalten als Bewältigungsverhalten immer wieder neu aufbricht.

Die Sozialpädagogik und Sozialarbeit hat es hier also mit *Verdeckungen* zu tun, die angesichts der Geschlechternivellierung des heutigen Alltagslebens gerade auch in Partnerbeziehungen nicht als geschlechtstypische Bewältigungsprobleme wahrgenommen werden, obwohl sie es meist sind. Denn in Paarbeziehungen ist auf Grund ihrer „Personengebundenheit die Möglichkeit, das Geschlecht auszublenden, stark begrenzt. [...] Die Beziehungspersonen sehen sich auch nicht als antagonistische Interessenparteien, sondern sie führen – oder beginnen zumindest – die Aushandlungen zu diesen langfristigen Festschreibungen im festen Glauben, dass zwei einzigartige, füreinander bestimmte bzw. zueinander passende Individuen auf Dauer oder auf eine unbestimmte lange Zeit zusammengekommen sind“ (Lenz 2003, S. 44).

Dieses subjektive Definitionsproblem, das sich auch in kritischen Bewältigungssituationen nicht einfach auflöst, erschwert die Zugänge einer geschlechtsbezogenen Sozialpädagogik und Sozialarbeit. Davon können die Mitarbeiterinnen in der Frauenhausarbeit inzwischen ein Lied singen. Die Familie, auch wenn sie als männliche Gewaltkonstellation aufbricht, wird von den geschlagenen Frauen oft weiter als biographischer Fixpunkt hochgehalten. Gerade in den heutigen Zeiten ökonomischen Drucks und damit einhergehender gegenseitiger sozialer Angewiesenheit sind viele Familien fast zwangsläufig zu Notgemeinschaften geworden. Deshalb suchen Frauenhäuser ihr Betätigungsfeld inzwischen auch in der präventiven Arbeit, vor allem in der Frauenkultur- und Frauenberatungsarbeit. Überdies ist für viele Frauen „harmonische Ungleichheit“ zum Lebensmodell geworden, geschlechtstypische Arbeitsteilung (Männer arbeiten Vollzeit, Frauen Teilzeit) wird pragmatisch ausgehandelt. Dies ist nicht mit einer Restauration klassischer Geschlechterrollenbilder zu verwechseln, hat aber doch seine Tücken. Denn wenn Frauen meinen, durch Selbstzurücknahme Macht gewinnen zu können, verlieren sie auch die Konfliktlinien aus den Augen und es besteht die Gefahr, dass sich in den Familien vieles aufstaut. Gewaltsituationen entstehen oft dadurch, dass aus Enttäuschungen darüber Gewalt ausgeübt wird, dass Beziehungen nicht funktionieren und man sie mit Gewalt zum Funktionieren bringen will.

Solche Erfahrungen in der Frauenarbeit haben in Deutschland und in anderen europäischen Ländern dazu geführt, dass man den Blick nicht mehr nur auf die selbstständige Frau, sondern nun auch stärker wieder auf die Familie und die Situation der Frau in der Familie richtet. Dies ist eine Konsequenz, die aus der Erfahrung der Beziehungs- und Familienabhängigkeit der Frau gezogen worden ist. Deshalb steht in der Beratungsarbeit die Entmystifizierung der Familie und der familialen Beziehungen als Weg zur Selbstständigkeit der Frau im Vordergrund. Frauen sollen die Chance haben, Familie nicht als Engführung der Beziehungen, sondern als Ort zu erleben, von dem aus Außenbezüge und entsprechend multilokale Entfaltungsperspektiven möglich sind.

Diese von den Betroffenen selbst nicht wahrgenommenen geschlechtertypischen Verdeckungen hat auch der Jugendarbeit als Mädchen- und Jungenarbeit komplexe Zugangsprobleme beschert. Dass die Mädchen der „neuen Mädchengeneration“ anfangs der 2000er Jahre nicht mehr als defizitäre Wesen angesprochen werden wollen, weil sie sich selbstbewusst und in ihrem Anspruch gegenüber Jungen gleichberechtigt fühlen, war in der Mädchenarbeit – überblickt man entsprechende Konzepte aus den 1990er Jahren (vgl. dazu Bitzan/Daigler 2001) – kein Geheimnis. Für die meisten Sozialarbeiterinnen war das veröffentlichte Erstaunen über die „neue weibliche Generation“ eher ein Problem der Jugendforschung als der Jugendarbeit. Man fühlte sich zu Recht darin bestätigt, im Schatten der feministischen Diskurse, die sich meist auf Frauen und weniger auf Mädchen bezogen, die Unterstützung und Begleitung einer selbstbewussten Lebensführung von Mädchen in den Mittelpunkt der Arbeit gerückt zu haben. Nicht die Differenz zu den Jungen, die Thematisierung geschlechtstypischer Ungleichheiten steht in dieser Arbeit im Vordergrund, sondern die Balance zwischen dem alltagszugewandten Lebensgefühl der Mädchen und den *in ihnen* aufbrechenden Konflikten, die sich dann in körperlichen (Magersucht), depressiven Symptomatiken oder Haltungen der hilflosen Zurücknahme äußern können. Das Problem vieler Mädchen mit denen es die Jugendarbeit zu tun hat, ist, dass sie in ihrem selbstbewussten Lebensgefühl zu Harmoniemodellen greifen, sich an sie klammern. Gleichzeitig zeigen die Erfahrungen mit Mädchen, vor allem aus inkonsistenten Familienbezügen, mit Brüchen in ihrem Verhältnis zum Elternhaus, die Ambivalenz und Widersprüchlichkeit ihres Lebensgefühls, ihr Bewältigungsdilemma. Auf der einen Seite schlittern sie immer wieder in riskante Beziehungs- und Verhaltenssituationen, andererseits sehnen sie sich nach Harmonie in familialen und partnerschaftlichen Beziehungen. Diese ambivalente Konstellation ist nicht durch modularisierte Beratung, sondern nur durch personalintensive Beziehungs- und Gruppenarbeit bewältigbar.

Ähnliches gilt auch für die Jungen- und Männerarbeit, wobei diese natürlich selbst wieder ihre geschlechtstypischen Besonderheiten hat. Männer tun sich schwer, ihre inneren Hilflosigkeiten und Bedürftigkeiten zu thematisieren, zumal in einer sozialen und ökonomischen Umwelt, in der der Konkurrenz- und Verfügungsdruck für den Mann gestiegen ist. Männer – weil ihnen der Zugang zum Selbst seit ihrer frühen Kindheit oft verwehrt ist – sehen es immer noch am wenigsten selbst ein, dass sie besondere Hilfe brauchen und sich dabei mit ihrem Mannsein auseinandersetzen müssen (vgl. Neumann/Süfke 2004).

Solche Verdeckungen und Ambivalenzen brauchen also professionelle Zugänge, die nicht durch steuerungspolitische Maßnahmen von oben, wie das Gender Mainstreaming, ersetzt werden können. Gleichzeitig sind verdeckte geschlechtsbezogene Konflikte, vor allem wenn sie von den Betroffenen selbst nicht wahrgenommen werden, weder öffentlichkeits- noch marktfähig. Sozialpädagogische Arbeit ist hier unbedingt auf sozialpolitische Rahmung und Stützung vor dem Hintergrund öffentlicher Verantwortung angewiesen. Genauso braucht eine Gesellschaft, die erkannt hat, dass Chancengerechtigkeit nicht nur über Bildungs-, sondern genauso über die Bewältigungsseite erreicht werden muss, eine entsprechend genderprofessionelle Sozialpädagogik und Sozialarbeit.

2.6 Die Entgrenzung der Arbeit als sozialpädagogische Herausforderung

Es gehört zu den Widersprüchlichkeiten der Entwicklung der deutschen Sozialpädagogik und Sozialarbeit im 20. Jahrhundert, dass sie gleichzeitig außerhalb und innerhalb der Arbeitsgesellschaft stand und deshalb noch heute ihre entsprechenden Verortungsschwierigkeiten hat (vgl. Galuske 2002). Außerhalb stand sie mit ihren traditionellen Institutionen des Fürsorgewesens und der Wohlfahrtspflege, die ihre historische Begründung aus der Modernisierung der gemeinschaftlichen Hilfe erfuhren und daher von sozialpolitischen Theoretikern wie Heimann (1929) nicht dem modernen, sozialpolitisch abgeleiteten Sozialwesen zugerechnet wurden. Heimann sah das Wohlfahrtsprinzip ausdrücklich neben und darin unter dem sozialpolitischen Prinzip stehen, welches sich aus der Regulation des Konflikts zwischen Arbeit und Kapital ableitete. Gleichzeitig und entsprechend war die Trennung von Arbeiter- und Armenfrage zu Beginn des 20. Jahrhunderts noch so durchgängig, dass die sich entwickelnde Sozialarbeit eher der Armenfürsorge denn der Arbeiterhilfe – die man primär als politische Arbeit verstand – zugeschlagen wurde.

So entwickelte sich der sozialpädagogische Diskurs um die Arbeit u.a. im Kontext der sozialen Berufe im Wohlfahrtswesen, so z.B. im Kontext der entstehenden Arbeitsämter. Mennicke bezeichnete bspw. seinerzeit die Arbeitsvermittlung als „ein sozialpädagogisches Problem großen Stils. Denn immer wirkt Arbeitslosigkeit auf den gesamten sozialen und damit psychischen Zustand des Menschen ein. Und die Gesellschaft wird seinem Schicksal in keiner Weise damit gerecht, daß sie ihm Arbeitslosenunterstützung gewährt und nach einer gewissen Zeit […] wieder Arbeit verschafft. Würde der Arbeitsvermittler den sozialen und psychologischen Teil seiner Aufgabe wirklich erfassen, so müßte er auf Mittel und Wege sinnen, dem Arbeitslosen an Stelle der ihm mangelnden Arbeit Inhalte zu vermitteln, die eine gewisse Befriedigung für ihn bedeuten könnten. Die Kreise, die für eine sachgemäße Organisation der gesamten soziale Fürsorge die Verantwortung tragen, kämpfen deshalb darum, den Arbeitsvermittler neben der wirtschaftlichen mit einer sozialen Bildung auszustatten, die ihn in die Lage versetzt, der umrissenen Aufgabe wirklich gerecht zu werden" (Mennicke 1930, S. 322-323).

Darüber hinaus wurde aber der Zusammenhang von Sozialpädagogik und Arbeit vor allem in jenem übergreifenden Diskurs zur ‚Sozialen Frage' thematisiert, in dem danach gefragt wurde, welchen Beitrag Bildung und pädagogische Unterstützung dazu leisten können, dass das Verhältnis von Mensch und Ökonomie nicht nur sozialpolitisch, sondern auch lebensweltlich in ein Gleichgewicht gebracht werden konnte. Die Selbstbehauptung des Menschen in einer ökonomisch-technologischen Gesellschaft und die dafür notwendige soziale und pädagogische Befähigung bildeten den Mittelpunkt dieser in verschiedenen Gesellschaftsbereichen geführten Diskussion. Vor diesem programmatischen Hintergrund standen die soziale Bildung des Arbeiters und die Konzeption solidarischer (genossenschaftlicher) Gemeinschaftsformen – gleichsam als Gegenwelten zu den betrieblichen Abhängigkeitsstrukturen, aber auch als Produktionsgemeinschaften – im Mittelpunkt eines sozialpolitisch abgeleiteten und ausgerichteten sozialpädagogischen Denkens. Wir haben diese Perspektiven bereits bei Natorp, Mennicke und Heimann für das ausgehende 19. und das erste Drittel des 20. Jahrhunderts dargestellt. Die genossenschaftlichen Produktions- und Gesellungsformen konnten sich im Verlauf des 20. Jahrhunderts angesichts der massenhaften Integrations- und Nivellierungsdynamik des fordistischen Konsumkapitalismus nicht durchsetzen, blieben randständig oder im Bereich der Utopie. Allerdings tauchen sie heute immer wieder neu auf, wenn es darum geht, regionale oder gruppenbezogene Gegenwelten zum Mainstream der industriekapitalistischen Modernisierung und der fortschreitenden Ökonomisierung der Gesellschaft aufzubauen.

Auch die Frauenbewegung mit ihrer Forderung nach einer Humanisierung der ökonomisch-technologischen Welt mittels der gesellschaftlichen Durchsetzung weiblicher Gestaltungsprinzipien der Sorge gehört in diesen Diskurs. Auf der Seite der Pädagogik waren es zu dieser Zeit vor allem die berufspädagogisch orientierten empirischen Jugendkundler (vgl. Kap. 1), welche die Jugend der 1920er Jahre als Sozialgruppe erkannten, die nicht nur durch ihre innere Entwicklungsdramatik, sondern vor allem auch durch ihre äußere Sozialdynamik gekennzeichnet war. Wie prägend man die Berufs- und Arbeitswelt und komplementär dazu Freizeit und Konsum für diesen neuen Verhaltens- und Gesellungstyp Jugend hielt, belegt die Bezeichnung „Industrieling" (Kautz 1924), in der sich der sozial selbstständige Status des jungen Facharbeiters gegenüber der traditionellen Definition des „Jugendlichen" oder „Lehrlings" ausdrücken sollte. Bis in die 1960er Jahre hinein war Arbeit ein zentrales sozialpädagogisches Thema. Lehrlings- und Wohnheimarbeit gehörten zum Programm der Sozialpädagogik und Sozialarbeit. Die Frage nach der Reproduktion der Arbeitskraft bestimmte die theoretische Diskussion der gesellschaftskritischen 1970er Jahre.

So war zwar in der Tradition der Sozialpädagogik und Sozialarbeit – im Zeichen des Fürsorge- und Wohlfahrtswesens – Arbeit und Arbeitserziehung immer ein wichtiges Erziehungsziel. In der Praxis aber war sie bestimmt durch die Erziehung zum Stand, d.h. zu den den Armen und unteren Ständen zugewiesenen Arbeitstüchtigkeiten im Geist einer Anpassung an die immer auch dezidiert geschlechtsspezifisch vorgegebenen gesellschaftlichen Erwartungen (vgl. Böhnisch/Arnold/Schröer 1999).

Die in den 1970er Jahren entstehende Professionalisierung führte zur Arbeitsteilung zwischen den Erziehungshilfen und der Jugendberufshilfe. Die Professionalisierung hatte ihren Preis in der Engführung: Arbeit und Berufserziehung wurde in das Segment der Jugendberufshilfe „ausspezialisiert", die „andere" Jugendhilfe verlor den Bezug zur Arbeitswelt. Die Sozialpädagogik konnte sich vor allem nur in den Feldern fachautonom und fachzuständig entwickeln – in der Heimerziehung und in den Erziehungshilfen – in denen ihr pädagogisches Interventionsprinzip der individuellen Hilfe für dissoziale und desintegrierte Jugendliche strukturbildend war. Hier ist sie in ihrer eng geführten Professionalisierung soweit vom Thema Arbeit entfernt, dass die Berufsausbildungs- und Arbeitsbezüge, die sie in ihrem Zuständigkeitsbereich gestaltet, immer noch eher repressiv und geschlechtsstereotyp sind und sich nur mühsam öffnen.

So operiert die Jugendsozialarbeit in Deutschland strikt neben dem (einzig öffentlich anerkannten) Arbeitsmarkt. Dies hängt mit dem individualisierten Benachteiligungsbegriff zusammen, der den § 13 des Kinder- und Jugendhilfegesetzes charakterisiert und – gerade im Bereich der Jugendberufshilfe – von den Lernanforderungen und Qualifikationserwartungen des Arbeitsmarktes und nicht von den biographischen Vermögen der betroffenen Jugendlichen her definiert ist (vgl. Kreher/Oehme 2003). Die Jugendlichen gelten von vornherein als motivations- und lernschwach und geraten oft eher in weiter demotivierende und dequalifizierende Förderkarrieren, als dass sie eine echte Chance der Aufschließung ihrer möglichen Fähigkeiten hätten. Mit der Wende wurde diese Strategie der Verwaltung der Benachteiligten obsolet, da in Ostdeutschland viele arbeitslose Jugendliche und junge Erwachsene zwar gut qualifiziert waren, aber dennoch keinen Arbeitsplatz finden konnten. Der administrative Begriff der „Marktbenachteiligung“ unterstreicht eher die Verlegenheit, mit der die Sozialpolitik auf diesen Zusammenhang reagierte. Die Spannung zwischen den Erwartungen und Zwängen des Arbeitsmarktes (und der ihn vertretenden Ausbildungsinstitutionen) und einem sozialpädagogischen Arbeitskonzept, wie es Galuske (1993) als „Orientierungsdilemma“ der Jugendberufshilfe ausgelegt hat, wurde drastisch offenkundig: Die Jugendberufshilfe könnte zwar mit ihren pädagogischen und soziokulturellen Settings ein Experimentierfeld sein, in dem arbeitslose Jugendliche wieder neu Selbstwert und soziale Anerkennung ihrer Kompetenzen gewinnen könnten, diese – in anderen europäischen Ländern bewährten „Umwege“ (vgl. Kehler 2005) – können aber bei uns nicht ausgestaltet werden, da die Berufsförderung bis jetzt starr arbeitsmarktdefiniert ist und damit von vornherein zu „Ersatzmaßnahmen“ führen muss, die meist weder eine qualifizierte Integration in den Arbeitsmarkt noch eine Kompetenzförderung für die Einzelnen ermöglichen. Erst die desillusionierende Vermittlungsbilanz der 1990er Jahre und die verstetigte Abwanderung junger Menschen nach Westdeutschland haben ein partielles Umdenken in der Förderungspolitik bewirkt: Jugendhilfebetriebe, in denen sozialpädagogische Begleitung und berufliche Kompetenzförderung ineinander übergehen und sozialpädagogisch flankierte Beschäftigungsprojekte sind inzwischen so ausgerichtet, dass sie sich in regionalen Netzwerken entwickeln und möglicherweise sogar ihren regionalen Markt suchen können. Unterstützend wie legitimierend wirkt hier die europäische Förderungspolitik, die über regionale Entwicklungspartnerschaften den „dritten Sektor" der Jugendhilfe- und Wohlfahrtsträger in die Lage versetzen soll, Arbeit zu schaffen.

Hier ist endlich die Schwelle erreicht, an der die sozialpädagogische Beschäftigungsförderung (vgl. Arnold/Böhnisch/Schröer 2005) in die Dimension gesellschaftlicher Praxis vordringen und eigene Perspektiven der Berufs- und Beschäftigungsförderung entwickeln kann. Aus verlässlichen Statuspassagen sind inzwischen für viele junge Leute bis weit in das Junge-Erwachsenenalter hinein (s.o.) offene und biographisch differente Bewältigungskontexte geworden, in denen die Prozesse der Identitätsfindung, der beruflichen und der sozialen Integration nicht mehr einfach aufeinander vermittelt werden können. Aus der zunehmenden Entstrukturierung dieser Übergänge entwickelt sich die Notwendigkeit zur integrierten sozialpädagogischen Strukturierung von Übergängen in Beruf und Arbeit (vgl. Blickwede u.a. 2003). Mit der Massenarbeitslosigkeit und dem Rationalisierungsdruck in den Betrieben entstehen zunehmend Zonen überbetrieblicher Ausbildung, in denen sozialpädagogische Begleitung und Strukturierung gebraucht wird. Die Bewältigungsprobleme ungesicherter Übergänge wirken direkt in die Alltags- und Lernwelten der Jugendlichen hinein. Die Fragen der Vermittlung von Leben und Arbeit – wie sie im Kontext der neueren Diskussionen um die Entgrenzung von Arbeit (vgl. u.a. Kratzer 2003) diskutiert werden – verlangen, dass Arbeit und Berufsbildung in den weiteren Kontext der Lebensbewältigung gesetzt werden.

Jugendliche und junge Erwachsene brauchen z.B. in ihren Übergangskonstellationen in Arbeit auch weiterhin Experimentierräume, in denen sie ihre Vermögen und Kompetenzen erfahren und erweitern können und nicht in einseitige Qualifikationen gedrängt werden. Die sich hier stellenden Aufgaben werden umso dringlicher, als sie – im allgemeinen Zug der Thematisierung sozialer Probleme im Kapitalismus – zunehmend ins Private abgedrängt werden und die Menschen darin nicht nur belasten, sondern dazu verführen, die gesellschaftlichen Rahmenbedingungen zu verdrängen.

Nun darf aber in dieser Diskussion nicht übersehen werden, dass die sozialpädagogischen Konzepte am Rande des Berufsbildungssystems liegen und dass das deutsche Prinzip der dualen Berufsausbildung mit der Verschränkung von betrieblicher Ausbildung und Berufsschule weiterhin den Berufsbildungssektor prägt. Die Übergangsproblematik hat auch die Berufsschule erreicht und überfordert. Wenn in diesem Zusammenhang – mit meist negativem Unterton – heute von einer „Sozialpädagogisierung" der Berufsschule gesprochen wird und das Berufsbild des Berufsschullehrers entsprechend abgewertet scheint, so trifft das doch den strukturellen Kern der pädagogischen Krise und gegenwärtigen Verlegenheit der Berufsschule. Auch sie muss sich an der neuen Übergangsproblematik orientieren und darf sich nicht verbissen gegen sie wehren. Das aber würde bedeuten, dass wir – unter den veränderten arbeitsgesellschaftlichen Verhältnissen – ein *Projekt Berufsbildung* ins Auge fassen müssen, in dem berufspädagogische und sozialpädagogische Prinzipien miteinander verschränkt werden können und das an der Perspektive der *Kompetenzentwicklung* (s.u.) orientiert ist.

In diesem Zusammenhang ist es wohl nicht vermessen, wenn wir wieder an die interdisziplinären Traditionen der Sozialpädagogik im Berufsbildungsbereich erinnern. Wir haben am Beispiel der Jugendkunde der 1920er Jahre aufgezeigt, wie die Berufspädagogen aus der gesellschaftlichen Entwicklung heraus gleichsam gezwungen waren, die Alltags- und Bewältigungsprobleme einer im gesellschaftlichen Wandel freigesetzten Jugendgeneration zu erkunden, um zu erfahren, wie man mit ihnen pädagogisch umgehen muss. Einem ähnlich tief greifenden pädagogischen Einbruch und der damit verbundenen sozialpädagogischen Herausforderung sieht sich die Berufspädagogik heute wieder gegenüber. Es sei daran erinnert, dass die Berufsschule aus Traditionen der Arbeitsschule in der Zeit der Aufklärung und aus der sozialpädagogisch inspirierten Diskussion im 18. Jahrhundert hervorgegangen ist, wie sie sich im öffentlichen Umgang mit proletarischen Jugendlichen „zwischen Schule und Kasernentor“ (vgl. Peukert 1986) entwickelt hat. Damals war es noch offen, ob sich in Deutschland ein duales Berufsbildungssystem oder etwa Lehrwerkstätten nach englischem Muster entwickeln würden. Dies wurde aber zu dieser Zeit neben der Pädagogik vor allem in der Sozialpolitik thematisiert. Bei einem der ersten Treffen des „Vereins für Sozialpolitik“ (vgl. Schmoller 1878) stand die Frage nach der Bildung und Ausbildung der jugendlichen Arbeiter auf dem Programm und wurde durchaus in sozialpädagogischer Argumentation diskutiert. Die Berufsbildungsfrage wurde dann über Kerschensteiner und andere verschult. Deshalb standen die Berufsschullehrer der Weimarer Zeit auch immer mit einem Bein in der sozialpädagogischen Argumentation. Nun hat der Übergang vom allgemeinen Diskurs ‚Jugend in Arbeit und Beruf‘ zum Berufs-Schul-Diskurs natürlich strukturelle Gründe. Je deutlicher sich die Berufe im Zuge der industriegesellschaftlichen Modernisierung aus den Familien- und Lokalmilieus herauslösten und universalistische Orientierungen und abstrakte Qualifikationen verlangten (vgl. auch Lazarsfeld 1931), desto mehr rückte die Notwendigkeit der Verschulung in den Mittelpunkt der Berufsbildung. Dass dies in Deutschland wiederum so institutionell ausschließlich und unter Abkappen der sozialpädagogischen Bezüge geschah, ist eine andere Frage, die in die generelle Problematik des schulzentrierten Bildungswesens mündet.

Damit sind wir heute an einem Punkt, wo wir – trotz aller förderungspolitischen und fachdisziplinären Barrieren – das Zuständigkeitsproblem der Sozialen Arbeit für den Beschäftigungsbereich insgesamt neu thematisieren müssen. Auf dieser Diskursebene geht es dann aber nicht mehr nur darum, wie die sozialpädagogischen Anteile in der Berufsbildung und Beschäftigungsförderung erweitert werden können, sondern – übergreifend – um die zukünftige sozialpädagogische Interpretation der „neuen sozialen Frage einer Arbeitsgesellschaft, in der die Erwerbsarbeit zum knappen Gut geworden ist“ (Arnold 2000, S. 92). An dieser „neuen“ sozialen Frage entzündet sich zwangsläufig auch wieder die Geschlechterfrage – vor allem dort, wo die Übergänge von der Ausbildung in die Arbeit unübersichtlich und riskant geworden sind. „Die Gleichheit der Bildungschancen und die Überrepräsentanz von Mädchen bei Abschlüssen im allgemein bildenden Schulsystem bricht sich an der immer noch geschlechtsspezifischen Segmentierung des Arbeitsmarktes, sie setzt sich nicht in gleiche Chancen der Erwerbsbeteiligung um“ (Oechsle 2000, S. 53). Mit der Entstrukturierung und Biographisierung der Übergänge in die Arbeit werden wieder Geschlechterkonkurrenzen freigesetzt. Dies bildet sich gerade in den Bereichen der Jugendberufshilfe und der sozialpädagogischen Beschäftigungsförderung ab. Das, was am Beispiel des versteckten Geschlechtercurriculums der Schule diskutiert wird, dass Jungen unter der Hand antisoziales Durchsetzungsverhalten lernen, das aber durch die Bildungsnivellierung verdeckt wird (vgl. Faulstich-Wieland 2004), kommt nun zum Zuge. Gleichzeitig zeigt das Problem der ungleichen Vereinbarkeit von Familie und Beruf weiter seine Wirkung, wenn man davon ausgeht, dass die zunehmende Intensivierung der Arbeit gerade in den jüngeren Erwachsenenjahren ein berufliches Engagement und eine Verfügbarkeit „rund um die Uhr“ verlangt, die Männer, unterstellt man Familienplanung und Kinderwunsch, eher managen können und müssen als Frauen.

Dennoch hat sich im mittleren Bereich der qualifizierten Berufe eine deutlich stärkere Geschlechterangleichung vollzogen als in der breiten Peripherie niedrig qualifizierter und prekärer Arbeitsverhältnisse, aus denen sich viele Adressatinnen und Adressaten der Jugendberufshilfe und Beschäftigungsförderung rekrutieren. In diesen Bereichen herrscht unübersichtliche Flexibilität: Man verliert einen Job, findet woanders einen neuen und es kommt darauf an, wie ungebunden man ist. Hier haben die jungen Männer die besseren Karten als die Frauen: Diese sind stärker ans Haus und die Familie gebunden – vor allem in den sozial unteren Schichten – oder stehen vor dem Zwang die Region zu verlassen. Während allerdings für junge Frauen eine Familienrolle noch Status angemessen ist, ist das für Männer nicht der Fall. Die Arbeitslosenforschung zeigt, wie schwer es für arbeitslose Männer ist, auch wenn sie in ihrer Familie mithelfen, ihr männliches Selbstbild zu erhalten, da sie nicht gelernt haben, ihr Mannsein mit einem In-der-Familie-Sein zu verknüpfen. Die geschlechtshierarchische Arbeitsteilung, die in ihrer Grundstruktur in unserer Gesellschaft weiterhin besteht und im Bildungssystem noch koedukativ überformt ist, tritt nun in den offenen und prekären Übergangsbereichen wieder deutlich hervor. Dabei ist es nicht nur die Ausgrenzungsdynamik des Scheiterns an Übergängen, die geschlechtstypische Bewältigungsmuster freisetzt. Das gesamte regionale Übergangs- und Vermittlungsregime (vgl. Kreher/Oehme 2003), d.h. die geschlechtstereotypen Vorstellungen und Bilder, wie sie in der Arbeitsverwaltung, den regionalen Unternehmen, der Öffentlichkeit und den Vereinen tradiert und inzwischen modernisiert sind, muss in den Blick genommen werden, soll es zu einer Öffnung der Übergänge in Richtung von *Ermöglichungsräumen* kommen können, in denen die Entwicklung und Erprobung einer selbst bestimmten Lebensperspektive für die Jugendlichen – abgelöst von den Geschlechtsfixierungen – gefördert werden kann (Krafeld 2000). Damit ist sozialpädagogisches Handeln in diesem Feld besonders auf eine entsprechende *sozialpolitische* Reflexivität angewiesen.

2.7 Bildung zwischen Entgrenzung und sozialer Entleerung

Die zunehmende Bedeutung von Wissen und Informationen lässt Bildung mehr den je zu einer Voraussetzung werden, um angesichts der ökonomischen Anforderungen zu bestehen. Auch sozialpädagogische Probleme werden zunehmend in diesem Kontext erörtert. Begleitet wird diese Entwicklung durch eine tendenzielle Neuausrichtung der Bildungspolitik in Deutschland vom Arbeitskraftbedarfansatz hin zur Humankapitaltheorie. Danach wird der Einzelne als Bürger *und* Inhaber seines Humankapitals als selbstständiger Akteur (Unternehmer) auf dem Bildungs- und später Arbeitsmarkt angesehen: „In der Humankapitaltheorie werden die Einzelnen als Teilnehmer des Arbeitsmarktes definiert. Sie spielen hier eine Doppelrolle. Sie sind zum einen Arbeitskraft und zum anderen Bürger, die die Arbeitskraft als Humankapital besitzen. Die Arbeitskraft gleicht dinglichem Kapital darin, dass über sie instrumentell verfügt werden kann. Der Humankapitaltheorie zufolge liegt die Verfügungsgewalt über die Arbeitskraft bei den Bürgern selbst, dem Arbeitskräftebedarfansatz zufolge muss sie letztlich bei einer staatlichen Planung liegen" (Lenhardt 2001, S. 316; vgl. auch Lenhardt/Stock 1997).

Protagonisten des Humankapitalansatzes sehen damit eine Befreiung der Bürger aus der sozial- und bildungsstaatlichen Zuweisung ihrer Arbeitsmarktchancen. Sie wollen den Sozialstaat dagegen in die Pflicht nehmen, als Dienstleistungsstaat den einzelnen Bürgern die Chance auf eine arbeitsgesellschaftliche Integration zu erhöhen. Als „Unternehmer seiner eigenen Arbeitskraft" ist jeder Mensch von vornherein Anbieter und Produzent seines Humankapitals und hat die eigenen Lernprozesse zu steuern. Wer sich in seinem biographischen Bildungsplan verkalkuliert, irritieren lässt oder auf Grund von regionalen Disparitäten im Erwerbsarbeitssektor überflüssig wird sowie unter sozialen Druck gerät, hat die Fehlsteuerung zu beheben und den reaktiven Bildungsbereich (Fördern und Fordern) aufzusuchen. Die Sozialen Dienste entwickeln mit ihm oder ihr dann neue Steuerungsmodelle seiner/ihrer Biographie. Die Bildungseinrichtungen werden dadurch zu Steuerungsagenturen von Lernprozessen umdefiniert, in denen sich jeder an die ökonomisierten Zielvereinbarungen der Ausbildung seines Humankapitals zu halten hat.

Kritiker sehen darin eine Verschärfung des ‚positionalen Wettbewerbs' (vgl. Brown/Lauder 2001). Die arbeitsgesellschaftlichen Erreichbarkeitsmodelle würden zu individuellen Akkumulationsentwürfen von Humankapital umdefiniert. Konfliktorientierte und lebensaltertypische Lern- und Bewältigungsmodelle hätten hier keinen Platz: Denn die gegenwärtigen „Implikationen für positionalen Wettbewerb sind klar – das wichtigste Politikziel ist es, andere Länder bei der Entwicklung des Humankapitals zu übertreffen. Da die Qualität des Humankapitals einer Nation Gegenstand globaler Vergleiche ist, von dem Unternehmen wiederum ihre Investitionsentscheidungen abhängig machen, hat die Anhebung des Qualifikationsniveaus der gesamten Bevölkerung absolute Priorität gegenüber Debatten über Probleme der Angleichung von Lebenschancen“ (Brown 2004, S. 244). Die damit einhergehende Verdeckung sozialer und sozialpädagogischer Fragen wird deutlich in der für heutige Politikprogramme charakteristischen Intention von der Sozialpolitik zur Bildungspolitik.

Die gegenwärtige Sozialpädagogik befindet sich in einer gleichsam gespaltenen Situation. Sie wird neu verlangt, denn in der Phase gegenwärtiger Neuorientierungen wird der Primat des traditionell dominierenden schulisch geprägten Bildungsverständnisses ebenso hinterfragt wie andere Lernzugänge potenziell aufgewertet werden. Darin aber werden Fragen der Lebensbewältigung zwar nicht systematisch übergangen, doch sie rücken in eine neue Perspektive der Bildungsfürsorge, denn das „störungsunanfällige“ Humankapital lässt sich besser verwerten. Diese Situation verlangt eine ausholende, noch einmal auf die Geschichte des Bildungskonzepts und der Sozialpädagogik zurückgehende Erörterung (vgl. Thiersch 2004c).

Bildung war in den letzten 30 Jahren der sozialwissenschaftlich geprägten, sozialpädagogischen Fachdiskussion nicht das beherrschende Thema – auch wir haben uns in unserer rekonstruktiven Darstellung der 70er Jahre nicht ausdrücklich auf Bildungsfragen bezogen. Die Bildungsdiskussion schien überlagert durch die Geschichte, also durch die kulturalistischen, elitären Konnotationen geprägt und dominiert durch die Nähe zum dominanten, schulisch geprägten Bildungsdiskurs.

Neben und in den die Diskussionen bestimmenden Konzepten zur sozialpolitischen Verortung der Sozialpädagogik und Sozialarbeit, zu Fragen nach Lebensweltorientierung und Lebensbewältigung, zu systemischen oder dienstleistungsbestimmten Orientierungen war die spezifisch sozialpädagogisch geprägte Bildungsdiskussion (vgl. Mollenhauer 1988, Winkler 1988, Sünker 2001) nur ein Strang. An diese Traditionslinien gilt es anzuknüpfen und sie neu auszulegen, wenn Sozialpädagogik nicht die Chance verspielen will, sich in der gegenwärtigen Bildungsdiskussion mit einer eigenen Position zu platzieren.

In der Ideengeschichte war – wie oben entwickelt – die Frage nach Bildung für die Sozialpädagogik zentral. Pestalozzi hat Sozialpädagogik implizit als Aufgabe allgemeiner Bildung verstanden und damit in ihrer spezifisch modernen Position mitbegründet. Bildung meint hier, gegenüber einer traditionellen Versorgung im Armenwesen und nur utilitaristischen Lernarrangements der Arbeitsschule, wie sie die ständische Gesellschaft brauchte, ganzheitliches Lernen von Wissens- und Lebenskompetenzen, damit alle in den gesellschaftlichen Verhältnissen sich als Werk ihrer selbst erfahren können. Bildung meint – im allgemeinen Kontext des naturrechtlich fundierten klassischen Bildungsdiskurses – den Zusammenhang von Menschlichkeit, Selbstbildung, Individualität und Gerechtigkeit. Dieses Bildungskonzept ging einher mit der Einrichtung eigens institutionalisierter Bildungseinrichtungen. Es entsteht das moderne Schulsystem, das als spezifische Lerninszenierung Weltwissen und kognitive Fähigkeiten in curricularer Ordnung verbindet, damit zugleich aber auch, als erziehender Unterricht, auf Charakterstärke der Sittlichkeit (Herbart) zielt. Im Medium schulischen Lernens will Schule Gerechtigkeit befördern: Nicht an den gegebenen Ressourcen von Herkunft und Stand, sondern an Leistungen, die in allgemeinen Kriterien bestimmt werden, erweist sich, was das Individuum aus sich machen kann. Das demokratische – an Gerechtigkeit orientierte – übergreifende und diffundierende Bildungssystem fand den Nenner der Verallgemeinerung in formellen Qualifikationsfunktionen.

Die Realisierung des Bildungskonzepts als schulisches Lernen aber kann den bildungspolitischen Anspruch nicht einlösen. Im Zuge der wachsenden Anforderungen an Wissen und Qualifikation und der arbeitsteiligen Organisation der Gesellschaft wird Schule – gleichsam in einer Engführung des zunächst weiteren Ansatzes – in kognitive und qualifikationszentrierte Lernaufgaben gedrängt, neben den, die nicht in der Schule thematisierten Lebenskompetenzen den gegebenen gesellschaftlichen Ordnungen überlassen bleiben? Das Soziale des Bildungsgeschehens wird vorausgesetzt; man verlässt sich auf die Selbstverständlichkeit der sozialen Integration der Schülerinnen und Schüler.

Eine Pointe dieses Verhältnisses von Schule zur Lebenswelt liegt auch darin, dass Schule durch ein Selbstverständnis bestimmt ist, nach dem Familie und Gesellschaft ihr zuarbeiten müssen, indem sie ihr die Kinder und Jugendlichen „schulfähig“ anbieten. In diesem Begriff der Schulfähigkeit wird die soziale Distanz der Schule besonders deutlich. Schule repräsentiert das Paradox, dass sie Gerechtigkeit realisieren will, für deren Herstellung sie jedoch über keine hinreichende soziale Integrationsperspektive verfügt. Das institutionelle Arrangement Schule bleibt bestehen, der Bezug zu Lebensformen und sozialen Prozessen aber entgleitet ihr.

Die Unzulänglichkeit dieses Ansatzes wurde in den gesellschaftlichen Brüchen im Übergang zwischen dem 18. und 19. Jahrhundert offenkundig. Es waren vor allem die Arbeiterbewegung und die bürgerlichen Sozialreformer, die die Dynamik der Spannung von Bildung und Gerechtigkeit aufnahmen. Fragen der Gerechtigkeit und weitergehende Partizipationsinteressen konnten demnach nur dann wirksam werden, wenn sie in entsprechende gesellschaftliche Kontexte eingebunden sind. Im ausdrücklichen Rückbezug auf Pestalozzi versucht Natorp, Bildung als soziale Bildung zu entwerfen. Bildung wird zum Anspruch auf soziale Teilhabe und soziale Gerechtigkeit (vgl. Schröer 1999).

Sozialpädagogik entwickelt seit dieser Zeit auch ein Angebot für Lernschwierigkeiten in der komplexer werdenden arbeitsteiligen Industriegesellschaft, in der die Probleme sozialer Integration und Desintegration als Ausdruck der prinzipiellen Spannung zwischen industriekapitalistischen Arbeits- und Lebensbedingungen und lebensweltlichen Bewältigungsansprüchen verstanden werden und Bildungs- und Hilfsangebote bis in die Mitte der Gesellschaft hinein notwendig werden lassen. Der Bildungsbegriff erweitert sich damit auch institutionell. Mit dem Konzept der Eigenständigkeit sozialpädagogischer Institutionen und Interventionen bringt Nohl die Bedeutung der neu entstehenden sozialpädagogischen Landschaft auf den Begriff. Neben dem bis heute dominanten Verständnis von Bildung als schulischem Lernen werden die neuen Aktivitäten der Beratung, der Jugendarbeit und der Formen öffentlicher Erziehung in ihrer Bildungsrelevanz deutlich und geben als biographisch und sozialräumlich rückgebundene Angebote des sozialen Lernens, der sozialen Unterstützung und des Kompetenzerwerbs der Sozialpädagogik ihr eigenes Profil. Das Konzept Bildung ist verwiesen auf eigene soziale, sozialpädagogische Angebote. Neben der Schule, die an formalen Leistungen und einem individualistischen Verständnis orientiert ist, entstehen sozialpädagogische Institutionen, die eigene Bildungsprozesse und Lernhilfen in Bezug auf Lebenskompetenzen vermitteln. In dem im Anspruch des Bildungskonzepts gegebenen Zusammenspiel von Bildungspolitik und Sozialpolitik ist die Bildungslegitimation der Sozialpädagogik begründet. Nach den Ansätzen der 1920er Jahre boten vor allem die 1970er Jahre mit ihrer Entfaltung und Etablierung des sozialstaatlich vermittelten Kompromisses zwischen Arbeits- und Qualifikationsanforderungen der modernen Industrie mit Ansprüchen sozialer Gerechtigkeit den Rahmen, in dem Schule und Sozialpädagogik als System unterschiedlicher ineinander greifender Zugänge sich entwickeln konnten. In diesem Kontext beschränkte Schule sich nicht darauf, sich von sozialpädagogischen Problemen abzugrenzen und sich im Zeichen ihrer hoheitlichen Macht und ihres so geschlossenen Systems von Zugängen, Zertifikaten und Berechtigungen fern zu halten, – bzw. in hierarchischer Ordnung als nachrangige Zuarbeit zu verstehen.

Wissen und Nichtwissen

Die Probleme der Entgrenzung und Entbettung der Arbeits- und Lebensverhältnisse gehen einher mit Problemen der Entbettung und Verunsicherung von Wissen als Informations- und Orientierungswissen, wie sie unter dem Titel des Umgangs mit Nichtwissen in der Allgemeinen Erziehungswissenschaft diskutiert werden (vgl. Helsper/Hörster/Kade 2003, Homfeld/Schulze-Krüdener 2000). Die Tradition ging davon aus, dass Wissen unterschieden werden kann von dem, was noch nicht gewusst oder prinzipiell nicht wissbar ist. Sie war orientiert an der Gewissheit verlässlichen Wissens und setzt auf den zunehmenden Fortschritt solchen Wissens. Diese Eindeutigkeit und der mit ihr gegebene Glaube an verlässliches Wissen verliert sich angesichts der unüberschaubaren und in weiten Bereichen nicht mehr aufeinander beziehbaren Wissensbestände, angesichts der zunehmenden Offenheit in den das Wissen strukturierenden Erkenntnisinteressen und – vor allem – angesichts der Erfahrung der durch Wissen und Planung nicht kalkulierbaren, nicht überschaubaren, riskanten Konsequenzen und Folgewirkungen. Wissen und Nichtwissen durchdringen sich: Der Umgang mit Nichtwissen wird die vordringliche Aufgabe. Diese Entgrenzung des Wissens und die damit einhergehende Verunsicherung dramatisieren sich im pädagogischen Umgang, soweit hier Orientierung vermittelt werden soll. Heutige Bildung – so heißt es – stärke die Fähigkeit, Ungewissheit zu ertragen und zu strukturieren. In der alltäglichen Lebensführung sind ebenso offene Bewältigungsstrategien wie vielfältige Formen eines Rückzugs auf partielle, die Offenheit des Horizonts gleichsam ausblendende dogmatische Orientierungen, aber auch der Rückzug auf technisches Wissen und Maximen der Machbarkeit, die Wiederbetonung traditioneller Orientierungen oder fundamentalistische, ethnische oder religiöse Weltdeutungen zu beobachten. Die jenseits solcher Strategien in der neuen Situation angelegten provokativen Herausforderungen zu offenen Zugängen und zum undogmatischen, „couragierten" Wissen können aber wohl nur zum Tragen kommen, wenn die Offenheit auch dadurch geklärt wird, dass Wissen und Nichtwissen in Bezug auf ihre gesellschaftlichen Funktionen und die sie repräsentierenden Interessen analysiert und damit gesellschaftlich verortet werden.

Auch gegenwärtig steht die Bildungsdiskussion, will sie international anschlussfähig bleiben, vor der Herausforderung, das Zusammenspiel von formalisierter, nicht formalisierter und informeller Bildung neu zu bestimmen, wie es z.B. auch in Konzepte der UNO und UNESCO (vgl. Dohmen 1996) und nicht nur in europäischen Entwicklungsprogrammen gefordert wird (vgl. Münchmeier/Otto/Rabe-Kleberg 2002). Im Zentrum dieser Diskussionen steht das Konzept des Capability-Approach (s.u.), in dem – ganz analog zu einem Bildungsverständnis, das auf die sozialen Bedingungen zur Ermöglichung von Bildung setzt –, herausgestellt wird, dass formale Teilhabe- und Lebensansprüche nur über die Einbettung von Bildung in sozial gesicherte und aktivierende gesellschaftliche Kontexte erfüllt werden können.

Der aus der internationalen Diskussion stammende Versuch, Schule als „Haus des Lernens“ zu begreifen, ist hierfür ebenso Indiz wie die Thematisierung des Zusammenhangs von Schule und Demokratie. Hartmut von Hentig hat in diesem Sinn immer wieder darauf insistiert (vgl. Hentig 1996), dass Schule praktizierte Demokratie sein muss, wenn sie Demokratie vermitteln will. Demokratie ist das Medium, in dem Schule realisiert wird und nicht etwas, das sich jenseits der Schule erst erschließt. Der Anspruch sozialer Bildung (vgl. zum Begriff: Sting 2004) aber kann in solchen Öffnungen im Schulwesen nur partiell, nur gleichsam halbiert eingelöst werden. Schule bleibt als Struktur ihren eigenen Gesetzen verpflichtet – und darin begrenzt. Es braucht – im Zeichen sozialer Bildung – neben ihr andere, in eigenen Strukturen und Handlungsmustern bestimmte Bildungsorte, wie sie sich in der Sozialpädagogik entwickelt haben. In der Vielfältigkeit unterschiedlicher Arbeitsformen, die den differenten sozialen und individuell-biographischen Lebensproblemen entsprechen können, kann sie das alte Bildungsprinzip von Selbstbildung aufnehmen und konkretisieren, und Kompetenzen entwickeln helfen, ebenso wie sie im Zeichen der sozialräumlichen Arbeit einen Beitrag zu jener Strukturierung von Sozialräumen leistet, in denen Menschen in eigene Lern- und Bildungsaufgaben hineingezogen werden.

Die hier liegende Aufgabe lässt sich z.B. an dem Konzept der Alltagsorientierung verdeutlichen. Wenn es nämlich darum geht, vom Alltag auszugehen, Alltag als das Terrain zu verstehen, in dem der Mensch die Aufgabe und die Chance hat, Bewältigungskompetenzen zu erfahren, zu erweitern und zu entwickeln, dann verweist dies generell auf die sozialen und sozialpädagogischen Arrangements. Es zielt aber generell auf das Verhältnis von lebensweltlicher Erfahrung und institutionellen Angeboten. In diesem Rahmenkonzept, in dem alle formalisierten, also auch die schulischen, Lernprozesse auf ihre Fundierung im informellen Lernen rückverwiesen sind, ergeben sich dann aus den spezifischen Arbeitserfahrungen des schulischen und außerschulischen Lernens Konkretisierungen (vgl. im Überblick Hartnuss/Maykus 2004). Diese zeigen sich zum Beispiel in Konzepten der Schulsozialarbeit (vgl. Bolay u.a. 2004), in der Jugendarbeit im Zusammenspiel von politischer Bildung, sozialräumlichen Gelegenheitsstrukturen und Geselligkeit, aber auch in Projekten der Abenteuerpädagogik; sie treten ebenso im Kindergarten in der Abwehr eines schulisch inspirierten Lernens und der Entwicklung eines kindgerechten Bildungskonzepts hervor sowie schließlich auch in Beratungsprozessen, wenn ihr Gegenstand Lebensthemen sind und das Verhältnis des Ratsuchenden zu seiner Wirklichkeit, um die eigene Position im Prozess der Selbstbildung zu klären. Solche Ansätze müssen integriert werden durch Ansätze zur regionalen Vernetzung der Sozial- und Bildungsszene. Denn im Kontext der „Entgrenzung der Bildungsorte" (vgl. Otto/Rauschenbach 2004) müssen auch die traditionell institutionellen Zuständigkeiten neu sortiert werden, da die Grenzen z.B. zwischen schulischen und sozialen Lernaufgaben verschwimmen. Diese Perspektiven werden aber erst dann gesellschaftlich und bildungspolitisch rückgebunden, wenn sie an die Diskussionen um die Verarbeitlichung des Alltags (vgl. Jurczyk/Voß 1995) und Kompetenzentwicklung anschließen.

Doch genauso wenig wie der Humankapitalansatz in der deutschen Arbeitsmarkt- und Beschäftigungspolitik bisher in seinen sozial- und gesellschaftspolitischen Konsequenzen empirisch und theoretisch ausgelotet wurde, ist in der sozialpädagogischen Diskussion systematisch wahrgenommen worden, dass über die Verarbeitlichung des Alltags und den Begriff *Kompetenzentwicklung* der Zusammenhang von Bildung, Qualifikation und Arbeit neu bestimmt und gesellschaftlich neu verankert wird. In der Kompetenzperspektive gehen Bildung und Qualifikation der Persönlichkeit und die Verwertung der Arbeitskraft ineinander auf und werden in einem Humankapitalmodell des Lernens zusammengefasst. Es wird nicht mehr der systematische Widerspruch zwischen der Produktions- und Sozialisationslogik herausgestellt, wie es für die Bildungsdiskussion der industriellen Moderne typisch war, sondern es werden die Vermittlungs- und Konstruktionsleistungen der Individuen in ihren Tätigkeits- und Lernverläufen neu entdeckt (vgl. Vonken 2001). Der Lernende soll aus der Defizitperspektive der nicht ausreichend qualifizierten und entfremdeten Persönlichkeit befreit und in seinen Selbstorganisationspotenzialen sowie seiner Beschäftigungsfähigkeit (employability) neu wahrgenommen werden.

Kompetenzentwicklung ist ein Schlüsselbegriff in der diesbezüglichen Transformation des Sozial- und Bildungswesens in Deutschland. Aus gesellschaftlicher Perspektive ist die damit verbundene Herausforderung in einem Spannungsfeld zu sehen, das insbesondere durch den Strukturwandel der Arbeitsgesellschaft im Übergang zum digitalen Kapitalismus charakterisiert wird. Eine Verkürzung wäre es darum, den Begriff Kompetenzentwicklung einerseits allein an individuellen Lernverläufen und Selbstorganisationsdispositionen festzumachen oder andererseits als pädagogische Begleitvokabel von Flexibilisierungsprogrammen zu verwerfen. Denn soweit man die einzelnen Dimensionen der *Kompetenzentwicklung* betrachtet, wird deutlich, dass eine vorschnelle Einengung des Begriffes den diesbezüglichen Transformationsprozess auf bestimmte Teilaspekte einschränkt und nicht ausreichend das interdependente Bedingungsgefüge der sich entwickelnden ökonomischen und sozialen Strukturierungen und Diskurse berücksichtigt.

Offensichtlich erscheint, dass die Soziale Arbeit mit der Herausforderung, passgenaue Lernarrangements und Netzwerke zur Kompetenzentwicklung zu entwerfen, auch nach den sozialen Paradoxien und Ungleichheiten fragen muss, die die Neuausrichtung der Beschäftigungs- und Arbeitsmarktpolitik sowie eine darauf abgestimmte Kompetenzorientierung impliziert (vgl. Böhnisch/Schröer 2002). Denn die Verarbeitlichung des Alltags führt nicht automatisch dazu, dass die Arbeits- oder Produktionssettings im digitalen Kapitalismus zu Bildungsorten werden, die den Menschen *souveräne* Handlungsmöglichkeiten eröffnen und nicht dazu, dass der Widerspruch von Produktions- und Sozialisationslogik aufgehoben und durch die Selbstorganisation der Akteure vermittelt wird. Es gilt darum, genau zu analysieren, welche neuen Mischungen von Arbeit und Lernen die Handlungsfähigkeit der Menschen befördern und sie in der Bildung ihres Humankapitals auch über die unmittelbare ökonomische Verwertung hinaus, z.B. in zivilgesellschaftlicher Perspektive, unterstützen. Erst vor diesem Hintergrund kann die Entgrenzung der Bildungsorte produktiv gewendet und können sozialpädagogische Lernarrangements zur Kompetenzentwicklung gestaltet werden, die sozialpolitisch reflexiv verankert sind.

Auffällig ist in dieser Diskussion in Deutschland allerdings, dass sie bisher noch keinen systematischen Zugang zur Frage der sozialen Gerechtigkeit gefunden hat und auch die zivilgesellschaftlichen Perspektiven, die sich z.B. über den Bürgerstatus ergeben, nicht nutzt. Der strukturelle Bezug zu sozialer Gerechtigkeit war gegeben, solange der fordistische Industriekapitalismus auf qualifizierte Massenarbeit – also auf die bestmögliche Bildung aller – angewiesen war und damit eine Koppelung zwischen Bildung und Beschäftigung sozialstaatlich reguliert garantiert hatte. Heute bleibt zwar Bildung für alle propagiert, der produktive Zusammenhang zwischen Bildung und ökonomischem Wachstum ist also erhalten. Er wird sogar – in der Formel von der Wissensgesellschaft – intensiviert, aber von der Frage des Bildungsanspruchs für alle im Zeichen sozialer Gerechtigkeit weitgehend abgekoppelt.

Im Sog dieser Konstellation entleert sich das Bildungskonzept. Bildung wird die Aufgabe zugewiesen, die Fähigkeiten zu vermitteln, die für das Bestehen in der modernen Produktions- und Konsumgesellschaft notwendig sind. Die Entwicklung zur Wissensgesellschaft – mit der zunehmenden Bedeutung von Informationen und Informationstechnologien – macht Wissen zum Indiz moderner Leistungsfähigkeit. Dies spiegelt sich ebenso in den Diskursen zu Lerninhalten wie in der Kompetenzdebatte, soweit sie ganz auf die für die Ökonomie nützlichen Kompetenzen abhebt. Konzepte und Praxen des lebenslangen Lernens werden zum Indiz der immer neu zu erbringenden Qualifikationen. In diesen Entwicklungen werden die spezifisch sozialpädagogischen Komponenten, die auf soziale Bildung zielen, entweder abgewertet oder im Zug der traditionellen Hierarchie zwischen dem Bildungs- und Sozialsystem, in nur zugeordneten Funktionen definiert. Sie werden – wie es ja in der Lebenswelt-, Biographie- oder Bewältigungsperspektive als Gefahr angelegt ist – zur Aktivierung der Ressourcen benutzt, die in der Zuständigkeit des einzelnen liegen und als biographische und lebensweltliche Möglichkeiten gesehen werden, damit er den gesellschaftlichen Anforderungen entsprechen kann.

2.8 Die ‚relative' Armut als Bezugspunkt und Barriere sozialpädagogischer Zuständigkeit

Die Kommission des ersten deutschen Armuts- und Reichtumsberichts (Lebenslagen in Deutschland 2002) hat sich auf einen erweiterten Armutsbegriff verständigt, wie er durch die Europäische Union seit 1984 vorgegeben ist. Danach „gelten Personen, Familien und Gruppen als arm, die über so geringe (materielle, kulturelle und soziale) Mittel verfügen, dass sie von der Lebensweise ausgeschlossen sind, die in dem Mitgliedsstaat in dem sie leben, als Minimum annehmbar ist" (ebd. S. 7). Dieser Armutsbegriff ist sozialpädagogisch tragfähig, weil er die Orientierung an der Lebenslage und den lebensweltlichen Bewältigungsspielräumen der Betroffenen enthält. Weiter ist für die Sozialpädagogik der *armutsdynamische* Aspekt wichtig: „Armutsphasen sind von unterschiedlicher Dauer, und der Charakter von Armut verändert sich dementsprechend" (ebd. S. 9). In dieser Dynamik sind die Effekte sozialer Unterstützung und begleitender und aktivierender Beratung verwoben, die Betroffene in die Lage versetzen, den sozialen Anschluss zu halten. Der Armutsbegriff orientiert sich an „Schwellen", „unterhalb derer Menschen nicht mehr an den jeweiligen Standards des wirtschaftlichen, gesellschaftlichen und kulturellen Lebens teilhaben" können (ebd. S. 95). Im zweiten Armuts- und Reichtumsbericht (2005) wird diese dynamische Perspektive noch breiter thematisiert: „Armut ist (...) gleichbedeutend mit einem Mangel an Verwirklichungschancen" (S. XVI). Mit dieser in Anlehnung an den „Capability approach" von A. Sen (2002) gewählten Position kann die Armutsfrage an den Gerechtigkeitsdiskurs (s.u.) rückgebunden werden (vgl. Zander 2005).

Diese so auf die sozialpolitische Integration von Armut zielende Begrifflichkeit gehört immer noch in das Inventar des modernen Sozialstaats mit seinen differenzierten Armutspolitiken. Zwar waren Anklänge daran schon im Ansatz Pestalozzis – also in seinem Konzept von Armut, Bildung und Gerechtigkeit als Grundmuster moderner Sozialpädagogik – ausdrücklich thematisiert. Dies war aber später in einer Armenfürsorge nicht weitergeführt worden, die – älteren Traditionen entsprechend – im dominanten Muster von Nothilfe, Disziplinierung oder auch wohltätiger Caritas agierte. Vor allem aber hatte die Armutsdiskussion keinen Anschluss zur Arbeiterfrage gefunden, die im 19. Jahrhundert die eigentliche „soziale Frage“ war. Eduard Heimann und Carl Mennicke hatten deshalb die Armenfürsorge nicht in den sozialpolitischen Maßnahmekreis einbezogen und erst Gertrud Bäumer konnte das Reichsjugendwohlfahrtsgesetz in seiner Intention auf soziale Integration als Endpunkt einer Entwicklung von der Armenfürsorge zur Sozialpolitik (s.o.) verstehen.

Armut und Reichtum

„Nur 4,5 Prozent des Privatvermögens gehörten den unteren 50 Prozent aller Haushalte, aber 42 Prozent des Privatvermögens entfielen auf die obersten 10 Prozent“. Diese im Erhebungszeitraum 1998 ausgewiesenen Daten gehen 2003 noch weiter – im Verhältnis von 4% zu 47% – auseinander (Lebenslagen in Deutschland 2002, S. 55/2005, S. 48) und weisen auf eine brisante Vermögensspreizung hin. Gleichzeitig ist die Ungleichheit der Erwerbseinkommen aus Erwerbstätigkeit […] in Westdeutschland von 1973-1998 tendenziell gestiegen (ebd. S. 42). „Zum Jahresende 1998 waren in Deutschland 2,88 Mio. Personen in 1,5 Mio. Haushalten auf Hilfe zum Lebensunterhalt angewiesen. Seit Ende 1973 hat sich damit in den alten Ländern die Bezieherzahl vervierfacht und in den neuen Ländern seit 1991 verdoppelt“ (ebd. S. 94). Die sich in diesen Daten abzeichnenden Polarisierungstendenzen zwischen Armut und Reichtum deuten vor allem auch auf eine neue Qualität der Reichtumsentwicklung hin, die mit den Möglichkeiten der Kapitalzirkulation und Kapitalakkumulation im globalisierten Kapitalismus die Grenzen nationaler Geld- und Steuerpolitik gesprengt hat. Die Eigendynamik des Geldes tritt hervor: „Geld ist weit mehr als ein bloßes Medium zur Kommunikation güterwirtschaftlicher Dispositionen. Es ist nicht nur Tauschmittel, sondern Vermögen und Kapital. Als solches verleiht es Macht und Einfluss, ist Objekt der Begierde; es ist nicht nur Mittel, sondern Zweck des Handelns. Eine kapitalistische Wirtschaft folgt nicht nur der Logik eines geldvermittelten Gütertausches, sondern der Gütertausch ist seinerseits lediglich ein funktionales Zwischenspiel in einem selbstreferentiellen Prozess der Geldvermehrung […] Der lange Arm des Geldes und Geldvermögens reicht […] weiter: er lässt neue wirtschaftliche Kombinationen und politische Koalitionen entstehen, zerstört traditionelle Solidaritäten, unterläuft und transformiert Institutionen, weckt visuelles Unternehmertum und die Instinkte der Konkurrenz" (Deutschmann 2002, S. 57). Schon Georg Simmel hatte in seiner „Philosophie des Geldes" (1904) die These aufgestellt, dass das Geld – neben der Macht und so auch mit ihr verbunden – *das* Medium ist, das vor allem dann keinen Sättigungsgrenzen unterworfen ist, wenn es immer abstrakter wird und schließlich gänzlich sozial entbettet ist. Dieser Zustand ist heute über den zweiten weltweiten Markt, den digitalen Kapitalmarkt erreicht. „Unendlich viel" Geld ist in der Mentalität der neuen Ökonomie zum Medium von Konkurrenz und Durchsetzung und zum Maßstab des Erfolgs geworden. Indem diese freigesetzte Gier nach Geld nicht mehr sozial rückgebunden ist, vielmehr einer verselbstständigten digitalen Akkumulationslogik folgt, muss eine sozial motivierte Kritik an dieser Grenzenlosigkeit des neuen Reichtums und seiner Verdichtung stumpf bleiben. Sie scheint nicht mehr sozial transformierbar, wird eher als „Sozialneid" psychologisiert und pathologisiert.

In der Konsolidierungsphase der Sozialpolitik in den 1970er Jahren konnte, nach der Nachkriegszeit mit ihren elementaren Nöten – auch die Armutsfrage „aufgehoben" werden. Daneben aber blieb ein „sozialer Rest", also Menschen z.B. in Obdachlosigkeit, in psychisch-sozialer Verelendung oder in familialer Gewaltbedrängnis, die weiterhin sozialstaatlich am Rand lebten; allzu oft wurde auch übergangen, dass auch Zonen der nur relativen – aber dauerhaften – Armut Zonen der überfordernden Bewältigungsaufgaben und des lebensweltlichen Leidens sein können.

In den 1990er Jahren rückte mit der Zunahme sozialökonomischer Risiken bis in die Mitte der Gesellschaft hinein der Begriff des Armutsrisikos in den Mittelpunkt des sozialpädagogischen Diskurses. In ihm verband sich die Armutsfrage mit der Bewältigungs- und Bildungsfrage und wurde so zu einer zentralen, quer durch die Lebenslagen und Lebensalter gehenden sozialpädagogischen Problemstellung: „Es gibt Bedingungen, die – insbesondere wenn sie in Kombination auftreten –

Verarmungsprozesse von Familien auslösen bzw. begünstigen können. Dies sind in erster Linie Arbeitslosigkeit und Niedrigeinkommen, aber auch besondere Lebensereignisse, wie z.B. Trennung und Scheidung oder die Phase der Familiengründung“ (Lebenslagen in Deutschland 2002, S. 109). *Familienarmut* – darauf hat die feministische Forschung zur Sozialpolitik seit den 1980er Jahren hingewiesen – ist vor allem *Frauenarmut* (vgl. Riedmüller 1985). „Das Dilemma besteht darin, daß die […] systematischen Gründe für die Benachteiligung von Frauen zum großen Teil auf wichtigen Errungenschaften einer als sozial verstandenen, insbesondere auch gewerkschaftlichen Politik beruhen oder zumindest eng mit ihnen verknüpft sind. Dazu gehört zum einen der *Lohnbezug* fast aller, zumindest der besseren Sozialleistungen, mit dem die Nichtberücksichtigung oder Minderbewertung gesellschaftlich unentbehrlicher Hausarbeit korrespondiert. Der Vorrang der Erwerbsarbeit und die Nichtachtung von Hausarbeit aber führt zu einer Zweiteilung des Sicherungssystems, die der geschlechtsspezifischen und zugleich hierarchischen Arbeitsteilung in allen Bereichen der Gesellschaft entspricht“ (Gerhard 1990, S. 321/322). Mit der Zunahme der strukturellen Massenarbeitslosigkeit in den 1990er Jahren sind allerdings auch Männer wesentlich stärker in den Armutssog geraten. Der ledige arbeitslose Mann im mittleren Alter ist längst zum ‚exemplarischen Problemfall‘ neben der traditionell angeführten allein erziehenden Mutter geworden. Beratungsstellen registrieren in den letzten Jahren wesentlich mehr Männer, die mit dem Verlust der Arbeit ihren Status und vor allem auch ihre sozialen Beziehungen verloren haben, denen nichts mehr bleibt als eine dumpfe Hilflosigkeit, die sie entsprechend kulturaggressiv abspalten (vgl. van Stolk/Wouters 1987). Gerade bei Männern, die eher nicht in der Lage sind, ihre Befindlichkeit zu thematisieren, ist Beratung ein komplexer und mühsamer Prozess zwischen therapeutischer Intervention, sozialpädagogischer Begleitung und Netzwerkbildung geworden (vgl. Neumann/Süfke 2004). Dass dennoch die Männerberatung weiter im Schatten sozialpolitischer Förderung bleibt, ist wohl darauf zurückzuführen, dass diese Gruppe strukturell erst recht zu jenen ökonomisch Überflüssigen zählt, an denen die Humankapitalperspektive zwangsläufig vorbeigeht.

Dafür aber ist die Kinderarmut als über die Familie sozial vererbte Armut (vgl. Iben 1998; Chassé/Zander/Rasch 2003) in den letzten Jahren in den Vordergrund des Armutsdiskurses getreten. Im Mittelpunkt steht dabei die Erkenntnis, dass in einer statuszentrierten Konsumgesellschaft auch in den Familien, die noch oberhalb des Niveaus der Einkommen liegen, Kinder ein hohes Armutsrisiko haben, weil sich der Familienkonsum in der Regel auf die äußere Statussicherung der Familie bezieht. „Insbesondere in Familien mit vielschichtigen Problemlagen, etwa bei Vorliegen bei Sucht oder Überschuldung, kann Armut […] zu schlimmen Mangellagen bei Kindern führen. Kinder erleben in dieser Lebenslage nicht nur ihre Unterversorgung, sondern auch die Ohnmacht der Eltern, die Probleme zu meistern, was auch die Kinder entmutigt und ihre Entwicklung schwächt […] ein Armutsrisiko insbesondere für Frauen und ihre Kinder ist Gewalt im sozialen Nahbereich. Schätzungen zufolge kommt es in jeder dritten Partnerschaft zu Gewalt“ (Lebenslagen in Deutschland 2002, S. 114). Dabei spielt, neben der materiellen Unterversorgung, vor allem die subjektive Befindlichkeit der Kinder die wohl ausschlaggebende Rolle. Denn Kinder bewerten „ihre Situation häufig im Vergleich zu der Situation anderer Kinder, die für sie als Bezugspersonen wichtig sind (Freunde, Klassenkameraden, Nachbarschaft), und zunehmend auch im Vergleich zu Kindern aus Fernsehserien und Filmen“. In diesem Zusammenhang wird davon ausgegangen, „dass Vergleiche mit anderen Personen den Bewertungsprozess der Kinder stärker beeinflussen als bei Erwachsenen, da eigene Bewertungsstandards bei Kindern noch nicht so stark ausgeprägt seien“ (Joos 2001, S. 220).

So wichtig die Entdeckung und Skandalisierung der Kinderarmut ist, so fällt doch auf, wie sehr der öffentliche Diskurs darauf zentriert ist, während über Jugendarmut kaum mehr gesprochen wird. Wir vermuten, dass sich auch hier bereits die beschriebene Verlagerung der gesellschaftspolitischen Aufmerksamkeit von der Jugend auf die Kindheit widerspiegelt (s.o.). Damit wird – in der Humankapitalperspektive – der Kinderarmutsdiskurs mehr in den Bildungsdiskurs hineingezogen, als dass das sozialpolitische und sozialpädagogische Mandat des Kindergartens daraus abgeleitet wird. Die Einschränkung der Entwicklungs- und Lernmöglichkeiten armer Kinder sind aber weniger auf Bildungsdefizite, sondern vor allem auf das Abgeschnittensein von Sozialbeziehungen, auf Peer-Ausgrenzungen und das Fehlen unterstützender überfamilialer Netzwerke zurückzuführen.

Die Verwirklichung des sozialpädagogischen Ansatzes, die immer an die Perspektive der gesellschaftlichen Integration und sozialen Teilhabe gekoppelt ist, ist im Zug der Entwicklung zum digitalen Kapitalismus zunehmend gefährdet. Die Situation erzeugt neue Lagen besonderer Belastung und Verarmung. Gleichzeitig droht die Armutsfrage ihre sozialstaatliche Bindung zu verlieren. In der gegenwärtig gesellschaftlich dominanten Humankapital- und Verwertungsperspektive wird die sozialstaatliche Rahmung der Armut brüchig. Die materiellen Unterstützungen werden eingeschränkt, – wie es besonders deutlich wird in der Diskussion über den „Warenkorb“ – also darüber, was als Lebensunterhalt im Zeichen des sozialstaatlichen Selbstanspruchs eines „Lebens in Würde“ gelten soll. Leistungen und Versorgungen werden durch einen konkurrenzökonomischen Risikobegriff ausgehängt, der soziales Risiko ummünzt in die Funktion von Mobilität, Selektivität und Flexibilität. Menschen, die sich außerhalb des ökonomischen Definitionskreises befinden, nicht mithalten können und deshalb einfach als ‚überflüssig' gelten, geraten aus dem Blickfeld der neokapitalistisch definierten Armut. Die Abtrennung der Armen von der Gesellschaft erfährt so nach hundert Jahren ihre – nun veränderte – Neuauflage. Die Sozialpädagogik und Sozialarbeit sieht sich – mit der Lockerung ihrer sozialstaatlichen Verankerung – auf dieses Bewältigungssegment der ökonomisch Überflüssigen gedrängt und fast in die Funktionsgrenzen der Armenfürsorge zurückversetzt. Mit dem In-Kraft-Treten der Hartz IV-Gesetze, der Zusammenlegung von Arbeitslosen- und Sozialhilfe ist ein Schritt in die Richtung getan, dass der Armutsdiskurs weiter aufgelöst wird und in den Bann der ökonomischen Verwertungslogik gerät. Die lebensweltlichen Besonderheiten, das Leiden an der Armut kommen als öffentliches Thema nicht mehr zum Zug. Zwei nur auf den ersten Blick gegensätzliche Entwicklungen fließen zusammen: Die Sozialhilfe als Armutseinkommen wird sozialpolitisch in die Sphäre der Arbeit integriert, die Arbeit aber ist gleichzeitig immer mehr der sozialstaatlichen Regulierung entzogen.

Die ökonomische Tendenz zur Segmentierung der Armut und damit verbunden der Einschränkung sozialpädagogischer Zuständigkeit macht sich zu einem Zeitpunkt bemerkbar, zu dem auch die sozialstaatliche Berichterstattung zumindest indirekt deutlich macht, dass sozialpädagogische Hilfen für von Armut Betroffene eben nicht nur auf Versorgung in der Armut und damit auf eine Bestätigung des Armenstatus – im Zeichen bloßer Exklusionsverwaltung – hinauslaufen dürfe. Die Aufforderungspunkte für sozialpädagogisches Handeln liegen in der Struktur der Armutsbetroffenheit selbst: „Wie Untersuchungen zu Ursachen für Armutslagen zeigen, konzentrieren sich Verarmungsprozesse heute nicht mehr auf wenige soziale Schichten. Sie sind keineswegs nur auf gesellschaftliche Randgruppen begrenzt, sondern können auch mittlere Schichten erfassen. Verlaufsanalysen belegen, dass Verarmungsprozesse nicht unumkehrbar in bleibende soziale Notlagen führen. Die Lebensverhältnisse können sich im Verlauf eines Lebens mehrfach ändern. Armutsrisiken können sowohl einmalig entstehen, als auch in wechselnden Lebenslagen wiederholt auftreten, sowie einen längeren Prozess bilden. [...] Damit werden von Verarmungsprozessen Betroffene als handelnde Subjekte wahrgenommen und nicht mehr nur als Opfer von Verhältnissen.“ (Lebenslagen in Deutschland 2002, S. 110). Mit diesem Paradigmenwechsel öffnet sich der Armutsdiskurs auch legitimatorisch für die Sozialpädagogik, zumal er das von ihr vertretene Konzept der „Zugangsgerechtigkeit“ (s.u.) ausdrücklich aufnimmt (vgl. Lebenslagen in Deutschland 2005, S. XX).

Dieses lebensweltlich differenzierte und handlungsorientierte Verständnis von Armut erfordert ein lebensweltlich orientiertes Unterstützungssystem, über das auf die unterschiedlichen biographischen Befindlichkeiten des Armseins so eingegangen werden kann, dass sowohl die Bewältigung von Armut als auch die Einschätzung und Förderung der subjektiven und sozialen Veränderungspotenziale möglich ist. Sozialpädagogische institutionalisierte Hilfen der Beratung, Begleitung und Unterstützung, wie sie sich im Zeichen der Differenzierung von Angeboten, vor allem auch in problemorientierten Projekten, entwickelt haben, sind dazu ebenso unverzichtbar wie sozialpädagogisch aufgebaute, von den Betroffenen erreichbare Netzwerke und biographische Begleitangebote. Im Zusammenhang mit der Entwicklung einer positiven Lebensprognose können sie den *Selbstwert* der Betroffenen wieder aufbauen und stärken, damit sie in ihrem individuellen Menschsein und den damit – bislang meist übergangenen – Vermögen und Stärken auch außerhalb der Arbeit *anerkannt* werden. So haben sich ja auch die regionalen Armutskonferenzen in den letzten Jahren vehement dagegen gewehrt, dass die besonderen Formen der Betroffenheit und des Leidens, aber auch die spezifischen Ansatzpunkte für eine biographisch offene Bewältigungsperspektive in der administrativen Regulation von Armut oft übergangen werden.

Allerdings muss sich die Soziale Arbeit in diesem Zusammenhang selbst kritisch fragen, inwieweit sie für diese komplexe Aufgabe gerüstet ist. In Untersuchungen z.B. zur Praxis von Erziehungshilfen (vgl. Zeller 2004) wird deutlich, wie sehr sie in der Klärung von lebensweltlichen Arrangements und Beziehungsfragen verhaftet bleibt, obwohl den Adressatinnen und Adressaten ihrerseits der Zusammenhang mit ihrer Armutssituation sehr deutlich ist. Sozialpädagogik ist gerade hier besetzt mit Typisierungen und Etikettierungen. Die Aufforderungen, die Betroffenen nicht mehr als Klienten zu behandeln, sondern vor allem auch als Bürger zu respektieren (s.u.), scheinen schwer erfüllbar. Arme, vor allem Sozialhilfeempfänger, stellen Ansprüche wie andere auch, wenn man ihnen den Bürgerstatus zugesteht. Die Sozialpädagoginnen und Sozialpädagogen geraten dann nicht selten in ‚Mandatskonflikte', wenn die Klienten nicht mit ihrem Geld haushalten können oder mit ‚gewährten' Ausstattungen nicht zufrieden sind. Dies ist ein Dilemma, das vor allem daraus entsteht, dass Armsein in einer reichen Konsumgesellschaft schwer auszuhalten ist, nach einem Konsumentenstatus drängt, der die Armut – zumindest den öffentlichen Anschein – überdeckt. Auch hier ist es notwendig, Netzwerke der Anerkennung und Tätigkeit aufzubauen, damit die Betroffenen nicht allein auf Selbstwertschöpfung über Konsum angewiesen sind und zwangsläufig immer wieder in eine Schuldnerfalle laufen.

Dennoch bleibt das Problem, dass im Alltagskontakt von Klient und Sozialbürokratie die Ambivalenz des Sozialstaates konkret wird: „Hilfe ist ohne soziale Kontrolle, ohne Eingriffe in die persönliche Lebensführung nicht zu haben. Ob dieses Doppelgesicht jeder sozialstaatlichen Sicherung nicht nur ‚inhärent' ist, sondern für sie gar ‚konstitutiv' […], führt als Fragestellung wenig weiter. Sozialpolitisch bleibt ja – auch wenn die Diagnose einer ‚Ambivalenz von Freiheitsverbürgung und Freiheitsentzug' richtig ist […] – ein erheblicher Gestaltungsspielraum, wie denn mit problematischen Beziehungen von Klientel und Bürokratie umgegangen wird" (Schütte 1990, S. 352). Obwohl diese Spielräume auch von den Klientinnen und Klienten – eben in der Öffnung zum Bürgerstatus hin – erweitert werden müssen, bleibt das Faktum, dass Arme über keine kollektiven Machtmittel verfügen und ihr Organisationsgrad gering ist. Dies kann vorerst nur durch „Einbau von Gegengewichten in die Verwaltung selbst wie die ‚Gleichstellungsstellen' und Datenschutzbeauftragten [geschehen, d.A.]. Immerhin ist es hier gelungen, die sozialen Folgen politischer Entscheidungen zur Sprache zu bringen und administrative Veränderungen auf diese Folgen hin auch zu überprüfen" (ebd. S. 354).

Im erweiterten Armutsbegriff und seiner sozialpädagogischen Interpretation liegt die Hoffnung, dass die Menschen in der Bewältigung lernen, zu Akteuren ihrer selbst und daraus integrationsfähig zu werden. Dass erst das Vorhandensein einer sozialpolitischen und sozialpädagogischen Integrationsperspektive die Aktivierung von Armen ermöglicht, zeigt die Geschichte der Selbstorganisation Armer in der Bundesrepublik seit den 1980er Jahren. So wie schon Georg Simmel (1908) vor hundert Jahren Armut als gesellschaftlich zugewiesenen Status ohne eigene Ansprüchlichkeit beschrieben hat, so ist er auch heute noch in den Selbst- und Fremddefinitionen von Armsein wieder zu finden. Dies hat sich durch die Individualisierungsprozesse im Verlauf des 20. Jahrhunderts weiter verstärkt und findet sich im neoliberalen Konkurrenzkapitalismus in einem Klima wieder, das Gefühle der Selbstverschuldung, der Beschämung und des Überflüssigseins erzeugt. Es ist für Arme nahezu unmöglich dagegen und von sich aus und aus ihrer Lebenslage Interessen zu vertreten, so lange sie sich im sozialpolitischen Niemandsland bewegen. „Erst mit Einsetzen der sozialliberalen Reformpolitik gibt es Zeichen dafür, daß auch die Gültigkeit gesellschaftlicher Vorurteile gegen Armut und Arme nachgelassen hat. Die Existenz der Initiativen und Selbsthilfegruppen ist somit auch Ausdruck wachsender Erwartung und Ansprüche [...] an den Sozialstaat, die sich in den Organisationen der Armen (und anderer Gruppierungen in der Gesellschaft) gleichsam nur als ‚Spitze des Eisbergs' zeigen (Bremen 1990, S. 364/365). Dieser Zusammenhang wird auch daraus deutlich, dass die in den letzten 20 Jahren in Deutschland entstandenen Sozialhilfeinitiativen und Armutskonferenzen meist nicht von den Betroffenen allein initiiert wurden, sondern immer auch von Anregungs-, Aktivierungs- und Unterstützungsaktivitäten aus der Sozialpädagogik und Sozialarbeit begleitet waren (vgl. Scherer/Stock 1988). Gerade dieser Zusammenhang von sozialpolitischer Hintergrundsicherung, sozialpädagogischer Unterstützung und sozialer Aktivierung der Betroffenen wird in Zukunft als Argument für die strukturelle Notwendigkeit einer integrations- und infrastrukturell ausgerichteten sozialpädagogischen Armutsarbeit und gegen die Prognose einer Neuauflage der gesellschaftlich abgeschnittenen Armenfürsorge empirisch weiter zu untermauern und sozialpolitisch zu stärken sein.

2.9 Sozialpädagogische Gesundheitsförderung und die Ökonomisierung der Gesundheit

In der Gesundheitsdiskussion ist in den letzten Jahren das Konzept der *Salutogenese* zentral geworden, das die Individualisierung von Krankheit und die Dichotomisierung von Gesundheit und Krankheit, wie sie im herkömmlichen medizinischen Modell verankert ist, aufzuheben versucht. Dieses Konzept verbindet sich mit der ‚Ottawa-Charta' der Weltgesundheitsorganisation (WHO), in der die Gesundheitsförderung als gesellschaftspolitische Aufgabe formuliert wird, die sich auf die Entwicklung leibseelischen Wohlbefindens in der Wechselwirkung mit der sozialen Umwelt bezieht. Im Mittelpunkt steht dabei die Förderung von Kompetenzen im Umgang mit dem eigenen Körper in der Spannung zu den ökonomisch-gesellschaftlichen Funktions- und Verwertungsanforderungen und der eigenen biographischen Lebensperspektive (vgl. Filsinger/Homfeldt 2001; Hanses 2004).

Das salutogenetische Konzept enthält in seinem Zentralbegriff des „Kohärenzsinns“ als „positive(m) Selbstbild der Handlungsfähigkeit“ (Hurrelmann 1991, S. 134) einen deutlichen sozialpädagogischen Aufforderungscharakter. Es verweist auf Bewältigungskonstellationen. Gesundheit ist aber weiterhin innerhalb der Disziplin und Profession kein vordringliches Thema. Der 11. Kinder und Jugendbericht konstatiert, dass das Kinder- und Jugendhilfegesetz kein Verhältnis zur Gesundheit habe. Dies verwundert angesichts von Traditionen innerhalb der Sozialpädagogik und Sozialarbeit seit dem Ende des 19. Jahrhundert, in denen der Zusammenhang einer sozialhygienisch verstandenen Gesundheitsförderung und sozialer Probleme herausgestellt wurde (vgl. Labisch 1992), vor allem aber auch angesichts der vielfältigen Konzepte in der Beratungs- und Sozialarbeit der 1920er Jahre. Diese Traditionen haben sich in der ehemaligen DDR fortgesetzt und gelten ebenso z.B. für die angelsächsische Diskussion bis heute. Obwohl solche Arbeitsansätze durch die Ergebnisse aetiologischer Untersuchungen – schicht- und geschlechtsspezifisch differenziert – immer von neuem belegt werden, sind sie im Mainstream der bundesrepublikanischen sozialpädagogischen Diskussion eher am Rand geblieben. Vor dem Hintergrund der gesetzlich geregelten Unterschiedlichkeit in den Zuständigkeiten hat die Professionalisierung der Sozialpädagogik und Sozialarbeit hier – wie auch in anderen Bereichen – eher zu einer arbeitsteiligen Engführung im eigenen Arbeitsverständnis geführt.

Der Zugang zu Gesundheitsfragen ist in der Sozialpädagogik wohl vor allem über Probleme der Gesundheitsprävention im Jugendalter (vgl. Hurrelmann 1994) gefunden worden. Hier ist das Paradigma des Risikoverhaltens zentral, das gerade im späten Kindes- und dann vor allem im Jugendalter entwicklungstypisch geprägt ist. Peter Franzkowiak (1986) hat es als soziales Handeln in einer „subjektiv-biografischen Sinnlogik“ und einer „handlungsorientierenden, maßgeblich der Kompensation von Belastungen und dem Ausagieren von Ausbruchswünschen dienenden (Multi-)Funktionalität für die Jugendlichen" gekennzeichnet (S. 10). Es entfaltet „je nach Entwicklungsstufe unterschiedlich akzentuierte individuelle und soziale Funktionalität für mindestens der Hälfte der Adoleszenten (auch beim Rauchen) bzw. nahezu alle Heranwachsenden (bzgl. des Alkoholkonsums)" (ebd.).

Kids und jüngere Jugendliche setzten Risikopraktiken als „Reifesymbole" ein, um zu zeigen, dass sie sich von der elterlichen Kontrolle absetzen und gegenüber älteren Jugendlichen als „nicht-mehr-Kind" darstellen können. Sie demonstrieren damit öffentlich ihre Eigenständigkeit bis hin zur (risiko-) symbolischen Opposition gegen das normale, „eingefahrene" Leben der Erwachsenen. Der eigene Körper ist dabei des Medium, indem sich die Erlebbarkeit des Risikoverhaltens gestaltet (vgl. Gabriel/Colla 1999). Risiken einzugehen ist – für beide Geschlechter – ein Weg, um sich der Gruppensolidarität und -vitalität der Gleichaltrigengruppe gegenüber der Erwachsenenkultur zu vergewissern (Baacke 1972).

Die pädagogische Auseinandersetzung mit gesundheitsgefährdendem Risikoverhalten dreht sich inzwischen um einen Kompetenzbegriff, der ressourcenorientiert ist, also auf die Aktivierung der Selbstorganisation des Einzelnen hin angelegt ist. Dieser Kompetenzbegriff steht zwar im Kontext des gegenwärtigen Kompetenzdiskurses, reicht aber nicht aus, um die Spezifik eines sozialpädagogischen Zugangs zu Gesundheits- und Risikoverhalten zu treffen (vgl. Sting/Blum 2003, S. 76ff). Schon in der Kritik des kompetenzorientierten Präventionskonzepts wird die sozialpädagogische Lücke sichtbar, die es zu füllen gilt: So wird zum einen auf die personalisierende, pädagogisch-therapeutische Schlagseite des Ansatzes hingewiesen (vgl. Hurrelmann 1994), zum anderen darauf, dass die jeweilige „Entwicklungsrelevanz" von Risikopraktiken nicht ausreichend thematisiert wird (vgl. Silbereisen 1999).

Dies führt uns wieder zu der Frage nach der funktionalen Bedeutung und dem „Sinngehalt" von Risikoverhalten zurück, also über die Entwicklungstypik des Jugendalters hinaus in die sozialpädagogische Bewältigungsperspektive, in der die lebensweltliche Suche nach Handlungsfähigkeit mit dem situativen Sinn des Bewältigungshandelns zusammengeht. Wenn wir nämlich die Kompetenzperspektive der Prävention mit der Bewältigungsperspektive „schneiden“, erhalten wir einen tragfähigen sozialpädagogisch-reflexiven Bezugsrahmen, in dem sich Risikoverhalten in der Spannung von Person und sozialer Umwelt aufschließen lässt und die Bedingungen, Möglichkeiten und Grenzen pädagogischer Intervention, also der Vermittlung der funktionalen Äquivalente, der peer-education und der projektorientierten Information (vgl. Sting/Blum 2003, S. 69ff) thematisierbar werden können. Dabei wird für das Jugendalter deutlich, wie bestimmend die soziale Lage und die gesellschaftliche Rahmung im Zeichen der *Entgrenzung* des Jugendalters ist. Zu einer Zeit, in der Jugendliche ohne soziales und biographisches Risiko experimentieren können sollten, sind sie unsicheren Biographieperspektiven, Ausbildungs- und Lehrstellenkonkurrenzen, Arbeitsplatzrisiken bei den Eltern und einem allgemeinen Klima des gesellschaftlichen Misstrauens gegenüber ihrer Jugendlichkeit ausgesetzt. Auch wenn ihnen das in ihrer gegenwartsorientierten Unbefangenheit selbst nicht bewusst ist, können sich risikoreiches Experimentierverhalten und sozialer Bewältigungsdruck unbewusst vermischen; jugendkulturelles Risikoverhalten kann gleichsam „unter der Hand“ zum Bewältigungsverhalten werden und sich verstetigen und biografisch verfestigen.

Gesundheits- und Risikoverhalten kann auch im Erwachsenenalter sozial verstrickt sein. Die Paradoxien und Anomien, die der Strukturwandel der Arbeitsgesellschaft mit sich bringt, können ein soziales Stressklima erzeugen, in dem sich besondere Gesundheitsrisiken entwickeln. In einer segmentierten Arbeitsgesellschaft, in der die eine Hälfte der Erwerbstätigen unter dem Druck der Intensivierung der Arbeit steht und die andere Hälfte sich in prekären Arbeitsverhältnissen bewegt oder von Arbeitslosigkeit betroffen ist, entsteht Stress, der Hilflosigkeiten erzeugt, die die Individuen in einer Konkurrenzgesellschaft mit sich selbst ausmachen müssen. Das in den Industriegesellschaften registrierte Ansteigen des Medikamentenmissbrauchs und des Konsums von Antidepressiva, von Alkoholabhängigkeit und psychischer Gewalt gibt dem Reden von der „Stressgesellschaft“ seine empirische Plausibilität. Stress bedeutet in diesem Zusammenhang einen Zustand, in dem die Subjekte sich einem diffusen Druck ausgesetzt spüren, den sie aber weder sozial noch vom Bewusstsein her kontrollieren können. Dies erzeugt Hilflosigkeit in einer ökonomisierten Gesellschaft, die Hilflosigkeit strukturell nicht anerkennt und in die je individuellen Bewältigungsmöglichkeiten verweist. Das unter Stress ausgelöste Streben nach psychosozialer Handlungsfähigkeit um jeden Preis kann sich nach innen autoaggressiv (z.B. im Medikamentenmissbrauch) oder nach außen in körperlicher oder psychischer Gewalt gegen Schwächere spalten. In diesem – vor allem auch – geschlechtsdifferenten Risiko- und Gesundheitsverhalten vermittelt sich der soziale Druck im Verhältnis zum eigenen Körper. Das männliche Gesundheitsverhalten ist dabei im Durchschnitt eher nach außen, am Funktionieren des Körpers orientiert. Viele Männer haben Schwierigkeiten, zu sich selbst zu kommen, innezuhalten und in sich hineinzuschauen (vgl. Brandes 2002). Dagegen kämpfen viele Mädchen und Frauen damit, dem ihnen vorgestellten Fremdbild vom weiblichen Körper gerecht zu werden und sind überdies oft noch in der Richtung sozialisiert, dass sie Belastungen „aushalten“ und darin selbst mit sich klarkommen müssen.

Der französische Soziologe Alain Ehrenberg hat die innere Befindlichkeit des Individuums in der unübersichtlichen Stressgesellschaft als „la fatigue d’être soi“ (dt. „Das erschöpfte Selbst“ 2004) umschrieben. In der *Depression*, zeigt sich gleichsam die moderne Entgrenzung von Gesundheit und Krankheit; eine innere Konstellation, die vor allem dadurch entsteht, dass sich Individuen nicht mehr an ihrer sozialen Umwelt reiben und Konflikte produktiv und exemplarisch (vgl. Negt 1968) erfahren können. Damit sind für ihn die depressiven Symptome an die Stelle der neurotischen Störungen getreten, die seit dem Beginn des 20. Jahrhundert von der Psychoanalyse thematisiert wurden und die ihre Ursachen vor allem in autoritäts- und normverkrusteten sozialen und politischen Strukturen hatten. Mit diesem Modell der sozial bedingten Neurose arbeitete ja vor allem auch die individualpsychologische orientierte Sozialpädagogik und Sozialarbeit (s.o.), indem sie die männlich-hegemonialen Autoritäts- und Machtstrukturen in Erziehung und öffentlichen Institutionen für die Entwicklung neurotischer Konstellationen verantwortlich machte. Der darin strukturell erzeugte und innerpsychisch wirkende Minderwertigkeitskomplex – so das individualpsychologische Modell – kann neurotische Bewältigungsmuster als ‚Überkompensationen' mit selbst- oder sozial gefährdenden Effekten auslösen. Ehrenberg stellt nun bei der Depression eine ähnliche Grundstruktur fest: „In der Depression liegt die Psychologie der Minderwertigkeit, eine Verletzlichkeit, die bei der Angst viel weniger ausgeprägt ist" (S. 201). Und auf die Ambivalenzen der kapitalistischen Gesellschaft abzielend, die den Einzelnen zur Selbstorganisation verpflichtet, ihm aber biographische Risikoabsicherung zunehmend verwehrt, bezeichnet er die Depression als „ein Laboratorium für die Ambivalenzen einer Gesellschaft, in der der Massenmensch sein eigener Souverän sein soll. Sie macht die Veränderung der Beschränkungen sichtbar, die das Individuum strukturieren: Nach innen verschwindet die Schuld, von außen wird keine Disziplin mehr verlangt. [...] Die Besonderheit der Depression liegt darin, dass sie die Unfähigkeit zu leben als solche zeigt, dass sie sich durch Schwermut, Asthenie (Erschöpfung), Gehemmtheit oder [...] Apathie ausdrückt [...]: Der Depressive, den eine Zeit ohne Zukunft erfasst hat, hat keine Energie und verharrt in einem Zustand ‚Nichts-ist-möglich'. Müde und leer, unruhig und heftig, kurz gesagt, neurotisch, wiegen wir in unseren Körpern das Gewicht der Souveränität. [...] Der Erfolg der Depression beruht auf dem *verlorenen Bezug auf den Konflikt*, auf dem der Begriff des Subjekts basiert, wie ihn uns das Ende des 19. Jahrhunderts hinterlassen hat. [...] Eine andere Schwierigkeit im Zusammenhang mit diesem ‚Gegenstand' zeigt sich in einem benachbarten Bereich, dem von Sucht und Abhängigkeit. Nach Ansicht der Psychiater, ist Sucht ein Mittel, um Depressionen zu bekämpfen: *Sie schleift die Konflikte* durch zwanghaftes Verhalten ab" (Ehrenberg 2004, S. 9-11). Dieser Befund bestätigt den sozialpädagogischen Ansatz, Kontexte zu ermöglichen, in denen das Individuum wieder in Spannung zu seiner sozialen Umwelt gerät, Anerkennung erfahren und Selbstwirksamkeit spüren kann. Von hierher werden sozialpädagogische Konzepte der Gesundheitsförderung gestützt, die sich auf soziale Teilhabe, Eingebundensein in Netzwerke und social support beziehen (vgl. Filsinger/Homfeldt 2001).

In diesem Bezugsrahmen können dann auch rückblickend – in der sozialpolitischen und in der bewältigungspolitischen Verlängerung der sozialpädagogischen Perspektive – die Konzepte und Initiativen zur Humanisierung der Arbeitswelt in den 1970er Jahren in Westdeutschland als gesundheitspolitische Ansätze gewertet werden. Gleichzeitig haben sich in gemeindepsychiatrischen Modellprojekten Arbeitsansätze durchgesetzt, die es psychisch besonders gefährdeten, oft psychiatriebelasteten Menschen ermöglichen, in ihrem Alltag zurecht zu kommen, indem sie ihnen helfen, ihr Verhältnis zu ihrer Krankheit, ihrem Lebensraum, ihren Zeitperspektiven und – vor allem – ihren sozialen Beziehungen so zu strukturieren, dass sich, jenseits von Unsicherheit, Angst und Rigidität oder Chaotik wieder freiere, ins Gemeinwesen hinein geöffnete – und darin tragfähige und gestützte – Lebensperspektiven ergeben (vgl. Obert 2001). In der Drogenarbeit werden – in dem lebensweltlich bestimmten institutionellen Zusammenhang von Beratung, offenen Treffs, Therapie- und Nachsorgeeinrichtungen – Bewältigungsmuster stabilisiert, die in Bezug auf Arbeit, subkulturelle und soziale Beziehungen und Lebensperspektiven einen selbstbestimmten Lebensentwurf erlauben. Dieses Konzept einer bewältigungsorientierten Drogenarbeit (Reinl/Stumpp 2001, Jungblut 2004) ist aber belastet mit der Spannung zwischen einer kriminalisierenden und einer therapeutisch-pädagogischen Definition von Suchtverhalten; nur allmählich setzt sich – gegenüber der traditionellen Trennung von legalen und illegalen Suchtstoffen – ein Verständnis durch, in dem Sucht generell als kulturell „angelegte Disposition zu repetitiven, zwanghaften Verhalten verstanden wird, das selbstbestimmtes Handeln und eine positive Entwicklung blockiert“ (Scheerer 1995, zusammengefasst nach Sting/Blum 2003, S. 77), und auch jenseits des Unterschieds von legalen und illegalen Substanzen substanzunspezifisch profiliert wird. – Schließlich öffnet sich auch der traditionelle Bereich der Erziehungshilfen zunehmend zur Wahrnehmung und Bearbeitung von Gesundheitsproblemen in neuen Formen der Kooperation sowohl zur Drogenarbeit als auch zur Jugendpsychiatrie. Es entstehen eigene Kinder- und Jugendhilfeprojekte, die als Gesundheitsberatung im sozialräumlichen Kontext agieren (vgl. Landesjugendbericht BW 2004). Sie versuchen eine Balance zwischen jungendkulturellem Risikoverhalten und Gesundheitshandeln zu vermitteln und stigmatisierenden Effekten eindimensionaler Präventionskonzepte entgegenzuwirken (vgl. dazu Hünersdorf 1997 u. 2005).

Gegenwärtig droht in dem Maße eine Ent-Sozialpolitisierung der Gesundheit, in dem sie primär als Komponente des Humankapitals betrachtet wird. Jeder hat für seine Gesundheit zu sorgen, der „Kompetenzansatz" erhält eine nun primär ökonomische und nicht mehr sozialpolitische Kontextualisierung. Die Bewältigungsebene wird herausgenommen. Enge medizinisch-klinische Definitionen und das ihnen immanente Defizitmodell treten wieder in den Vordergrund, auch weil sie den ökonomischen Erfordernissen der Steuerung und Modularisierung besser entsprechen. Dabei bietet das Modell Orientierungssicherheit in einer unübersichtlichen gesellschaftlichen Entwicklung, in der sozial offene Definitionen von Krankheit und Gesundheit (wie sie im Prinzip der Salutogenese thematisiert sind), eher als Bedrohung denn als Chance gelten. Damit aber geht die Reduktion von Kommunikation und die Verdrängung von Gefühlen einher wie es nicht als gesellschaftlicher Verlust, sondern als notwendiger Rationalisierungseffekt thematisiert wird. Mit diesem Trend zur erneuten Therapeutisierung und Ökonomisierung der Gesundheitsförderung geraten sozialpädagogisch erweiterte Präventions- und Rehabilitationsprojekte wieder in die Randständigkeit und verlieren ihre sozialpolitische Spannung.

2.10 Migration jenseits des Sozialstaats?

Im Vergleich und im Unterschied zu Deutschland ist „Migration" ein generativer Kern der amerikanischen Sozialen Arbeit. Darin war sie eng mit dem soziologischen Interaktionismus verbunden. Dies drückte sich auch – so könnte man formulieren – darin aus, dass Jane Addams in Chicago letztlich John Dewey und George Herbert Mead die Praxis gab. Man könnte fast sagen, dass ihre Sozialarbeit die Praxis des soziologischen Interaktionismus war. In Deutschland dagegen war der nationale Leitgedanke immer der einer kulturellen Homogenität und die Sorge um die Einheit der Kulturnation ein Ursprungsmoment sozialpädagogischen Denkens. Die Sozialpädagogik hat sich – bis weit in die zweite Hälfte des 20. Jahrhunderts hinein – nie in ihrer kulturellen Homogenitätsidee irritieren lassen. Dabei war die Sozialpädagogik und Sozialarbeit seit dem 19. Jahrhundert immer auch mit Migrationsfragen konfrontiert: Der deutsche Caritasverband z.B. ist auch im Kontext der Arbeiterwanderung aus Italien entstanden und die Gemeinwesenprojekte von Friedrich Siegmund Schulze in Berlin-Ost zu Beginn des 20. Jahrhunderts sind ebenso ein eindrucksvolles Indiz.

Insgesamt hat die Sozialpädagogik und Sozialarbeit im 20. Jahrhundert die Migration „auf sich zukommen lassen" und lediglich versucht, ihr im Kontext sozialstaatlicher Vorgaben in ihrem institutionellen Gefüge gerecht zu werden. Die Migration ist in der deutschen sozialpädagogischen Diskussion nur als ein Sonderproblem behandelt worden. Deshalb ist es nicht verwunderlich, dass es in Deutschland keine Theorie der Sozialpädagogik gibt, die systematisch von der Einwanderungsgesellschaft und entsprechenden interkulturellen Konstellationen ausgeht, obwohl die Migration inzwischen in vielem exemplarisch für die Thematisierung sozialpädagogischer Herausforderungen ist und als Nagelprobe für die Sozialpädagogik heute gelesen werden könnte (vgl. zum Folgenden: Schröer/Sting 2004).

Auch Migration wird nicht länger unter dem Aspekt der Arbeitskräftebedarfsregulierung – wie in einer tendenziell vollbeschäftigten Gesellschaft – gesehen, sondern nur noch – selektiv – unter dem Gesichtspunkt eines abrufbaren im eigenen Lande nicht mobilisierbaren *Humankapitals*. Die bisherige Migrationspolitik dagegen orientierte sich wie die Bildungspolitik daran, dass der Staat die Migration über den Arbeitskräftebedarf steuern und kontrollieren könne. Die Pädagogik war – unter dem kritischen Motto, dass Arbeitskräfte geholt worden und Menschen gekommen sind – gleichsam mit der Humanisierung der Migration betraut und konnte ihre Zuständigkeit darin einfordern und legitimieren.

Wenn nun aber nicht mehr der Arbeitskräfte-, sondern der Humankapitalansatz die Migrationspolitik bestimmt, steht nicht mehr das Problem, welche Beschäftigungslücken aufgefüllt werden, sondern die Frage im Vordergrund, welches

Humankapital der Einzelne ins Land bringen kann, um die hiesige Ökonomie zu stärken: Er/Sie muss entweder Kapital in einer bestimmten Mindesthöhe mitbringen bzw. nachweisen können, dass er/sie Arbeitsplätze schafft oder über eine besondere Qualifikation in einer Zukunftsbranche verfügt. Während bei der Arbeitskräfteregelung Arbeitskraft und Person getrennt gesehen wurden (Personenrechte mussten eingeklagt werden), werden nun Bürgerrechte im Idealtypus nur für diejenigen gewährt, die entsprechendes Humankapital mitbringen.

Damit steht die Soziale Arbeit in einem brisanten politischen Kontext. Hatte sie zuvor die Rückendeckung des Sozialstaates, der den sozialintegrativen Rahmen für die Ökonomie des Arbeitskräftebedarfs bereitstellte, kann sie sich nun nicht mehr auf den Sozialstaat verlassen. Die Sozialpädagogik und Sozialarbeit gerät in eine gesellschaftliche Randposition und ist darin, vom Sozialstaat nicht mehr gehalten, gleichsam auf sich selbst verwiesen. Auch hier stellt sich die Frage, wie sie ihre Position in dieser neuen Situation begründen und gesellschaftlich rückbinden kann.

In die Migration haben die Entgrenzungstendenzen des digitalen Kapitalismus ökonomisch, sozial und kulturell eine Dynamik gebracht, die die interkulturellen Spaltungen und die damit verbundenen Probleme sozialer Ungleichheit und Segregation gleichzeitig sichtbar und unübersichtlich machen. Menschen mit Migrationshintergrund pochen auf ihre Rechte, widersetzen sich ethnisch-kulturellen Eingrenzungen und werden als eine Sozialgruppe öffentlich, an der sich die sozialen Spaltungen des neuen Kapitalismus und die Gefährdungen der sozialen Rechte exemplarisch für die ganze Gesellschaft zeigen. In der Sozialpädagogik und Sozialarbeit wird in diesem Zusammenhang vornehmlich eine Anerkennungskultur gefordert, die die interkulturell freigesetzten Lebensformen und Kompetenzen gelten und sich entwickeln lässt. Diese Forderung bricht sich aber bereits an jener psychodynamischen Konstellation, in der die einheimische Bevölkerung angesichts der eigenen Unsicherheiten über die Zukunft der Beschäftigung und der sozialen Sicherung ihre Bewältigungsprobleme und Ängste auf die Migrantinnen und Migranten abzuspalten sucht, so wie es den Paradoxien der gegenwärtigen kapitalistischen Entwicklung entspricht: Einerseits setzen die national- und sozialstaatlichen Entgrenzungen im Zuge der Globalisierung den Diskurs über die Einwanderungsgesellschaft frei, gleichzeitig erzeugt dies bei Teilen der einheimischen Gesellschaft, gleichsam in einem „Sog von unten", Angst und Abwehrhaltungen aus der eigenen bedrohten Position heraus, die wiederum auf die Migrantinnen und Migranten projiziert werden. So sehr dies den allgemeinen Strukturen entsprechend allgemeine Probleme der europäischen Gesellschaft sind, so zeigt sich darin doch, – aus ihrer so verhängnisvollen einheitskulturellen Tradition heraus – auch ein spezifisch deutsches Profil.

So konnten sich in einigen anderen Ländern – trotz aller Diskriminierungen – die ethnischen Konflikte immer wieder subkulturell lösen und damit die Eigenart „fremder" Lebensformen im eigenen Land nicht richtig zur Bedrohung werden. Dagegen fehlt in Deutschland – wie aber auch in anderen europäischen Gesellschaften – dieses subkulturelle Verständnis und die damit verbundene interkulturelle Gelassenheit. Entsprechend wurde auch in Deutschland der subkulturelle Ansatz erst spät rezipiert (vgl. Treibel 1990). Schließlich sind es nur wenige Länder, die wie Deutschland so ausgeprägt ethnisch-kulturalistisch sind.

Es ist auch in der Sozialpädagogik und Sozialarbeit kaum etabliert an den sozialen Rechten der Menschen mit Migrationshintergrund entlang zu argumentieren (vgl. Cyrus 2003). Vielfach ist darauf aufmerksam gemacht worden, dass diese soziale Dimension gerade in Deutschland dadurch unterschlagen wird, dass die kulturalistischen Definitionen und Interpretationen im Vordergrund stehen und so verdecken, dass es sich bei der Migration um eine Zone sozialer Ungleichheit, Unterschichtung und Armut handelt. Aus sozialen Problemen werden hierzulande Kulturprobleme gemacht und damit die Migrationspädagogik in die Rolle einer „cooling-out" Agentur gedrängt.

Die sozialstrukturelle Argumentation kann aber gleichzeitig die interkulturellen Dynamiken nicht aufheben (vgl. Schiffauer 1997). Notwendig ist eine *reflexive* Migrationsperspektive (vgl. Hamburger 1999), also eine Pädagogik, die die Migration ebenso vor dem Hintergrund ihrer sozialstrukturellen Bedingtheit thematisiert, wie ihre ideologiekritische Aufmerksamkeit darauf richtet, dass der kulturalistische Blick Stereotype erzeugt, indem er reale Lebenswirklichkeiten von Menschen mit Migrationshintergrund und eigene kulturelle Abwehrdefinitionen miteinander vermischt. Die Rechtspositionen brechen sich an den kulturalistisch verdeckten sozialen Benachteiligungen genauso wie an den interkulturellen Ideologien.

Menschen mit Migrationshintergrund sind häufig diesem Bewältigungskontext ausgesetzt (vgl. Gemende 2002). So geraten Jugendliche der dritten Generation mitunter in eine Bewältigungsfalle: In einer entgrenzten Arbeitsgesellschaft scheint für sie alles offen und *gleichzeitig* alles verwehrt. Situationen struktureller Hilflosigkeit werden erzeugt, in denen manche dieser Jugendlichen auf aggressive und autoritäre Bewältigungsmuster zurückgreifen (vgl. Tertilt 1996). Darin unterscheiden sich die Bewältigungsmuster nicht von denen einheimischer Jugendlicher. So haben die Tendenzen der Entgrenzung der Arbeitsgesellschaft in dieser Hinsicht die Probleme von Jugendlichen mit Migrationshintergrund und die einheimischer Jugendlicher ähnlicher gemacht als zuvor. Die Randgruppensituation löst sich sozialstrukturell auf, wird aber kulturell und institutionell aufrechterhalten. Von hier aus gerät das Bewältigungsverhalten von Menschen mit Migrationshintergrund in einen anderen Blick: Nicht mehr so sehr die Frage, welche kulturellen Integrationsprobleme sie haben, sondern wie und ob sie sich im arbeitsgesellschaftlichen Wandel anders zurechtfinden als die Einheimischen, tritt für die Pädagogik stärker in den Vordergrund.

Hamburger (1999) hat in diesem Zusammenhang die Menschen mit Migrationshintergrund angesichts der multiplen Bewältigungsleistungen, die sie erbringen, als paradigmatisch für Modernität beschrieben. So wie sie Entgrenzungen in ihren interkulturellen Dynamiken, die keine abgrenzbaren Subkulturen sind, erleben, mit unterschiedlichen Identitäten spielen und eigene Netzwerke aufbauen müssten, erfüllten sie die psychosozialen Anforderungen, die sich aus dem arbeitsgesellschaftlichen Wandel ergeben. Hamburger dreht damit den herkömmlichen Ansatz der Pädagogik – der in der Perspektive nachholender, an Defiziten orientierter Modernisierung steht – radikal um.

So notwendig aber dieses Gegenbild als Provokation ist, so ist es dennoch problematisch: Es läuft Gefahr, nicht nur zur positiven Stigmatisierung beizutragen, sondern sich auch im Alltag der Beziehungen zwischen Einheimischen und Migranten mit traditionellen Etikettierungen brisant zu vermischen. Zudem kann dieses Bild die alltäglichen Bewältigungsprobleme verdecken und ein spezifisches Modell der Lebensführung aus der Vielschichtigkeit und Widersprüchlichkeit des Alltags herausfiltern, um es als postmoderne Sozialform zu präsentieren, ohne dass die sozialen und sozialstrukturellen Bedingungen gegeben sind, die es über die Bewältigungskonstellationen des Einzelnen hinaus tragfähig werden lassen. So rücken dann eher die bürgerlichen Kulturmigranten ins Blickfeld, die „Wanderer zwischen den Welten“ mit ihren transnationalen Kompetenzen. Sie aber hat die Sozialpädagogik und Sozialarbeit weniger im Blick, sie sind unter ihren Adressaten nicht vertreten – außer in der Figur des Sozialpädagogen oder der Sozialpädagogin mit Migrationshintergrund, der/die in der praktischen Migrationssozialarbeit eine wichtige intermediäre Rolle spielt, ja oft Vorbildfunktion für die Jugendlichen besitzt.

Jenseits der sozialpädagogischen Szene aber gibt es im globalisierten Kapitalismus zwei Gruppen, die in transnationalen Räumen verortet werden können: Einerseits der multikulturelle Managementtyp mit ausgeprägten transnationalen Kompetenzen neuer ökonomischer ‚Produktivkraft‘ und andererseits die Menschen ohne Aufenthaltsrechte, die mitunter als neue Wanderarbeiter (vgl. Roth 2003) in der stark institutionalisierten deutschen Sozialen Arbeit nicht wahrgenommen werden. Darum macht es für den sozialpädagogischen Diskurs durchaus Sinn, die Kompetenzentwicklung in transnationalen Räumen zu thematisieren, wenn es im Sinne eines *Möglichkeitstyps* verstanden wird. So ist im Migrationsstatus das Vermögen angelegt, interkulturell und transnational zu agieren. Dieses Vermögen aber muss entwickelt werden können. In Deutschland sind aber die sozialstrukturellen und gesellschaftspolitischen Voraussetzungen dafür für die Mehrheit der Menschen mit Migrationshintergrund nicht gegeben. Erst wenn unsere Gesellschaft sich als Einwanderungsgesellschaft mit entsprechend bürgerrechtlichen Konsequenzen begreift, können sich subkulturelle Strukturen gleichzeitig so integrativ und doch kulturdynamisch ausbilden, dass es mehr Menschen mit Migrationshintergrund als bisher schaffen können, jene Kompetenzen auszubilden, die traditionell den bürgerlichen „Kulturmigranten" zugeschrieben werden.

Entsprechend ist eine handlungsbezogene und gesellschaftlich rückgebundene sozialpädagogische Theorie der Migration *als Theorie der Sozialpädagogik* notwendig. Eine solche Theorie könnte auf den gesamten sozialpädagogischen Diskurs ausstrahlen (vgl. Schröer/Sting 2004). Das Feld der Migrationsarbeit ist – wie sie in der jüngsten Zeit auch im Rahmen des Diversitätsansatzes thematisiert wird (vgl. Hormel/Scherr 2004) – exemplarisch für die Vielfältigkeit von Lebenserfahrungen jenseits des verengten schulischen und beruflichen Lernkonzepts: Spezifische Formen des informellen Lernens in interethnischen Zwischenwelten charakterisieren die Alltagswelten mit ihren dynamischen Lernkulturen und verlangen Formen der Vermittlung von Bewältigungs- und Kompetenzperspektiven, wie sie die Bildungsaufgaben der Sozialpädagogik und Sozialarbeit in Zukunft bestimmen werden. Zudem ist das Feld der Migrationsarbeit mit seinen Netzwerken der Selbstorganisation, der Zusammenarbeit mit Nichtregierungsorganisationen und aktiven Bürgern schon heute ein Experimentier- und Erfahrungsfeld einer bürgergesellschaftlichen Sozialpädagogik.

2.11 Die sozialräumliche Perspektive in der Sozialpädagogik

Dass die räumliche Öffnung eine zentrale und weiterführende Arbeitsperspektive in den Aufgabenfeldern der Sozialpädagogik und Sozialarbeit ist, wurde im Vorausgegangenen immer wieder deutlich. Sozialraumorientierung bedeutet zum einen die Öffnung der Institutionen in die räumliche Umwelt hinein dergestalt, damit die Menschen so angenommen und aktiviert werden, wie sie dort anzutreffen sind. Georg Simmels klassische Bestimmung des Sozialraums, die bis heute die sozialwissenschaftliche Diskussion prägt (vgl. Löw 2001), dass nicht die territoriale Qualität des Raumes an sich, sondern die Bedeutungen, die ihm der Mensch gibt, das „Sozialräumliche" ausmachen, gilt für die sozialpädagogische Perspektive besonders. Das „Sozialräumliche" verweist in unserem Zusammenhang auf eine zentrale Dimension von Lebenswelt, auf den erfahrenen und erlebten Raum, als Medium der subjektiven Bewältigung wie der sozialen Aktivierung. In diesem Sinne wird über das pädagogische Konzept der „räumlichen Aneignung" (vgl. Deinet/Reutlinger 2004) eine zentrale Entwicklungs- und Bewältigungsdimension vor allem des Kindes- und Jugendalters aufgeschlossen (vgl. Baacke 1980; Bronfenbrenner 1981). Segregation und Verhäuslichung bezeichnen dabei die regressiven Elemente sozialräumlicher Dynamik, Erweiterung sozialer Spielräume und ihre Vernetzung den offensiven Aspekt. Dass die sozialräumliche Orientierung in der Sozialpädagogik und Sozialarbeit mit den Entgrenzungstendenzen vor Ort gleichsam freigesetzt worden ist, steht in unserer Argumentation vor dem gängigen Methodendiskurs. Denn gerade dieser Zugang öffnet den Blick dafür, dass es eine sozialräumliche Dynamik gibt, die typische Ambivalenzen erzeugt: Indem mit der Schwächung des Sozialstaats soziale Konflikte sich „in den lokalen Raum verschieben", liegen öffnende und schließende, erweiternde und verengende Effekte nahe beieinander. Darin ist die Sozialpädagogik und Sozialarbeit gleichsam gefangen, denn mit der Verräumlichung sozialer Konflikte (vgl. Kessl/Otto 2004) kann sie diese nicht sozialtechnologisch umgehen, sondern muss sich zwangsläufig mit ihnen auseinander setzen.

Von ihrer Geschichte her ist die Sozialpädagogik und Sozialarbeit von drei Seiten auf den Raum gestoßen. Zum *Ersten* war die Jugendfrage als Kernproblem der Sozialpädagogik und Sozialarbeit eng mit dem Jugendraum und vor allem auch der Straße verknüpft. Zum *Zweiten* haben Sozialpädagogik und Sozialarbeit früh ihre Arbeit im Kontext der lokalen Strukturen von Stadtteilen und Städten praktiziert, um hier Ressourcen zu aktivieren und die eigenen Angebote in ihnen zu verorten. Zum *Dritten* war die administrative und professionelle Soziale Arbeit immer schon sozialräumlich organisiert.

Jugend ist durch ein typisches Kriterium sozialkultureller Differenzierung gekennzeichnet: Sie zeigt ein subkulturelles Sozialverhalten und hat ein stark auf die Gegenwart hin orientiertes Zeitverständnis. In dem diese Bedürfnisse sich in Familie und Bildungsinstitutionen nur sehr bedingt entfalten können, ist Jugend auf Räume außerhalb der Institutionen verwiesen (vgl. Deinet/Krisch 2002). Die Straße ist der Raum solcher institutioneller Regelung und Kontrolle entzogenen Lebensmöglichkeiten. Mit der Straße verbindet sich traditionell das Bild räumlicher Auffälligkeit, wer hier „rumhängt“, verhält sich eher abweichend. Straße wird zum Fixpunkt von Etikettierungsprozessen auffälligen Verhaltens. Eine traditionelle außerschulische Jugendpädagogik hatte deshalb die Aufgabe, räumliche Auffälligkeit zu mediatisieren und zu kanalisieren, also ihre Kriminalisierung zu verhindern. Die traditionelle öffentliche Erwartung, Jugendarbeit sei dazu da, Jugendliche „von der Straße zu holen“, fand so – und findet bisweilen noch heute – in der Pädagogik ihren fachlichen Niederschlag. Die früheren Freizeitheime und Häuser der offenen Tür hießen in den 1950er Jahren in Westdeutschland „überdachte Straßenecken“. Straße aber kann nicht nur so im Paradigma von Auffälligkeit und Kontrolle gesehen werden, sie ist vor allem auch Gelegenheitsraum. Jugendliche zieht es auf die Straße, auch wenn die Jugendarbeit Freizeit, Räume und Angebote bereithält. Auf der Straße sind Jugendliche öffentlich, hier können sie ihre Kultur sozial zelebrieren. Dies hängt auch damit zusammen, dass die Straße – im Zug der zunehmenden Urbanisierung unserer Lebensverhältnisse – toleranter geworden ist. Sie wird zum tolerierten Ort der Gleichaltrigenkultur und gleichzeitig damit auch ein Raum, in dem Jugendliche Risikoverhalten erproben und in Risikozonen geraten können. Heutige Straßensozialarbeit in solchen Risikozonen sucht im Lebensraum Straße die Voraussetzung zum elementaren Überleben zu sichern, Räume als Schutz und Treff zu organisieren und – von da aus – Optionen für andere Lebensformen zu öffnen. Auseinandersetzungen – auch politisch orientierte – über Gesellschaftsbilder und Lebensmuster können sich damit verbinden.

Die Rehabilitation der Straße in der Jugendpädagogik begann, als man – schon Anfang der 1930er Jahre (Muchow/Muchow 1935) – erkannte, dass Kinder und Jugendliche in ihrer Identitätsentwicklung maßgeblich auch von den Möglichkeiten räumlichen Aneignungsverhaltens bestimmt sind. Ihr Erfahrungsraum öffnet sich vom familialen Nahraum zur Nachbarschaft, zum Viertel und zur lokalen Öffentlichkeit. In der Aneignung der unterschiedlichen räumlichen Gelegenheitsstrukturen ergeben sich spezifische Erfahrungs- und Lernszenen sowie – im Durchgang durch die unterschiedlichen Sozialräume – je individuelle sozialräumliche Erlebnisstrukturen. Der Zusammenhang zwischen Raumaneignung, Sozialverhalten und Identitätsbildung kann zwar heute nicht mehr nur im Bild einer stufenweisen, konzentrischen Erweiterung gesehen werden – die Kinderforschung redet von der „Verinselung" (vgl. Zeiher/Zeiher 1984) der Aneignungsorte – , bleibt aber im Prinzip bestehen und ist am deutlichsten im Jugendalter ausgeprägt. Peergroup und Clique geben dem Raum seine soziale Gestalt, hier werden Abgrenzung und Zugehörigkeit geformt. Die Gleichaltrigenkultur ist vornehmlich eine territoriale Aneignungskultur, inzwischen zunehmend auch für Mädchen.

Sozialräumliche Konstellationen bestimmen die Sozialpädagogik und Sozialarbeit auch über die Jugendfrage hinaus in einer sozialstrukturellen Dimension. Die Geschichte der räumlich orientierten Sozialpädagogik und Sozialarbeit zeigt, dass sie immer wieder Probleme und Konflikte aufgegriffen hat, die sich aus der Verräumlichung gesellschaftlich-ökonomischer Entwicklungen ergaben. Die *settlement*-Bewegung des ausgehenden 19. Jahrhunderts agierte in Zonen der Migrantenprobleme und der Armut in der Inszenierung und Unterstützung von Bürgeraktivitäten und gezielter eigener Angebote. Die Gemeinwesenarbeit der 1970er Jahre des vorigen Jahrhunderts agierte in sozialen Brennpunkten und den im Zusammenhang der Funktionalisierung von Städten entstehenden neuen Sanierungsgebieten und segregierten Trabantenstädten, z.B. in Kooperation mit Mieterinitiativen. Die „disruptiven" Konzeptionen der Gemeinwesenarbeit verstanden sich als konfliktorientierte, lokalpolitische Initiativen zur Aktivierung eines politischen Gemeinwesens. Die heutige Sozialpädagogik und Sozialarbeit sieht sich mit Konsequenzen neuer ökonomisch bestimmter Entwicklungen konfrontiert, die die Stadt als Ganzes betreffen.

Die Intentionen einer sozialraumorientierten Sozialpädagogik verbinden sich mit Arbeitskonzepten, die aus einer weiteren – der *dritten* – Tradition der Sozialpädagogik stammen: Sie war und ist in Verwaltungs- und Versorgungs*bezirken* räumlich organisiert. Aus der alten, lokalen organisierten Armenpflege stammend ist die Zuständigkeit für soziale Probleme bis heute kommunal und regional bestimmt. Im kommunalen Rahmen hatte sich eine spezialisierte Angebotsstruktur in verwaltungstechnisch zusammengefassten Einheiten entwickelt. Wir können – im übertragenen Sinne – von einer „institutionellen Aneignung" des Raumes sprechen und davon, dass wir es mit einer räumlichen Dimension des Institution-Lebenswelt-Konflikts zu tun haben, aus dessen Thematisierung heraus sich ja auch die „innere" methodische Perspektive sozialräumlichen Denkens in der Sozialpädagogik und Sozialarbeit entwickelt hat. Die zunehmende Spezialisierung und abstrakte Vermessung der Angebote und die Kritik an der damit gegebenen Unüberschaubarkeit und lebensweltlichen Distanz führte zur institutionellen Öffnung und Konzepten einer räumlichen Organisation der Sozialpädagogik und Sozialarbeit. Traditionell zentral angesiedelte Dienstleistungen werden regionalisiert und in regional bestimmten Kooperations- und Vernetzungsmustern organisiert. Arbeitsmuster integrierter und flexibler Hilfen, Jugendhilfestationen, Sozialstationen oder Vernetzungen der Hilfen unter einem Dach oder aus einer Hand repräsentieren solche Ansätze, die sich aus den regionalen Gegebenheiten heraus entwickeln (vgl. Köngeter u.a. 2004 und im Überblick: Koch/Peters 2004).

Der sozialräumliche Schlüsselbegriff, mit dem in diesen Zusammenhängen operiert wird, ist der des *Netzwerks*. Dabei hat sich ein historischer Diskurs entwickelt, in dem zwischen „unechten" Netzwerken als bloßen institutionell-organisatorischen Kooperationsgeflechten und „echten" Netzwerken, die an dem Bewältigungsverhalten der Menschen und seiner sozialpolitischen Transformation orientiert sind, unterschieden wird. Die Sozialpädagogik und Sozialarbeit ist in diesem Sinne Teil und nicht Mittelpunkt lokaler Netzwerke, seien es nun sichtbare von Bürgern her aktivierte, oder „unsichtbare", wie sie sich in der Verknüpfung von psychosozialen Problemlagen und alltäglichen Bewältigungsstrategien der Betroffenen in mittelbaren Ausdrucksformen (z.B. Segregation, soziale Brennpunkte) darstellen.

Netzwerkorientierung

Wenn wir im Folgenden immer wieder das Netzwerkkonzept für die Neuorientierung sozialpädagogischen Denkens herausheben, dann meinen wir damit mehr als nur ein Verfahren der Koordination von Organisationen und Einrichtungen, sondern eine intermediäre Vergesellschaftungsform mit regionaler Reichweite. Indem Netzwerke an die lokale Veröffentlichung lebensweltlicher Bewältigungsprobleme rückgebunden sind, können in ihnen sozial benachteiligte Gruppen und übergangene soziale Themen zum Zuge kommen (vgl. Munsch 2003). In Netzwerken sind außerinstitutionelle soziale Kräfte in eigener Initiative, aber auch in der Beziehung zu institutionellen Kontexten auf ein gemeinsames regionales sozialpolitisches Ziel hin gebündelt. Netzwerkpotenziale sind also nicht einfach vorhanden, sondern müssen aktiviert werden. Dies gilt besonders für den institutionellen Bereich: Institutionelle Kontexte sind eben nicht automatisch Netzwerkkontexte. Netzwerkpotenziale in Institutionen können sich erst in Auseinandersetzungen mit netzwerkgenerierenden Bewegungen – meist konflikthaft – formieren. Dies bedeutet für die Kinder- und Jugendhilfe und Sozialarbeit, dass sie sich als Teil und Akteur innerhalb regionaler Netzwerke immer erst neu bestimmen muss. Dies kann sie z.B. nur, wenn sie ihre Klienten als Bürger anerkennt, denn der Bürgerstatus stellt das Korrelat zum Netzwerkstatus dar. Dies geht über die organisationelle Perspektive der sozialräumlichen Öffnung sozialpädagogischer Einrichtungen und der lebensweltlichen Integration sozialer Hilfen hinaus.

In den gegenwärtigen sozialpolitisch-bürgergesellschaftlichen Diskursen wird der Netzwerkbegriff inzwischen nicht nur inflationär, sondern aus unterschiedlichen Interessenlagen heraus definiert und politisch besetzt. Zwischen dem Netzwerkverständnis als pragmatischen Verfahren und innovationspolitischen Mythos hat sich heute ein weites Kontinuum der Adaption und Funktionalisierung aufgetan. Dabei zwingt vor allem die gesellschaftspolitische und ökonomische Inanspruchnahme des Netzwerkkonzepts die Sozialpädagogik dazu, sich von der Vorstellung zu verabschieden, man könne den Netzwerkbegriff nur sozialpragmatisch gebrauchen, das heißt, im Sinne des social-support-Ansatzes – als „Brücke zwischen den Beteiligten der primären sozialen Umgebung von Menschen und ihren Beziehungen zu den weitergehenden sozialen Gemeindestrukturen" (Nestmann 1989, S. 109) eingrenzen.

In diesem Zusammenhang ist die gegenwärtige Theoriediskussion gespalten. Auf der einen Seite wird von der politökonomischen Kritik des Netzwerkoptimismus darauf verwiesen, dass Netzwerke längst ökonomisch-gesellschaftlich funktionalisiert würden. Sie entwickelten sich gleichsam komplementär zu den ökonomischen Strategien der Privatisierung, der Regulierung und Informalisierung des Sozialen und der Politik und würden von daher zu Ausfallsystemen eines erodierenden Sozialstaates und zum Einfallstor neoliberaler Steuerungsmuster, indem sie – als Netzwerkmythen – die neuen Flexibilisierungsprozesse legitimierten (vgl. zu dieser Kritik ausführlich Raithelhuber 2005). Auf der anderen Seite werden Netzwerkaktivitäten dort als eigene, lebensweltlich rückgebundene intermediäre Kräfte gesehen, wo sie die Basisstruktur sozialer Bewegungen und Initiativen bilden und den Tendenzen einer systemischen ‚Kolonialisierung' der Alltagswelten (Habermas) in der Verdichtung lebensweltlichen Eigensinns und Widerstands entgegenwirken können (Mackensen 1985). Angesichts eines schwächer gewordenes Sozialstaates gelten Netzwerke als Chancen zur Entwicklung einer intermediären Wohlfahrtsstruktur, in der sich die Balance zwischen sozialer Kontrolle und sozialer Aktivierung lebensweltlich formieren und der Sozialstaat regulative Impulse erhalten kann (vgl. Opielka 2003). Schließlich hat sich die Frauenbewegung in ihrer Care-Perspektive den Netzwerkzugang dergestalt zu Eigen gemacht, dass sie auf einer entsprechend weiblichen Konnotation insistiert: Netzwerke funktionieren nur auf der Basis gegenseitiger Empathie und reproduktiver Impulse und seien damit auch Resultate weiblicher Reproduktionsarbeit. Dies spiegelt sich auch in den empirischen Befunden zum bürgerschaftlichen Engagement in Deutschland wider, nach dem Männer in ihrem Engagement eher positionsfixiert sind, während weibliches Engagement sich viel mehr in Beziehungsnetzwerken ausbildet (vgl. Enquête-Kommission 2002).

Die Netzwerkdiskussion bewegt sich also in der Spannung zweier Diskurswelten. Daraus wird deutlich, dass Netzwerke soziale Konflikte nicht aufheben, sondern selbst in eine gesellschaftliche Konfliktsphäre eingebunden sind und damit im Spannungsfeld des übergreifenden bürgergesellschaftlich-sozialpolitischen Diskurses stehen. Von da aus ist auch zu thematisieren, ob und wie sich aus ihnen soziale Gegenmacht entwickeln kann, wenn sie sich nicht in der Funktion von cooling-out-Kontexten erschöpfen sollen.

Diese Strategien der sozialräumlich strukturierten Institution-Lebenswelt-Balance werden heute zweifach durchkreuzt: zum Einen durch die Tendenz zur *Verräumlichung sozialer Konflikte* (vgl. Kessl/Otto 2004) und bisher vornehmlich auf sozialstaatlicher Ebene bearbeiteter sozialer Probleme und zum Zweiten durch die *Ökonomisierung des kommunalen Raums* unter dem Druck einer international dynamisierten Standortkonkurrenz. Städte sehen sich zunehmend überfordert, ihre Integrationsaufgaben einzulösen Der Ökonomisierungsdruck begünstigt neue soziale Segregationen und provoziert – im Spagat zwischen sozialer Integrations- und ökonomischer Standortorientierung – eine „Spaltung“ der Städte (vgl. Dangschat 1999), mit der Folge, dass nicht mehr von sozialer Gestaltung städtischer Räume, sondern von sozialer „Befriedung“ gesprochen wird. So entstehen „Problemcontainer“, die die soziale Segregation nur bestätigen. Die sozialen Probleme und die „problematischen“ Sozialgruppen werden verdeckt und ausgegrenzt (vgl. Reutlinger 2003).

In diesen Sog der Befriedung, d.h. der räumlichen Verdeckung und Besonderung sozialer Konflikte und ihrer lebensweltlichen Bewältigungsdynamik wird auch die Sozialpädagogik und Sozialarbeit hinein gezogen. Dem versucht sich der Fachdiskurs durch neue Formen institutioneller Raumaneignung – nun sozialtechnologisch formuliert (Sozialraum als Verwaltungsraum) – zu entziehen. Jenseits dieser verengten Arbeitskonzepte und ihrer Preisgabe eines sozialpädagogischen/sozialpolitischen Ansatzes verdichten sich Verdeckung und Ausgrenzung sozialer Probleme schließlich in jenem Mythos des Sozialraums, in dem – gleichsam oberhalb der gegebenen Problemzonen – im Horizont bürgerlich-gesellschaftlicher Lebensstrategien die Ressourcen der Selbstzuständigkeit in Stadt und Stadtteil beschworen und aktiviert werden, um als Indiz von Privatisierung sozialer Probleme und Ausweis bürgerschaftlich-sozialräumlicher Leistungsfähigkeit, gegen die Notwendigkeit professionell-institutioneller Hilfen ausgespielt zu werden.

Aus diesen Aporien kann eine sozialraumorientierte Sozialpädagogik und Sozialarbeit nur herausfinden, wenn es ihr gelingt, im Horizont der gegebenen Probleme die sozialpädagogischen und bürgerschaftlichen Ansätze auf einander zu beziehen und in sozialpolitische Spannung zu setzen, um darin das Faktum der Entgrenzung als Chance zu nutzen. Dazu ist es notwendig, den gängigen Ansatz gleichsam zu drehen und nicht mehr von den Angeboten und ihrer Verankerung in Stadt und Stadtteil auszugehen, sondern – umgekehrt – von Stadt und Stadtteil und den für ihre Bürger sich stellenden Bewältigungsproblemen und den ihnen verfügbaren Bewältigungsressourcen (vgl. Langhanky u.a. 2004). In Mütterzentren, Stadtteilbüros oder Kinder- und Jugendzentren bilden sich aus je unterschiedlichen Voraussetzungen – in einer Bürgerinitiative, einem Problemgruppen bezogenen freien Ansatz, einer Jugendhilfeeinrichtung oder auch einer Organisationsstruktur in einer Kirchengemeinde – neue soziale Netze. Der offene, für alle einladende Treff zu Austausch, Information und Beratung (unter Umständen auch zur Vermittlung an spezielle soziale und medizinische Angebote) verbindet sich mit der Strukturierung – also der Unterstützung und Initiierung – eines vielfältigen und projektorientierten offenen Verbundes z.B. für jugendkulturelle Unternehmungen, für Eltern und Alleinerziehende in ihren Lebens- und Erziehungsfragen genauso wie für Senioren. Die Offenheit der Angebotstruktur äußert sich dabei sowohl in der Vielgestaltigkeit von Arbeitsformen zwischen Engagierten, Betroffenen und Professionellen als auch in dem Bürgerstatus der Adressaten jenseits des für die Soziale Arbeit konstitutiven Klientenstatus.

3. Die Zukunft der Sozialpädagogik im Legitimationsrahmen sozialer Gerechtigkeit

Nach diesem Durchgang durch wichtige sozialpädagogische Problemkonstellationen unter dem Aspekt der ‚doppelten Entgrenzung' – sowohl der sozialen Problemdefinitionen als auch der institutionellen Zuständigkeiten – wollen wir nun versuchen, eine diese Entgrenzungen „gleichsam magnetisierende" Diskursperspektive für die Zukunft der Sozialpädagogik und Sozialarbeit zu entwickeln. Eine solche zentrale Perspektive als principium medium (Karl Mannheim) der industriegesellschaftlichen/sozialstaatlichen Entwicklung, finden wir im Grundprinzip der sozialen Gerechtigkeit, das wir im Sinne von ‚Zugangsgerechtigkeit' sozialpädagogisch operationalisieren und gesellschaftlich neu bewerten. Dabei wollen wir nicht nur die sozialtechnologischen Strategien des neuen Kapitalismus in ihrem Ökonomisierungszwang in ein kritisches Verhältnis zum lebensweltorientierten Ansatz stellen, sondern auch zeigen, wie die Prinzipien sozialer Gerechtigkeit wie auch die Bewältigungskonstellationen heute modernisierungsökonomisch ‚gedreht' werden. Deshalb suchen wir nach einer Neuverortung des Prinzips sozialer Gerechtigkeit, wobei uns ein bewältigungspolitisch akzentuiertes Modell der Vernetzung sozialpolitischer und *zivilgesellschaftlicher* Programme geeignet erscheint. Gleichzeitig bietet sich – aufgrund der weiter anhaltenden strukturellen Schwäche der nationalen Sozialstaaten – der europäische Wohlfahrtsdiskurs als Rahmen für die Diskussionen zur zukünftigen gesellschaftlichen Entwicklung der Sozialpädagogik und Sozialarbeit an.

Bürgergesellschaft

In der Idee der Bürgergesellschaft oder Zivilgesellschaft werden seit Ende des 20. Jahrhunderts weiter zurück reichende demokratische und bürgerschaftlich-liberale Konzepte unter neuen Vorzeichen wieder relevant und reichen nun in die Mitte des gesellschaftspolitischen Diskurses in den westlichen Industriegesellschaften hinein. In Deutschland erhofft man sich von der Bürgergesellschaft eine politische Antwort auf die Krise des Sozialstaates gegen die Erstarrung der politischen Institutionen im Spagat zwischen ökonomischem Standortdruck und sozialen Integrationsanforderungen. Vor allem wird – angesichts einer konstatierten Entfremdung zwischen der Politik und dem Alltag der Bürger, die im Staat nicht mehr den selbstverständlichen Garanten für Arbeit und soziale Sicherung sehen – ein historisch neuer Partizipationsschub erwartet: Nicht mehr nur über den Erwerbsarbeits- und davon abgeleiteten Familienstatus sollen die Bürger fürderhin ihre Rechte und Mitwirkungschancen erhalten, sondern über einen universalen Bürgerstatus, der allen herkömmlichen Beteiligungs- und Versorgungskonstellationen übergeordnet sein soll.

Für die Sozialpädagogik und Sozialarbeit ist vor allem die sozialstaatskritische Komponente des bürgergesellschaftlichen Konzepts relevant. Der Sozialstaat war die historische Antwort auf die Frage, wie der Industriekapitalismus sozial eingebettet werden kann, Mensch und Ökonomie in ein politisch regulierbares politisches Verhältnis gebracht werden können. Hat die bürgergesellschaftliche Idee heute die Kraft auf den neuen, digitalen Kapitalismus korrigierend einzuwirken? Ist dieser Kapitalismus auf diese Idee angewiesen? Oder erscheint die Figur des Bürgers lediglich als Ausfallbürge für jene sozialstaatlichen Aktivitäten, die der Minderung der angestiegenen Folgelasten der kapitalistischen Entwicklung dienen und entpuppt sich die bürgergesellschaftliche Idee folglich als Ideologie des sozialen Ausgleichs nach unten?

Die der amerikanischen Version der Zivilgesellschaft zugrunde liegende These, im bürgergesellschaftlichen Entwurf stecke ein Ordnungsmodell des neuen Kapitalismus, geht von den einzelnen Bürgern aus, die „von sich aus“ ein sozial-verträgliches „ziviles“ Zusammenleben anstreben. Die Gegenseitigkeit, die die Gemeinschaft schaffen soll, wird nicht über das Gemeinsame, sondern über die Einzelnen hergestellt. Der Respekt vor der Integrität des Anderen (vgl. Honneth 1992) wird so zum kleinsten gemeinsamen Nenner. Die so definierte Gegenseitigkeit ist also nicht mehr sozialpolitisch eingebettet. Diese „Setzung" der Bürgerfigur als politische Figur soll in kommunitären Ansätzen politisch erweitert werden, indem in einer liberalistisch strukturierten Gesellschaft Verträge einer sozial gerechten Gestaltung von den lokalen Gemeinschaften entwickelt werden, um eine Balance von individueller Autonomie und Selbstgestaltung einerseits und gemeinschaftlichen Werten und Projekten andererseits herstellen zu können (vgl. Etzioni 1995). Dabei spielt der Begriff des Sozialkapitals eine grundlegende Rolle (vgl. Putnam 1999). Es wird von einer lokalen Mitte ausgegangen, die der generative Kern dieser gesellschaftsbildenden Gemeinschaften sein soll.

Für die Sozialpädagogik und Sozialarbeit, deren Klientel sich nicht in dieser lokalen Mitte befindet und die weiterhin auf eine sozialpolitisch-übergreifende Hintergrundsicherheit setzen muss, ist an dem bürgergesellschaftlichen Diskurs weniger der Streit um die liberalistische Ideologie, als die Perspektive interessant, wie ein politisch wirksamer Bürgerstatus von denen erreicht werden kann, die aus der Gemeinschaft herausfallen. Aus dieser Perspektive drängt die Sozialpädagogik und Sozialarbeit auf die Notwendigkeit der Verknüpfung von Bürgergesellschaft und Sozialpolitik.

Die derzeitige Situation wird vor der Folie der sozialstaatlichen und -politischen Entwicklung der Sozialen Arbeit der 1960er bis 90er Jahre deutlich. Institutionalisierung und Professionalisierung der modernen Sozialpädagogik und Sozialarbeit hatten sich im Gewährleistungs-, Konflikt- und Gestaltungsraum des Sozialstaates entwickelt. In ihm konnte es in Deutschland zu einer produktiven Verschränkung von Fachdiskursen und praktischer Fachlichkeit im institutionellen Gefüge der Sozialpädagogik und Sozialarbeit und ihren Einrichtungen kommen. Solange der Sozialstaat vor dem Einbruch der Globalisierung und dem radikalen Strukturumbruch der Arbeitsgesellschaft Konflikt- und Gestaltungsspielräume hatte und diese auch als Modernisierungszonen experimentell nutzen konnte, passten die institutionenkritischen Konzepte der Alltagswende und der Lebensweltorientierung als Kern sozialstaatlich rückgebundener Fachlichkeit ins gesellschaftliche Konzept. Die sozialstaatlich gerahmte Soziale Arbeit konnte die Modernisierungsmaxime sozialer Gerechtigkeit und Chancengleichheit über ihre besondere Bildungsfunktion und ihre Aufgabe der „sekundären Integration" (systemtheoretisch formuliert als ‚stellvertretende Inklusion der Exkludierten') mit einer so subjektdefinierten Fachlichkeit einlösen. Lebenswelt- und Bewältigungsorientierung fanden Räume und Umwege der politischen Akzeptanz und gesellschaftlichen Anerkennung in dem Sinne, dass sich Integrations- und Kompetenzperspektiven auch neben der sozialen und kulturellen Normalität entfalten und gesellschaftlich eingebunden werden konnten. Trotz oder wegen aller Konflikte in den Einrichtungen der Kinder- und Jugendhilfe – von den Heimkampagnen über die Jugendzentrumsbewegung bis hin zu den Auseinandersetzungen über das Verhältnis von Erziehung und Strafe in der Jugendgerichtsbarkeit – konnte der Diskurs um die Subjekt- und Lebensweltorientierung sozialpädagogischer Hilfen einer der Antriebsmotoren der sozialstaatlichen Modernisierung werden. Im achten Jugendbericht (1990) fand dieser Entwicklungsprozess mit der Anerkennung des Prinzips der Lebensweltorientierung als Querschnittsprinzip der Jugendhilfe seinen institutionellen Abschluss. Lebensweltorientierung wurde zur Maxime der Fachlichkeit und konnte das Innenleben der sozialpädagogischen Einrichtungen und Projekte gestalten. Dies realisierte sich im Kontext sozialstaatlicher Arbeitsteilung, also in der sektoralen Zuweisung der Bildungs- und Integrationsaufgaben.

Dieses Konzept war in vielem nur Programm und in seinen Intentionen in den verschiedenen Bereichen der Kinder- und Jugendhilfe und Sozialarbeit höchst unterschiedlich stringent realisiert. Die in ihm gestellten Aufgaben aber werden zunehmend unterlaufen. Zugleich ergeben sich im Zeichen des nun dominanten digitalen Kapitalismus neue Schwierigkeiten und Ansprüche in der Lebensbewältigung und in den Anforderungen an Arbeitsfähigkeit im Zeichen der Humankapitalzentrierung. Die Leistungsfähigkeit des Sozialstaats ist geschwächt, die sozialen Probleme werden als öffentliche Aufgabe dethematisiert und somit reprivatisiert. Die Konzepte der Sozialen Arbeit verlieren aber ohne sozialpolitische Rückendeckung ihre gestaltende Kraft. Mit der sozialen Segmentierung der Gesellschaft, wie sie der digitale Kapitalismus vorantreibt, wird der Begriff der sozialen Ungleichheit strukturell ausgehebelt: Die neue Arbeitsgesellschaft zeigt sich als eine individualisierte Chancen- und Risikogesellschaft, in der individuelle Erreichbarkeiten möglich, aber keine Zugänge mehr gewährleistet sind. Damit wird sie dem kollektiven Prinzip sozialer Gerechtigkeit gegenüber zunehmend indifferent.

Wenn aber so soziale Gerechtigkeit als Modernisierungsfaktor in den Hintergrund rückt und soziale Ungleichheit – zumindest implizit – als funktionales Differenzierungskriterium der ökonomisch-gesellschaftlichen Modernisierung propagiert wird, ist die sozialstaatliche Balance nicht mehr gegeben. Der Sozialstaat steht im Sog der Globalisierung und eines neuen – weil national immer weniger regulierbaren – Ungleichgewichts zwischen Kapital und Arbeit. Die Spielräume des Sozialstaates, in denen lebensweltliche Gestaltung möglich und institutionelle Kontrolle als Gewährleistung definierbar ist, schwinden fiskalisch und politisch immer mehr. Die Praxis der Sozialpädagogik und Sozialarbeit ist zunehmend okkupiert von der Anstrengung, den Bestand zu verteidigen. Man sucht sich auf Bereiche zurückzuziehen, die fachlich und institutionell gesichert sind, wie z.B. die Erziehungshilfen, in denen die institutionelle Selbstständigkeit und Zuständigkeit der Kinder- und Jugendhilfe weiter gilt; zumal hier die Aufgaben – demographisch bedingt – z.Z. nicht beliebig eingeschränkt werden können. Andere sozialpädagogische Felder wie die Jugendarbeit, die Jugendberufshilfe, der Beratungsbereich oder die präventiv orientierte sozialräumliche Arbeit, wie sie für eine produktive Weiterentwicklung und Öffnung wichtig wären, geraten unter den Druck von Sparzwängen und wettbewerbsbezogener Profilierung. Man zentriert sich auf Verfahren, die aber unter Rationalisierungs- und Modernisierungsdruck leicht in den Sog der neuen Ökonomie gezogen werden.

Dennoch: Trotz und neben dem Erwartungsdruck gesellschaftlicher Anpassungen, gegen die euphemistisch vordergründigen Formeln von „Fördern und Fordern“ in den Lern- und

Kompetenzprofilen und gegen den Rückgriff auf repressive Interventionen entstehen neue Projekte und Räume für sozialpädagogische Bildungs- und Lernprozesse z.B. im dritten Sektor, vor allem in neuen Beschäftigungsformen und in integrierten Settings der Kinder- und Jugendhilfe. Wir haben im Durchgang durch die einzelnen Problemkonstellationen verfolgen können, wie sich gerade in lokalen Projekten oder in den ungesicherten und darin besonders provozierenden Verhältnissen der neuen Bundesländer Konstellationen bilden, in denen es der Sozialen Arbeit gelingt, auf die Herausforderung der sich entgrenzenden gesellschaftlichen Verhältnisse mit arbeitsfeldübergreifenden und in die Bürgergesellschaft geöffneten Arbeitszugängen zu antworten.

Wir werden diese so widersprüchliche Situation der Sozialen Arbeit in Anlehnung an das Konzept des *principia mediums* strukturieren; wie es Karl Mannheim (1958, S. 209) in seiner historisch-soziologischen Methode entwickelt hat. Im Konzept des *principia medium* bündeln sich die sozialökonomischen, kulturellen und politischen Strömungen einer Epoche als Zeit überspannende Kristallisationslinien und verbinden sich mit ihren immer neuen Gestaltungen im historischen Spiel von Kritik, Umbau, Zerstörung und Neuaufbau. Das Konzept verbindet – in unserer Interpretation – historische Konstanz mit Wandel und Umgestaltung. Sozialpädagogik und Sozialarbeit sind in diesem Sinn bestimmt durch das principium medium der Spannung zwischen der gesellschaftlichen Transformation *sozialer Gerechtigkeit* und der *lebensweltlichen Widersprüchlichkeiten und Anomien der Bewältigungsprobleme*, wie sie sich in der *sozialpädagogischen Verlegenheit* der Moderne ausgebildet haben. Angesichts der (Definitions-)Macht des digitalen Kapitalismus stellt sich heute die Frage, wie es gelingen kann, die Kernprinzipien der Sozialpädagogik und Sozialarbeit als Stützpfeiler einer dem Menschen zugewandten Sozialpädagogik auch in Zukunft zu halten.

3.1 Shareholder-Kapitalismus und neue Sozialtechnologien

In den 1970er Jahren war der Sozialstaat Motor der ökonomisch-sozialen Modernisierung, in der qualifizierte Arbeit massenhaft gebraucht wurde und – über den Zugang der chancengleichen Bildungsmobilisierung – aktiviert werden musste. Dieser Zusammenhang von sozialer Gerechtigkeit und Modernisierung ist heute in dem Maße aufgelöst, in dem – im Gegenteil – *soziale Ungleichheit* im Definitionsmantel „sozialer Differenzierung" zum Medium der Modernisierung geworden ist. Wenn Soziale Arbeit den gesellschaftlichen Bezug ihrer Profession weiter mitbestimmen will, ist es für sie unabdingbar, sich mit sozialökonomischen Entwicklungsmodellen auseinander zu setzen, die wieder an der sozialen Zähmung des Kapitalismus, an der Balance von Ökonomie und Technologie orientiert sind und der Thematisierung des Sozialen im Neokapitalismus entgegensteuern können. Nur so kann eine Sozialpolitik ermöglicht werden, die – über die traditionelle Erwerbsarbeit hinaus – *Beschäftigung* für alle im Programm hat und auf eine entsprechende gesellschaftliche Verpflichtung gegen das ökonomisch-technologische Machbarkeitsprinzip der unbegrenzten Substitution von Arbeit dringt; eine neue Soziapolitik also, die Raum für lebensweltliche Gestaltungsaufgaben schafft und nicht nur an den sozialen Gegenwartsrisiken orientiert ist, sondern auch die Zukunft der Menschen und ihre materiellen und sozialen Grundlagen im Auge hat, also am Prinzip der *sozialen Nachhaltigkeit* orientiert ist.

Intention und Gestalt des gegenwärtigen Kapitalismus werden am deutlichsten – gleichsam zur Kenntlichkeit ihrer selbst gebracht – im *Shareholder-Value*-Prinzip, das die sozialmoralische Normwelt spaltet und die gesellschaftliche Anerkennung des sozialpolitischen Prinzips und die damit verbundenen sozialpädagogischen Aufgaben zu unterminieren droht. Es zählt allein der Kapitalgewinn. In der Nutzung der Entgrenzung eines globalisierten Geld- und Warenverkehrs wird er gegen alle anderen Interessen durchgesetzt. „Freisetzung" von Arbeit, Arbeitslosigkeit als sozialpolitischer Skandal, ist in der Rationalisierungssprache des neuen Kapitalismus zum Parameter für wachstumsförderndes und gewinnsteigerndes Wirtschaften geworden, soziale Ungleichheit gleichsam zum Antriebsmoment der ökonomischen Entwicklung.

Kapitalismus als *Shareholder-Value*-Kapitalismus geht mit technologischem Effizienzdenken und vor allem der Ausbildung einer interaktiven Technologie einher, die im Schein von Bewältigungsmustern und Partizipationschancen neue Formen modularisierter Angebote einer primär auf Effizienz und technologische Problembewältigung hin orientierten Steuerungspolitik realisiert. Technologische Passung und Marktfähigkeit der sozialen Dienste werden auf breiter Front so durchgesetzt, wie es dem Modernisierungsbedarf der Gesellschaft im Zeichen neuer Informations- und Steuerungstechnologien linear entspricht. In dieser Linearität wird auch ein entsprechender Modernisierungsbedarf in der Sozialverwaltung und den sozialen Diensten definiert. Hier liegt ohne Zweifel auch für die Sozialpädagogik und Sozialarbeit Nachholbedarf, jedoch verbietet es die Konfliktstruktur sozialer Probleme und psychosozialer Betroffenheiten dieser Linearität bedingungslos zu folgen. Organisationale Aufgaben der Evaluation, der Qualitätssicherung und des Personal- sowie Arbeitsmanagements – als Notwendigkeiten, um u.a. zu mehr Transparenz und Effektivität zu kommen – stehen dabei nicht zur Diskussion (vgl. Wolff/Scheffer 2003). Uns interessiert vielmehr die konzeptuell grundsätzliche Behauptung, dass technologische Verfahren mit ihrer Transparenz gleichsam selbstverständlich auch demokratische Effekte ergeben. Dem aber ist zu entgegnen, dass formale Ablaufstransparenz nicht auch politische Transparenz ist, denn diese zielt auf Aufklärung von Machtverhältnissen und kann nur durch Konflikte und in Kooperationen geschaffen werden. Am Beispiel des *Gender Mainstreaming* als steuerungspolitischer *Top-Down-Strategie* lässt sich inzwischen verfolgen, wie zwar sozialtechnologische Transparenz in der differenziellen Berücksichtigung der Geschlechteraspekte geschaffen wird, Konflikte aber ausgeblendet werden, weil sie eben diese formale Transparenz gefährden. Geschlechterpädagogische Projekte mit Konfliktbotschaften geraten deshalb leicht in Gefahr aus der Förderung zu fallen. Es braucht also Unterscheidungen, denn technologische Orientierung wird nicht nur als ein organisatorisch-funktionales Verfahrensproblem verstanden, das den Zielen der Sozialpädagogik und Sozialarbeit untergeordnet werden kann; Ziel und Mittel – das „Was" und das „Wie" – werden mitunter vertauscht. Technik wird in ihrer Logik selbst Ziel, diagnostische und interventionsbezogene Prozesse werden über Rationalisierung auch inhaltlich verändert. Gegen diese Tendenz muss Technik und ihre Nutzung sozialpädagogisch eigensinnig integriert werden können. Ausgangspunkt ist dabei die Frage, wem diese neuen Technologien dienen: Primär der ökonomischen Akkumulation oder primär dem Menschen. Dann aber scheinen die klassischen Konfliktlinien zwischen Mensch und Ökonomie, zwischen sozialer Emanzipation und industrieller Vernutzung des Menschen wieder neu durch.

Seit Fords bis heute hochgehaltenem Postulat, nach dem in der Logik der Kapitalakkumulation der Schlüssel zur Bedürfnisbefriedigung liege, sind die in sich widersprüchlichen Gehalte von Kapital und Arbeit undialektisch zusammengeschoben, ist der strukturelle Konflikt negiert, der ihre Beziehung – nun verdeckt – charakterisiert. Henry Ford hat zu seiner Zeit (1926) hämisch und verächtlich auf die den technologischen Fortschritt hemmende europäische Arbeiterbewegung und ihre Gewerkschaften geschaut. Während dort die Arbeiter um für ihn lächerlich geringe Lohnerhöhungen und Arbeitszeitverkürzungen kämpfen müssten, habe sein ökonomisch-technologisches System der progressiven Wechselwirkung von Massenproduktion und Massenkonsum die Löhne auf einen Schlag erhöht, die Arbeiter konsumfähig gemacht und den Massenwohlstand als Massenkaufkraft überproportional gesteigert. Der Preis dafür war die Ausschaltung des Konflikts, der sich dann auch in der Schwächung der Gewerkschaften, einer autoritären Unternehmenspolitik und in der Transformation der gesellschaftlichen Freiheit in die Konsumfreiheit ausdrückte. Die Arbeiter wurden als Konsumenten zu indirekten Koproduzenten und damit zum Teil der Ware erklärt. Heute schlagen Wirtschaftsfunktionäre in dieselbe Kerbe: Die Konsumenten hätten es doch in der Hand, durch ihr Konsumverhalten die Wirtschaft zu steuern und die negativen Folgen der Globalisierung – Rationalisierungsdruck und Arbeitsplatzauslagerung – abzuwehren. Dass es sich hier um den „abstrakten Konsumenten" handelt, der sich losgelöst von der sozial gebundenen Masse der wirklichen Konsumenten in der Akkumulationslogik des Kapitals bewegt, wird übergangen.

Die Technologieentwicklung im digitalen Kapitalismus hat diese Verdeckung noch weiter vorangetrieben. In der Soziologie wird seit geraumer Zeit eine Diskussion um den Übergang von Technik I in Technik II geführt (vgl. Tully 2003). Während im industriegesellschaftlichen Gebrauch von Technik (Technik I) deren Funktion und ihre instrumentelle Benutzung durch den Menschen im Vordergrund stand und steht, ist die mikroelektronisch entwickelte Technik II dadurch gekennzeichnet, dass sie *interaktiv* angelegt ist und den Menschen zum subjektiv agierenden Teil der Technik macht. Der Mensch wird der Technik nicht mehr einfach unterworfen, sie gibt ihm vielmehr das Gefühl, dass sie in dem Maße seinen Bedürfnissen entspricht, in dem sie „verwertungsoffen" ist. Die Informations- und Kommunikationstechnologien setzen eine Praxis des immer neu Machbaren frei. Es geht um unbegrenzte Machbarkeit und situatives Gefallen am Produkt, um eine nun interaktive Akkumulation. Die Unbegrenztheit der neuen Technologien und die soziale Ungebundenheit der neuen Ökonomie gehen ineinander über. Diese interaktive Konstellation kann verallgemeinert und zum Gesellschaftsmodell verlängert werden. Von der interaktiven Dynamik von Technik II her wird suggeriert, dass wir nun in einer sozial beweglichen, „flüchtigen" Moderne (vgl. Bauman 2003) leben, in der jeder an Machbarkeitsperspektiven und Erfolgskultur – wenn auch nur über den Konsum – beteiligt werden kann. Gesellschaftliche Praxis wird in Technikmetaphern gefasst, soziale Konflikte werden zu Reibungsverlusten und Steuerungsproblemen deklariert.

Aber nicht nur die Produktions-, sondern vor allem auch die Reproduktionsseite ist von der technologisch-ökonomischen Eindimensionalität des neuen Kapitalismus erfasst. Musste sich der fordistische Kapitalismus wegen seiner psychosozialen Folgeprobleme noch legitimieren, so vermarktet der neue Kapitalismus die Belastungen, die er freisetzt. Die Kategorien von Konflikt und Entfremdung sind außer Kraft gesetzt. Dabei geht es nicht mehr so sehr um den „alten" Gegensatz von (ökonomisch verursachter) Entfremdung und (sozialer) Gestaltung. Nun wird der Mensch zum „Mitproduzenten" seiner Leiden, die er selbst zu verantworten hat. Es gelingt dem Kapitalismus, den gesellschaftlichen Grundkonflikt so zu unterlaufen, dass das kapitalistische System selbst als soziales Befriedungssystem erscheint, obwohl es den Menschen weiterhin als Ware betrachtet. Mit seiner Ästhetik des Erfolgs schafft es der digitale Kapitalismus, dass der Gegensatz von sozialer Gerechtigkeit und technologisch-ökonomischer Machbarkeit im subjektiven Empfinden der Menschen nicht nur nivelliert wird, sondern geradezu als vereinbar erscheint.

Diese neuen interaktiven Technologien ziehen auch die Sozialpädagogik und Sozialarbeit in ihren Bann. Ihre Diskurse werden in diese Logik hineingerissen und darin zweideutig. Ihre humanisierenden Intentionen werden durch die Arrangements einer neuen technischen Machbarkeit verdrängt und verlieren ihre widerständige, im gesellschaftlichen Konflikt erwachsene Kraft. Gleichsam in der Aura der Lebensweltorientierung kommen neue interventionistische Technologien der Diagnostik und des Ressourcenmanagements zum Zuge: Eingelassen in die konkreten Lebensverhältnisse und ihre Ressourcen und im Prozess von Beteiligung und gemeinsamer Aushandlung begründet, dienen sie eher der Erledigung von Problemen und verdecken die sperrige Eigendynamik in den lebensweltlichen Bewältigungskonstellationen. Am Beispiel des Ressourcenansatzes, der entweder als *empowerment* oder als personales *profiling* ausgelegt werden kann, wird diese Ambivalenz besonders sichtbar.

Die Dienstleistungstheorie war in diesem Zusammenhang für den disziplinären Diskurs weiterführend, weil sie die Klientinnen und Klienten als Koproduzenten der Hilfe erkannte und von der Eigensinnigkeit der Adressantinnen und Adressaten aus die sozialpädagogische Partizipationsdiskussion pointierte (vgl. Schaarschuch 2000; Bauer 2001). Hilfeleistung erschien als Koproduktion im Zeichen von Selbsttätigkeit. Die Digitalisierung der Produktions- und Konsumptionsprozesse, der damit verbundenen Märkte und ihrer Angebots- und Nachfragerelationen lässt dieses Modell ambivalent werden. Da die neuen Technologien selbst interaktiv angelegt sind, nehmen sie den von der Dienstleistungstheorie anvisierten Prozess sozialer Kommunikation und Beteiligung schon im Produktangebot vorweg. Das Produkt ist so ausgelegt und wird entsprechend beworben und vermarktet, dass es den Kunden gefallen muss. Es entsteht ein Wettbewerb, der den Kunden zum Objekt macht, ihm aber suggeriert, dass er Herr der Nachfrage ist. Immer neue, andere und bessere Angebote werden vorgelegt, der Markt scheint „innovativ“, weil er immer wieder beschleunigt und Neues schafft, indem er Bisheriges entwertet. Diese neue Technologieperspektive bildet sich zunehmend unter fiskalischem Druck, Sparzwang und Trägerwettbewerb aus.

Zweideutig wird auch die Diskussion zum Begriff der „Technologielücke“, in dem die Besonderheit des pädagogischen Zugangs traditionell ausgedrückt ist (vgl. Luhmann/Schorr 1982). Damit ist die prinzipielle Offenheit aller sozialpädagogischen Interventionen im Zusammenhang von Ziel-Mittel-Bestimmungen gemeint; Pädagogik ist immer bezogen auf die Eigensinnigkeit und Freiheit der Adressaten und agiert deshalb gleichsam im „Medium von Ungewissheit“. Gleichzeitig schafft die Technologielücke Raum, im Machbarkeitsstrom inne zu halten, um Entwicklungen auch sozial rückführbar und kommunizierbar zu machen. Die pädagogische Produktivität dieser Perspektive wird nun geleugnet. Jetzt geht es um die Integration sozialpädagogischer Definitions- und Handlungsvollzüge in ökonomisch-technologisch dominierte Zugänge. Begriffe wie Selbstorganisation und Sorge, die früher quer zu technologischen Definitionen standen, werden im interaktiven Spiel des neuen Kapitalismus nicht mehr als Fremdkörper abgestoßen, sondern integriert. Selbstorganisation wird zur Tugend derer, die mithalten, genauso wie derer, die scheitern. Die Sorge, die gesellschaftlich freigesetzt wird, wird gleichzeitig wieder vermarktet. Konzepte, die eine Gegenwelt zur sozialtechnologischen Vereinnahmung aufbauen sollten, werden nun von der interaktiven Technologieperspektive des neuen Kapitalismus eingeholt und in seiner Logik inszeniert. Der digitale Kapitalismus schafft sich gleichsam eine eigene sozialpädagogische Sprache, es wird ein Menschenbild in einer emanzipatorischen Begrifflichkeit formuliert, die aber entsprechend den Inklusions- und Exklusionsmechanismen der segmentierten Gesellschaft nur die „technologiefähigen“ Klienten erreicht.

Vor diesem Hintergrund droht sich die sozialpädagogische Szenerie zu spalten. Die eine Szene hat sich im Mittelsegment der Gesellschaft entwickelt, in dem die Menschen mehr oder weniger in die Arbeitsgesellschaft integriert sind und die Probleme und Bedürfnisse, die mit den Umbrüchen und Unübersichtlichkeiten dieser Arbeitsgesellschaft freigesetzt werden, über den Konsum- und Therapiemarkt lösen bzw. befriedigen können. In einer anderen Szene – am breiter gewordenen Rand – leben die Menschen, die in diesem Sinne nicht markt- und privatisierungsfähig sind. Diese neuen Randsegmente sind so abgeschottet, dass die Menschen, die in ihnen leben, von der gesellschaftlichen Mitte her als „Ortlose" gesehen werden. Ihre ökonomische Überflüssigkeit verbindet sich mit der Zurücknahme der öffentlich-sozialstaatlichen Verantwortung für sie. Die neue Randgruppe mit dem ökonomischen Stigma der Überflüssigen unterscheidet sich in ihrer gesellschaftlichen Definition von den bisherigen Randgruppen der sozialstaatlichen Gesellschaft dadurch, dass ihnen faktisch die Chance der „sekundären Integration" nicht mehr offen gehalten wird. Sie sollen nun von dem auf seine hoheitlichen Funktionen sozialer Kontrolle zurückgestutzten Sozialstaat lediglich verwaltet, kontrolliert und konsumfähig gehalten werden. Gerade aber in diesen sozialen Gruppen, die oft auch von den Maßnahmeapparaturen der sozialen Versorgung schon längst aus*profiled* sind, entwickelt sich heute eine politisch orientierte Sozialpädagogik und Sozialarbeit, die an den lebensweltlichen Bewältigungsspannungen ansetzt und deshalb bisher nur schwer Raum findet.

Der neue Kapitalismus setzt noch einen anderen Modus im Umgang mit Bewältigungsproblemen frei, den einer gleichsam elementaren und damit antisozialstaatlichen Verpflichtung zur Hilfe. Die gegenwärtige Thematisierung des Sozialen geht einher mit der wachsenden Zumutung an Menschen, ihre Bewältigungsprobleme in eigener Zuständigkeit und Regie und im Medium der privat verstandenen individuellen und lebensweltlichen Ressourcen anzugehen. Darauf zielen neue Programme in der Sozialpädagogik und Sozialarbeit, die z.B. Familien, Frauen oder alte Menschen in die Pflicht nehmen. Dazu passt auch eine neue Diskussion zur Relativierung des Gesellschaftlichen in der gegenseitigen Unterstützung.

Nun muss Hilfe zunächst als ein gleichsam elementarer, archetypischer Bestandteil des sozialen Lebens verstanden werden. Menschen helfen sich gegenseitig, sie unterstützen sich privat in Not und Krisen. Menschen, die über Ressourcen verfügen, fühlen sich zuständig für die, denen sie fehlen. Katastrophenhilfen sind ein besonders eindrückliches Muster dieser Form von Hilfe. Die Selbstverständlichkeit und die Leistungsfähigkeit solcher Hilfen stehen hier also nicht zur Diskussion. Vielmehr geht es um ihre Funktionalisierung: als gutes, entlastendes Gewissen angesichts eines sozial rücksichtslosen Kapitalismus und seiner Dethematisierung des Sozialstaats. Unmittelbare Formen von Hilfe – Tafeln, Almosen und Wohltätigkeitsinszenierungen ebenso aber ‚fundraising', social ‚sponsoring' oder die Strategien des ‚corporate citizenship' der Unternehmen – symbolisieren als Zeichen subgesellschaftlicher Selbstzuständigkeit neue Strategien zur Bewältigung sozialer Aufgaben. Die Medien propagieren entsprechend das Bild einer liberalistischen Wohltätigkeitsgesellschaft. Übrigens: Auch die Sozialpädagogik geriete in Gefahr, als Disziplin gleichsam infiziert zu werden, wenn sie den historischen Armuts- und Fürsorgediskurs als „wieder entdeckte Traditionslinie" ausgäbe und das wieder als Basis der Sozialpädagogik reklamierte, was von Eduard Heimann außerhalb der Sphäre der Sozialpolitik angesiedelt und auch in Mennickes sozialpolitisch gebundener Definition zwar der Sozialpädagogik zugehörig, aber nicht als ihre Konstituente angesehen wurde. Der neue Kapitalismus trägt also nicht nur maßgeblich dazu bei, dass diese archetypischen Figuren wieder hervortreten, er versucht sie gleichzeitig auch zu kapitalisieren. Formen der Wohltätigkeitsindustrie – medial inszeniert und bisweilen fast börsenartig organisiert – verdecken die Spaltungen und Exklusionen, die der globale Kapitalismus in dem Maße erzeugt, in dem er seine eigenen Entwicklungsgitter um die Welt legt.

In diesem neuen Hilfediskurs laufen der Sozialstaat und die Soziale Arbeit Gefahr, in ihrer Notwendigkeit und Leistungsfähigkeit zurückgenommen und ausgehebelt zu werden. Der Rekurs auf archaische Motive der Wohltätigkeit verbindet sich mit modernen antisozialstaatlichen Diskursen – vor allem der liberalistischen Sozialstaatskritik. Der (Sozial-)Staat wird als Instrument kritisiert, das dem Menschen seine Selbstzuständigkeit nimmt, ihn bevormundet und „betreut“ und ihn so in Abhängigkeit nötigt und zu Unproduktivität verführt. Dieses schon auf vorindustrielle Diskurse zurückreichende Argument wird benutzt, um den Sozialstaat nicht nur in seinen Organisationsproblemen, sondern in seinem sozialpolitischen Grundprinzip der sozialen Gerechtigkeit zu diskreditieren. Hier sind auch bürgergesellschaftliche Konzepte, wie z.B. Barbers kommunitaristisches Konzept der „starken Demokratie“ (vgl. Barber 1994) anfällig, weil sie an vorsoziale Engagement- und Hilfeformen anschließen.

Wenn aber so das sozialpolitische Grundprinzip zur Diskussion gestellt wird, fällt die Gesellschaft hinter eine Entwicklung zurück, aus der die Sozialpolitik als konstitutives Element der Moderne seit dem Beginn des vorherigen Jahrhunderts hervorgegangen ist. Sozialpolitik stellt ja die Antwort auf die Unzulänglichkeiten von Hilfen dar, die im familiären, verwandtschaftlichen, genossenschaftlichen oder kirchlichen Hilfeverständnis, im Muster von Mitleid und Großzügigkeit oder partikularer Solidarität praktiziert werden, sich aber als unzulänglich und eher als Ausdruck der sozialpädagogischen Verlegenheit der Gesellschaft erwiesen. „Eine Gesellschaft, in der die Bedürftigen ein Anrecht auf Unterstützung haben, ist grundsätzlich weniger entwürdigend als eine Gesellschaft, die auf Barmherzigkeit beruht – ganz unabhängig davon, wie dieses Prinzip umgesetzt wird“ (Margalith 1998 S. 276). In diesem Sinn dürfen Hilfe und sozialstaatliche Verpflichtung zur sozialen Gerechtigkeit nicht gegeneinander gesetzt werden. Hilfe ist nicht nur ein gesellschaftlicher Integrationsmodus, sondern ebenso Voraussetzung für Demokratisierung. Der Sozialstaat bietet also Voraussetzungen für bürgergesellschaftliches und demokratisches Engagement. Er bietet die Hintergrundsicherheit, die es den Einzelnen ermöglicht, Konflikte und Herausforderungen zu bestehen.

Wie sehr dem gegenwärtigen Hilfediskurs diese Spannung von Hilfe und Demokratie fehlt, wird schließlich auch daran deutlich, dass es in Deutschland nur wenige bürgerschaftliche Initiativen gibt, die auf politische Mitgestaltung ausgerichtet sind. So bildet die bürgerschaftliche Praxis kein Gegengewicht zur Krise der politischen Partizipation, wie sie sich in der Krise der Parteien und den sinkenden Wahlbeteiligungen äußert. Es gibt weder breite bürgerschaftliche Ansätze aus den Schulen heraus noch politisch starke Arbeitslosen- und überregional ausstrahlende Gemeinwesenkampagnen. Es gibt eine Summe zivilgesellschaftlicher Aktivitäten, die sich quer durch die Gesellschaftsbereiche ziehen, ohne jene ökonomisch-soziale Spannung erzeugen zu können, welche der Demokratisierungsprozess braucht. Stattdessen aber hat sich eine Diskussion allgemeiner Prinzipien der Moral ausgebildet, aus der heraus Bürger füreinander einstehen sollen, ohne dass der konflikthafte Prozess dieser gemeinschaftlichen Hilfen thematisiert wird.

3.2 Zwischen sozial nachhaltigem Wirtschaften und Gemeinwesenökonomie

Zurzeit herrscht die Suggestion, ja gleichsam verfestigte Dogmatik vor, dass es keine Alternative zu dem – den öffentlichen Diskurs beherrschenden – *Shareholder-Value*-Kapitalismus geben kann. Dies aber ist – ganz analog der marxschen Analyse des Warenfetischismus argumentiert – eine Unterstellung, die in der Sanktionierung historischer, kontingenter Gestalten mit allgemeinen Gesetzen gründet und damit deren Bedingtheit und Veränderbarkeit tabuisiert. So ist öffentlich fast in Vergessenheit geraten, dass es in der bisherigen Entwicklung der industriellen Moderne auch andere Ziele des Wirtschaftens gab und geben musste, als die der unbedingten Profitsteigerung, weil erst dadurch jene gesellschaftliche Stabilität in ihrer Nachhaltigkeit erreicht werden konnte, auf die schließlich auch die globalisierten Ökonomien angewiesen sind. Auch in den Unternehmenskreisen bilden sich inzwischen Gruppen, die ein *„rebetting“* der Ökonomie im Sinne von Ganzheitlichkeit und Nachhaltigkeit des Wirtschaftens proklamieren. Der Wirtschaftspublizist Reinhard Blomert hat die diesbezüglichen Diskurse und Kontroversen zusammengefasst: „Die Unternehmensführung müsse schon aus ökonomischen Gründen die Ziele der unterschiedlichen *stakeholder* austarieren, weil sie alle ihre Beiträge zum Wert des Unternehmens leisteten. Die oberflächliche Beschränkung des Blicks auf den *shareholder-value* wird in diesem Konzept ersetzt durch eine ‚multiple Exzellenz' für sämtliche relevante Bezugsgruppen, die am Erfolg des Unternehmens beteiligt sind. Diese Initiative unterstützt die klassische Sicht des rheinischen Modells der sozialen Verantwortlichkeit der Verwaltung wirtschaftlicher Güter und steht damit im Gegensatz zu den Interessen der auf kurzfristige Gewinne ausgerichteten Börsenintermediäre" (Blomert 2003, S. 183). Zwei unterschiedlich verortete Zukunftsmodelle des Wirtschaftens bilden derzeit in diesem Zusammenhang die diskursiven Pole eines *rebetting* des digitalen Kapitalismus: das dem Globalisierungssog gegensteuernde Modell der sozial verträglichen ökonomischen Innovationen und – auf der lokalen Ebene – das der Gemeinwesenökonomie.

Das Modell von der sozial verträglichen Regulierung ökonomischer Innovationen (also ihrer sozial kontrollierten Machbarkeit) geht davon aus, dass es keinen selbstläufigen Globalisierungs- und ökonomischen Innovationszwang geben muss. Vielmehr sei dieser auf die Dynamik der sozialen Entbettung und Abstrahierung zurückzuführen, die sich aus dem neuen Profitmodell des digitalen Kapitalismus, dem *Shareholder-Value*-Modell des Börsenkapitalismus ergebe. Dieser huldige einer Philosophie, die grundsätzlich davon ausgeht, „dass alle Unternehmen nichts anderes als Profit machen wollen. Und die meisten Ökonomen, die im freien Marktfeld schlicht das Grundmodell jeder Gesellschaft sehen, unterstützen diese Vorstellung mit ihrer Fiktion vom einsamen egoistischen *homo oeconomicus* in einer feindlichen Umwelt. Aber dieses Bild ist falsch. Zum einen müssen sich auch Unternehmen an gesellschaftliche Regeln halten, Regeln, die zumeist aufgestellt wurden als kollektive Reaktionen auf entsprechende gute oder schlechte gesellschaftliche Erfahrungen. Arbeiterschutzgesetze, Umweltschutzgesetze, Kreditaufsicht oder Gesetze gegen Geldwäsche gehen nicht auf bürokratische Willkür zurück, sondern stellen zivilisatorische Fortschritte im Umgang der Menschen miteinander dar, und die Steuern sind der von den demokratischen Gremien legitimierte Tribut an die Politik, die für eine funktionierende Infrastruktur und die Einhaltung der Regeln zuständig ist. Da die Gesellschaften aber sehr unterschiedliche Erfahrungen haben, gibt es viele verschiedene Entwicklungspfade und daher auch sehr viele Formen des Kapitalismus – die Differenzen sind beträchtlich, insbesondere im ökonomischen, juristischen und sozialen Profil zwischen den angelsächsischen und den kontinentaleuropäischen Gesellschaften“ (ebd., S. 179).

Die Durchsetzung solcher Modelle gegen den börsenkapitalistischen Globalisierungsstrom verlangt einen politischen Willen, der sich heute im Zeichen der entgrenzten Nationalökonomien nur auf europäischer Ebene formieren kann. Entsprechende Szenarien setzen deshalb auch Europa als starke politische Einheit voraus, unterstellen aber gleichzeitig, dass gerade die europäischen Länder noch jene differenzierten sozialökonomischen Strukturen besitzen (starke mittelständische Betriebe, öffentlich wirtschaftende Kommunen), welche die Voraussetzungen für Nachhaltigkeit und Ganzheitlichkeit des Wirtschaftens beinhalten. Blomert beschreibt es als Modell des „vierten Weges“ auf dem ein europäischer Wohlfahrtsstaat als Manifestation des viel beschworenen „sozialen Europas“ entstehen kann: „In diesem neuen Europa werden Fusionen und Übernahmen genauestens auf ihre Wettbewerbsaussichten und auf ihre Beschäftigungsauswirkungen hin überprüft. Die Arbeitskosten werden gestiegen sein und die Löhne sogar über der Inflationsrate liegen. Die Betriebe zahlen hohe Steuern, soweit sie nicht zur Sicherung der Beschäftigung davon ausgenommen sind. Hohe Sozialabgaben und strenge Auflagen im Bezug auf den Arbeitsschutz und die Gesundheitsverträglichkeit der Produkte zwingen die Unternehmen dann, innerhalb eines stark kontrollierten Umfeldes zu agieren. Auf Grund hoher öffentlicher Investitionen wird es für die Unternehmen überlebensnotwendig sein, sich an den staatlichen und regionalen Ausschreibungen für Infrastruktur, Ausbildung und Forschung zu beteiligen. Die Unternehmen werden so zu Mitgliedern einer ‚interaktiven Bürgergesellschaft'“. Sie „neigen wieder zu einer langfristigen Planung, zu dauerhafteren Lieferantenbeziehungen und setzen ihr Kapital wieder für nachhaltige und langfristige Investitionen ein, um nachhaltige und langfristige Renditen zu erzielen. Mitarbeiter werden dann nicht mehr als Kostenfaktor, sondern als Anlagevermögen betrachtet und die Firmen suchen mögliche Beschäftigungsrisiken zu meiden“ (ebd., S. 164/165). Diese Formen eines alternativen Wirtschaftens schienen bisher auf wenig Resonanz zu stoßen, da die situativen Vorteile billigen Konsums die langfristigen Nachteile digitalen Wirtschaftens verdecken.

Solche Alternativen zur entbetteten und digitalisierten Shareholder-Steuerung der Wirtschaft werden auch unter dem Begriff des „Stakeholder-Kapitalismus“ (Kelly/Kelly/Gamble 1997) diskutiert und zielen vor allem auf die Wiedereinbettung der Ökonomie in Strukturen der sozialen Verpflichtung, der Reorganisation der Arbeitsbeziehungen, der Langfristigkeit ökonomischer Entwicklungsprogramme und der daran orientierten Erneuerung wohlfahrtsstaatlicher Kontexte ab. Gegen den mainstream der Entwicklung zeigen sich in „alternativen“ aber ökonomisch durchaus potenten Unternehmenskulturen neue Ansätze z.B. zur Strukturierung von Arbeitszeit, zur Verbindung von Betriebs- und Familienzeit, zur Geschlechtergerechtigkeit und zu zusätzlichen sozialen Strukturen, wie etwa zur Kinderbetreuung. Dies kann aber – bei der nun freilich unumkehrbaren Wirklichkeit des Globalisierungsprozesses – nicht mehr im Sinne der traditionellen nationalen und kooperativen Sozialstaatlichkeit reguliert werden. „Ein Hauptziel des Stakeholder-Ansatzes ist [deshalb] die Herausbildung, Stärkung und vor allem die Demokratisierung internationaler Institutionen. Soweit sie existieren, sind diese Institutionen schwach. Eine Ausnahme bildet die europäische Union. Ihr könnte bei der Re-Regulation des internationalen Kapitalismus eine Art Vorreiterfunktion zufallen. Die EU umgrenzt einen fast geschlossenen makroregionalen Wirtschaftsraum. Der vorerst größte Binnenmarkt der Welt ist für die Wettbewerber allemal attraktiv genug, um ihn mit sozialen und ökonomischen Zutrittsbedingungen auszustatten“ (Dörre 2001, S. 87). In dieser Politik der Re-Regulation (vgl. auch Leibfried/Pearson 1998) läge „die Möglichkeit, die Stärken des alten Modells (des sozialstaatlich gezähmten Kapitalismus, d.A.) – insbesondere seine Fähigkeit breite gesellschaftliche Kompromissbildung mit hoher ökonomischer Flexibilität zu verbinden – auf neue Weise zu kombinieren und in einem transnationalen Kontext wieder zu leben. Dies wäre das Programm einer Erneuerung von Gewerkschaften und gesellschaftlichen Assoziationen, einer allmählichen Europäisierung langfristiger Vertragsbeziehungen und sozialstaatlicher Einrichtungen, kurzum: das Programm eines Prioritätenwechsels im europäischen Integrationsprozess, der dem Gespenst eines ‚desorganisierten Kapitalismus' […] eine soziale Alternative entgegensetzen könnte" (Dörre 2001, S. 87/88).

Mit der offensichtlicher gewordenen fiskalischen Krise nicht nur des Sozialstaats, sondern auch der Kommunen wird inzwischen bewusst, dass neben die Dauerkrise der Beschäftigung der durch die fiskalische Krise der öffentlichen Hände ausgelöste Privatisierungsdruck getreten ist, der zur Ökonomisierung auch der bisher scheinbar so selbstverständlich gegebenen Existenzgrundlagen des Lebens – Wasser, Luft, Raum, Energie – führt. Konzepte, die die Verbindung von Ökonomie, Nachhaltigkeit und Lebensqualität suchen, bestimmen nicht nur allgemeine Programme, sondern auch konkrete soziale Initiativen. Es entstehen gemeindepolitisch formierte Gruppen, um für die kollektive Bewahrung des „gemeinsamen Eigenen" zu kämpfen und lokale Beteiligungs- und Sicherungsmodelle als Schutz vor industriellen Übernahmen zu entwickeln. Die Sozialpädagogik und Sozialarbeit sucht und findet hier einen Anschluss in der Perspektive der *Gemeinwesenökonomie*, die auf lokaler Ebene in der Reaktivierung des gemeinwohlorientierten Genossenschaftsprinzips Lösungen anbietet „zur Neuorganisation öffentlicher und privater Belange sowie zur Übernahme der Aufgaben, die aus veränderten gesellschaftlichen Bedarfen resultieren" (Elsen 2004, S. 44). Im Kontrast zu den klassischen Genossenschaften, die sich aus dem Solidaritätsgehalt der Milieus herausgebildet haben, sind es heute Zusammenschlüsse von Bürgern, die nicht nur das gemeinsame Interesse um die Erhaltung der basalen Lebensgrundlagen zusammenführt, sondern die auch den biographischen Eigenwert genossenschaftlicher Selbsttätigkeit für sich entdecken: „Das Identitätsprinzip besagt, dass in Genossenschaften Konsumenten eigene Lieferanten, Mieter eigene Vermieter, Kreditnehmer eigene Kreditgeber, Arbeitnehmer eigene Arbeitgeber sind. Das Identitätsprinzip ermöglicht die Ausschaltung von Marktinteressen, unmittelbare Kontrolle, selbstaktives Kundenverhalten und ein höchstes Maß an Berücksichtigung der Mitgliederinteressen. Es bietet darüber hinaus einen hervorragenden Ausgangspunkt für politische Bemühungen zur Einleitung von Selbstorganisationsprozessen in sozialpolitischen Feldern, sowohl hinsichtlich der Treffsicherheit staatlicher Mittel (keine Mitnahmeeffekte) als auch hinsichtlich der Mobilisierung von Selbsthilfebereitschaft, wodurch die staatlichen Mittel verstärkt werden“ (ebd., S. 44; vgl. auch Novy 1986; Jäger/Beywl 1994). Solche lokalen genossenschaftlichen Kreislaufmodelle können die Spannung von bürgerschaftlicher und sozialpolitischer Perspektive lokal aktivieren und werden damit zu selbstständigen Korrelaten eines Sozialstaates, der nicht nur Anschubmittel verteilt, sondern – in bürgerliche Anspruchsdiskurse verwickelt – wieder an seine sozialpolitischen Gestaltungsmöglichkeiten erinnert wird. Gerade die „Bewirtschaftung des gemeinen Eigenen“ (Pankoke 2000) kann zu jener lokalen Verschränkung von bürgergesellschaftlicher und ökonomischer Perspektive führen, in der – gleichsam als Korrektur zum Markt – gerade auch benachteiligte soziale Gruppen ihre Zugänge und Beteiligungschancen erhalten.

Im Gegensatz zu den 1970er Jahren, in denen Selbsthilfebetriebe der Nischenwirtschaft zugerechnet wurden, gibt es heute gewichtige Stimmen im weltwirtschaftlichen Diskurs, die den Gemeinwesenökonomien nicht nur eine sozialökonomische Balancefunktion zur globalisierten Wirtschaft im regionalen Raum zutrauen, sondern vor allem auch auf ihre Bedeutung für die Entwicklung von sozialökonomischen Nachhaltigkeitsstrukturen aufmerksam machen (vgl. Stieglitz 2004). Schließlich haben sich auch die Mitglieder- und damit die Qualitätsstruktur in solchen Gemeinwesenökonomien, wie sie sich im dritten Sektor entwickeln, deutlich verändert. Da die Rationalisierungsschübe weder vor Banken oder den Unternehmen der neuen Informations- und Kommunikationstechnologien Halt machen, gibt es inzwischen nicht nur qualifizierte Interessenten für eigene lokale Produktionsgenossenschaften außerhalb der großen Unternehmen, sondern auch ökonomisch und unternehmerisch qualifiziertes Engagement der Sozialgenossenschaften, Kooperativen und bürgerwirtschaftlichen Initiativen. „Die Gemeinwesenökonomie dient der Bedarfsdeckung, Existenzsicherung und gesellschaftlichen Integration der örtlichen Bevölkerung und ist die sozialwirtschaftliche Basis des sozialen Zusammenlebens. Es geht um ökonomische Teilhaberechte und um die Sicherung, Nutzung und Schaffung dessen, was Menschen zum Leben in einem Gemeinwesen brauchen. Dazu gehören ein Dach über dem Kopf, genießbares Wasser, Grund und Boden, existenzsichernde Arbeit, Bildungssysteme, angemessene Infrastruktur und vieles mehr, was durch die neoliberalen Strategien der Privatisierung, Deregulierung und Flexibilisierung immer mehr Menschen enteignet wird. Eine solche Ökonomie ist kein reines Desiderat. Sie existiert immer da, wo Menschen die Teilhabe am Arbeitsmarkt verwehrt wurde und wo eine solche Teilhabe nicht existenzsichernd war und ist. Sie lebt in dualwirtschaftlichen, armutsökonomischen oder alternativökonomischen Ansätzen und entsteht in neuen, pluralen Formen da, wo Menschen für den Arbeitsmarkt überflüssig werden und eigenständige, nachhaltige Alternativen suchen“ (Elsen 2004, S. 45).

Insgesamt scheinen wir heute zurückversetzt in die Zeiten der Durchsetzung der industriekapitalistischen Moderne am Ende des 19. Jahrhunderts. Auch damals wurde – freilich im nationalstaatlichen Kontext – gefordert, dass die Einzelnen an der Bewirtschaftung des gemeinen Eigenen beteiligt werden und vor allem, dass demokratische sowie sozial gesicherte Aushandlungsspielräume im Gegendruck zu den kapitalistischen Vergesellschaftungsformen zu fördern seien, die es möglich machen, dass die Menschen nicht als Opfer der sozialen Umstände gesehen werden müssen, sondern als Mitgestalter von Gesellschaft agieren können. So war es die grundlegende Leistung der Sozialpolitik in den Sozialstaaten des 20. Jahrhunderts, dass „nicht mehr in den Begriffen einer ‚ärmlichen’ Andersartigkeit ein allgemein-moralisches ‚Menschenrecht’“ eingeklagt werden musste, sondern dass „nun in den Begriffen des ‚weniger von’ und der geringeren/verweigerten ‚Teilhabe an’ historisch definierten sozialen und kulturellen Gütern, Werten, Rechten eine Fülle konkreter Dinge in aller Schärfe erst real verhandelbar und sichtbar“ wurden (Evers/Nowotny 1987, S. 161).

3.3 Soziale Gerechtigkeit als Zugangsgerechtigkeit

Die Auseinandersetzung und der Kampf zwischen solchen Konzepten des Wirtschaftens ist – mit Max Weber – auch ein Kampf der Weltanschauungen: Es geht auch um Wertordnungen, also um das Verständnis Sozialer Gerechtigkeit. Der Sozialstaat erweist sich nicht mehr als Medium der Modernisierung. Er wird im Übergang zum digitalen Kapitalismus und seiner technologischen und zivilgesellschaftlichen Entlastungsstrategien zurückgefahren. Nicht-Gerechtigkeit wird zum Modernisierungsfaktor. So stellt sich die Doppelfrage, wie Gerechtigkeit in neuen ökonomischen und gesellschaftlichen Strukturen fundiert und sozialethisch begründet werden kann.

Indem diese neue Diskussion nicht mehr nur in gesellschaftlich-rechtlichen, institutionellen Selbstverständlichkeiten des Sozialstaats verortet ist, und sich im Streit der Ökonomien gegen die Dominanz der neokapitalistischen Interessen durchsetzen muss, ist sie zunehmend auf sich selbst gestellt. Für sie gilt, was Zygmunt Bauman (1999) generell für moralische Fragen in unserer Gegenwart konstatiert, dass sie nämlich zum ersten Mal in der Geschichte Ausdruck einer offenen Entscheidung sind. Solche Entscheidungen aber stehen im Zusammenhang von Modernisierung und Integration und damit genauso von Desintegration und Exklusion in einer demokratischen Gesellschaft (vgl. Anhorn/Bettinger 2005).

Mit dieser so notwendigen sozialethischen Diskussion tut sich die gegenwärtige Soziale Arbeit schwer (vgl. Thiersch 1995). Aus ihrer Geschichte heraus ist sie damit belastet, dass sie Anpassung, Disziplinierung und Stigmatisierung immer wieder im Namen von Moral praktiziert hat, also als Agent der Integration in die herrschenden Verhältnisse moralischen Druck gegenüber Menschen in randständigen und belasteten Lebensverhältnissen ausgeübt hat. Die selbstkritische Verdächtigung, sie agiere, „moralisch maskiert“, im Prinzip der Pädagogisierung, kursiert in den Fachdiskussionen bis heute. In dieser Selbstkritik wird die Sozialpädagogik und Sozialarbeit durch den allgemeinen gesellschaftlichen Diskurs zur Moralkritik gestützt. Nach der Aufklärung mit ihrer Entlarvung von Kirche, Obrigkeit und herrschenden Ständen – die, wie wir gesehen haben, Pestalozzi dann in pädagogisch-, sozialpädagogische Verhältnisse übertragen hat – nach den ökonomisch-politischen Analysen von Marx, der Moral als Ideologie der bestehenden Verhältnisse und Verschleierung gegebener Machtstrukturen entlarvt hat – („Die herrschende Moral ist die Moral der Herrschenden."), hat Nietzsche in der Moral das Kampffeld von Macht, Ressentiments, Unterdrückung und Tabuisierung im Namen des guten Willens aufgedeckt (vgl. Niemeyer 1998b). Freud schließlich versuchte die Moral als Spiel von Tarnungen und Immunisierungen des Triebgeschehens zu rekonstruieren.

Diese Ideologiekritik erledigt nicht die Tatsache, dass gesellschaftliche Entwicklungen immer auch als Auseinandersetzung um die Gestaltung von Wertorientierungen verstanden werden müssen. Denn Moral ist immer auch begründet in der Erfahrung von Unrecht und Unzumutbarkeit (vgl. Sklar 1997) und erwächst in ihren Ansprüchen daraus immer wieder neu: Moral – als Gegenmacht verstanden – bestimmt nicht nur die sozialen Bewegungen bis in die Gegenwart, sondern auch die Entwicklung des Sozialstaats, in deren Kontext – wie wir oben gezeigt haben – im Beginn des vorigen Jahrhunderts Sozialpädagogik und Sozialarbeit sich in den Widersprüchen der sozialpädagogischen Verlegenheit der industriekapitalistischen Moderne begründet haben. Sozialpädagogik und Sozialarbeit müssen als ein Moment in jenem Projekt sozialer Gerechtigkeit der Neuzeit verstanden werden, das sich in Stufen differenzierter Konkretisierung – soziale Gerechtigkeit als Gleichheit vor dem Gesetz, als Gleichheit in der politischen Selbstbestimmung, im Medium des Wahlrechts, und als Gleichheit in Bezug auf die Gestaltung von Lebensverhältnissen – durchgesetzt hat (vgl. Marshall 1950). Dass die letzte Stufe im Kampf als wesenswidrige Konzession, die das Kapital den sozialen Bewegungen machen musste, durchgesetzt werden muss (vgl. Heimann 1929), hat die deutsche Sozialpädagogik und Sozialarbeit wenig berührt. Sie hat sich weithin mit strukturfunktionalen oder legitimatorischen Argumenten begnügt und auf die Selbstverständlichkeit des Sozialstaats verlassen, den sie zugleich aber in seinen rechtlichen und institutionellen Vorgaben eher als Gefährdung ihrer Gestaltungsautonomie sah und dessen Regelungen sie meist als Tribut an einen ungeliebten Geltungsrahmen verstand.

Ralf Dahrendorf hat in seinem Klassiker „Gesellschaft und Demokratie in Deutschland“ (1963) grundsätzlich argumentiert, dass der politisch-soziale Konflikt als das Wesen der Demokratie erst dann zum *demokratischen* Konflikt werde, wenn – bei Beibehaltung der sozialstrukturell rückgebundenen Gegensätze – eine gemeinsame strukturelle Integrationsperspektive gegeben und anerkannt sei. In diesem Sinne verstehen wir soziale Gerechtigkeit als dialektisches Ergebnis eines strukturell angelegten Konflikts und seiner sozialen und politischen Austragung und Regulierung. Insofern ist der Zusammenhang von Gerechtigkeit, Sozialpolitik, Sozialstaat und Demokratie konstitutiv.

Ein solches historisch und sozialstaatlich rückgebundenes Verständnis sozialer Gerechtigkeit unterscheidet sich von liberal-rationalen Modellen „gesetzter“ sozialer Gerechtigkeit oder von Vorstellungen der Verknüpfung von Bürgerrechten mit elementaren Menschenrechten, wie sie als *basic needs* zurzeit breit diskutiert werden. Als menschenrechtliche Begründung einer humanen Gesellschaft in einer globalisierten Wirklichkeit hat diese Position eine hohe Bedeutung als Projekt und Vision gegenüber dem „Raubtierkapitalismus“ und den damit einhergehenden politischen Demoralisierungsstrategien. Ihre protestative Kraft aber bleibt blass, ja ohnmächtig und zum Missbrauch gefährdet, wenn sie nicht ausdrücklich auf die die Realität bestimmenden Konflikte zwischen Anspruch und Verhältnissen bezogen und konkretisiert wird.

Die Schwierigkeiten wie die Notwendigkeiten solcher Konkretisierung werden in der Diskussion um das Gerechtigkeitskonzept von Rawls (1975) deutlich. Rawls – dessen großes Verdienst darin besteht, die Frage der Gerechtigkeit in den 1970er Jahren wieder zu einem zentralen Thema der Politikdiskussion gemacht zu haben – geht aus vom Leitbild eines aufgeklärten Menschen, der die Frage der Gerechtigkeit für sich stellen und beantworten kann. Um die in jedem Menschen steckende Vernunft zu plausibilisieren, benutzt er ein Konstrukt, das er den „Schleier des Nichtwissens“ nennt. Wäre der Mensch in einem Status jenseits von Klasse, Geschlecht und Rasse versetzt und käme so mit anderen zusammen, so dass sich die in jedem schon steckende Vernunft ohne Barrieren gegenseitig entfalten könne, ergäben sich – so Rawls – jene elementaren Verfahrensregeln, die zum gerechten Umgang der Menschen miteinander führen. Gegen diese Konzeption haben amerikanische Kommunitaristen eingewandt, dass ungeklärt bleibe, wie der Mensch zu diesem Vernunftstatus komme, was also die Bedingung sei, unter der Vernunft zuallererst realitätsbestimmend werden könne (vgl. Forst 1993). Die Abstraktheit des liberal-rationalen Modells wird auch an jenem Argument von Rawls deutlich, dass eine Gesellschaft sich erst dann als gerecht bezeichnen könne, wenn die Ungleichheiten, die sie erzeuge, für die, die unter den Ungleichheiten stehen, noch akzeptabel seien. Diese Annahme aber ist keine Lösung des Problems, sondern beschreibt das Problem.

Die derzeitige Diskussion ist durch den – einstweilen ja unentschiedenen – Kampf um die Definition dessen charakterisiert, was als soziale Ungerechtigkeit verstanden werden muss. Die Ökonomie unterläuft diese Frage, indem sie in ihrer Perspektive des Erfolgs und der Machbarkeit damit argumentiert, dass die, die am Rand bleiben, jene seien, die nicht mithalten können, die an der harten Arbeit am Erfolg scheitern und die nun Neid erzeugen, indem sie ihre Unfähigkeit, in der Gesellschaft sich zu behaupten, abspalten. Diese Versuche, das sozialstrukturelle Problem zu personalisieren, brechen sich aber an den Erfahrungen der Gesellschaftlichkeit heutiger Ungleichheits- und Exklusionsprozesse. Indem die liberalistischen Modelle die Frage des sozialen Zugangs und der gesellschaftlichen Erreichbarkeit weitgehend ausklammern und die sozialpolitische Spannung umgehen, wirken sie als gleichheitsrelativierend. Diese „Gleichheitsverachtung" spielt wiederum einer Ökonomie zu, die soziale Ungleichheit im Sprachgewand der sozialen Differenzierung als Entwicklungsmuster propagiert. Es hat den fatalen Anschein, als ob die Abstraktheit des Konzepts des „Schleier des Nichtwissens" den Abstraktions- und Entbettungsstrategien heutiger digitaler Ökonomien entspräche.

Soziale Gerechtigkeit zielt dagegen auf die Gestaltung von alltäglichen Lebensverhältnissen. Dies steht in Parallele zum

Ansatz des „*capability approach*“ (Sen 2002), nach dem es keinen Sinn hat, von Rechten zu reden, wenn die Chancen sie wahrzunehmen, also die Zugänge nicht verfügbar sind (vgl. auch Lebenslagen in Deutschland 2005). Dieses Prinzip sozialer Gerechtigkeit lässt sich für die Sozialpädagogik und Sozialarbeit – und ihre spezifische Aufgabenstellung – als *Gerechtigkeit des Zugangs* fassen, also als Arbeit an der Schaffung gerechter Zugänge zu Ressourcen der Lebensgestaltung wie zur Erreichung gesellschaftlich anerkannter Ziele und Integrationswege.

Die Chancen des Zugangs waren und sind in der sozialstaatlichen Konzeption nicht den Einzelnen überlassen, sondern in einen gesellschaftlichen Legitimationsrahmen gestellt, der sich in der Perspektive sekundärer Normalisierung und Integration begründet. In sozial segmentierten Gesellschaften ist die Zugangsfrage aus solchen Normalitätskonstellationen herausgenommen. Damit ist auch die Balance von Sozialstruktur und Biographie, die in sozialstaatlichen Gerechtigkeitskontexten angestrebt ist, gestört. Gleichzeitig wird jedem die biographische Chance unterstellt, die gesellschaftlichen Güter erreichen zu können. Es wird das individuelle Vermögen herausgehoben und Erreichbarkeit und Erfolg werden gleichsam unter der Hand als Resultanten biographischer Durchsetzung und nicht von den strukturellen Zugangsbedingungen her definiert. Sozialstrukturelle Ungleichheit wird in einer derartig biographisierten Gesellschaft nicht mehr anerkannt: Soziale Sicherung und strukturelle Voraussetzungen zur Minderung sozialer Ungleichheit gelten in einem solchen Definitionskontext nicht mehr als gesellschaftliches Entwicklungsziel.

Gerade gegen die sich durchsetzende Tendenz zur Biographisierung und zur Ökonomisierung der Zugänge zu gesellschaftlich erreichbaren Gütern und die damit einhergehende Abkoppelung von Gerechtigkeit braucht es deshalb die gesellschaftliche Perspektive der Zugangsgerechtigkeit, damit die Menschen die sozialen Energien, das Surplus der Lebensbewältigung, das für die Teilhabe an Gesellschaft notwendig ist, auch freisetzen können und nicht in Bewältigungszwängen verbrauchen müssen. So konnte z.B. in einer Langzeituntersuchung mit Jugendlichen unterschiedlicher ethnischer Herkunft gezeigt werden, dass „ethnische Anerkennungsdefizite und rechtliche Ungleichbehandlung“ bei den Jugendlichen (hier türkischen Jugendlichen mit gehobener Ausbildungslaufbahn) „Zweifel aufkommen lassen am Sinn ihrer Bemühungen um gesellschaftliche Anerkennung und Positionierung.“ (Möller/ Heitmeyer 2004, S. 514)

In den Ausführungen zur Migration haben wir bereits darauf hingewiesen, dass die Sozialpädagogik und Sozialarbeit bisher kaum systematisch an den sozialen und zivilen Rechten der Menschen mit Migrationshintergrund entlang argumentiert. Darum haben wir herausgestellt, dass die Soziale Arbeit sich in Zukunft daran messen lassen muss, ob sie eine systematische disziplinäre Perspektive unter den Bedingungen einer Einwanderungsgesellschaft entwickeln wird (vgl. Schröer/Sting 2004). Dies zeigt sich insbesondere auch dann, wenn man die Perspektive der Zugangsgerechtigkeit einnimmt und Ergebnisse der internationalen Vergleichsuntersuchungen im Bildungswesen aus diesem Blickwinkel betrachtet. Zudem stellt die Pluralisierung der Zugehörigkeitsmuster angesichts der Entgrenzungstendenzen die Sozialpädagogik und Sozialarbeit vor neue Herausforderungen, Zugänge zu sichern und Bildungsperspektiven zu eröffnen. Spielräume für offene und heterogene Zugehörigkeitsformen und interkulturelle Dynamiken können aber nicht nur auf der Basis einer gemeinschafts- und wertbezogenen Einbindung des Menschen geschaffen werden. Zygmunt Bauman hat bereits vor einigen Jahren mit Blick auf die kommunitäre Sozialphilosophie unmissverständlich deutlich gemacht, dass die „Chance auf ein menschliches Miteinander” nicht von der Frage abhängt, ob nun der Staat oder die Gemeinde über die Mitgliedschaft und Teilhabe entscheidet, sondern ganz allein davon abhängt, welche Teilhaberechte der Einzelne hat (Bauman 1999, S. 63).

Diese Argumentation in der Perspektive von Menschen mit Migrationshintergrund führt auf unsere Argumentation zurück: Soziale Gerechtigkeit muss als Zugangsgerechtigkeit im Kontext der Sozialen Arbeit näher bestimmt werden. Wir nehmen die oben entwickelte Spannung zwischen Lebenslage und Lebensbewältigung wieder auf und reformulieren sie im sozialethischen Kontext als Frage der Zugangsgerechtigkeit zwischen sozial struktureller und subjektbezogener, interaktiver Perspektive. In diesem Zusammenhang ist für uns die Auseinandersetzung zwischen Axel Honneth und Nancy Fraser – „Anerkennung oder Umverteilung" (2002) – interessant (vgl. Noack 2004). Honneth baut seine Gerechtigkeitstheorie interaktionstheoretisch auf und entwickelt von da aus seine Perspektive des „Kampfes um Anerkennung" als Grundlage der Gerechtigkeitstheorie. Nancy Fraser hält ihm vor, dass er mit diesem interaktionistischen Modell zwangsläufig an den Hungerzonen Afrikas aber auch an der Bronx scheitert; dieses Argument lässt sich unter anderen Bedingungen auch auf Verhältnisse in Ostdeutschland übertragen. Er sähe nicht, dass der interaktionstheoretische Zugang in diesem Zusammenhang zu einer Affirmationstheorie werden kann, weil er nur das Gegebene und nicht die dahinter stehenden Strukturmuster begreift. Honneth wirft Frazer wiederum vor, dass sie die Möglichkeiten der Interaktion im sozialen Zusammenleben und die sich daraus ergebenden Differenzierungen nicht erkenne, d.h. dass man von einer Spannung zwischen Interaktion und Struktur ausgehen müsse. Der Kampf um Anerkennung ist die eine – eben die interaktive – Dimension des gesellschaftlichen Konflikts, der genauso auf die Integrationsperspektive sozialer Gerechtigkeit und damit auf die sozialen Strukturen verweist. Gerechtigkeit als Annerkennung meint „bei sich selbst im anderen sein" und damit – so z.B. Martha Nussbaum (1999) oder Micha Brumlik (2002) – Achtung vor der Eigenheit des Anderen, Achtung vor seiner körperlichen, psychischen und sozialen Integrität, Achtung vor seiner Verletzlichkeit. Achtung – so als Respekt verstanden – muss aber bezogen sein auf die strukturelle Seite der Zugangsgerechtigkeit von der aus sich die sozialen Möglichkeiten und Erfahrungen von Anerkennung erst gestalten können.

Dieses Verständnis von sozialer Gerechtigkeit als Zugangsgerechtigkeit als eine in der Sozialstruktur ermöglichte Anerkennung kann nicht nur als allgemeine Grundvoraussetzung der Sozialpädagogik und Sozialarbeit gefasst werden, sondern es bedarf auch einer Perspektive, in der es für unterschiedliche Lebenslagen und sozialpädagogische Zugänge auslegt und konkretisiert wird. Diese lässt sich als moralisch inspirierte Kasuistik fassen, die aber nicht – wie im üblichen Sinn – nur auf direkte Individuum-zentrierte Interaktionen bezogen werden darf, sondern auch die Bewertung des jeweils wirkenden sozialen und sozialpolitischen Kontextes einbeziehen muss. Eine so verstandene Kasuistik meint eine in den verschiedenen Dimensionen zu führende Verständigung über Hilfe, in der das inspirierende Prinzip der Zugangsgerechtigkeit zu dem je gegebenen Gefüge von Bedingungen, Möglichkeiten und Barrieren in Relation gesetzt wird.

Für die ökonomisch überflüssigen Gruppen bedeutet Anerkennung etwas radikal anderes als für die mehr oder minder arbeitsgesellschaftlich integrierten Gruppen. Ihre Erreichbarkeiten sind strukturell anders gelagert. Ihr Bürgerstatus reduziert sich in der Regel auf einen Konsumentenstatus. Für sie macht aber eine gesellschaftliche Perspektive von Anerkennung, die nur interaktiv bestimmt ist, keinen Sinn, weil sie in eine Sprache der Erreichbarkeit gefasst ist, die sie nicht sprechen können (vgl. dazu Munsch 2004). Sie sind aus der sozialpolitischen Spannung herausgenommen. Natürlich ist für sie Anerkennung im lebensweltlichen Kontext als Bewältigungshilfe wichtig. Die interaktive Anerkennungsperspektive löst das soziale Strukturproblem aber nicht und darf auch nicht gegen die Strukturperspektive ausgespielt werden. An den ausgeprägt anomischen Konstellationen im Beschäftigungssektor Ostdeutschland kann man diesen Zusammenhang besonders deutlich illustrieren. Dort gibt es gut qualifizierte junge Erwachsene, die keinen Arbeitsplatz finden können, obwohl ihnen die Gesellschaft vorhält, dass gute Ausbildung heute unabdingbar für ein biografisches Weiterkommen in der Gesellschaft ist. Soziale Gerechtigkeit zeigt sich also als Anspruch auf einen Zugang zu Zielen und Gütern, die die Gesellschaft ihren Bürgern vorgibt, die sie erreichen sollen, um „gesellschaftsfähig“ zu werden, zu denen aber der Zugang arbeitsgesellschaftlich und sozialstrukturell verwehrt ist. Die daraus entstehenden anomischen Konfliktkonstellationen – der tägliche „Kampf um Anerkennung“ – stellen sich für die Einzelnen häufig als Situationen dar, die psychodynamisch oft nur noch in Verdrängungen, Abspaltungen, Projektionen und ihren Paradoxien bewältigt werden können. Diese Konstellationen müssen in sozialpädagogischen Beschäftigungsprojekten erst einmal berücksichtigt werden, wenn die

Betroffenen wieder motiviert werden sollen, es weiterhin am Arbeitsmarkt zu versuchen.

Doch Zugänge sind nicht nur *sozialstrukturell* und *migrationspolitisch* verwehrt, sondern auch *geschlechtsdifferent* strukturiert. Gerade die geschlechtsspezifische Komponente ist für die Sozialpädagogik und Sozialarbeit wichtig, da sich die Befindlichkeiten und Betroffenheiten in den Beziehungen zu den Frauen und Männern in tendenziell differenten Bewältigungsmustern ausdrücken. Deshalb muss die Sozialpädagogik und Sozialarbeit an einer entsprechenden geschlechterpolitischen „Rückendeckung" interessiert sein. Gegenwärtig ist im Bereich der Gesellschafts- und Sozialpolitik aber immer noch eine „Geschlechterlücke" zu registrieren. So wird in der feministischen Diskussion zur Sozialpolitik (s.o.) immer wieder und immer noch beklagt, dass der im sozialpolitischen *mainstream* geführte Gerechtigkeitsdiskurs den Aspekt der Geschlechtergerechtigkeit nur zum Teil berücksichtigt: Danach bemisst sich „Geschlechtergerechtigkeit an eigenständigen Zugangsmöglichkeiten von Frauen zu sozialen Bürgerrechten" und am Grad der arbeitsgesellschaftlichen und versicherungsrechtlichen Einbindung von Care (Brückner 2001, S. 160). Damit ist zum einen gefordert, dass Familien- und Beziehungsarbeit als gesellschaftliche Arbeit so bewertet wird, dass sie denselben Status im System sozialer Sicherung und sozialökonomischer Verteilung erhält wie die Erwerbsarbeit. Zum anderen und damit verbunden wird kritisiert, dass die privat geleistete Haus- und Beziehungsarbeit der Frauen nicht als Voraussetzung von Erwerbsarbeit anerkannt wird. Arbeitsgesellschaftliche Anerkennung „von Sorgetätigkeiten hat historisch gesehen für Frauen immer auch den Charakter einer größeren Unabhängigkeit von familialen Konstellationen und die Ermöglichung von Erwerbsarbeit in sich getragen" (ebd., S. 161). Damit ist die für die Erlangung sozialer Gerechtigkeit gerade für familiengebundene Frauen wesentliche Chance, über eine *exit option* zu verfügen, angesprochen (vgl. Ostner 1995).

Nancy Fraser (2004) hat in diesem Zusammenhang darauf hingewiesen, dass dies eine wesentliche Erweiterung des feministischen Mandats bedeute. Es werde nicht nur auf geschlechtergerechte sozialökonomische Verteilung, sondern auch auf *Anerkennung* insistiert. Die „Wende zur Anerkennung" repräsentiere eine Wende in der feministischen Geschlechterpolitik: Geschlechtergerechtigkeit „wird nicht länger auf Fragen der Verteilung beschränkt, sondern umfasst auch die Themenbereiche der Repräsentation, Identität und Differenz" (S. 455). Mit dieser „zweidimensionalen Konzeption von Gerechtigkeit" (Fraser) kann Geschlecht über den traditionellen Sonderstatus hinaus in eine allgemeine Sozialpolitik integriert werden: Aus der Perspektive der Verteilung wird Geschlecht als Organisationsprinzip (geschlechts-)hierarchischer Arbeitsteilung thematisiert, aus der Perspektive der Anerkennung erscheint Geschlecht als eine Differenzierung von Status, die ihre Grundlage in der Statusordnung der Gesellschaft hat. „Gender codiert die allgegenwärtigen Muster der Interpretation und Bewertung, die für die Statusordnung als solche zentral sind. So ist eines der wesentlichen Merkmale der Geschlechterungerechtigkeit der Androzentrismus [...] als institutionalisiertes Muster kultureller Werte, das Züge privilegiert, die mit Männlichkeit assoziiert werden" (ebd. S. 457). Von diesem neofeministischen Ansatz der Geschlechtergerechtigkeit kann auch eine Brücke zur verdeckten Problematik der sozialen Verwehrung geschlagen werden, von der Männer betroffen sind.

Geschlechtergerechtigkeit für Männer fehlt zwar in unserer Gesellschaft der sichtbare Emanzipationsdruck, dafür lässt sich aber an den gerade in der sozialpädagogischen Beratung zunehmend registrierten männlichen „Bedürftigkeiten" ablesen, dass vielen Männern innengeleitete Zugänge zu Familie und Erziehungsarbeit ebenso in dem Maß verwehrt sind, in dem sie den Verfügbarkeits- und Externalisierungsdruck einer männlich konnotierten Wirtschafts- und Erfolgskultur ausgesetzt werden (vgl. Brandes/Bullinger 1996, Lenz 2000, Böhnisch 2003). Männer stellen im unbegrenzten Externalisierungszwang des Industriekapitalismus Dominanzverhältnisse her, werden aber gleichzeitig von diesen Verhältnissen dominiert (Zemann 1997). Diese Konstellation hat sich im digitalen Kapitalismus mit seinen sozialen Abstraktionen eher kompliziert. Die Geschlechter scheinen entgrenzt und vor der Ökonomie gleich, was aber letztlich bedeutet, das Geschlechtergerechtigkeit privat ausgehandelt werden muss (s.o.). Zudem erweist sich die offizielle Strategie des *Gender mainstreaming* als das, was sie jenseits aller in sie gesetzten gleichstellungspolitischen Hoffnungen prinzipiell ist: Ein steuerungspolitisches Instrument, das die Verteilung geschlechtsungleicher Zugänge registriert und ihre „Abstellung" in den Rahmen des fiskalisch und administrativ Möglichen verweist (vgl. zur kontroversen Diskussion um Gender Mainstreaming in der Kinder- und Jugendhilfe v. Ginsheim/Meyer 2001; Böhnisch/Funk 2002). Damit aber werden, wenn *Gender Mainstreaming* als einzige geschlechterpolitische Perspektive verbleibt und eigene frauen- und männerpolitische Initiativen ersetzen soll, die Grundprobleme von Geschlechterungerechtigkeit regulativ übergangen und eher verdeckt legitimiert, als konflikthaft offen gelegt. Konflikte gelten steuerungspolitisch als Störungen. Schließlich tragen die administrativ verordneten „Gendertrainings" wenn sie nur pädagogisch angelegt sind, nicht unwesentlich dazu bei, das Problem der Geschlechterungerechtigkeit zu individualisieren und damit von seinem sozialpolitischem Hintergrund abzulösen.

Problem und Konzept der Zugangsgerechtigkeit müssen zudem für die verschiedenen sozialpädagogischen Arbeitsfelder durchgespielt werden. Wir wollen dies beispielhaft am Bereich der Jugendarbeit konkretisieren, der z.Z. einer ökonomistischen Kritik ausgesetzt ist. Jugendarbeit sei überflüssig, weil Jugend ja im Großen und Ganzen selbst zurechtkäme, heute frühzeitig – das zeigten die Jugendstudien – in die Erwachsenenwelt und ihre Leistungsorientierung hineinwachse, zudem durch die Schule betreut würde und deshalb durch öffentliche jugendkulturelle Angebote nicht eigens gestützt oder gar aufgehalten werden solle. Natürlich gäbe es Jugendliche, die an den neuen Herausforderungen früh scheiterten, nicht mithalten könnten; aber für die gäbe es ja weiterhin die ordnungspolitischen Kernbereiche der öffentlichen Erziehung. Im Hinblick auf die sozialisatorischen Voraussetzungen einer demokratischen Gesellschaft wird hier ein problematisch verkürzter Jugendbegriff eingeführt (vgl. Schröer 2004). Es bildet sich die Mentalität einer Gesellschaft des digitalen Kapitalismus ab, die nur auf den „fertigen" Menschen schaut, gelungene Sozialisation einfach voraussetzt und damit die biographisch und gesellschaftlich notwendige Entwicklungs- und Experimentierphase des Jugendalters negiert. Die Jugendstudien der letzten zehn Jahre zeigen auch, dass Jugendliche nicht nur früh in die Erwachsenengesellschaft hineinwachsen, sondern mit den sozialen Problemen und Belastungen der Erwachsenengesellschaft zu einer Zeit konfrontiert werden, zu der sie den entwicklungsnotwendigen Entfaltungs- und Experimentierraum brauchen und in jugendkultureller Unbefangenheit und deshalb ohne soziales Risiko die Ablösung von der Familie und den Übergang in die Gesellschaft austesten sollten. Offene Jugendarbeit wird gebraucht, um denen „Jugend zu ermöglichen", die im Zugang zu den Möglichkeiten der Jugendphase beeinträchtigt sind und um neue Risiken zu mindern, die dadurch entstehen, dass Jugendliche in soziale Problemzonen hineingezogen werden, in denen sie sich dann in kultureller Jugendunbefangenheit bewegen ohne die damit verbundenen sozialen Risiken für später einschätzen zu können. Offene Jugendarbeit und Jugendberatung gehen heute ineinander über.

Wenn aber Jugendarbeit so stärker in den sozialpolitischen und zivilgesellschaftlichen Ermöglichungskontext gestellt wird, ist sie Teil öffentlicher Verantwortung für die Jugend (vgl. Bundesministerium 2002) und gleichsam im Vorhof gesellschaftlicher Integration und Demokratisierung angesiedelt. Ohne sie fallen wir wieder in die sozialstaatliche Frühzeit der 1920er Jahre zurück, in der Jugend für einen Großteil vor allem der proletarischen Jugendlichen nicht erreichbar und lebbar war. Paul Lazarsfeld sprach damals von der „verkürzten Pubertät", der proletarische Jugendliche unterworfen waren. Heute aber ist es nicht die Proletarisierung, sondern die Ökonomisierung der Jugendphase, die die Jugend bedroht und Jugendarbeit mehr denn je nötig macht.

3.4 Lebensweltorientierte Bewältigungshilfen und Politik der Bewältigung

Soziale Arbeit versucht Zugangsgerechtigkeit mit lebensweltlichen Bewältigungshilfen und einer Politik der Bewältigung zu verbinden. Darin agiert sie in rechtlichen, institutionellen und organisationalen Kontexten, die im Zeichen der Entgrenzung der Lebens- und Arbeitverhältnisse neu reflektiert werden müssen. So sind im kodifizierten Rahmen des Kinder- und Jugendhilfegesetzes Arbeitsprinzipien festgelegt, die trotz des Sozialstaatsabbaus nicht einfach wieder zurückgenommen werden können. In der Einschätzung dieses Argumentes scheiden sich aber erst einmal die Auffassungen der Autoren, wurden in den Diskussionen zu diesem Buch die verschiedenen „Standorte des Denkens“ – eben der westdeutsche und der ostdeutsche Kontext – spürbar. Denn das Kodifizierungsargument ist sicher erst einmal ein westdeutsches Argument. Das Kinder- und Jugendhilferecht, das vor dem Hintergrund des Gerechtigkeitspostulats eine lebensweltliche Ausrichtung der Sozialpädagogik und Sozialarbeit ermöglichen soll, ist aus vielfältigen Erfahrungen sozialstaatlicher Modellentwicklungen, professionell-fachlicher Experimente und institutioneller Konflikt- und Konsensprozesse hervor gegangen. Von daher insistiert eine Tradition der Sozialpädagogik darauf, dass das sozialstaatliche Profil der Sozialpädagogik, wie es im KJHG kodifiziert und institutionell flächendeckend umgesetzt worden ist, eine institutionelle und professionelle Barriere gegen Vereinnahmung und Verflachung abgeben könne. In ihm sei eine Hintergrundsicherheit sozialer Gerechtigkeit gegeben, die dem Sozialstaatsprinzip innewohnt. Prozesse sekundärer Integration und die damit verbundene öffentliche Verantwortung für die Betroffenen brauchen gesellschaftlich verbindliche Regelungen.

Dies aber ist in Ostdeutschland für viele der in der Kinder- und Jugendhilfe und Sozialarbeit Tätigen biographisch und historisch nicht nachvollziehbar. Hier spiegelt sich das allgemeine Problem des Transformationsprozesses wider: Institutionelle Regelungen und Verfahren wurden von West nach Ost übertragen, die damit verbundenen sozialen und kulturellen Entwicklungen, die zu diesem institutionellen Ergebnis führten, blieben den Ostdeutschen fremd, zumal ihre zivilgesellschaftlichen Ansätze und eigenen sozialpädagogischen Traditionen – z.B. integrative Schuljugendarbeit, Resozialisierung im Betrieb, kommunale Traditionen der Konfliktschlichtung und der Jugendpatenschaften etc. – nicht zum Zuge kamen. Darüber hinaus fand die institutionelle Transformation zu einem Zeitpunkt statt, zu dem die sozialstaatlichen Reform- und

Experimentierräume, die der Kinder- und Jugendhilfereform vorgängig sind, nicht mehr gegeben waren und der ökonomische Druck auf den Sozialstaat schon eingesetzt hatte. Ostdeutsche Praktiker erleben jeden Tag den Einbruch des Kapitalismus in den Sozialbereich; sie können nicht auf sozialpolitische und institutionelle Traditionen und auf den Sozialkonsens verweisen, der in Westdeutschland immer noch trägt und haben es überdies generell schwer, Wohlfahrtsfunktionen gesellschaftlich sichtbar und legitimationsfest zu machen.

So disfunktional und widersprüchlich aber die Übernahme vieler Arbeitsformen ist, so verlangen die neuen sozialen Herausforderungen nach einer Sicherung von verlässlichen Rahmen- und Arbeitsbedingungen. Dies verweist auf die Notwendigkeit, soziale Gerechtigkeit und Lebensbewältigung im Prinzip rechtlicher und institutioneller Sicherung zu konkretisieren, auch dann, wenn die sozialpolitischen Rahmenbedingungen und institutionellen Traditionen dies zu konterkarieren drohen. Es bedarf einer institutionellen Transformation, die von den gegebenen organisatorischen Ausprägungen so weit abweichen kann, wie das Prinzip der institutionellen öffentlichen Verantwortung für die Bearbeitung sozialer Probleme nicht in Frage gestellt ist.

Notwendig dabei ist die begriffliche Unterscheidung zwischen Institution und Organisation. Am Beispiel des Jugendamtes kann dies verdeutlicht werden. Im Jugendamt ist das institutionelle Prinzip öffentlicher Verantwortung und Zuständigkeit für soziale Integration und soziale Bildung neben der Schule in eine konkrete organisatorische Fassung gebracht. Hier stellt sich – ähnlich wie beim Arbeitsamt – die Frage, wie sich das Jugendamt in einer sozial gewandelten Umwelt so verorten kann, dass das institutionelle Prinzip gegeben bleibt und die Potenziale der Kinder- und Jugendhilfe im Bezug auf soziale Integration und soziale Bildung in einer entgrenzten Bildungs- und Arbeitsgesellschaft neu aufgeschlossen werden können. Die Organisation Jugendamt, nicht das institutionelle Prinzip öffentlicher Verantwortung und Zuständigkeit, steht hier zur Diskussion. Dabei geht es um die Frage, inwieweit die Organisation Jugendamt in der Lage ist, sich in die regionalen Lern- und Integrationskulturen einzubringen.

Die so der Organisation aufgegebenen Veränderungen können in Auseinandersetzung mit Konzepten der *lernenden Organisation* verstanden werden (vgl. Grunwald 2001). Sie sehen Organisationen im Kontext der Veränderung gesellschaftlicher Rahmenbedingungen ebenso wie der Lebenslagen der Adressaten der Organisationen verortet und Entwicklungen auch als Krisen, die u.a. eine Öffnung verhärteter Zuständigkeiten bedeuten können. Dieser Zugang beinhaltet eine Neuorientierung, weil die traditionellen sozialwissenschaftlichen Organisationstheorien „das Verhältnis Individuum/Organisation wie das Verhältnis Organisation/Umwelt unter den Bezugspunkten Selbsterhaltung, Selbststeuerung und Zielverwirklichung von Organisationen (…) thematisiert“ haben (Büschges 2002, S. 394). Dabei sind es wiederum die Entgrenzungsprozesse in den Bereichen der Arbeit, des Sozialen und in den Lebensverhältnissen der Adressatinnen und Adressaten, die die sozialpädagogischen Organisationen dazu zwingen, Lernprozesse nicht mehr aus der Ziel-Mittel-fixierten Binnenstruktur der Organisation heraus zu bestimmen, sondern in Auseinandersetzung mit den veränderten Organisation-Umwelt-Bedingungen zu agieren und darauf bezogene Spielräume aufzuschließen. Nur ein solches Verständnis von Organisation bleibt nicht im Rahmen einer selbstreferenziellen Organisationsbestimmung hängen (vgl. Wolff 1983).

Wenn z.B. durch den Personen-Mandats-Bezug sozialer Dienste nicht nur die Mitarbeiter zum engeren, sondern die Adressaten als Klienten zum erweiterten Kreis der Organisation gehören, da für sie die Organisation Teil ihrer Lebenslage ist – sie sind also nicht nur einfach Kunden im Sinne einer Marktbeziehung –, müssen sozialpädagogische Organisationen diesen Bezug in entsprechende lebensweltorientierte Organisationsparameter umsetzen können. Simone Menz (2002) hat in diesem Zusammenhang eine solche lebensweltliche Öffnung von Organisationen der Kinder- und Jugendhilfe aus der Perspektive des Klientels beschrieben: „Die Betroffenen einerseits und die pädagogischen MitarbeiterInnen andererseits agieren (...) unter hochgradig differierenden materiellen und kulturellen Bedingungen. Ein egalitäres und machtfreies pädagogisches Verhältnis ist weder interaktiv noch strukturell herstellbar und somit auch von keiner Organisationsform ableitbar. Dennoch unterscheiden sich die Organisationen erheblich im Grad ihrer Gestaltbarkeit, Reflexivität und Kommunikationskultur. Ein wichtiges Kriterium für eine gelingende Mitwirkung stellt die Erlebbarkeit der Einrichtung durch die Betroffenen dar" (Menz 2002, S. 905).

In diesem Zusammenhang müssen auch die Prinzipien einer lebensweltorientierten Sozialen Arbeit zu neuen Konkretisierungen geöffnet werden. Es ist notwendig, sie gegenüber Verkürzungen auszuweisen, die in ihnen angelegt sind und die sie anfällig erscheinen lassen für politische Strategien der digitalisierten Ökonomie. Der das Konzept bestimmende Respekt vor der Eigensinnigkeit von Bewältigungsleistungen bleibt flach, wenn diese subjektiven Leistungen nur im Kontext der Erfolgsmoral als glatte, rasche Erledigungen verstanden werden, die im Schein von interaktiver Beteiligung als effektiv wirken und unhinterfragt als Kompetenz zur Lösung von Lebensproblemen genommen werden.

Lebensweltliche Bewältigungsprobleme geraten dann in den Sog zur Privatisierung und lokalen Verschiebung sozialer Probleme. Die Lebensweltorientierung wird dadurch entleert und um ihres kritischen Anliegens beraubt: Die Menschen werden in den Binnenraum des Privaten gedrängt und damit in die „Ideologie der eigenen Gestaltbarkeit der Lebensverhältnisse. (Diese) wird begierlich von den Subjekten reproduziert. Und sie entspricht ja auch einem tatsächlichen Wechselverhältnis. Die Individuen machen etwas aus den vorgegebenen Situationen, sie bewegen sich in den Widersprüchen und finden ihre eigenen Deutungsmuster und Lösungen. Das heißt, die Mehrzahl bewältigt Spaltung, Benachteiligung, Widersprüchlichkeit. Allerdings nicht ohne Verluste. Denn es gibt keinen Raum, in dem die Widersprüchlichkeit der Anforderungen tatsächlich thematisierbar wäre." (Bitzan 2000, S. 341)

Pädagogische Arbeit und Entgrenzung

„Die Entgrenzung der Hilfen braucht ihr Widerlager im Verfahren des Hilfesystems. Die Flexibilisierung hat den Bedarf an Fallabklärung, sozialpädagogischer Diagnose, an Beteiligung der Adressaten, an Beteiligung und Dokumentation der Fallarbeit, an Evaluation und Qualitätsmanagement erheblich gesteigert. (...) Die Bewältigung der Aufgabe, Kinder und Jugendliche in ihrem Aufwachsen zu unterstützen, erfordert neue Sicherheiten. Verfahren wie das Hilfeplanverfahren, Methoden biographisch begleitender Arbeit wie Fallarbeit, care management, monitoring, coaching sind auf das Problem bezogen, im entgrenzten Rahmen Begrenzbares zu tun“ (Schefold 2004, S. 201).

Pädagogische Arbeit in entgrenzten Konstellationen ist gleichzeitig strukturell offener, aber in der pädagogischen Beziehung anspruchsvoller geworden. Sie steht gleichsam in der Spannung von Offenheit und Halt. Den Mittelpunkt bilden nun nicht mehr die vorgegebenen institutionellen Grenzen und Möglichkeiten der Kinder- und Jugendhilfe, sondern die Biographie der Adressatinnen und Adressaten in ihren lebensweltlichen Verhältnissen. Von ihnen aus müssen die Hilfebeziehungen über das pädagogische Setting hinaus in die soziale Umwelt hinein aufgebaut werden. Der Sozialpädagoge „steht mehr als früher neben dem Klienten“. Diagnose und Intervention sind zugleich biographisch aufschließend wie begleitend und öffnen sich in sozialräumlichen Arrangements, damit die Adressatinnen und Adressaten die Chance haben, bislang übergangene Vermögen („Ressourcen“) zu aktivieren und Kompetenzen zu entwickeln. Grundannahme dabei ist, dass die Adressatinnen und Adressaten – wie immer sie sich auch aktuell präsentieren – „biografische Arbeit geleistet haben“ (ebd., S. 208ff), auf die nun eingegangen werden kann. Sozialpädagogische Arbeit kann nicht davon ausgehen, dass sie für die Menschen von sich aus Lösungsmodule präsentiert, sondern sie knüpft mit ihren Zugängen an den Bewältigungsmustern an, wie sie sich in der Lebenswelt verdichtet haben und versucht mit den Menschen öffnende Perspektiven zu entwickeln. Dieses professionelle Sich-Einlassen auf die Biographie macht das individuelle Fallverstehen und die Fallarbeit für die Sozialpädagogik und Sozialarbeit komplex; sie agiert im Horizont von Gerechtigkeit und Anerkennung in der Spannung von entgrenzender Offenheit und der Suche nach neuen Ansätzen und vermittelt die Notwendigkeit professioneller und institutioneller Verlässlichkeit mit der Struktur der Lebenswelten. Es braucht Verbindungen, die das Widersprüchliche nicht einfach versöhnen, aber vielleicht aushaltbar machen. Jugendhäuser zum Beispiel oder Heime und Jugendhilfestationen können – angesichts der Entgrenzungstendenzen – stabilisierende und schützende Räume und Beziehungen ermöglichen, in denen Anerkennung und Vertrauen entstehen kann, den eigenen Lebensentwurf zu finden und zu gestalten sowie sich auf die Offenheiten heutiger Bewältigungskonstellationen einzulassen. Vor allem aber brauchen aus der Sicht des Lebenswelt- und Bewältigungskonzeptes die Adressatinnen und Adressaten funktionale Äquivalente, in denen sie über die Begrenzungen pädagogischer Beziehungen hinaus (vgl. Bimschas/Schröder 2002) Selbstwert, Anerkennung und Selbstwirksamkeit erlangen können.

Sozialpädagogik und Sozialarbeit zielen auf ein Verständnis von Lebenswelt, wie es sich in der Gemengelage von Widersprüchlichkeiten, Ressourcen, Handlungsmustern und auch moralischen Orientierungen zeigt. In dieser Konstellation lässt sie sich auf den „Rohstoff Wirklichkeit" (Negt/Kluge 1973), die gleichsam „nackte Materialität" von Lebenserfahrungen (vgl. Hamburger 2003) ein. Sie respektiert darin den Eigensinn des Anderen. Dabei hat sie zu berücksichtigen, dass die Authentizität und Widerständigkeit von Lebenswelten, wie sie Sozialtheorie und Sozialethik voraussetzen, bei den betroffenen Subjekten selbst vielfach verstellt und nicht selten paradox verformt sind. Negt hat darauf hingewiesen, dass die gesellschaftlichen Konflikte von den Subjekten oft nicht als solche erlebt, sondern psychodynamisch verschoben werden (vgl. Negt 1968). Dies entspricht der Rede vom „bornierten Alltag". Hier erweist sich die konzeptionelle Verbindung von Lebensweltorientierung und Bewältigungsperspektive als fruchtbar. Indem die vom Bewältigungsansatz erschlossenen psychosozialen Gesetzlichkeiten – unbedingtes Streben nach Handlungsfähigkeit in der Spannung von Selbstbehauptung und Anerkennung – zur Anwendung kommen, können lebensweltliche Potenziale eingeschätzt und voraussetzungsvoll aktiviert werden. Dabei steht die Anerkennung der subjektiven Bewältigungsleistungen im Mittelpunkt des pädagogischen Zugangs. In diesem Horizont ist es notwendig, dass Lebenswelt im ursprünglichen Sinn der Erfahrung der komplexen Lebensverhältnisse verstanden wird. Soziale Arbeit bezieht sich dann nicht nur auf die im Zeichen der Dethematisierung des Sozialen an den Rand gedrängten Bewältigungskonstellationen und sozialen Konflikte, sondern öffnet sich kooperierend und einmischend auch in die gesellschaftlichen Bereiche von Gesundheit, Bildung und Arbeit in einem nun bürgergesellschaftlichen Kontext. „Die ‚Resozialisierung' des Sozialstaates durch die (Wieder-)Herstellung verantwortlicher Formen von Beteiligung und Engagement in seinen Kernbereichen ist eine Aufgabe, die über die Einrichtung sozialpolitischer Absicherungen von Engagement und die unternehmerische Suche nach Aktivitätsnischen weit hinausführt. Vermutlich bekommt ‚Bürgerarbeit' erst dann einen anerkannten Status, wenn sie sich auch als selbstverständlicher Bestandteil des Funktionierens zentraler gesellschaftlicher Institutionen etablieren kann" (Evers 1999, S. 64). Dieser Zugang basiert auf der Annahme, dass die politischen und sozialstaatlichen Institutionen angesichts des Strukturwandels der Arbeitsgesellschaft und der Entgrenzung von Politik unter dem Druck der neuen ökonomisch-gesellschaftlichen Verflechtungen nicht mehr allein in der Lage sind, Partizipation, soziale Gerechtigkeit und Demokratisierung zu aktivieren. Deshalb sollen den demokratischen Konflikt aktivierende Zwischenwelten entstehen, damit sie eigene Einflusszonen schaffen und die Institutionen in andere als die tradierten Vernetzungen zwingen können. Auf diesem Weg könnte soziale Gerechtigkeit, gegen den Trend sozialstaatlicher Aushöhlung, zum neuen Antrieb einer ökonomisch-sozial ausbalancierten Regionalentwicklung werden.

Zudem kann über diese Transformation die Soziale Arbeit von den Zwängen befreit werden, in die ihre öffentlichen und halböffentlichen Träger zurzeit geraten: Denn unter dem fiskalischen und sozial segmentativen gesellschaftlichen Druck tritt ihre hoheitliche wie kontrollierende Komponente in einer Weise hervor, dass zu befürchten ist, dass die soziale Segmentation, in die die Adressatinnen und Adressaten im digitalen Kapitalismus geraten, eine institutionelle Spiegelung erfährt. Damit aber stünden wir wieder im Etikettierungsdiskurs der 1970er Jahre, nur mit dem freilich zentralen Unterschied, dass es heute Organisationen sind, die Stigmatisierungen unterlaufen und lebensweltlich und sozialintegrativ arbeiten wollen, aber in einen segmentativen Sog geraten, der ihre Handlungsabsichten geradezu verkehrt. Gegen diese Gefährdungen müssen sozialpädagogische Organisationen darauf hinwirken, dass die Perspektive der lebensweltlichen Integration ihrer Adressatinnen und Adressaten nicht mehr nur allein in ihrer Zuständigkeit bleibt, sondern zur zentralen Perspektive regionaler Entwicklung transformiert wird.

Heiner Keupp (1997) hat in diesem Zusammenhang schon in den 1990er Jahren argumentiert, dass die Sozialpädagogik und Sozialarbeit – wenn sie die Idee des *empowerment* lebensweltlich umsetzen wolle – sich davor hüten müsse, ihre Adressatinnen und Adressaten auf den Klientenstatus zu reduzieren und diesen im Zeichen fürsorglicher Belagerung gleichsam protektiv als Sozialstatus zu definieren. Ihnen müsse vielmehr der Bürgerstatus zugesprochen werden, auch mit der riskanten Konsequenz, dass sich diese Bürger dann gegenüber der Statuszuweisung Klient wehren und z.B. gegen die Kinder- und Jugendhilfe ihre Bürgerrechte einklagen, die sie beschnitten sehen. Der in der Sozialpädagogik und Sozialarbeit angelegten Gefahr von Zudringlichkeit und sozialer Kontrolle in den Lebenswelten kann nur begegnet werden, wenn die Praxen der Beteiligung weiter zur Selbstverständlichkeit institutionell gesicherter bürgerschaftlicher Rechte (z.B. in einem Beschwerdemanagement oder in unabhängigen Vertretungsformen der Betroffenen) und zur verantwortlichen Mitgestaltung entwickelt werden.

Hier zeigt sich übrigens auch die sozialpolitische Problematik des systemtheoretisch abgeleiteten Begriffs der „stellvertretenden Inklusion der Exkludierten" als systemische Funktion der Sozialpädagogik und Sozialarbeit (vgl. Bommes/Scherr 2000), der diese Frage der Bürgerrechte für Adressatinnen und Adressaten und die damit verbundenen Konflikte zwischen Bürgerrechten und Klientenbindungen nicht thematisieren kann. Diese bürgerrechtliche Adressatenperspektive aber ist der Punkt, an dem der Diskurs um eine „echte" regionale Vernetzung der sozialen Dienste und Projekte ansetzen könnte. Es ist die bürgerschaftliche Nadelprobe für die Sozialpädagogik. „Echt" sind Vernetzungen dann, wenn sich Organisationen und Gruppen im demokratischen Konflikt aber kooperativ (d.h. mit dem Ziel eines regionalen Konsenses) auf eine gemeinsame soziale Perspektive beziehen, die ihr organisationales oder Gruppen bezogenes Eigeninteresse wesentlich übersteigt. Das macht den Unterschied zu den neokorporatistischen Verteilungsnetzwerken aus, die an der Maximierung des organisatorischen Eigeninteresses (durch Konzentration und Abschottung) ausgerichtet sind. Bei echter Netzwerkbildung sind die Organisationen gezwungen, auch bei sich selbst den Konflikt zwischen Binnenzentrierung und Öffnung der Organisation hin auf an Beteiligung orientierte Ziele anzunehmen, den sie aber nicht mehr allein kontrollieren können. Sozialpädagogische Institutionen und Projekte definieren dann ihr lebenswelt- und bewältigungsorientiertes Profil im Kontext regionaler Netzwerke der Aktivierung sozialer Gerechtigkeit und lebensweltlicher Integration. Sie haben dabei die von sozialer Benachteiligung betroffenen Bürger und ihre Bewältigungsformen im Auge und entwickeln von da aus ihre besondere Zuständigkeit und fachlich gestützte Parteilichkeit.

Zivilgesellschaftliche Fundierung der Kinder- und Jugendhilfe

In der sozialpädagogischen Fachdiskussion wird bemängelt, dass die Kinder- und Jugendhilfe bisher kaum systematisch von einer zivilgesellschaftlichen Begründung und den damit verknüpften Rechten der Kinder und Jugendlichen ausgeht. In den vergangenen Jahren ist allerdings eine größere Aufmerksamkeit gegenüber einer zivilgesellschaftlichen Fundierung der Kinder- und Jugendhilfe im Sinne von Kinderrechten (vgl. National Coalition 1999) zu beobachten. Diese reicht vom Kinder- und Jugendhilfegesetz (1990) über die Ratifizierung der UN-Kinderrechtekonvention (1992) hin zur Kindschaftsrechtsreform (1998). Grundlegend erscheint zudem die Änderung von Gemeindeordnungen in einigen Bundesländern und das Gesetz zur Ächtung der Gewalt in der Erziehung (2000): „Insgesamt kann die Geschichte der Kinderrechte als eine kumulative Entwicklung gekennzeichnet werden, in der nach dem Recht auf Schutz (protection) und dem Recht auf Förderung (promotion) das Recht auf Beteiligung (participation) als dritte Säule kinderrechtlicher Bemühungen hinzu kam“ (Bartscher/Kriener 2002, S. 1054). Diese Entwicklung wird besonders in der für diesen Zusammenhang grundlegenden UN-

Kinderrechtskonvention deutlich. Hier werden nicht nur survival, development und protection rights formuliert, sondern gleichzeitig participation rights und damit Rechte auf Beteiligung sowie Mitsprache in allen Angelegenheiten, die das Kind und den Jugendlichen betreffen (vgl. van den Boogaart 1996, Wolff 2004).

Die damit verbundene zivilgesellschaftliche Akzentuierung reicht einerseits in die Einrichtungen der Kinder- und Jugendhilfe hinein und hat andererseits zu umfassenden Überlegungen in Bezug auf den zivilgesellschaftlichen Status und die Partizipations- sowie Teilhabemöglichkeiten von Kindern und Jugendlichen geführt. Die Kinder- und Jugendhilfe wird dadurch in ihrer zivilgesellschaftlichen Rückbindung herausgefordert. Es erscheint nicht allein die Passgenauigkeit der Einrichtung für die psychosozialen Probleme des „Falls" grundlegend, sondern die Berücksichtigung, Stärkung und Wahrung der Beteiligungsrechte und Möglichkeiten von Kindern und Jugendlichen in ihren Lebenslagen wird zu einer zentralen Aufgabe der Kinder- und Jugendhilfe (vgl. dazu auch BMFSFJ 2002). Es rückt somit die akteursbezogene Frage in den Vordergrund, wie Beteiligungsspielräume garantiert und geschaffen und vor allem von den Kindern und Jugendlichen erlebt werden und wie z.B. die Hilfen zur Erziehung Möglichkeiten eröffnen, damit die Kinder und Jugendlichen ihre sozialräumlichen und -kulturellen Handlungsspielräume erweitern können.

Unser Ausgangspunkt ist, dass die sozialen Spannungen, wenn sie politisch nicht übergangen werden, umso intensiver im Lebensalltag der Menschen bewältigt werden müssen, da öffentliche Räume der sozialpolitischen Thematisierung immer rarer werden. Würde die bürgerschaftliche Diskussion von einer ‚Politik der Bewältigung' (vgl. Böhnisch/Schröer 2001) ausgehen, Teilhabeformen also im Kontext jener zentralen sozialen Themen betrachten, die im Zuge der sozialstaatlichen Entgrenzung freigesetzt werden, dann würde deutlich werden, dass die sozialen Spannungen nicht durch *lokale* Infrastrukturen und Ressourcenzugeständnisse, sondern in *gesellschaftlich* ausgerichteten Konflikt- und Aushandlungsprozessen thematisiert werden müssen. Soziale Probleme können nicht mehr nur lokal ausgehandelt werden, es sind gesellschaftliche Konfliktverfahren notwendig, die auch im Lokalen eine demokratische Aushandlungskultur und entsprechende Spielräume ermöglichen. Gerade die lokalen Initiativen zur Verbesserung und Veränderung der sozialen Infrastruktur sind darum davon abhängig, wie durch eine neue Sozialpolitisierung der Probleme der Privatisierungsdruck vom Bewältigungshandeln der Menschen genommen werden kann. Der historische Konflikt zwischen ökonomischer und sozialer Sphäre ist auf gesellschaftlicher und mithin sozialstaatlicher Ebene auszutragen. Der Sozialstaat ist nicht deshalb zum Versorgungsstaat geworden, weil er Leistungen vergibt, sondern weil sich sein Leistungssystem bürokratisiert hat und keine sozialpolitische Spannung mehr erzeugen kann. Nicht die Leistungsempfänger müssen herausgefordert werden – wie dies die konservative Sozialstaatskritik immer propagiert – sondern der Sozialstaat in seiner sozialpolitischen Gestaltungsfunktion. Deshalb ist die *Voicefunktion* der bürgerschaftlichen Sphäre so wichtig.

Dieses bewältigungspolitische Modell enthält für die Soziale Arbeit, die ja mit der früheren Regulationsmacht des „alten" Sozialstaats groß geworden ist, zwei grundlegende organisatorische und professionelle Herausforderungen, deren Meisterung heute noch nicht absehbar ist: zum einen die Entklientelisierung, zum anderen die intermediäre Professionalität. Entklientelisierung kann z.B. im konkreten Fall bedeuten, dass man – wie in einigen skandinavischen Modellen – Jugendliche und junge Erwachsene aus einer versorgenden Obhut der Erziehungshilfen entlässt und – unter sozialpädagogischer Begleitung und Aufbau eines entsprechenden Netzwerkes – ihnen, wie anderen jungen Bürgern auch, die Chance gibt, eine eigene selbstständige Existenz in der Region aufzubauen. Das heißt auch, dass soziale Stadtteilkonferenzen nicht nur *für* die Betroffenen sondern *mit* diesen und über ihre lebensweltlichen Zugangsmöglichkeiten aufgebaut werden (vgl. Munsch 2003). Das verlangt eine gesellschaftspolitische Rahmung, wie sie im deutschen Sozialstaat immer noch nicht gegeben ist. So wie der Klient als Bürger anerkannt sein muss, müssten die in solchen intermediären Zonen sich entwickelnden Tätigkeiten gesellschaftlich und sozialpolitisch anerkannt werden und nicht weiter durch den Primat der Erwerbsarbeit entwertet werden.

Damit steht auch die Sozialpädagogik und Sozialarbeit mit ihren Hilfen zur Lebensbewältigung mitten im Diskurs um die Zukunft der Arbeitsgesellschaft in der Perspektive der Transformation der Erwerbsarbeitsgesellschaft zur Tätigkeitsgesellschaft.

Zur Verbindung von bürgergesellschaftlicher und sozialpolitischer Perspektive

Der von uns mit anderen in der sozialpädagogischen Diskussion geteilte Rückbezug auf den englischen Soziologen Thomas Marshall (1950) ist wichtig, weil er zeigt, dass soziale Rechte in den Industriegesellschaften in einem konfliktreichen historischen Prozess erkämpft werden mussten und eben nicht linear aus liberalgesellschaftlichen Traditionen hergeleitet werden können. Marshall zeigte in diesem Zusammenhang nicht nur, wie die staatsbürgerlichen Gleichheitsrechte – zuerst die juristischen, dann die politischen und schließlich die Ausweitung der Gleichheitsrechte auf die soziale Sphäre – sich zwischen dem 18. und dem 20. Jahrhundert entwickeln konnten. Er kann auch darlegen, dass es erst die Durchsetzung faktischer wie institutionalisierter sozialer Rechte war, die zur strukturellen Veränderung des Kapitalismus führten. „Rechtliche Gleichheit war die Basis des (Arbeits-)Vertrages, der die Klassenungleichheit begründete. Auch die Ausdehnung der Gleichheitsrechte auf die politische Sphäre konnte den Klassengegensatz noch unberührt lassen. Erst mit der Ausdehnung des Prinzips der allgemeinen Grundrechte auf die soziale Sphäre wird die Existenz von Klassen problematisch“ (Dahrendorf 1957, S. 104).

Marshall argumentierte vor dem Hintergrund der englischen Entwicklung. Deshalb ist seine implizite theoretische Vorstellung von der sozialen Zähmung des Kapitalismus im Rekurs auf die dortigen sozialen und gewerkschaftlichen Kämpfe zu verstehen. Darüber hinaus gibt es in Deutschland eine sozialrechtlich-zivilgesellschaftliche Traditionslinie in der Idee vom „sozialen Rechtsstaat“, wie sie Hermann Heller, der Begründer der deutschen politischen Soziologie, in den 1920er Jahren angelegt hat. Heller ging von der „Synthese des Unvereinbaren“ (des Widerspruchs zwischen Kapitalismus und sozialen Rechten) aus, indem der Gegensatz zwischen Arbeiterbewegung und liberalkapitalistischem Bürgertum befriedet werden konnte. In der Formel vom „sozialen Rechtsstaat" sah er die „Ausdehnung des materiellen Rechtsstaatsgedankens auf die Arbeits- und Güterordnung" (Heller 1929, S. 445). Darunter verstand er nicht nur einen staats- und sozialrechtlichen Kontext, sondern genauso – ähnlich wie später Marshall – den Rahmen für eine kollektive Sozial- und Lebensform. Es ist unschwer zu erkennen, dass Hellers Sozialrechtstheorie komplementär zu Eduard Heimanns „Sozialer Theorie des Kapitalismus" ist; nicht umsonst waren beide im damaligen Hofgeismarer Kreis der jungen Sozialisten miteinander verbunden (vgl. Osterroth 1964). Die Erklärung der bürgerrechtlichen Durchdringung der sozialen Sphäre aus der Dialektik des Sozialpolitischen heraus ist aber nicht nur über das geschichtliche Verständnis der deutschen Entwicklung des Sozialstaats als Rahmen der Sozialpädagogik und Sozialarbeit wichtig, sondern bietet auch den entsprechenden historisch-kritischen Bezugsrahmen für eine produktive sozialpädagogische Auseinandersetzung mit der bürgergesellschaftlichen Idee. Darauf hinzuweisen ist gerade angesichts der heutigen Sozialstaatskritik wichtig: Soziale Rechte sind im Sozialstaatspostulat und der sozialen Bindung des Grundgesetzes nicht nur als Teilhaberrechte vom sozialstaatlichen Sinne institutionalisiert, sondern sie enthalten auch eine soziale Gestaltungsaufforderung (vgl. Evers/Nowotny 1987).

Eine solche Interdependenz zwischen Bürgergesellschaft und Sozialpolitik wird heute weder in der bürgergesellschaftlichen noch in der Sozialstaatsdiskussion hinreichend thematisiert. Vielmehr werden – meist unscharf definierte – institutionelle Modelle nebeneinander gestellt: Die Bürgergesellschaft neben den Sozialstaat und die Ökonomie. Man meint, man könne sie irgendwie diskursiv in ein Verhältnis zueinander bringen (vgl. Böhnisch/Schröer 2002). In der Bildungsdiskussion wird mehr „Zivilkompetenz" verlangt und vor der Dominanz des Ökonomischen gewarnt. Das Sozialstaatliche wird je nach politischer Interessenlage vom Substitutiven zum Aktivierenden hin- und hergeschoben, das Ökonomische in seinem vergesellschaftenden Verhältnis zu diesem nicht definiert, sondern nur als drohender Schatten stehen gelassen.

In einem solchen Nebeneinander – das auch einem amerikanischen Denken, das hier bewusst oder unbewusst die Diskussionen leitet (vgl. als Beispiel: Brinck 2001), entspricht – werden die grundlegenden Konflikte, die sich im neuen Spannungsverhältnis von bürgergesellschaftlicher, sozialpolitischer und digitalkapitalistischer Entwicklung ergeben, übergangen. Es wird vom Ende der Geschichte gesprochen. Dagegen zeichnet sich aber der Beginn einer neuen historischen Epoche ab, deren Ausgang wir noch gar nicht kennen. Wir befinden uns Anfang des 21. Jahrhunderts in einer Übergangsphase der Vergesellschaftung, die durch eine neue soziale Verlegenheit gekennzeichnet ist: Vorindustrielle Sozialformen werden beschworen, die „Normalität der Vergangenheit" grassiert, weil die industriellen Sozialformen nicht mehr integrativ (für alle) sind und die zukünftigen noch keine ausreichenden sozialen Konturen haben.

In dieser heutigen Übergangssituation ist, bei aller sozialpolitischen Kritik, der bürgergesellschaftliche Diskurs und sein Insistieren auf die Rechte des einzelnen Menschen notwendig. Da der digitale Kapitalismus den Menschen selbst aufgesogen, ihn bis hinein in die Psychodynamik mitgenommen und in seiner herkömmlichen arbeitswesentlichen Existenz destruiert hat, braucht es eine Vision vom autonomen Menschsein. Dies aber kann sich im zivilgesellschaftlichen Diskurs nur in der Spannung zum Ökonomisch-Gesellschaftlichen, also im Horizont des Sozialpolitischen und im Zeichen sozialer Gerechtigkeit entfalten.

Sowohl sozialhistorisch als auch in aktuellen Untersuchungen zur sozialen Teilhabe kann gezeigt werden, dass selbständiges soziales Engagement Solidarität und soziale Sicherheit voraussetzt. Gerade angesichts der zeitgenössischen Entgrenzungsprozesse erscheint eine gesellschaftliche Instanz notwendig, die den Menschen eine Hintergrundsicherheit gewährt. Erst diese ermöglicht es den Menschen herauszutreten aus den überkommenen Gewohnheiten, die sich nicht mehr halten lassen, und gibt ihnen die Möglichkeit, sich den neuen Herauforderungen zu stellen. Sie gibt den Menschen das Gefühl, ihren Verhältnissen und ihrer biografischen Lage gewachsen zu sein. Der Sozialstaat wird dann wieder sichtbar als

Rahmen kollektiver Identität, als Netzwerk sozialer Normalität, als Rückhalt und Hintergrundsicherheit sozialer Aktivierung und Teilhabe. In diesem Zusammenhang wird deutlich, dass die heutige und zukünftige Diskussion den Sozialstaat zwar im Hinblick auf seine organisationale Verfassung und regulative Reichweite, nicht aber in seiner grundsätzlichen sozialpolitischen Eigenschaft als kollektives Vergesellschaftungsprinzip und in seinem gemeinschaftsbezogenen sozialverträglichen Charakter neu überdenken muss. Die Sozialpädagogik muss an dieser sozialpolitischen Bindung festhalten, sie hat es vor allem mit den Verlierern nicht nur der Globalisierung zu tun.

3.5 Sozialpädagogik in europäischer und transnationaler Perspektive

Viele dieser Perspektiven zur zukünftigen Orientierung der Sozialpädagogik und Sozialarbeit müssen – sollen sie nicht in der dünner gewordenen Luft nationaler Sozialpolitik hängen bleiben – auf die Diskurse, Programme und praktischen Projektkampagnen für ein „soziales Europa" bezogen werden. Doch ein einheitliches Bild einer europäischen Sozialpädagogik und Sozialarbeit ist angesichts der sozialen, kulturellen und politischen Eigenarten der europäischen National- und Sozialstaaten nicht unmittelbar in Sicht. Im europäischen Kontext, wie ihn die EU in ihrer Programmatik vorgegeben hat, muss sich darum die Sozialpädagogik und Sozialarbeit erst noch formieren, da ihre Rolle hier meist nur implizit definiert ist. Dass sie sich an dieser Euro-sozialpolitischen Zukunftsaufgabe beteiligen muss und dass eine bloße Verschränkung institutioneller Programme und Methoden nicht ausreicht, ist offensichtlich (vgl. Homfeldt/Brandhorst 2004). Dieser theoretischen wie praktisch-sozialpolitischen Aufgabe steht aber die bisherige Entwicklung entgegen, dass sich die nationalen Institutionen und Szenen der Sozialpädagogik und Sozialarbeit angesichts der Krise des Sozialstaats eher defensiv verhalten.

Als in den achtziger Jahren des 20. Jahrhunderts in den osteuropäischen Ländern der umfassende Umbruchprozess einsetzte, schien eine grundlegende Achse der internationalen Sozialpädagogik und Sozialarbeit und vergleichenden Forschung in den Sozialwissenschaften einzubrechen. Der Ost-West-Systemvergleich war zumindest in Deutschland für die internationalen Zugänge und der vergleichenden Wissenschaftler bis 1989 so etwas wie der Ernstfall allen Vergleichens. Angesichts der gleichzeitig verlaufenden Entgrenzungsprozesse mussten neue Koordinaten für den Vergleich und die Transformationsprozesse in West und Ost gesucht werden. Vor diesem Hintergrund richteten sich die Perspektiven vor allem auf eine differenzierte Wahrnehmung der unterschiedlichen Wohlfahrtsregimes im Westen. Esping-Andersen hielt in seiner viel beachteten Studie *Welfare States in Transition* bereits in den neunziger Jahren fest: „It is clearly not the case that all developing nations will follow the Western welfare state trajectory. But then it is now obvious that the advanced Western democracies built highly diverse social security systems. Moreover, their response to the contemporary crisis is as diverse as are social policy developments in the 'new' nations" (Esping-Andersen 1996, S. IX).

Seither operiert die wohlfahrtspolitische und -wissenschaftliche Diskussion mit dem Schlüsselbegriff der *Wohlfahrtsregimes.* Darunter werden die jeweils nationalspezifischen, historisch gewordenen Entwicklungskontexte sozialstaatlicher Institutionen und Einrichtungen verstanden, die das je besondere sozialpolitische und sozialpädagogische Regulations- und Interventionsverständnis der nationalen Gesellschaften prägen. Dazu gehören die diskursiven und institutionellen Traditionen im Umgang mit sozialer Exklusion und sozialen Konflikten ebenso, wie das normative Verständnis sozialer Integration, die herrschenden Definitionen und Interpretationen von Arbeit und ihrer sozialen Reproduktion sowie die jeweils historisch eingespielte Relation von individuellen Interessen und kollektiven Belangen (als sozialpolitisches Regulativ von Anspruch und Zumutbarkeit). Aus der Perspektive der „Wohlfahrtsregimes" lässt sich eine Typologie herausarbeiten, die Esping-Andersen (1996) in die Begrifflichkeit der „Drei Welten des Wohlfahrtskapitalismus" gefasst hat. In dieser Typologie, die inzwischen auf die postsozialistischen Gesellschaften Osteuropas erweitert wurde und die mit der Einbeziehung der reproduktiven Perspektive (weibliche Abhängigkeit vom männlichen Ernährerstatus) ihre Gender-Korrektur erhalten hat (vgl. Lewis/Ostner 1994), wird zwischen einem sozialdemokratischen (Skandinavien), konservativ-arbeitszentrierten/ konservativ-produktiven (Mittel- und Südeuropa) und einem liberalen (angelsächsischen) Wohlfahrtsmodell unterschieden. Dabei geht es um die jeweilige Struktur und den Umfang in der sozialstaatlichen Einbettung der biographischen Lebensgestaltung: die Rolle der Familie im gesellschaftlichen Unterstützungssystem, die Grundmuster und alternativen Möglichkeiten in den Bildungswegen und Beschäftigungszugängen und schließlich um die Modi sozialer Integration, die sich mit diesen Strukturen verbinden. Auch die gesellschaftlichen Definitionen von Jugend und Bildung sind in diesen Wohlfahrtsregimes jeweils enthalten.

Insgesamt stellt sich das deutsche „konservativ-arbeitszentrierte“ Wohlfahrtsregime im Kontext arbeitsgesellschaftlicher und sozialstaatlicher Entgrenzungen als sozial besonders segmentiert und mit hohem Ausgrenzungsrisiko belastet dar (vgl. Gangl 2003). Soziale Sicherheit ist bei uns vornehmlich an die erreichte Arbeitsmarktposition gebunden. Der Beschäftigungssektor ist hoch reguliert, berufszentriert und damit – wenn Berufs- und Arbeitsmarktstrukturen entgrenzt sind und die Erwerbsarbeit abnimmt – anfällig für berufsbiografische Sackgassen und soziale Exklusionen. Die Konzepte für eine lebensweltlich rückgebundene, Kompetenz orientierte Begleitarbeit mit Adressatinnen und Adressaten, können sich aber angesichts der Verengung der Förderungsperspektive auf den ersten Arbeitsmarkt nicht entfalten, und sind so in ihren Arbeitsperspektiven auf „defizitmindernde“ verhaltenstrainierende Maßnahmen begrenzt.

In einigen skandinavischen Gesellschaften ist es dagegen möglich, in sozialpädagogischen Zugängen, auf biographischen Umwegen und mit Bildungs- und Hilfeprogrammen, die auf die Kompetenzentwicklung zugeschnitten sind, eigene Settings aufzubauen, die nicht unter Ausgrenzungsdruck stehen. Sie können eher zur Stabilisierung der Lebensführung bei zunehmender Beschäftigungsfähigkeit führen und gleiten nicht in sozialpädagogische Maßnahmekarrieren ab. Bildung und Bewältigung können hier im Sinne der Integrationsproblematik des Jugend- und jungen Erwachsenenalters aufeinander bezogen und zusammengeführt werden. Diesen offenen Modellen liegt ein bürgergesellschaftliches Verständnis zugrunde, das die Jugendlichen und jungen Erwachsenen nicht auf den Klienten- oder Defizitstatus reduziert und entsprechend kontrolliert, sondern die sozialen Rechte und Kompetenzperspektiven in der Gesellschaft und nicht allein in der Kinder- und Jugendhilfe verankert sieht. Gerade in Schweden hat die traditionelle Verknüpfung von Sozialstaatsidee und bürgerschaftlichem Projekt sich sozial als so produktiv erwiesen, dass wir – auch angesichts der ostdeutschen Erfahrungen – dies durchaus als modellhaft für eine zivilgesellschaftliche Ausrichtung der Sozialpädagogik ansehen können. Das Problem in Deutschland aber liegt weiter darin, dass eine in Größe und Qualifikation für Europa einmalige sozialpädagogische Professionsgruppe nicht die institutionelle Resonanz, den sozial und bildungspolitisch anerkannten und damit verbindlichen Gestaltungsraum für die in ihren Arbeitskonzepten entwickelten professionellen Möglichkeiten finden kann.

Angesichts einer zunehmenden Ökonomisierung des europäischen Einigungsprozesses richtet sich gegenwärtig der Fokus vermehrt auf den sozialpolitischen Gesamtrahmen in Europa und das gemeinsame Projekt eines sozialen Europas. Nicht von ungefähr wird daran erinnert, das Europa den „klassischen Katalog der Menschen- und Bürgerrechte um soziale Rechte erweitert“ habe und das „Europas politische Stärke im Vergleich zu den USA (...) zweifelsohne in der Sozialpolitik“ liege (Henningsen 2000, S. 975-976). Walter Lorenz (2005) hat vor diesem Hintergrund herausgearbeitet, dass sich weder über die methodische und professionelle sozialpädagogische Praxis in den verschiedenen europäischen Regimes noch über die universalistische Methodentrias der Einzelfallhilfe, Gruppenarbeit und Gemeinwesenarbeit eine gemeinsame europäische Diskursperspektive herstellen lässt. Die jeweilige sozialpädagogische Praxis innerhalb der Regimes sei stark an die nationalkulturellen Traditionen gebunden und in ihnen verwoben, die universalistische Professionsorientierung hingegen übergehe die für Europa typischen wohlfahrtspolitischen Bezüge. Lorenz schlägt deshalb vor, die Sozialpädagogik und Sozialarbeit als „angewandte Sozialpolitik“ zu begreifen, um ausgehend von einer europäischen Wohlfahrtsstaatlichkeit gemeinsame Strukturmerkmale und Entwicklungsperspektiven erarbeiten zu können. Dieser institutionenvermittelte Zugang habe aber wiederum dort seine Probleme, wo die wohlfahrtlichen Institutionen in den Sog der Entgrenzung der Arbeitsgesellschaft und des Sozialstaates gezogen werden: So darf sich „der fachliche und wissenschaftliche Diskurs der Sozialpädagogik und Sozialarbeit innerhalb von Disziplin, Praxis und Wissenschaft (...) nicht nur im Rahmen der Bedingungen bewegen, die im politischen Prozess für sozialstaatliche Regelungen gesetzt werden, sondern er muss die Rahmenbedingungen und den sie setzenden Prozess analysieren, beurteilen und in Beziehung bringen zum eigenen gesellschaftlichen Mandat und zu eigenen gesellschaftspolitischen Funktion. Nicht zuletzt muss sich der Diskurs – wenn Identität, Funktion und Aufgaben geklärt sind – aktiv dort ‚einmischen', wo es um die sozialpolitisch relevanten Teile des EU-isierungsprozesses geht" (Bauer/Pfaffenberger 2004, S. 12)

In diesem Zusammenhang scheint es uns ebenfalls notwendig, auf Erkenntnisse zurückzugreifen, die auf der unteren und mittleren Ebene lokaler sozialpädagogischer Projekte und regionaler Sozialinitiativen gewonnen wurden. Hier bieten sich zwei Zugänge an, mit denen sich sozialpädagogisch relevante Kontexte im europäischen Vergleich eröffnen lassen. Wir möchten sie als *statische* und *dynamische* Vergleichsperspektiven unterscheiden. Die statische Perspektive bezieht sich auf die traditionellen institutionendefinierten Zielgruppen der sozial marginalisierten und ausgegrenzten Klientel in den europäischen Gesellschaften. Die dynamische Perspektive hingegen nimmt die verschiedenen biographisch-sozialen Übergänge in den Blick, so wie sie für die Sozialpädagogik und Sozialarbeit als Bewältigungshilfe und Bewältigungspolitik im Zuge der arbeitsgesellschaftlichen und sozialstaatlichen Entgrenzungen freigesetzt werden und ihre typischen Bewältigungsprobleme aufwerfen (vgl. Walther 2000; Walther u.a. 2002).

Mit der Übergangs-(transition)perspektive werden nicht nur die traditionellen Zielgruppen der Sozialpädagogik und Sozialarbeit erreicht. Hier geraten auch die Gruppen – bis in die

Mitte der Bevölkerung – in den Blick, die in riskante, „kritische“ und wechselnde Bewältigungskonstellationen geraten können und so in den professionellen Gesichtskreis sozialpädagogischer Unterstützung, Begleitung und Beratung kommen. Dieser dynamische Ansatz ermöglicht die Vermittlung zwischen der Adressaten- und der Institutionenperspektive und dem sozialstrukturellen und sozialpolitischen Wandel in den europäischen Gesellschaften und kann auch die Verbindung zur Mesoebene der lokalen Initiativen und Netzwerke schaffen. Der sozialpädagogische Diskurs könnte so in die Struktur der formellen und informellen Wechselwirkungen sozialer und politischer Entwicklung eingebettet werden, wie sie das *New-Governance*-Konzept angesichts der Entgrenzungen als neue gesellschaftspolitische Balance ins Auge fasst.

New-Governance

Mit der Schwächung der argumentativen Kraft der sozialstaatlichen Rahmenperspektive braucht der sozialpädagogische Diskurs ein unterstützendes gesellschaftspolitisches Paradigma, das die Prinzipien sozialer Gerechtigkeit und lebensweltlichen Bewältigungsbezugs in nun entgrenzten Kontexten von den Menschen her neu thematisieren kann. In diesem Zusammenhang ist das Konzept der Gouvernementalität – Governance – eingeführt worden (vgl. Kessl 2005). Im Anschluss an das Bild des „Selbstregierens“, wie es Foucault entworfen hat, ist „Regieren nicht als Privileg von Regierungen und Staaten, sondern als ein zeitgleicher Prozess der Subjektivierung der Individuen und Staatsformierung zu fassen“ (Sauer 2004, S. 123). Dabei werden Machtverhältnisse als Kräfteverhältnisse, Wechselwirkungen und multiple Chancen und Barrieren der Einflussnahme und Partizipation sichtbar. Freilich bleibt die staatliche Regierungsmacht als Hegemonialkonstellation in der „Vorrangstellung“ (Foucault 2000, S. 64). Aber das wissenschaftliche Augenmerk richtet sich auf die „Verschiebung von Strategien des ‚government‘ zu Strategien der ‚governance‘ (...), mit welcher der Staat weniger direkt und über die Autonomie der zivilgesellschaftlichen Akteure hinweg agiert als vielmehr in einer ‚Regierung aus der Distanz‘ (...), mit welcher er die Autonomie der zivilen Akteure nicht unterdrückt, sondern lenkt, kanalisiert, aktiv für sich nutzt und dabei kooperativ durch die zivile Gesellschaft hindurch agiert" (Ziegler 2001, S. 29).

Sozialpädagogik und Sozialarbeit erscheinen in diesem Definitionszusammenhang nicht länger nur als Agenturen des Sozialstaats, sondern als intermediäres Geflecht von formellen und informellen Beziehungen des Empowerment sowie der sozialen Kontrolle. Sie kommen damit – einerseits – als Akteur des sozialpolitischen Prozesses in den Blick; indem – andererseits – die Sozialstaatlichkeit als social governance betrachtet werden kann, wird die Forderung einer gestaltenden Sozialpolitik trotz der Krise des Sozialstaats (vgl. Böhnisch/Schröer 2002) in die Gesellschaft hinein operationalisierbar. In der sozial gebundenen Konzeption von Governance kann somit die von uns angeregte Verbindung von bürgergesellschaftlicher und sozialpolitischer Perspektive von der Sozialpädagogik und Sozialarbeit her thematisiert werden.

Freilich dominiert im politischen Diskurs zur Neubestimmung des Verhältnisses von formellen und informellen sowie lokalen und überregionalen Strukturen die ökonomistische Perspektive. Es geht um Synergien, die Europa zum wettbewerbsfähigsten Wirtschaftsraum machen sollen. Wohlfahrtsaspekte tauchen dabei meist nur als modularisierte Versatzstücke auf. Eine umfassende, auf Nachhaltigkeit und stakeholder-Ökonomie ausgerichtete Perspektive eines social governance, in der sich die Menschen von ihren Bewältigungsproblemen her politisch verorten können, ist bisher nicht in Sicht.

Andererseits ist die institutionelle Sozialpädagogik und Sozialarbeit im deutschen wie im europäischen Rahmen längst nicht so weit, dass sie sich als sozialpolitisch gerichteter Akteur in einem gouvernementalen Kräftefeld aufgestellt sehen kann. Zum einen steht sie heute so unter dem Segmentierungsdruck des digitalen Kapitalismus, dass es für sie ohne gesellschaftspolitische Rückendeckung schwierig ist, ihre Potenziale gesellschaftlich zu transformieren. Zum anderen – darauf haben wir immer wieder verwiesen – bedarf sie selbst sozialpolitisch öffnender Strategien, um überhaupt Teil des gouvernementalen Kräftefelds werden zu können.

Für die in diesem Zusammenhang sich entwickelnden lokalen und regionalen Netzwerke, in denen sozialpädagogisches Handeln sich verdichten und eigene regionale Handlungsstrukturen ermöglichen kann, gibt es in der deutschen Sozialpädagogik vielfältige Ansatzpunkte. Gerade in dieser Perspektive wird deutlich, dass und wie die deutsche Sozialpädagogik und Sozialarbeit sich von ihren Kompetenzen her als dritte Säule des wohlfahrtlichen Systems entwickeln könnte, wenn die sozial- und bildungspolitischen Rahmenbedingungen dafür gegeben wären. Integrierte Erziehungshilfen, Ansätze des Quartiermanagements, der Straßensozialarbeit und integrierte Übergangsstrukturen in Beschäftigung (vgl. Walther 2000; Blickwede u.a. 2003) könnten ihr Potenzial entfalten, wenn sie nicht immer noch und immer wieder auf institutionelle Grenzen stießen.

Diese Problematik wird besonders im „Zwei-Welten-Konflikt" in der förderungspolitischen Szenerie der neuen Bundesländer in Deutschland sichtbar. Während die infrastrukturelle Entwicklung der Hilfen und ihrer Einrichtungen strikt nach dem sozialstaatlichen Legalitätsprinzip der nachgeordneten und kompensatorischen Intervention verläuft und damit eine Verzahnung mit dem „ersten Sektor" der sozialen Aktivierung und der Beschäftigung institutione nicht vorgesehen ist, fordert die Programmatik der von der EU in Ostdeutschland geförderten Modellprojekte geradezu eine sozialökonomisch und sozialpolitisch eigenständige regionale Entwicklungs- und Vernetzungsstrategie der Sozialpädagogik und Sozialarbeit heraus. Der in diesen Projekten geforderte und geförderte Kompetenzansatz geht davon aus, dass die in allen jungen Menschen angelegten Vermögen je experimentell in der Vermittlung zur sozialen Umwelt aufgeschlossen, in entsprechend anschlussfähige soziale Bahnen gelenkt und nicht vorab bewertet, hierarchisiert und mit der Elle der durchschnittlichen Normalität der „Leistungsniveaus" gemessen und klassifiziert werden dürfen. Dem liegt die sozialökonomische Philosophie zu Grunde, dass der dritte Sektor von Bildung und Beschäftigung nicht lediglich ein sozialstaatlich alimentierter peripherer Gesellschaftsbereich sein kann, sondern zunehmend die gesellschaftliche Arena darstellen wird, in der mit lebensweltlich und biographisch vielfältig rückgebundenen und dadurch sozial anschlussfähigen Resozialisierungs-, Bildungs- und Beschäftigungssettings experimentiert werden kann. In den entsprechenden Förderungsprogrammen kann die Sozialpädagogik und Sozialarbeit als Profession die Aufgaben sozialer Integration und sozialer Aktivierung gestalten (vgl. Arnold/Böhnisch/ Schröer 2005).

Dem kommt vor allem die europäische Förderungsperspektive „Netzwerke statt Maßnahmen“ infrastrukturell entgegen. Institutionen und traditional erwerbszentrierte Wohlfahrtsregimes als „*one-way*-Systeme“ fordern eine infrastrukturelle Entwicklungspolitik heraus, die eine wachsende Summe von Maßnahmen um die zentrale Achse der erwerbsarbeitsgesellschaftlichen Hegemonialdefinition gruppiert. Je mehr aber angesichts der fiskalischen Krise des Sozialstaats die öffentliche Förderung unter Druck gerät, desto zwangsläufiger kommen die einzelnen Maßnahmeprojekte unter (Förder-)konkurrenz und unterlaufen schließlich auch die Kooperationsauflagen, die ihnen bei Förderbeginn gestellt wurden. In Deutschland wird zurzeit deutlich, wie dieser Mechanismus angesichts schrumpfender Förderungsmittel freigesetzt wird, und welche disfunktionalen Auswirkungen dies zum Beispiel auf das System der Subsidiarität haben kann, von dem wohlfahrtspluralistische Impulse (vgl. Evers/Olk 1996) zu erwarten wären. Die nach dem KJHG auch zur subsidiären Vernetzung gedachten Arbeitsgemeinschaften und der Jugendhilfeausschuss verkommen darum vielerorts zu verdeckten Kampfarenen der Mittelkonkurrenz und des Einflussmobbings. Gleichzeitig – und dies ist ein bezeichnender Indikator für die Krise der Maßnahmenorientierung – werden aufwändige Programme inszeniert, mit denen „Intermediäre“ und regionale Agenturen jene Vernetzungen mobilisieren sollen, die aber gerade durch hartnäckig aufrechterhaltene und ineinander abgeschottete Maßnahmenförderung verhindert werden.

Damit die deutsche Soziale Arbeit mit ihren Ansätzen auf der Meso-Ebene eine multiple sozialpolitisch wirksame sozialpädagogische Experimentierstruktur mitgestalten kann, muss sie darum in der Unterstützung und Gestaltung sozialer Lern- und Bildungsprozesse Anschluss an die im internationalen Kontext diskutierte Agency-Perspektive finden: „Über zivilgesellschaftlich gerahmte *agency*-Konzepte werden die ‚AdressatInnen' der Sozialen Arbeit als Akteure im Rahmen des komplexen Wechselspiels von Struktur und Handeln verortet und die Stärken und Ressourcen als auch Begrenzungen und Behinderungen sowohl auf der Ebene des (individuellen) Handelns als auch auf der strukturellen Ebene im Hinblick auf die Gestaltung und Bewältigung ihrer je spezifischen Lebenssituationen in die Richtung einer sozialen Entwicklungsperspektive thematisiert" (vgl. zum Agency-Konzept: Homfeldt/Schröer/Schweppe 2005). So beziehen sich im Gegensatz zu dem institutionalisierten Agenturbegriff (z.B. Lernagenturen; Agenturen für Arbeit) in Deutschland die agency-Konzepte im internationalen und transnationalen Rahmen gerade nicht auf eine Privatisierung sozialstaatlicher Leistungen, sondern tendieren dazu, die Verbesserung individueller Lebenslagen mit einer Demokratisierung von Gesellschaft und einem Entwurf der politischen Beteiligung zu verbinden: „Die Kunst der Politik des 21. Jahrhunderts besteht darin, sowohl den globalen Strukturen, allen voran der Raummacht des Kapitals, Grenzen zu setzen, als auch vor Ort Gemeinwesen zu schaffen, in denen Demokratie, Nachhaltigkeit und Gerechtigkeit für alle BewohnerInnen verwirklicht werden können" (Novy 2004, S. 151).

In ihrem Memorandum zum „Lebenslangen Lernen" (2000) hat die EU eine programmatische Schlüsselkonstellation formuliert, die in diese Richtung entwickelt werden könnte. Sie geht in zivilgesellschaftlicher Perspektive davon aus, dass eine soziale Aktivierung – gerade auch aus dem dritten Sektor heraus – das Zusammenwirken netzwerkfähiger Impulse in Richtung *employability* und gleichzeitig in Richtung von *active citizenship* ins Auge fassen muss. Das Konzept der *„employability"* erschöpft sich dabei nicht im Ziel der eindimensionalen qualifikatorischen Vermittlung von (Erwerbs-)Arbeitsfähigkeit, sondern meint gerade auch die regionale Entwicklung von Netzwerken, in denen sich die Kompetenzen junger Menschen biographisch multipel entwickeln und in Bereiche gesellschaftlicher Arbeit vermittelt werden können. *Active citizenship* müsste dann als eine am Gemeinwohl orientierte, Selbstwert und Anerkennung vermittelnde wie schaffende soziale Orientierung verstanden werden, die die jungen Menschen aus individualistischen, sozial isolierenden Bewältigungskreisen herausziehen und in lokale Netzwerke vermitteln kann. In diesem Zusammenwirken werden auch die biographischen und sozialen Grundlagen für die Entwicklung einer postkonventionellen Bürgermoral gesehen (vgl. Brumlik 2002), die für ein demokratisches Gemeinwesen unerlässlich ist, weil sie den Fundus für die Integrationsperspektive bereithält, ohne die der demokratische Konflikt nicht bewältigt werden kann.

Diese optimistische Interpretation der europäischen Entwicklung darf nicht die sozialökonomischen Rahmenbedingungen verkennen, unter denen allein die hier vertretene sozialpolitische Option überhaupt realisierbar sein kann. Sie sucht eben nur Anhaltspunkte, an denen sich die Sozialpädagogik und Sozialarbeit orientieren und worauf sie insistieren kann. Angesichts der institutionell-organisatorischen Verschiedenheit der Sozialpädagogik und Sozialarbeit in den EU-Ländern (vgl. Puhl/Maas 1992) bleibt nur die zivilgesellschaftlich-sozialpolitische Perspektive, über die sich eine europäische Sozialpädagogik und Sozialarbeit verständigen kann und auf der sie letztlich beharren muss. Dies wird auch von Walter Hornstein und Gerd Mutz, die „die europäische Einigung als gesellschaftlichen Prozess" (1993) untersucht haben, so gesehen: „Das Konzept der Civil Society könnte [...] für die Diskussion zum Thema einer ‚Sozialpolitik von unten' auf europäischer Basis fruchtbar gemacht werden. Es stellt eine alternative Konzeption dar gegenüber derzeitigen Formen und Praktiken der Sozialpolitik mit ihrer weitgehenden Anlehnung an nationalstaatliche Traditionen einer ohnehin weitgehend in die Krise geratenen Wohlfahrtsstaatlichkeit" (S. 247).

Dass diese Position in den letzten Jahren schwieriger geworden ist, haben wir dargestellt. Seit Beginn des 21. Jahrhunderts – also in den letzten Jahren – hat sich der bisher sozialoptimistische europäische Wind so gedreht, dass aus der sozialpolitischen Zauberformel „Beschäftigungsfähigkeit braucht aktive Staatsbürgerschaft und umgekehrt" eine ökonomische Optimierungs- und sozialpolitische Exklusionsformel zu werden droht. „Der kapitalistische Funktionswandel – vom Fordismus zum transnationalen Hightech-Kapitalismus – wird durch die europäische Union (EU) [...] grundsätzlich strukturiert" (Bieling 2004, S. 128). Ging es noch in den 1990er Jahren im europäischen Sozialdiskurs um die Frage der wohlfahrtspolitisch-progressiven Angleichung der nationalen Sozialsysteme, so steht jetzt deutlich die markt- und wettbewerbspolitische Integration unter dem selbst gesetzten Druck der optimalen Positionierung in der globalisierten Weltökonomie im Vordergrund (vgl. Ziltner 2004).

Damit ist ein neues Ungleichgewicht zwischen intensivierter marktliberaler Wirtschaftspolitik und sozialpolitischer Regulation in Europa abzusehen (vgl. Gill 1998). So ist auch zu befürchten, dass die für alle Gesellschaftsbereiche proklamierte Netzwerkpolitik, die gerade den EU-geförderten sozialpädagogischen Projekten gegenüber der Maßnahme fixierten Projektförderung in der BRD zugute kommt, neue ökonomische Machtverflechtungen schafft, die dieses Ungleichgewicht in die Gesellschaften hinein hegemonial vermitteln. Es sind vor allem die Arbeitgeber- und Wirtschaftsverbände, die Netzwerkpolitik als Machtmittel benutzen, um auf diesem eher verdeckten Wege Konsenskonstellationen für die Ökonomisierung der europäischen Politik herzustellen (vgl. dazu Bieler/Morton 2001). Dagegen ist bisher nicht ersichtlich, inwieweit auf der Seite der Arbeitnehmer aber auch der nationalen Sozialpolitiken europäische Netzwerkbezüge als ‚Gegenmacht' aufgebaut werden können. Im Gegenteil: Indem angesichts der strukturellen Schwächung der Arbeitnehmerseite wie der nationalen Sozialpolitiken bei diesen ein bewältigungspolitischer Druck vorherrscht, entsteht ein zunehmendes soziales und politisches Ungleichgewicht zwischen denen, die ihre ökonomischen Handlungsoptionen dauernd erweitern und denen, die immer wieder neu nach (sozialer) Handlungsfähigkeit suchen müssen.

In der gegenwärtigen Zwischenbilanz stehen sich die Einschätzungen, dass sich die soziale Demokratie in der EU in einer Krise befinde, da die herrschende Strategie zur Verbesserung der europäischen Wettbewerbsfähigkeit die sozial integrativen Programme zwangsläufig an den Rand dränge (Bieling/Deppe 2001, Gill 1998), dem Optimismus – auch dem unseren – gegenüber, der sich mit der europäischen Integration eine Antwort auf die ökonomisch dominante Globalisierung erwartet (z.B. Habermas 1998). Für die Sozialpädagogik und Sozialarbeit wird dieser Bruch der Perspektive noch schmerzlicher, wenn sie mit ansehen muss, dass auch die nationalen Sozialpolitiken dieser wirtschaftseuropäischen Linie folgen und wie sich dabei die von ihr beanspruchte Gestaltungsformel ins Gegenteil zu verkehren droht: „Die Sozialpolitik folgt dieser weitgehenden Individualisierung der Prekarisierung. Ausgrenzung erscheint als Folge der mangelnden „*employability*“ (Beschäftigungsfähigkeit) des Individuums und weder als Folge eines Missverhältnisses zwischen unterbeschäftigten und vorhandenen Arbeitsplätzen noch als Resultat entwerteter Ausbildungsbiografien. Flexibilität, Eigenverantwortung und Selbstorganisation sollen nun mehr individuelle Freiheiten eröffnen und die ‚Kreativität des Individuums’ befreien. Damit wächst gleichzeitig der Druck zur Aufnahme prekärer Beschäftigungsverhältnisse“ (Pelizzari 2004, S. 282).

Von daher ist nicht zu erwarten, dass die europäische Sozialarbeit sich über die Synergie der nationalen Sozialpolitiken profilieren wird. Vielmehr erscheint die Prognose von Rudolph Bauer (1992) plausibel, nach der man nicht auf einen „europäischen Sozialstaat“ warten dürfe, sondern das Augenmerk bei der europäischen Sozialentwicklung auf die Durchsetzung eines intermediären „*welfare-mix*“ zwischen marktförmiger „*economie sociale*“ und einem subsidiären Verbände- und Initiativenmodell richten müsse. Dabei werde vor allem die regionale und lokale Ebene mit ihren Möglichkeiten bürgerschaftlicher Netzwerke und freier Non-profit-Unternehmen eine entwicklungsfördernde und modellgenerierende Rolle spielen. Die verlange aber – als politische Absicherung und Untersetzung – nach einer Sozialpolitik, die auf die Stärkung *sozialer Bürgerrechte* ausgerichtet sein müsste (vgl. Kuper 1992). Dies entspricht unserer konzeptionellen Perspektive.

Mehr als dieses bürgergesellschaftliche sozialpolitische Insistieren scheint zurzeit auch in der transnational-globalen Entwicklungsperspektive einer Sozialpolitik für die Sozialpädagogik und Sozialarbeit nicht gegeben zu sein. Denn im Weltmaßstab sehen wir uns mit einem ähnlichen Problem des Auseinanderfallens von Norm und sozialer Wirklichkeit konfrontiert, wie im europäischen Integrationskurs. Wir haben oben die Problematik der Menschenrechtsdiskussion skizziert. Ihre

Verwirklichung steht heute weltweit auf nahezu jedem politischen Programm. Aber die Ambivalenz wird schnell sichtbar: Die ökonomisch-technologisch vorangetriebene Globalisierung, welche eine Öffnung der politischen Strukturen verlangt, macht sich die Forderung nach Menschenrechten nach ihrer eigenen Logik zu Eigen. Damit das Kapital frei flottieren kann, weil z.B. die marktmäßige Ausbreitung von Informations- und Kommunikationstechnologien auch entsprechende Informationsfreiheit voraussetzt, werden Menschenrechte als funktional-integraler Bestandteil der globalen Wirtschaftsstrategien von der Kapitalseite geradezu reklamiert.

Sozialpolitisch betrachtet stehen die Menschenrechte also zu einer Zeit hoch im Kurs, in der angesichts der Inklusions- und Exklusionsdynamik des globalisierten Kapitalismus (vgl. Brunkhorst 2000) das Modell der „nachholenden Entwicklung“, das an der fordistisch geprägten Weltwirtschaft ausgerichtet war und die „Nord-Süd-Gegenüberstellung“ überhöhte, nicht mehr funktionieren konnte (Brand 2004, S. 97). Gerade die international ausgerichtete Sozialpädagogik und Sozialarbeit hatte in diesem Modell in den 1970der und 1980er Jahren ihren Platz gefunden und so ist es kein Wunder, dass – bis auf die eher normativ gesetzte Formel von der Sozialarbeit als Menschenrechtsprofession (vgl. Staub-Bernasconi 1998) – sozialpolitische und sozialpädagogische Zugänge zu transnationalen sozialen Problemen wieder blockiert scheinen.

Die Menschenrechtsfrage, so sehr sie in ihrer „lebendigen Antiquiertheit“ angesichts der weltgesellschaftlichen Wirklichkeit als Vision einer humanen Gesellschaft gestützt werden muss, ist für eine sozialpolitische Aufklärung der transnationalen sozialen Probleme nicht hinreichend. „Obgleich sie propagandistisch höher gehalten denn je werden, drohen die Menschenrechte hinfällig zu werden. Der ‚Menschentyp‘ (Weber), dem sie gelten und den sie in ihren Bedingungen ermöglichen sollen, verliert seine soziale Ökologie. […] Die sprunghafte Zunahme der Weltbevölkerung und die Bedingungen, in die Millionen und Abermillionen von Menschen in Milliardenwachstum hineingeworfen werden, lassen das bloße Überleben zum Ziel werden […] Weltflüchtlingsbewegungen sind nicht zufällig ein Signum der Zeit“ (Narr/Schubert 1994, S. 249/251).

Dieser Kampf ums Überleben ist damit der sozial konkrete Anknüpfungspunkt für eine Sozialpädagogik und Sozialarbeit, die sich transnational an Weltgerechtigkeit orientieren möchte (vgl. Jordan 2004). Wir gehen deshalb auch von der These aus, dass die Sozialpädagogik und Sozialarbeit erst dann – über das Symbolische hinaus – ihre Arbeit über Menschenrechte legitimieren kann, wenn es im eigenen Land gelingt, Menschenrechte nicht nur für die einheimischen Bürgerinnen und Bürger zu garantieren und sozial zu sichern. Zudem: „Wirksame Mitgestaltung der Konzepte europäischer Migrationspolitik erfordert Vernetzung Sozialer Arbeit über den nationalen und regionalen Kontext hinaus in europäischen Zusammenschlüssen“ (Weller-Monteiro Ferreira 2004, S. 119).

Schon in unseren bisherigen Ausführungen zur Migration ist deutlich geworden, dass die Sozialpädagogik und Sozialarbeit mit Flüchtlingen und Migranten mitunter in einer gesellschaftlichen Grauzone organisiert werden muss, in der der übliche sozialstaatliche Gewährleistungsrahmen faktisch außer Kraft gesetzt ist. Norbert Cyrus stellt gerade im Blick auf diese Praxis in Deutschland fest: „Nur durch Ausblenden wichtiger Bereiche praktischer Erfahrungen läßt sich die Behauptung aufstellen, daß transnationale Bürgerrechte bereits Realität sind. (…) das internationale Menschenrechtsregime wird schlicht vorausgesetzt, selbst aber nicht untersucht“ (Cyrus 1999, S. 26). Dass auch im zivilgesellschaftlichen Diskurs hierzulande die praktische Menschenrechtsfrage im Schatten bleibt, verweist wiederum auf die sozialpolitische Blindheit dieser Diskussion.

Deshalb ist es wichtig, dass auch die Sozialpädagogik und Sozialarbeit aus ihrer Perspektive heraus mithilft, Öffentlichkeit für diese (nationale) sozialpolitische Lücke und (transnationale) Abwesenheit von Sozialpolitik zu schaffen. Gerade aus ihrer Bewältigungsperspektive heraus kann sie aufklären und fordern, dass eine der wichtigsten Grundvoraussetzungen der Anerkennung und Durchsetzung von Menschenrechten – noch im vorsozialpolitischen Raum – erfüllt sein muss: Die betroffenen Menschen – vor allem auch die Kinder – nicht als Opfer, sondern als soziale *Akteure* zu sehen (vgl. Deutsches Komitee für UNICEF 2000; Güthoff/Sünker 2002).

Die europäische und die transnationale Perspektive zeigen uns, wie zentral auch weiterhin eine öffentlich verantwortete Sozialpolitik trotz oder gerade wegen eines sich so durchsetzenden neuen Kapitalismus sein muss. Damit bleibt und wächst die strukturelle Notwendigkeit einer professionellen und disziplinären Sozialen Arbeit. Die gegenwärtige und zukünftige Dynamik der gesellschaftlich-ökonomischen Entwicklung setzt die strukturelle Notwendigkeit verstärkter Sozialpolitik auch in Zukunft frei: „Das Paradoxon des liberaldemokratischen Staates, Aufgabenzunahme und Abnahme der Gestaltungsmöglichkeiten, wird angesichts der Größenverschiebungen in der Ökonomie und deren Transnationalisierung zugespitzt" (Narr/Schubert 1994, S. 158). Die Anforderungen an die globalökonomisch unter Druck stehende Standortpolitik werden genauso wachsen wie die an die national ausgerichtete Politik sozialer Integration. Diese wiederum kann sich angesichts der transnationalen Sozialdynamiken nicht länger in der nationalen Zitadelle verschanzen.

In diesem sozialpolitischen Spannungsfeld wird sich die Sozialpädagogik und Sozialarbeit in den nächsten Jahren bewegen. Dabei wird es die Aufgabe sozialpädagogischer Diskurse in der Perspektive gesellschaftlicher Praxis sein, diese Spannung immer wieder zu aktivieren und die soziale Gestaltungsperspektive, auch wenn sie zurzeit unterlegen scheint, wach zu halten.

Literatur

Achinger, H.: Das neue Gesicht der Sozialen Arbeit. In: Rundbrief der Gilde Soziale Arbeit. H. 5, 1952.

Achinger, H.: Sozialpolitik als Gesellschaftspolitik. Hamburg 1958.

Achinger, H.: Hauptreferat zum Tagungsthema: Der Sozialarbeiter in der demokratischen Gesellschaft. In: Rundbrief der Gilde Soziale Arbeit H. 3-4, 1963.

Adler, A.: Über den nervösen Charakter. München 1922.

Alheit, P.: „Biographizität" als Lernpotential, Konzeptionelle Überlegungen zum biographischen Ansatz in der Erwachsenenbildung. In: Krüger, H.-H./Marotzki, W.: Erziehungswissenschaftliche Biographieforschung. Opladen 1996.

Aichhorn, A.: Verwahrloste Jugend. Die Psychoanalyse in der Fürsorgeerziehung. Leipzig/Wien/Zürich 1925 (Bern 1971).

Améry, Jean: Über das Altern: Revolte und Resignation. Stuttgart 2001.

Andresen, S.: Kindheit. In: Schröer, W./Struck, N./Wolff, M.: Handbuch Kinder- und Jugendhilfe. Weinheim und München 2002.

Anhorn, R./Bettinger, F. (Hrsg.): Sozialer Ausschluss und Soziale Arbeit. Wiesbaden 2005.

Appelt, E./Sauer, B.: Globalisierung aus feministischer Perspektive. In: Österreichische Zeitschrift für Politikwissenschaft H. 2, 2001.

Arnold, H.: Der Strukturwandel der Arbeitsgesellschaft und das sozialpolitische Mandat der Jugendberufshilfe. Dissertation. Technische Universität Dresden 2000.

Arnold, H./Böhnisch, L./Schröer, W. (Hrsg.): Sozialpädagogische Beschäftigungsförderung. Weinheim und München 2005.

Autorenkollektiv: Gefesselte Jugend. Fürsorgeerziehung im Kapitalismus. Frankfurt a.M. 1971.

Baacke, D.: Jugend und Subkultur. München 1972.

Baacke, D.: Der sozialökologische Ansatz zur Beschreibung und Erklärung des Verhaltens Jugendlicher. In: deutsche Jugend. Heft 6, 1980.

Backes, G.M./Clemens, W.: Lebensphase Alter. Weinheim und München 1998.

Bäumer, G.: Die historischen und sozialen Voraussetzungen der Sozialpädagogik und die Entwicklung ihrer Theorie. In: Nohl, H./Pallat, L. (Hrsg.): Handbuch der Pädagogik. Bd. 5, 1929.
Barber, B.: Starke Demokratie: Über die Teilhabe am Politischen. Hamburg 1994.
Bauer, R.: Sozialstaat und Wohlfahrtsverbände zwischen EG-Binnenmarkt und Beitrittsländern. In: Bauer, R. (Hrsg.): Sozialpolitik in deutscher und europäischer Sicht. Weinheim 1992.
Bauer, R.: Personenbezogene soziale Dienstleistungen. Wiesbaden 2001.
Bauer, R./Pfaffenberger, H.: Das Phantom Europa. Zur Frage einer europäischen Sozialpolitik. In: Sozialextra. Heft 2-3, 2004.
Baum, M.: Fabrikarbeit und Frauenleben. In: Die Verhandlungen des zweiundzwanzigsten Evangelisch-sozialen Kongresses. Göttingen 1910.
Baum, M.: Zehn Jahre soziale Berufsarbeit. Berlin 1926.
Bauman, Z.: Unbehagen in der Postmoderne. Hamburg 1999
Bauman, Z.: Flüchtige Moderne. Frankfurt a.M. 2003.
Bartscher, M./Kriener, M.: Rechte von Kindern und Jugendlichen. In: Schröer, W./Struck, N./ Wolff, M. (Hrsg.): Handbuch Kinder- und Jugendhilfe. Weinheim und München 2002.
Beck, U.: Das Zeitalter des „eigenen Lebens“. In: Aus Politik und Zeitgeschichte. H.1, 2001.
Beck, U./Bonß, W: Die Modernisierung der Moderne. Frankfurt a.M. 2001.
Beck, U./Bonß, W./Lau, C.: Entgrenzung erzwingt Entscheidung. Was ist neu an der Theorie der reflexiven Modernisierung? In: Beck, U./ Lau, C. (Hrsg.): Entgrenzung und Entscheidung. Frankfurt a.M. 2004.
Becker, H.S.: Außenseiter. Weinheim 1973.
Benninghaus, C.: Die anderen Jugendlichen. Arbeitermädchen in der Weimarer Republik. Frankfurt a.M./New York 1999.
Bernfeld, S.: Sisyphos oder die Grenzen der Erziehung (1925). Frankfurt a.M. 1967.
Bernfeld, S.: Antiautoritäre Erziehung und Psychoanalyse. Band I. Darmstadt 1969.
Bernfeld, S.: Antiautoritäre Erziehung und Psychoanalyse. Band II. Darmstadt 1970.
Bieler, A./Morton, A. (Hrsg.): Social forces in the Marking of New Europe. Houndmills 2001.
Bieling, H.J.: Europäische Integration. Determinanten und Handlungsmöglichkeiten. In: Beerhorst, J. u.a. (Hrsg.): Kritische Theorie im gesellschaftlichen Strukturwandel. Frankfurt a.M. 2004.

Bieling, H.J./Deppe, F.: Die demokratische Frage im Zeitalter des „neuen Konstitutionalismus". In: Gourd, A./Noetzel, Th. (Hrsg.): Zukunft der Demokratie in Deutschland. Opladen 2001.
Bimschas, B./Schröder, A.: Beziehungen in der Jugendarbeit. Opladen 2003.
Bitzan, M.: Konflikt und Eigensinn. Die Lebensweltorientierung repolitisieren. In: neue praxis 30 (2000).
Bitzan, M./Daigler, C.: Eigensinn und Einmischung. Weinheim und München 2001.
Blandow, J.: Über Erziehungskarrieren. In: Jahrbuch der Sozialen Arbeit. Münster 1997.
Blickwede, I. u.a. (Hrsg.): Regionale Ermöglichungsstrukturen in Europa. QUEM-Handreichungen, Reihe LisU., Nr.3. Berlin 2003.
Blomert, R.: Die Habgierigen. Kapitalismus außer Kontrolle. München 2003.
Bobbio, N.: Vom Alter – De senectute. Berlin 1997
Böhnisch, L.: Abweichendes Verhalten. Weinheim und München ²2001.
Böhnisch, L.: Die Entgrenzung der Männlichkeit. Opladen 2003.
Böhnisch, L.: Männliche Sozialisation. Weinheim und München 2004.
Böhnisch, L.: Sozialpädagogik der Lebensalter. Weinheim und München ⁴2005.
Böhnisch, L./Arnold, H./Schröer, W.: Sozialpolitik. Eine sozialwissenschaftliche Einführung. Weinheim und München 1999.
Böhnisch, L./Schröer, W.: Sozialpädagogik unter dem Einfluss der Jugendbewegung. In: Niemeyer, C./Schröer, W./Böhnisch, L.: Grundlinien historischer Sozialpädagogik. Weinheim und München 1997.
Böhnisch, L./Schröer, W.: Pädagogik und Arbeitsgesellschaft. Historische Grundlagen und theoretische Ansätze für eine sozialpolitisch reflexive Pädagogik. Weinheim und München 2001.
Böhnisch, L./ Schröer, W.: Die soziale Bürgergesellschaft. Weinheim und München 2002.
Böhnisch, L./Funk, H.: Soziale Arbeit und Geschlecht. Weinheim und München 2002.
Bolay, E./Flad, C./Gutbrod, H.: Jugendsozialarbeit an Hauptschulen und im Berufsvorbereitungsjahr in Baden-Württemberg. Herausgegeben vom Sozialministerium Baden-Württemberg. Tübingen 2004
Boogaart v.d., H. (Hrsg.): Rechte von Kindern und Jugendlichen. Wege zu ihrer Verwirklichung. Frankfurt a.M. 1996.

Bommes, M./ Scherr, A.: Soziologie der Sozialen Arbeit. Weinheim und München 2000.

Brand, U.: Kritische Theorie der Nord-Süd-Verhältnisse. In: Beerhorst, J. (Hrsg.): Kritische Theorie im gesellschaftlichen Strukturwandel. Frankfurt a.M. 2004.

Brandes, H.: Der männliche Habitus. Bd. 2: Männerforschung und Männerpolitik. Opladen 2002.

Brandes, H/Bullinger, H. (Hrsg.): Handbuch Männerarbeit. Weinheim 1996.

Braun, L.: Der Kampf um Arbeit in der bürgerlichen Frauenwelt. In: Archiv für Soziale Gesetzgebung und Statistik (16) 1901.

Bremen, K.: Partizipation und Selbstorganisation von Armen. In: Döring, D./Hanesch, W./Huster, E.-U. (Hrsg.): Armut im Wohlstand. Frankfurt a.M. 1990.

Brinck, C. (Hrsg.): Adopt an Idea! Gute Ideen aus den USA. Edition Körber-Stiftung. Hamburg 2001.

Bronfenbrenner, U.: Die Ökologie der menschlichen Entwicklung. Stuttgart 1981.

Brown, P.: Gibt es eine Globalisierung positionalen Wettbewerbs? In: Mackert, J. (Hrsg.): Die Theorie sozialer Schließung. Tradition, Analysen, Perspektiven. Wiesbaden 2004.

Brown, P./Lauder, H. (2001): Capitalism and Social Progress. The Future of Society in a Global Economy. London 2001.

Brückner, M.: Geschlechterverhältnisse zwischen Fürsorge, Liebe und Gewalt. In: Brückner, M./Böhnisch, L. (Hrsg.): Geschlechterverhältnisse. Weinheim und München 2001.

Brüderl, L. (Hrsg.): Theorien und Methoden der Bewältigungsforschung. Weinheim und München 1988.

Brumlik, M.: Etwas fehlt. In: Kriminologisches Journal 8 (1976), S. 241-262.

Brumlik, M.: Bildung und Glück. Versuch einer Theorie der Tugenden. Berlin 2002.

Brumlik, M.: Advokatorische Ethik. Frankfurt a.M. 2004.

Brunkhorst, H.: Ist die Solidarität der Bürgergesellschaft globalisierbar. In: Brunkhost, H./Kettner, M. (Hrsg.): Globalisierung und Demokratie. Frankfurt a.M. 2000.

Bühler, C.: Der menschliche Lebenslauf als psychologisches Problem. Leipzig 1933.

Büschges, G.: Organisationssoziologie. In: Endruweit, G./ Trommsdorff, G. (Hrsg.): Wörterbuch der Soziologie. Stuttgart 2002.

Bundesministerium für Jugend, Familie, Frauen und Gesundheit (Hrsg.): Achter Jugendbericht. Bericht über Bestrebungen und Leistungen der Jugendhilfe. Bonn 1990.

Bundesministerium für Familie, Senioren, Frauen und Jugend (Hrsg.): Elfter Kinder- und Jugendbericht. Bericht über die Lebenssituation junger Menschen und die Leistungen der Kinder- und Jugendhilfe in Deutschland. Berlin 2002.
Castel, R.: Die Metamorphosen der sozialen Frage. Konstanz 2000.
Chassé, K.A./Zander, M./Rasch, K.: Meine Familie ist arm. Opladen 2003.
Claessens, D.: Familie und Wertsystem. Berlin 1967.
Connell, R.W.: Gender and Power. Cambridge. Oxford 1987.
Cooper, D.: Der Tod der Familie. Reinbek 1972.
Credner, L.: Verwahrlosung. In: Wexberg, E. (Hrsg.): Handbuch der Individualpsychologie. München 1926.
Cyrus, N.: Im menschenrechtlichen Niemandsland: Illegalisierte Zuwanderung in der Bundesrepublik Deutschland zwischen individueller Rechtlosigkeit und transnationalen Bürgerrechten. In: Dominik, K. u.a. (Hrsg.): Angeworben, eingewandert, abgeschoben. Ein anderer Blick auf die Einwanderungsgesellschaft Bundesrepublik Deutschland. Münster 1999.
Cyrus, N.: „ ... als allein stehende Mutter habe ich viel geschafft“. Lebensführung und Selbstverortung einer illegalen polnischen Arbeitsmigrantin. In: Roth, K. (Hrsg.): Vom Wandergesellen zum „Green Card“ Spezialisten. Münster 2003.
Dahrendorf, R.: Soziale Klassen und Klassenkonflikt. Stuttgart 1957.
Dahrendorf, H.: Gesellschaft und Demokratie in Deutschland. Hamburg 1963.
Dangschat, J. (Hrsg.): Modernisierte Stadt – Gespaltene Gesellschaft. Opladen 1999.
Dehn, G.: Proletarische Jugend. Berlin 1929.
Deinet, U./Krisch, R. (Hrsg.): Der sozialräumliche Blick der Jugendarbeit. Opladen 2002.
Deinet, U./Reutlinger, C. (Hrsg.): „Aneignung“ als Bildungskonzept der Sozialpädagogik. Opladen 2004.
Deutscher Ausschuss für das Erziehungs- und Bildungswesen (Hrsg.): Zur Situation der deutschen Erwachsenenbildung. Stuttgart 1960.
Deutsches Komitee für UNICEF (Hrsg.): Kinder haben Rechte – Zur Situation der Kinder in der Welt 2000. Frankfurt a.M. 2000.
Deutschmann, C.: Money makes the world go round: Die Rolle der Wirtschaft. In: Volkmann, U./Schimank, U. (Hrsg.): Soziologische Gegenwartsdiagnosen II. Opladen 2002.

Dewe, B./Ferchhoff, W./Scherr, A./Stüwe, G.: Professionelles soziales Handeln. Soziale Arbeit im Spannungsfeld zwischen Theorie und Praxis. Weinheim ³2001.
Dewe, B./Otto, H.-U.: Profession. In: Otto, H.-U./Thiersch, H. (Hrsg.): Handbuch Sozialarbeit/Sozialpädagogik. Neuwied ²2001.
Dörre, K.: Globalisierung – Ende des rheinischen Kapitalismus? In: Loch, D./Heitmeyer, W. (Hrsg.): Schattenseiten der Globalisierung. Frankfurt a.M. 2001.
Dohmen, G.: Das lebenslange Lernen. Leitlinien einer modernen Bildungspolitik. Bonn 1996.
Dudek, P.: Leitbild: Kamerad und Helfer. Frankfurt a.M. 1988.
Dudek, P.: Jugend als Objekt der Wissenschaften. Opladen 1990.
Dudek, P.: Fetisch Jugend. Bad Heilbrunn 2002.
Durkheim, E.: Über soziale Arbeitsteilung (1893). Frankfurt a.M. 1988.
Ehrenberg, A.: Das erschöpfte Selbst. Frankfurt a.M. 2004.
Eley, G.: Die deutsche Geschichte und die Widersprüche der Moderne. Das Beispiel des Kaiserreiches. In: Bajohr, F./Johe W./Lohalm U.: Zivilisation und Barbarei. Die widersprüchlichen Potentiale der Moderne. Hamburg 1991.
Elschenbroich, D.: Das Weltwissen der Siebenjährigen. München 2001.
Elsen, S.: Bürgerschaftliche Aneignung gegen die Enteignungsökonomie. In: Sozialextra. Heft 7-8, 2004.
Engel, F.: Allgemeine Pädagogik, Erziehungswissenschaft und Beratung. In: Engel, F./Nestmann, F./Sickendiek, U. (Hrsg.): Das Handbuch der Beratung. Tübingen 2004.
Engel, F./Nestmann, F./Sickendiek, U. (Hrsg.): Das Handbuch der Beratung. Tübingen 2004.
Enke, T.: Erscheinungsformen der Jugenddelinquenz. Weinheim und München 2003.
Enquête-Kommission (Hrsg.): Bericht zur Entwicklung des bürgerschaftlichen Engagements in der Bundesrepublik Deutschland. Berlin 2002.
Erdheim, M.: Psychoanalyse und das Unbewusste in der Kultur. Frankfurt a.M. 1988.
Esping-Andersen, G.: Welfare state in Transition. London u.a. 1996.
Esping-Andersen, G.: Die drei Welten des Wohlfahrtskapitalismus. In: Lessenich, S./ Ostner, I. (Hrsg.): Welten des Wohlfahrtskapitalismus. Frankfurt a.M./New York 1998.
Etzioni, A.: Die Entdeckung des Gemeinwesens. Frankfurt a.M. 1986.

Etzioni, A.: Die Verantwortungsgesellschaft. Frankfurt a.M. 1987.
Etzioni, A.: New Communitarian Thinking. Persons, Virtues, Institutions and Communities. Charlottesvilles/London 1995.
Europäische Kommission: Beschäftigungspolitiken in der EU und in den Mitgliedsstaaten. Gemeinsamer Bericht 1998. Luxemburg 1999.
Europäische Kommission: Memorandum über Lebenslanges Lernen. Brüssel 2000.
Evers, A.: Lokale Beschäftigungspolitik und der Beitrag des 3. Sektors. In: Sachße, E./Tennstedt, T./Uhlendorff, U.: Kommunale Beschäftigungspolitik zwischen Sozialhilfe und Arbeitsmarkt. Kassel 1999.
Evers, A.: Verschiedene Konzeptualisierungen von Engagement. In: Kistler, E./Noll, H.-H./Priller, E.: Perspektiven gesellschaftlichen Zusammenhalts. Berlin 1999.
Evers, A./Nowotny, H.: Über den Umgang mit Unsicherheit. Die Entdeckung der Gestaltbarkeit von Gesellschaft. Frankfurt a.M. 1987.
Evers, A./Olk, T.: Wohlfahrtspluralismus – Analytische und normativ-politische Dimensionen eines Leitbegriffs. In: Evers, A./Olk, T. (Hrsg.): Wohlfahrtspluralismus: Vom Wohlfahrtsstaat zur Wohlfahrtsgesellschaft. Opladen 1996.
Fatke, R./Hornstein, W.: Sozialpädagogik – Entwicklungen, Tendenzen und Probleme. In: Zeitschrift für Pädagogik. 33 (1987).
Faulstich-Wieland, H. u.a.: Doing Gender im heutigen Schulalltag. Weinheim und München 2004.
Feidel-Mertz, H.: Pädagogik im Exil. Erziehung zum Überleben. Frankfurt a.M. 1990.
Feidel-Mertz, H.: Nachwort. In: Mennicke, C.: Zeitgeschehen im Spiegel persönlichen Schicksals. Ein Lebensbericht. Weinheim 1995.
Feidel-Mertz, H.: Die ‚dritte Generation' der Frauenbewegung. In: Ariadne (Hrsg.): Almanach des Archivs der deutschen Frauenbewegung – Schwerpunktthema: Exil – Emigration. Heft 32, 1997.
Feidel-Mertz, H.: Nachwort. In: Konopka, G.: Soziale Gruppenarbeit: Ein helfender Prozess (1968). Weinheim 2000.
Feidel-Mertz, H./Lingelbach, K.-C.: Gewaltsame Verdrängung und prekäre Kontinuität. In: Zeitschrift für Pädagogik 40 (1994).
Feidel-Mertz, H./Schnorbach, H.: Die pädagogisch-politische Emanzipation. In: Krohn, C.-D. u.a. (Hrsg.): Handbuch der deutschsprachigen Emigration. Darmstadt 1998.

Filsinger, D./Homfeldt, H.G.: Gesundheit und Krankheit. In: Otto, H.-U./Thiersch, H. (Hrsg.): Handbuch Sozialarbeit/Sozialpädagogik. Neuwied [2]2001.
Flitner, A.: Der Streit um die Vorschulerziehung. In: Zeitschrift für Pädagogik (13) 1967.
Flitner, A.: Reform der Erziehung. Impulse des 20. Jahrhunderts. Erw. Neuausgabe, München 1999.
Ford, H.: Das große Heute und das größere Morgen. Leipzig 1926.
Forst, R.: Kommunitarismus und Liberalismus – Stationen einer Debatte. In: Honneth, A.: Kommunitarismus. Eine Debatte über die moralischen Grundlagen moderner Gesellschaften. Frankfurt a.M./New York 1993.
Foucault, M.: Überwachen und strafen. Frankfurt a.M. 1976.
Foucault, M.: Überwachen und Strafen. Die Geburt des Gefängnisses. Frankfurt a.M. 1977.
Foucault, M.: Die Gouvernementalität. In: Bröckling, U./Krasmann, S./Lemke, T. (Hrsg.): Gouvernementalität der Gegenwart. Studien zur Ökonomisierung des Sozialen. Frankfurt a.M. 2000.
Frank, P.: Die Wesenseigenheit des männlichen Sozialbeamten. In: Sozialblatt für Jugendrecht und Jugendwohlfahrt 8 (1926/1927).
Franzkowiak, P.: Risikoverhalten und Gesundheitsbewusstsein bei Jugendlichen. Berlin/Heidelberg/New York/Toronto 1986.
Franzen-Hellersberg, L.: Die jugendliche Arbeiterin. Tübingen 1932.
Fraser, N./Honneth, A.: Umverteilung oder Anerkennung? Eine politisch-philosophische Kontroverse. Frankfurt/M. 2003.
Fraser, N.: Feministische Politik im Zeitalter der Anerkennung. Ein zweidimensionaler Ansatz für Geschlechtergerechtigkeit. In: Beerhorst, I. u.a. (Hrsg.): Kritische Theorie im Strukturwandel. Frankfurt a.M. 2004.
Freudenberg, S.: Individualpsychologie und Jugendwohlfahrtspflege. In: Wexberg, E. (Hrsg.): Handbuch der Individualpsychologie. Bd. I., München 1926.
Friedeburg v., L. (Hrsg.): Jugend in der modernen Gesellschaft. Köln/Berlin 1965.
Frommann, A.: Was geschieht eigentlich in Beratungen? In: Brunner, E.J./Schönig, W. (Hrsg.): Theorie und Praxis von Beratung. Freiburg 1990.
Fthenakis, W.: Die Rolle der Väter. In: Hofer, M. (Hrsg.): Vater, Sohn und Männlichkeit. Innsbruck 2001.

Fuchs, H.: Psychologie der Jugendlichen des Landes. Wittenberg 1928.
Füssenhäuser, C./Thiersch, H.: Theorien der Sozialen Arbeit. In: Otto, H.-U./Thiersch, H. (Hrsg.): Handbuch Sozialarbeit/Sozialpädagogik. Neuwied ²2001.
Funke, R.: Sich durchsetzender Kapitalismus. Eine Alternative zum spätkapitalistischen Paradigma. In: Starnberger Studien 2. Sozialpolitik als soziale Kontrolle. Frankfurt a.M. 1978.
Gabriel, T./Colla, H.: Risikoverhalten Jugendlicher. In: Colla, H. u.a. (Hrsg.): Handbuch Heimerziehung und Pflegekinderwesen in Europa. Neuwied/Kriftel 1999.
Galuske, M.: Das Orientierungsdilemma. Bielefeld 1993.
Galuske, M.: Flexible Sozialpädagogik. Elemente einer Theorie Sozialer Arbeit in der modernen Arbeitsgesellschaft. Weinheim und München 2002.
Gängler, H.: Vom Zufall zur Notwendigkeit. Materialien zur Wissenschaftsgeschichte Sozialer Arbeit. In: Wöhrle, A. (Hrsg.): Profession und Wissenschaft Sozialer Arbeit. Pfaffenweiler 1998.
Gängler, H.: Hilfe. In: Otto, H.-U./Thiersch, H. (Hrsg.): Handbuch Sozialarbeit/Sozialpädagogik. Neuwied ²2001.
Gängler, H.: Die „ganze Ausdehnung der Pädagogik wahrnehmen“. In: Neue Sammlung 43 (2003).
Gangl, M.: Bildung und Übergangsrisiken beim Einstieg in den Beruf. Ein europäischer Vergleich zum Arbeitsmarktwert von Bildungsabschlüssen. In: Zeitschrift für Erziehungswissenschaft, 6 (2003).
Gedrath, V./Schröer, W.: Die Sozialgesetzgebung und die Soziale Arbeit im 20. Jahrhundert. Erläuterungen am Beispiel der Kinder- und Jugendhilfe. In: Thole, W. (Hrsg.): Grundriss Soziale Arbeit. Opladen 2002.
Gedrath, V.: Vergessene Traditionen der Sozialpädagogik. Weinheim/Basel/Berlin 2003.
Gemende, M.: Interkulturelle Zwischenwelten. Weinheim und München 2002.
Gerhard, U.: Geschlechtsspezifische Sozialpolitik und die Unsicherheit weiblicher Lebenslagen. In: Döring, D./Hanesch, W./Huster, E.-U.: Armut im Wohlstand. Frankfurt a.M. 1990.
Gill, S.: European Governance and New Constitualism. In: New Political Economy. H.1, 1998.
Gilmore, D.: Mythos Mann. Rollen, Rituale, Leitbilder. München/Zürich 1991.
Ginsheim v., G./Meyer, D.: Gender Mainstreaming. Berlin 2001.

Gizycki v., L.: Zur Beurteilung der Frauenbewegung in England und Deutschland. In: Archiv für soziale Gesetzgebung und Statistik 8 (1895).

Gräser, M.: Der blockierte Wohlfahrtsstaat. Göttingen 1995.

Grunwald, K.: Neugestaltung der freien Wohlfahrtspflege. Management organisationalen Wandels und die Ziele Sozialer Arbeit. Weinheim und München 2001

Grunwald, K./Thiersch, H. (Hrsg.): Das Konzept Lebensweltorientierte Soziale Arbeit – einleitende Bemerkungen. In: Grunwald, K./Thiersch, H. (Hrsg.): Praxis Lebensweltorientierter Sozialer Arbeit. Weinheim und München 2004.

Grunwald, K./Thiersch, H. (Hrsg.): Praxis Lebensweltorientierter Sozialer Arbeit. Weinheim und München 2004.

Grunwald, K.: Manageriale Organisationsgestaltung. In: Grunwald, K./Thiersch, H. (Hrsg.): Praxis Lebensweltorientierter Sozialer Arbeit. Weinheim und München 2004.

Güthoff, F./Sünker, H. (Hrsg.): Handbuch Kinderrechte. Münster 2002.

Habermas, J.: Legitimationsprobleme im Spätkapitalismus. Frankfurt a.M. 1973.

Habermas, J.: Theorie des kommunikativen Handelns. 2 Bde. Frankfurt a.M. 1986.

Habermas, J.: Die postnationale Konstellation. Frankfurt a.M. 1998.

Hagestad, G.: Trends and dilemmas of Life-Course Research. An international approach. In: Heinz, W.R. (Hrsg.): Theoretical advances in Life-Course-Research. Weinheim 1991.

Hamburger, F.: Modernisierung, Migration und Ethnisierung. In: Gemende, M./Schröer, W./Sting, S.: Zwischen den Kulturen. Weinheim und München 1999.

Hamburger, F.: Einführung in die Sozialpädagogik. Stuttgart 2003.

Hamburger, F.: Lebensweltorientierte Soziale Arbeit und Migration. In: Grunwald, K./Thiersch, H. (Hrsg.): Praxis Lebensweltorientierter Sozialer Arbeit. Weinheim und München 2004.

Handlbauer, B.: Die Entstehungsgeschichte der Individualpsychologie Adlers. Wien/Salzburg 1984.

Hanses, A.: Einleitung. In: Hanses, A. (Hrsg.): Biographie und Soziale Arbeit. Hohengehren 2004.

Hartnuss, B./Maykus, S. (Hrsg.): Handbuch Kooperation von Jugendhilfe und Schule. Berlin 2004.

Havighurst, R.J.: Development Tasks and Education. New York 1951.

Heimann, E.: Soziale Theorie des Kapitalismus (1929). Frankfurt a.M. 1980.
Heiner, M.: Diagnostik und Diagnosen in der Sozialen Arbeit. im Erscheinen 2004 (2004a).
Heiner, M.: Professionalität in der Sozialen Arbeit. Stuttgart 2004 (2004b).
Heller, H.: Politische Demokratie und soziale Homogenität (1928). In: Heller, H.: Gesammelte Werke. Bd. 2. Leiden 1971.
Heller, H.: Rechtsstaat oder Diktatur (1929). In: Heller, H.: Gesammelte Werke. Bd. 2. Leiden 1971.
Helsper, W./Hörster, R./Kade, J.: Ungewissheit. Pädagogische Felder im Modernisierungsprozess. Weilerswist 2003.
Henkel, H.-O.: Die Ethik des Erfolgs. München 2004.
Henningsen, M.: Das Erbe des Westens. In: Europa oder Amerika? Zur Zukunft des Westens. Sonderheft Merkur 54 (2000).
Henseler, J.: Natorps philosophischer Pestalozzi. In: Niemeyer, C./Schröer, W./Böhnisch, L.: Grundlinien historischer Sozialpädagogik. Weinheim und München 1997.
Henseler, J.: Wie das Soziale in die Pädagogik kam. Weinheim und München 2000.
Hentig, H.v.: Bildung. München 1996.
Hering, S./Münchmeier, R.: Geschichte der Sozialen Arbeit. Weinheim und München 2000.
Herlth, A. u.a. (Hrsg.): Abschied von der Normalfamilie? Berlin 1994.
Herrmann, G.: Die sozialpädagogische Bewegung der zwanziger Jahre. Weinheim 1956.
Herrmann, U.: Die Jugendbewegung. In: Böhnisch, L./Gängler, H./Rauschenbach, T. (Hrsg.): Handbuch Jugendverbände. Weinheim und München 1991.
Hetzer, H.: Kindheit und Armut. Leipzig 1929.
Hirschmann, A.O.: Denken gegen die Zukunft. Die Rhetorik der Reaktion. Frankfurt a.M. 1991.
Hobsbawm, E.: Das Zeitalter der Extreme. München 1998.
Hörster, R.: Kasuistik/Fallverstehen. In: Otto, H.-U./Thiersch, H. (Hrsg.): Handbuch Sozialarbeit/Sozialpädagogik. Neuwied [2]2001.
Hörster, R./Müller, B. (Hrsg.): Jugend, Erziehung und Psychoanalyse. Zur Sozialpädagogik Siegfried Bernfelds. Neuwied 1992.
Hörster, R./Müller, B.: Zur Struktur sozialpädagogischer Kompetenz. In: Combe, A./Helsper, W. (Hrsg.): Pädagogische Professionalität. Frankfurt a.M. 1996.
Hoffmann, W.: Die Reifezeit. Leipzig 1926.

Homfeldt, H.G./Schulze-Krüdener, J. (Hrsg.): Wissen und Nichtwissen. Herausforderungen für die Soziale Arbeit in der Wissensgesellschaft. Weinheim 2000.
Homfeldt, H.G./Filsinger, D.: Gesundheit und Krankheit. In: Otto, H.-U./Thiersch, H. (Hrsg.): Handbuch Sozialarbeit/Sozialpädagogik. Neuwied ²2001.
Homfeldt, H.G./Brandhorst, K. (Hrsg.): International vergleichende Soziale Arbeit. Hohengehren 2004.
Homfeldt, H.G./Schröer, W./Schweppe C.: Agency und social work: Transnationale Perspektiven der Sozialen Arbeit. Nordhausen 2005.
Honig, M.S.: Verhäuslichte Gewalt. Frankfurt a.M. 1992.
Honneth, A.: Kampf um Anerkennung. Zur moralischen Grammatik sozialer Konflikte. Frankfurt a.M. 1992.
Honneth, A.: Soziologie. Eine Kolumne; Konzeption der „civil society“. In: Merkur. Heft 514, 1992.
Horkheimer, M.: Allgemeiner Teil. In: Studien über Autorität und Familie (1936). Lüneburg 1987.
Hormel, U./Scherr, A.: Bildung in der Einwanderungsgesellschaft. Wiesbaden 2004.
Horn, K.-P.: Erziehungswissenschaft. In: Krohn, C.-D. u.a. (Hrsg.): Handbuch der deutschsprachigen Emigration. Darmstadt 1998.
Hornstein, W. u.a.: Lernen im Jugendalter. Gutachten und Studien der Bildungskommission 54. Stuttgart 1975.
Hornstein, W./Mutz, G.: Die europäische Einigung als gesellschaftlicher Prozess. Baden Baden 1993.
Hünersdorf, B.: Aktuelle Reformen der Gesundheitspolitik - eine Herausforderung für die Soziale Arbeit. Vortragsmanuskript TU Dresden 2005.
Hünersdorf, B.: Theorien der Gesundheit auf dem Prüfstand der Sozialen Arbeit. In: Homfeldt, H.G./Hünersdorf, B. (Hrsg.): Soziale Arbeit und Gesundheit. Neuwied 1997.
Hurrelmann, K.: Sozialisation und Gesundheit. Weinheim und München 1994.
Hurrelmann, K.: Suchtprävention trotz gesellschaftlicher Ursachen? In: Deutsche Hauptstelle gegen Suchtgefahren (Hrsg.): Suchtprävention. Freiburg i. Brsg. 1994.
Hurrelmann, K.: Sieben Maximen der Sozialisationstheorie. In: Baumgart, F. (Hrsg.): Theorien der Sozialisation. Bad Heilbrunn 2000.
Iben, G.: Kindheit und Armut. Frankfurt a.M. 1998.
Illich, I.: Entschulung der Gesellschaft. Entwurf eines demokratischen Bildungssystems. München 1971.

Jacoby, H.: Alfred Adlers Individualpsychologie und dialektische Charakterkunde. Frankfurt a.M. 1974.
Jäger, W./Beywl, W. (Hrsg.): Wirtschaftskulturen und Genossenschaften im vereinten Europa. Wiesbaden 1994.
Jaletzke, C.: Psychoanalyse und Adoleszenz. Siegfried Bernfeld und seine Bedeutung für die Jugendforschung. In: Niemeyer, C./Schröer, W./Böhnisch, L. (Hrsg.): Grundlinien historischer Sozialpädagogik. Weinheim und München 1997.
Joas, H.: Einleitung. In: Heller, A.: Das Alltagsleben. Frankfurt a.M. 1978.
Joos, M.: Die soziale Lage der Kinder. Weinheim und München 2001.
Jordan, B.: Soziale Rechte, Migration und Soziale Arbeit. In: Treichler, A./Cyrus, N. (Hrsg.): Handbuch Soziale Arbeit in der Einwanderungsgesellschaft. Frankfurt a.M. 2004.
Jordan, I./Sengling, D.: Jugendhilfe. Weinheim und München 1992.
Jüngst, H.: Die junge Fabrikarbeiterin. Paderborn 1929.
JULE: Leistungen und Grenzen der Heimerziehung. Ergebnisse einer Evaluationsstudie stationärer und teilstationärer Erziehungshilfen. Bonn 1998.
Jung, C.G.: Einführung. In: Kranefeldt, W.M. (Hrsg.): Die Psychoanalyse. München 1930.
Jungblut, H.-J.: Drogenhilfe. Weinheim 2004.
Jurczyk, K./Voß G.G.: Zur gesellschaftsdiagnostischen Relevanz der Untersuchung von alltäglicher Lebensführung. In: Projektgruppe „Alltägliche Lebensführung" (Hrsg.): Alltägliche Lebensführung. Arrangements zwischen Traditionalität und Modernisierung. Opladen 1995.
Jurczyk, K.: Individualisierung und Zusammenhalt. In: Brückner, M./Böhnisch, L. (Hrsg.): Geschlechterverhältnisse. Weinheim und München 2001.
Karsten, M.E./ Otto, H.U.: Die sozialpädagogische Ordnung der Familie. Weinheim und München 1987.
Karsten, M.-E.: Sozial kompetent, zukunftinteressiert und beschäftigt aber erwerbsarbeitslos und existenzgefährdet. Junge Frauen auf dem Weg in personenbezogene soziale Dienstleistungsberufe. Univ.-Manuskript. Dresden 2004.
Kaus, G.: Die seelische Entwicklung des Kindes. In: Wexberg, E. (Hrsg.): Handbuch der Individualpsychologie. München 1926.
Kautz, O.: Im Schatten der Schlote. Jena 1924.
Kawerau, S.: Soziologische Pädagogik. Leipzig 1921.
Keck, T.: Kant and Socialism. In: Archiv für Sozialgeschichte Bd. 15/1975.

Kehler, H.: Arbeitsmarktintegration durch Kompetenzentwicklung und aktive Partizipation. In: Arnold, H./ Böhnisch, L./ Schröer, W. (Hrsg.): Sozialpädagogische Beschäftigungsförderung. Weinheim und München 2005.

Kelly, D./Kelly, D./Gamble, A. (Hrsg.): stakeholder capitalism. London 1997.

Kessl, F./Otto, H.-U. (Hrsg.): Soziale Arbeit und Soziale Kapital. Opladen 2004.

Kessl, F.: Der Gebrauch der eigenen Kräfte. Weinheim und München 2005.

Keupp, H.: Ermutigung zum aufrechten Gang. Tübingen 1997.

Keupp, H. u.a.: Identitätskonstruktionen. Reinbek b. Hamburg 2002.

Keupp, H.: Von der fürsorglichen Belagerung zum Empowerment. In: Gemeindepsychologie-Rundbrief Heft 1, 1998.

Key, E.: Das Jahrhundert des Kindes. Berlin 1908.

Kindt, W. (Hrsg.): Grundschriften der deutschen Jugendbewegung. 3. Bde. Düsseldorf/Köln 1963/1974.

Kirchhöfer, D.: Lernkultur Kompetenzentwicklung. Berlin 2004.

Kirchhöfer, D.: Grenzen der Entgrenzung. Lernkultur in der Veränderung. Frankfurt a.M. u.a. 2005.

Klafki, W./Brockmann, J.: Geisteswissenschaftliche Pädagogik und Nationalsozialismus. Weinheim 2002.

Klein, G.: Frühförderung für Kinder mit psychosozialen Risiken. Stuttgart 2002.

Koch, A.: Siegfried Bernfelds Kinderheim Baumgarten. Voraussetzungen jüdischer Erziehung um 1920. Hamburg 1974.

Koch, J./Lenz, S. (Hrsg.): Auf dem Weg zu einer integrierten und sozialräumlichen Kinder- und Jugendhilfe. Frankfurt a.M. 1999.

Koch, J./Peters, F. (Hrsg.): Integrierte erzieherische Hilfen. Flexibilität, Integration und Sozialraumbezug in der Jugendhilfe. Weinheim und München 2004.

Köngeter, S./Esser, F./Thiersch, H.: Sozialraumorientierung – Innovation oder Ideologie? In: Koch, J./Peters, F. (Hrsg.): Integrierte erzieherische Hilfen. Flexibilität, Integration und Sozialraumbezug in der Jugendhilfe. Weinheim und München 2004.

Konopka, G.: Mit Mut und Liebe. Eine Jugend im Kampf gegen Ungerechtigkeit und Terror. Weinheim 1996.

Konopka, G.: Soziale Gruppenarbeit: Ein helfender Prozess (1968). Weinheim 2000.

Konrad, F.-M.: Wurzeln jüdischer Sozialarbeit in Palästina. Weinheim und München 1993.

Konrad, F.-M.: Der Kindergarten. Seine Entstehungsgeschichte von den Anfängen bis in die Gegenwart. Freiburg i. Brsg. 2004.
Kosik, K.: Die Dialektik des Konkreten (1924). Frankfurt a.M. 1967.
Kosik, K.: Die Dialektik des Konkreten. Eine Studie zur Problematik der Menschen und der Welt. Frankfurt a.M. 1971.
Krafeld, F.J.: Die überflüssige Jugend der Arbeitsgesellschaft. Leverkusen 2000.
Kratzer, N.: Arbeitskraft in Entgrenzung. Berlin 2003.
Kreft, D./ Mielenz, I. (Hrsg.): Handbuch Soziale Arbeit. Weinheim und München 2005.
Kreher, T./Oehme, A.: Individuelle Tätigkeits- und Lernverläufe sowie Unterstützungsformen zur Kompetenzentwicklung für aktive Arbeits- und Lebensgestaltung. QUEM-Materialien 42, Berlin 2003.
Kriesi, H./Grande, E.: Nationaler politischer Wandel in entgrenzten Räumen. In: Beck, U./Lau, C. (Hrsg.): Entgrenzung und Entscheidung. Frankfurt a.M. 2004.
Kuhlmann, C.: Alice Salomon. Ihr Lebenswerk als Beitrag zur Entwicklung der Theorie und Praxis Sozialer Arbeit. Weinheim 2000.
Kunstreich, T.: Genossenschaft von Genossenschaften oder Sozialität von Sozialitäten. In: 100 Jahre Sozialpädagogik Paul Natorps. Dresden 2000.
Kuper, B.-O.: Wohlfahrtsverbände und europäische Gemeinschaft: Konfliktlinien und Perspektiven. In: Bauer, R. (Hrsg.): Sozialpolitik in deutscher und europäischer Sicht. Weinheim 1992.
Labisch, A.: Homo Hygienicus. Gesundheit und Medizin in der Neuzeit. Frankfurt a.M./New York 1992.
Landesjugendbericht Baden-Württemberg für die 13. Legislaturperiode (Landesjugendbericht BW). Sozialministerium Baden-Württemberg (Hrsg.). Stuttgart 2004
Langhanky, N. u.a.: Erfolgreich sozial-räumlich handeln. Bielefeld 2004.
Lazarsfeld, P.: Familien- oder Gemeinschaftserziehung. In: Wechsberg, E. (Hrsg.): Handbuch der Individualpsychologie. Bd. I. München 1926.
Lazarsfeld, S. (Hrsg.): Technik der Erziehung. Leipzig 1929.
Lazarsfeld, S.: Jugend und Beruf. Jena 1931.
Lebenslagen in Deutschland. 1. Armuts- und Reichtumsbericht der Bundesregierung. Berlin 2002.
Lebenslagen in Deutschland. 2. Armuts- und Reichtumsbericht der Bundesregierung. Berlin 2005.

Leibfried, S./Pearson, P.: Standort Europa. Europäische Sozialpolitik. Frankfurt a.M. 1998.
Lenger, F.: Werner Sombart 1863-1941. München 1994.
Lenhardt, G.: Bildung. In: Joas, H. (Hrsg.): Lehrbuch der Soziologie. Frankfurt a.M./New York. 2001.
Lenhardt, G./Stock, M.: Bildung, Bürger, Arbeitskraft. Frankfurt a.M. 1997.
Lenz, H.J. (Hrsg.): Männliche Opfererfahrungen. Weinheim und München 2000.
Lenz, K.: Zur Geschlechtstypik persönlicher Beziehungen – eine Einführung. In: Lenz, K. (Hrsg.): Frauen und Männer. Weinheim und München 2003.
Lenz, K.: Wie sich Frauen und Männer kennen lernen – Paarungsmuster im Wandel. In: Lenz, K. (Hrsg.): Frauen und Männer. Weinheim und München 2003.
Lenz, K./Sickendiek, U./Rudolph, M. (Hrsg.): Die alternde Gesellschaft. Weinheim und München 1999.
Lewis, J./Ostner, O.: Gender and the Evolution of European Social Policies. ZeS-Arbeitspapier 4. Bremen 1994.
Liegle, L.: Familiale Lebensformen. In: Otto, H.-U./Thiersch, H. (Hrsg.): Handbuch Sozialarbeit/Sozialpädagogik. Neuwied ^{2}2001.
Löw, M.: Raumsoziologie. Frankfurt a.M. 2001.
Lorenz, W.: Nation State, Welfare State and Social Work. Dissertation. Dresden 2005.
Luhmann, N.: Politische Theorie im Wohlfahrtsstaat. Frankfurt a.M. 1981.
Luhmann, N./Schorr, K.E. (Hrsg.): Zwischen Technologie und Selbstreferenz. Fragen an die Pädagogik. Frankfurt a.M. 1982.
Mackensen, R.: Bemerkungen zur Soziologie sozialer Netzwerke. In: Röhrle, B./Stark, W. (Hrsg.): Soziale Netzwerke und Stützsysteme. Tübingen 1985.
Mannheim, K.: Mensch und Gesellschaft im Zeitalter des Umbaus. Darmstadt 1958.
Mannheim, K.: Das Problem der Generationen (1926). In: Friedeburg, L. v. (Hrsg.): Jugend in der modernen Gesellschaft. Köln/Berlin 1965.
Margalith, A.: Politik der Würde: Über Achtung und Verachtung. Berlin 1998.
Marshall, T.H.: Citizenship and Social Class. Cambridge 1950.
Marshall, T.H.: Bürgerrecht und soziale Klasse. Frankfurt a.M. 1992.

Maurer, S./Schröer, W.: Ich kreise um … In: Liegle L./Treptow, R. (Hrsg.): Welten der Bildung in der Pädagogik der frühen Kindheit und in der Sozialpädagogik. Freiburg i. Brsg. 2002.
Mayer, K.U. u.a.: Gesellschaft, Politik und Altern. In: Baltes, P.B. u.a. (Hrsg.): Alter und Altern. Berlin 1994.
Mende, K.: Die amerikanische Methode der Social Case Study. In: Zentralblatt für Jugendrecht und Jugendwohlfahrt. H. 6, 1925.
Mennicke, C.: Das Nationalbewusstsein im Lichte sozialen Denkens. In: Sozial-Akademische Monatsschrift 3 (1919/20).
Mennicke, C.: Das sozialpädagogische Problem in der gegenwärtigen Gesellschaft. In: Tillich, P. (Hrsg.): Kairos. Zur Geisterlage und Geisteswendung. Darmstadt 1926.
Mennicke, C.: Die sozialen Lebensformen als Erziehungsgemeinschaften. In: Nohl, H./Pallat, L. (Hrsg.): Handbuch der Pädagogik. Bd. II. Langensalza 1928.
Mennicke, C.: Die sozialen Berufe. In: Gablentz v.d., O./Mennicke, C. (Hrsg.): Deutsche Berufskunde. Leipzig 1930.
Mennicke, C.: Zeitgeschehen im Spiegel persönlichen Schicksals. Ein Lebensbericht. Weinheim 1995.
Mennicke, C.: Sozialpsychologie. Weinheim 1999.
Mennicke, C.: Sozialpädagogik (Utrecht 1937). Weinheim 2001.
Menz, S.: Organisation und biographischer Zugang. In: Schröer, W./Struck, N./Wolff, M. (Hrsg.): Handbuch Kinder- und Jugendhilfe. Weinheim und München 2002.
Merten, R.: Autonomie der Sozialen Arbeit. Weinheim und München 2002.
Meyer, T.: Die Transformation des Politischen. Frankfurt a.M. 1994.
Meyer, T.: Das „Ende der Familie“. Szenarien zwischen Mythos und Wirklichkeit. In: Volkmann U./ Schimank, U. (Hrsg.): Soziologische Gegenwartsanalysen II. Opladen 2002.
Moch, M.: Familienergänzende Erziehungshilfe im Lebensfeld. Eine Untersuchung an einem Modellprojekt. Frankfurt a.M. 1990.
Möller, R./Heitmeyer, W.: Anerkennungsdefizite und Vorurteile. In: Zeitschrift für Erziehungswissenschaft. Heft 4, 7 (2004).
Mollenhauer, K.: Ursprünge der Sozialpädagogik. Weinheim 1959.
Mollenhauer, K./Müller, C.W.: Führung und Beratung in pädagogischer Perspektive. Weinheim 1965.
Mollenhauer, K.: Erziehungswissenschaft und Sozialpädagogik. In: Sozialwissenschaftliche Literatur Rundschau 11 (1988).

Mollenhauer, K.: Kinder- und Jugendhilfe. Theorie der Sozialpädagogik – ein thematisch-kritischer Grundriss. In: Zeitschrift für Pädagogik 42 (1996).
Mollenhauer, K./Uhlendorff, U.: Sozialpädagogische Diagnosen. Weinheim und München 1995.
Muchow, M./Muchow, H.H.: Der Lebensraum des Großstadtkindes. Weimar/München 1935.
Müller, B.: Methoden. In: Otto, H.-U./Thiersch, H. (Hrsg.): Handbuch Sozialarbeit/Sozialpädagogik. Neuwied ²2001.
Müller, B./Schmidt, S./Schulz, M.: Wahrnehmen können. Jugendarbeit und informelle Bildung. Freiburg i. Brsg. 2005.
Müller, C.: „Wir Alle sind Artisten ... weil Bürger". In: Andresen, S./Tröhler, D.: Gesellschaftlicher Wandel und Pädagogik. Zürich 2002.
Müller, C.W.: Wie Helfen zum Beruf wurde. 2. Bde. Weinheim/Basel 1988.
Müller, C.W.: Helfen und Erziehen. Weinheim und Basel 2001.
Müller, S.: Erziehen – Helfen – Strafen. Das Spannungsverhältnis von Hilfe und Kontrolle in der Sozialen Arbeit. Weinheim und München 2001.
Müller-Lyer, F.: Die Familie. München 1911.
Münchmeier, R.: Zugänge zur Geschichte der Sozialarbeit. München 1981.
Münchmeier, R./Peukert, D.: Historische Grundstrukturen und Entwicklungsprobleme der deutschen Jugendhilfe. In: Sachverständigenkommission Achter Jugendbericht (Hrsg.): Lebensverhältnisse Jugendlicher. Bd. 1., München 1990.
Münchmeier, R./Otto, H.-U./Rabe-Kleberg, U.: Bildung und Lebenskompetenz. Neue Aufgaben für die Kinder- und Jugendhilfe. Bundesjugendkuratorium (Hrsg.). Opladen 2002.
Munsch, C. (Hrsg.): Sozial Benachteiligte engagieren sich doch. Weinheim und München 2003.
Munsch, C.: Die Effektivitätsfalle. Hohengehren 2004.
Naegele, O.: Jugendliche und Justiz. In: Wexberg, E. (Hrsg.): Handbuch der Individualpsychologie. Bd. I, München 1926.
Narr, W.D./Schubert, A.: Weltökonomie. Die Misere der Politik. Frankfurt a.M. 1994.
National Coalition (Hrsg.): Kinderrechte sind Menschenrechte – Impulse für die zweite Dekade 1999-2009. Bonn 1999.
Natorp, P.: Pestalozzis Ideen über Arbeiterbildung und die soziale Frage. Stuttgart 1894.
Natorp, P.: Sozialpädagogik. Stuttgart 1899.
Natorp, P.: Pestalozzi unser Führer (1905). In: Natorp, P.: Gesammelte Abhandlungen zur Sozialpädagogik. Stuttgart ²1922.

Nefiodow, L.A.: Der sechste Kondratieff. Sankt Augustin 1996.
Negt, O.: Soziologische Phantasie und exemplarisches Lernen. Frankfurt a.M. 1968.
Negt, O./Kluge, A.: Öffentlichkeit. Frankfurt a.M. 1973.
Nestmann, F.: Förderung sozialer Netzwerke – Eine Perspektive sozialpädagogischer Handlungskompetenz. In: neue praxis. H. 2, 1989.
Nestmann, F./Schmerl, C.: Frauen, das hilfreiche Geschlecht. Reinbek 1991.
Nestmann, F.: Ressourcenorientierte Beratung. In: Nestmann, F./Engel, F./Sickendiek, U. (Hrsg.): Das Handbuch der Beratung. Bd. 2. Tübingen 2004.
Neumann, W./Süfke, B.: Den Mann zur Sprache bringen. Tübingen 2004.
Niemeyer, C.: Zur Systematik und Aktualität der Sozialpädagogik Natorps vor dem Hintergrund ihrer ideengeschichtlichen Einlagerung. In: Oelkers, J./Schulz, W./Tenorth, H.-E. (Hrsg.): Neukantianismus. Weinheim 1989.
Niemeyer, C.: Sozialpädagogik und der Zwang der disziplinären Verortung. In: Niemeyer, C./Schröer, W./Böhnisch, L. (Hrsg.): Grundlinien historischer Sozialpädagogik. Weinheim und München 1997.
Niemeyer, C.: Klassiker der Sozialpädagogik. Weinheim und München 1998a.
Niemeyer, C.: Nietzsches andere Vernunft. Darmstadt 1998b.
Niemeyer, C.: Jugendbewegung zwischen Reform und Restauration. In: Neumann, K./Uhle, R. (Hrsg.): Pädagogik zwischen Reform und Restauration. Weinheim 2001.
Niemeyer, C.: Nietzsche, die Jugend und die Pädagogik. Weinheim und München 2002.
Noack, T.: Sozialphilosophische Theorien gesellschaftlicher Veränderung – Nancy Fraser und Axel Honneth im Vergleich. Diplomarbeit. Dresden 2004.
Nohl, H.: Jugendwohlfahrt. Leipzig 1927.
Nohl, H.: Die pädagogische Bewegung in Deutschland und ihre Theorie. Frankfurt a.M. 1948 ([7]1970).
Nohl, H.: Pädagogik aus dreißig Jahren. Frankfurt a.M. 1949.
Novy, A.: Remoralisierung der Ökonomie. In: Schwendter, R. (Hrsg.): Die Mühen der Berge. München 1986.
Novy, A.: Entwicklung gestalten. Gesellschaftsveränderung in der Einen Welt. Frankfurt a.M. [2]2004.
Nussbaum, M.C.: Gerechtigkeit oder Das gute Leben. Frankfurt a.M. 1999.

Obert, K.: Alltag- und lebensweltorientierte Ansätze sozialpsychiatrischen Handelns. Bonn 2001.
Oechsle, M.: Gleichheit mit Hindernissen. Berlin 2000.
Oelkers, J.: Reformpädagogik. Weinheim und München 1996.
Olk, T.: Jugend und gesellschaftliche Differenzierung – Zur Entstrukturierung der Jugendphase. In: Zeitschrift für Pädagogik. 12. Beiheft, 1985.
Olk, T./Otto, H.-U.: Wertewandel und Sozialarbeit – Entwicklungsperspektiven kommunaler Sozialarbeitspolitik. In: neue praxis. H. 2, 1981.
Opielka, M.: Was spricht gegen die Idee eines aktivierenden Sozialstaats. In: neue praxis. H. 6, 2003.
Osterroth, F.: Der Hofgeismarkreis der Jungsozialisten. In: Archiv für Sozialgeschichte. Bd. IV, 1964.
Ostner, I.: Der Wandel der Familienformen und die soziale Sicherung der Frauen oder: Von der Status- zur Passagensicherung. In: Döring, D./Hauser, R. (Hrsg.): Soziale Sicherheit in Gefahr. Frankfurt a.M. 1995.
Ottenheimer, H.: Soziale Arbeit. In: Kaznelson, S. (Hrsg.): Juden im deutschen Kulturbereich. Berlin 1959.
Otto, H.-U./Thiersch, H. (Hrsg.): Handbuch Sozialarbeit/Sozialpädagogik. Neuwied ²2001.
Otto, H.-U./Müller, S.: Kommunale Sozialpolitik. Sonderheft. neue praxis 1976.
Otto, H.-U./Sünker, H.: Soziale Arbeit und Faschismus. Volkspflege und Pädagogik im Nationalsozialismus. Bielefeld 1986.
Otto, H.-U./Rauschenbach, T. (Hrsg.): Die andere Seite der Bildung. Zum Verhältnis von formellen und informellen Bildungsprozessen. Opladen 2004.
Otto, H.-U./Ziegler, H.: Sozialraum und sozialer Ausschluss. Die analytische Ordnung neo-sozialer Integrationsrationalitäten in der Sozialen Arbeit. In: neue praxis 34 (2004).
Otto, H.-U./Utermann, K. (Hrsg.): Sozialarbeit als Beruf. Auf dem Weg zur Professionalisierung? München 1971.
Otto, U./Bauer, P.: Lebensweltorientierte Soziale Arbeit mit älteren Menschen. In: Grunwald, K./Thiersch, H. (Hrsg.): Praxis Lebensweltorientierter Sozialer Arbeit. Weinheim und München 2004.
Otto, U.: Altenarbeit. In: Otto, H.-U./Thiersch, H. (Hrsg.): Handbuch Sozialarbeit/Sozialpädagogik. Neuwied ²2001.
Otto, U.: Selbsthilfe im Alter. In: Otto, H.-U./Thiersch, H. (Hrsg.): Handbuch Sozialarbeit/Sozialpädagogik. Neuwied ²2001.
Pankoke, E.: Die Arbeitsfrage. Frankfurt a.M. 1990.

Pankoke, E.: Freie Assoziationen. In: Zimmer, A./Nährlich, S. (Hrsg.): Engagierte Bürgerschaft. Opladen 2000.
Parsons, T.: Familienstruktur und Persönlichkeit. Frankfurt a.M. 1972.
Pelizzari, A.: Prekarisierte Lebenswelten. Arbeitsmarktliche Polarisierung und veränderte Sozialstaatlichkeit. In: Beerhorst, J. u.a. (Hrsg.): Kritische Theorie im gesellschaftlichen Strukturwandel. Frankfurt a.M. 2004.
Permien, H./Zink, G.: Endstation Straße. München 1998.
Pestalozzi, J.H.: Grundlehren über Mensch, Staat, Erziehung. In: Barth, H. (Hrsg.) Stuttgart 1956
Pestalozzi, J.H.: Gesammelte Werke in 10 Bänden. Hrsg. von Bosshard, E. u.a., Band 1, Zürich 1945 (1945a); Band 7, Zürich 1945 (1945b); Band 8, Zürich 1946; Band 9, Zürich 1944.
Peters, F./Koch, J. (Hrsg.): Integrierte erzieherische Hilfen. Flexibilität, Integration und Sozialraumbezug in der Jugendhilfe. Weinheim und München 2004.
Peukert, D.J.K.: Grenzen der Sozialdisziplinierung. Köln 1986.
Peukert, D.J.K.: Die Weimarer Republik. Frankfurt a.M. 1987.
Puhl, R./ Maas, U. (Hrsg.): Soziale Arbeit in Europa. Weinheim und München 1997.
Putnam, R.D.: Demokratie in Amerika am Ende des 20. Jahrhunderts. In: Graf, F.W./Platthaus, A./Schleissing, S. (Hrsg.): Soziales Kapital in der Bürgergesellschaft. Stuttgart/Berlin/Köln 1999.
Quensel, S.: Let's abolish theories of crime. Zur latenten Tiefenstruktur unserer Kriminalitätstheorien. In: Kriminologisches Journal. H. 1, 1986.
Raithelhuber, E.: Wenn Netzwerke auf Verfahren reduziert werden … In: Arnold, H./Böhnisch, L./Schröer, W. (Hrsg.): Sozialpädagogische Beschäftigungsförderung. Weinheim und München 2005.
Rampf, R.: Kann die Care-Perspektive auf sozialstaatliche Fragestellungen übertragen werden? In: Braun, H./Jung, D. (Hrsg.): Globale Gerechtigkeit? Hamburg 1997.
Rang, A.: Der politische Pestalozzi. Frankfurt a.M. 1967.
Rauschenbach, T.: Das sozialpädagogische Jahrhundert: Analysen zur Entwicklung Sozialer Arbeit in der Moderne. Weinheim und München 1999.
Rawls, J.: Eine Theorie der Gerechtigkeit. Frankfurt a.M. 1975.
Reich, R.: The future of success. Wie wir in Zukunft arbeiten werden. München 2002.

Reinl, H./Stumpp, G.: Drogentherapie. In: Otto, H.-U./Thiersch, H. (Hrsg.): Handbuch Sozialarbeit/Sozialpädagogik. Neuwied ²2001.

Reutlinger, C.: Jugend, Stadt und Raum. Sozialgeographische Grundlagen einer Sozialpädagogik des Jugendalters. Opladen 2003.

Richmond, M.: Social Diagnosis. New York 1917.

Richter, J.: Fürsorgenutzung in Hamburger Vormundschaftsfällen des 19.Jahrhunderts. In: Andresen, S./Tröhler, D.: Gesellschaftlicher Wandel und Pädagogik. Zürich 2002.

Riedmüller, B.: Armutspolitik und Familienpolitik. In: Leibfried, S./Tennstedt, F. (Hrsg.): Politik der Armut und die Spaltung des Sozialstaats. Frankfurt a.M. 1985.

Riesman, D.: Die einsame Masse. Darmstadt u.a. 1956.

Riley, M.W./Riley, I.W.: Individuelles und gesellschaftliches Potenzial des Alterns. In: Baltes, P.B. u.a. (Hrsg.): Alter und Altern. Berlin 1994.

Rosenmayr, L.: Die späte Freiheit. Berlin 1983.

Roth, K. (Hrsg.): Vom Wandergesellen zum „Green Card"-Spezialisten. Münster u.a. 2003.

Rühle, O.: Kindliche Kriminalität. In: Lazarsfeld, S. (Hrsg.): Technik der Erziehung. Leipzig 1929.

Rühle-Gerstel, A.: Freud und Adler. Dresden 1924.

Sachße, C.: Mütterlichkeit als Beruf. Frankfurt a.M. 1986.

Sachße, C./Tennstedt, F.: Geschichte der Armenfürsorge in Deutschland. Bd. 2. Fürsorge und Wohlfahrtspflege. 1871 bis 1929. Stuttgart 1988.

Sachße, C.: Freiheit, Gleichheit, Sicherheit: Grundwerte im Konflikt. In: Sachße, C./Engelhardt, H.T. (Hrsg.): Sicherheit und Freiheit. Frankfurt a.M. 1990.

Salomon, A.: Zellen des Vertrauens. In: Die Neue Nachbarschaft 13 (1930).

Salomon, A.: Der soziale Frauenberuf. In: Schmidt-Beil, A. (Hrsg.): Die Kultur der Frau. Berlin-Frohnau 1931.

Sauer, B.: Staat - Institution - Governance. In: Rosenberger, S.K./Sauer, B. (Hrsg.): Politikwissenschaft und Geschlecht. Wien 2004.

Schaarschuch, A.: Gesellschaftliche Perspektiven sozialer Dienstleistung. In: Müller, S. u.a. (Hrsg.): Soziale Arbeit. Gesellschaftliche Bedingungen und professionelle Perspektiven. Neuwied 2000.

Schachtner, C.: Störfall Alter. Frankfurt a.M. 1988.

Schäfer, G.: Bildungsprozesse in der frühen Kindheit. In: Sozialextra Heft 1, 2005.

Scheerer, S.: Sucht. Reinbek 1995.
Schefold, W.: Hilfeprozesse und Hilfeverfahren. In: Schröer, W./Struck, N./Wolff, M. (Hrsg.): Handbuch Kinder- und Jugendhilfe. Weinheim und München 2002.
Schefold, W.: Erziehungshilfen im gesellschaftlichen Kontext. Zur Entgrenzung der Jugendhilfe. In: Lenz, K./Schefold, W./Schröer, W.: Entgrenzte Lebensbewältigung. Jugend, Geschlecht, Jugendhilfe. Weinheim und München 2004.
Schelsky, H.: Die skeptische Generation. Düsseldorf/Köln 1957.
Scherer, B./Stock, L. (Hrsg.): Schluss mit dem Geschwätz, erhöht die Regelsätze! 10 Jahre Sozialhilfebewegung. Frankfurt a.M. 1988.
Scherpner, H.: Theorie der Fürsorge. Göttingen 1962.
Schiffauer, W.: Die Gewalt der Ehre. Frankfurt a.M. 1983.
Schiffauer, W.: Fremde in der Stadt. Frankfurt a.M. 1997.
Schille, H.J.: Zu Einflüssen der Individualpsychologie auf die Sozialpädagogik zwischen 1914 und 1933. In: Niemeyer, C./Schröer, W./Böhnisch, L. (Hrsg.): Grundlinien Historischer Sozialpädagogik. Weinheim und München 1997.
Schmidt, R.: Altern zwischen Individualisierung und Abhängigkeit. In: Kade, S. (Hrsg.): Individualisierung und Älterwerden. Bad Heilbrunn 1994.
Schmoller, G.: Reform der Gewerbe-Ordnung. In: Verhandlungen der fünften Generalversammlung des Vereins für Socialpolitik. Leipzig 1878.
Schneider, S.: Sozialpädagogisches Handeln in der Beratung. Von der „Kunst“ professioneller Beratungspraxis und den Reflexionspotentialen sozialpädagogischer Theoriekonzepte. Dissertation. Tübingen 2004.
Schnurr, S.: Sozialpädagogen im Nationalsozialismus. Weinheim und München 1997.
Schönberger, I.: Die Zeitschrift für Kinderforschung. Unv. Manuskript. Dresden 2004.
Schrapper. C.: Strategien gegen Ausgrenzung. In: neue praxis 22 (1992).
Schrapper, C.: Hans Muthesius. Münster 1993.
Schröer, W.: Sozialpädagogik und die soziale Frage. Weinheim und München 1999.
Schröer, W.: Befreiung aus dem Moratorium. Zur Entgrenzung von Jugend. In: Lenz, K./Schröer, W./Schefold, W.: Entgrenzte Lebensbewältigung. Weinheim und München 2004.
Schröer, W./Sting, S.: Gespaltene Migration. In: Schröer, W./Sting, S. (Hrsg.): Gespaltene Migration. Opladen 2003.

Schröer, W./Sting, S.: Migration, globale Ökonomie und sozialer Wandel. In: Cyrus, N./Treichler, A.: Handbuch Soziale Arbeit in der Einwanderungsgesellschaft. Frankfurt a.M. 2004.
Schröer, W./Struck, N./Wolff, M. (Hrsg.): Handbuch Kinder- und Jugendhilfe. Weinheim und München 2002.
Schütte, W.: Die Verwaltung der Armut. In: Döring, D./Hanesch, W./Huster, E.-U. (Hrsg.): Armut und Wohlstand. Frankfurt a.M. 1990.
Schütz, A.: Gesammelte Aufsätze. 3 Bde, Den Haag 1971/1972.
Schulze, T.: Erziehungswissenschaftliche Biographieforschung. In: Krüger, H.-H./Marotzki, W. (Hrsg.): Erziehungswissenschaftliche Biographieforschung. Opladen 1995.
Schweppe, C.: Soziale Altenarbeit. Weinheim und München 1996.
Schweppe, C. (Hrsg.): Alter und Soziale Arbeit. Hohengehren 2005.
Sellach, B./Enders-Dragässer, U.: Ursachen und Umfang von Frauenarmut. Frankfurt a.M. 2000.
Sen, A.: Ökonomie für den Menschen. Wege zu Gerechtigkeit und Solidarität in der Marktwirtschaft. München 2002.
Senator für Familie, Jugend und Sport (Hrsg.): Zwischenbericht der Kommission Heimerziehung der Obersten Landesjugendbehörde und der Bundesarbeitsgemeinschaft der Freien Wohlfahrtspflege „Heimerziehung und Alternativen – Analysen und Ziele für Strategien." Frankfurt a.M. 1977.
Sennett, R.: Verfall und Ende des öffentlichen Lebens. Die Tyrannei der Intimität. Frankfurt a.M. 1985.
Sklar, J.N.: Über Ungerechtigkeit: Erkundungen zu einem moralischen Gefühl. Frankfurt a.M. 1997.
Sickendiek, U./Engel, F./Nestmann, F.: Beratung. Eine Einführung in sozialpädagogische und psychosoziale Beratungsansätze. Weinheim 1999.
Sickendiek, U.: Frauen im Alter. In: Lenz, K./Sickendiek, U./Rudolph, M. (Hrsg.): Die alternde Gesellschaft. Weinheim und München 1999.
Siegmund-Schultze, F.: Die „Neue Nachbarschaft". In: Die Neue Nachbarschaft 13 (1930).
Silbereisen, R.U.: Differenzierungen und Perspektiven für Prävention aus entwicklungspsychologischer Sicht. In: Kolip, P. (Hrsg.): Programme gegen Sucht. Weinheim und München 1999.
Simmel, G.: Die Philosophie des Geldes. Leipzig 1904.
Simmel, G.: Soziologie. Untersuchungen über die Formen der Vergesellschaftung. Leipzig 1908.

Simon, A./Seelmann, K.: Schulkinderpsychologie. In: Zeitschrift für Individualpsychologie. H. 4, 1925.
Sombart, W.: Studien zur Entwicklungsgeschichte des italienischen Proletariats. In: Archiv für soziale Gesetzgebung und Statistik 6 (1893).
Sombart, W.: Studien zur Entwicklungsgeschichte des italienischen Proletariats. In: Archiv für soziale Gesetzgebung und Statistik 8 (1895).
Sombart, W.: Beruf und Besitz. In: Archiv für soziale Gesetzgebung und Statistik 18 (1903).
Spiel, O.: Am Schaltbrett der Erziehung. Bern/Stuttgart/Wien 1979.
Staub-Bernasconi, S.: Soziale Arbeit als Menschenrechtsprofession. In: Wöhrle, A. (Hrsg.): Profession und Wissenschaft Sozialer Arbeit. Pfaffenweiler 1998.
Stauber, B./Walther, A.: Junge Erwachsene. In: Schröer, W./Struck, N./Wolff, M. (Hrsg.): Handbuch Kinder- und Jugendhilfe. Weinheim und München 2002.
Stecklina, G.: Sozialpädagogik und Geschlechterpolarität. In: Niemeyer, C./Schröer, W./Böhnisch, L. (Hrsg.): Grundlinien historischer Sozialpädagogik. Weinheim und München 1997.
Stecklina, G./Schille, H.J.: Otto Rühle. Leben und Werk. Weinheim und München 2003.
Stieglitz, W.: Die Schatten der Globalisierung. München 2004.
Sting, S./Blum, C.: Soziale Arbeit in der Suchtprävention. München/Basel 2003.
Sting, S.: Bildung. In: Schröer, W./Struck, N./Wolff, M. (Hrsg.): Handbuch Kinder- und Jugendhilfe. Weinheim und München 2002.
Sting, S.: Soziale Bildung. In: Otto, H.-U./Coelen, Th. (Hrsg.): Grundbegriffe der Ganztagsbildung. Wiesbaden 2004.
Sting, S.: Bildung in der frühen Kindheit. In: Sozialextra. H. 1, 2005.
Stockhaus, B.: Die Arbeiterjugend zwischen 14 und 18 Jahren. Wittenberg 1926.
Stolk v., B./Wouters, C.: Frauen im Zwiespalt. Frankfurt a.M. 1987.
Sünker, H.: Bildung. In: Otto, H.-U./Thiersch, H. (Hrsg.): Handbuch Sozialarbeit/Sozialpädagogik. Neuwied [2]2001.
Sumpf, E.: Methodik und Erkenntnisquellen der Menschenkenntnis. In: Wexberg, E. (Hrsg.): Handbuch der Individualpsychologie. München 1926.
Tertilt, H.: Turkish Power Boys. Ethnographie einer Jugendbande. Frankfurt a.M. 1996.

Thiersch, H./Ruprecht, H./Herrmann, U.: Die Entwicklung der Erziehungswissenschaft. München 1978.
Thiersch, H.: Die Erfahrung der Wirklichkeit. Perspektiven einer alltagsorientierten Sozialpädagogik. Weinheim und München 1986.
Thiersch, H.: Lebensweltorientierte Soziale Arbeit. Aufgaben der Praxis im sozialen Wandel. Weinheim und München 1992.
Thiersch, H: Lebenswelt und Moral. Beiträge zur moralischen Orientierung Sozialer Arbeit. Weinheim und München 1995.
Thiersch, H./Grunwald, K./Köngeter, S.: Lebensweltorientierte Soziale Arbeit. In: Thole, W. (Hrsg.): Grundriss Soziale Arbeit. Ein einführendes Handbuch. Opladen 2002.
Thiersch, H.: Positionsbestimmungen der Sozialen Arbeit. Gesellschaftspolitik, Theorie und Ausbildung. Weinheim 2002.
Thiersch, H.: Von den kränkenden Mühen alt zu werden. Eine Skizze. In: Schweppe, C. (Hrsg.): Generationen und Sozialpädagogik. Theoriebildung, öffentliche und familiale Generationenverhältnisse, Arbeitsfelder. Weinheim 2002.
Thiersch, H.: 25 Jahre alltagsorientierte Soziale Arbeit. Erinnerung und Aufgabe. In: Zeitschrift für Sozialpädagogik 1 (2003).
Thiersch, H.: Bildung und Soziale Arbeit. In: Otto, H.-U./Rauschenbach, T. (Hrsg.): Die andere Seite der Bildung. Opladen 2004. (2004a).
Thiersch, H.: Lebensweltorientierte Soziale Beratung. In: Nestmann, F./Engel, F./Sickendiek, U. (Hrsg.): Das Handbuch der Beratung. Band 2 Ansätze, Methoden und Felder. Tübingen 2004. (2004b).
Thiersch, H.: Sozialarbeit/Sozialpädagogik und Beratung. In: Nestmann, F./Engel, F./Sickendiek, U.: Das Handbuch der Beratung. Band 1, Disziplinen und Zugänge. Tübingen 2004. (2004c).
Thiersch, R.: Die Ausbildung der Erzieherinnen: Entwicklungstendenzen und Reformansätze. Weinheim und München 1999.
Thiersch, R.: Sozialräumliche Aspekte von Bildungsprozessen – Sozialraumorientierung als Aufgabe von Kindertagesstätten. In: Liegle L./Treptow, R. (Hrsg.): Welten der Bildung in der Pädagogik der frühen Kindheit und in der Sozialpädagogik. Freiburg i. Brsg. 2002.
Thole, W. (Hrsg.): Grundriss Soziale Arbeit. Ein einführendes Handbuch. Opladen 2002
Thorun, W.: Reformprojekt Soziale Arbeit. 75 Jahre Gilde Soziale Arbeit. Münster 2000.

Tönnies, F.: Buchbesprechung, Paul Natorp, Sozialpädagogik. In: Archiv für soziale Gesetzgebung und Statistik 14 (1899).
Trede, W.: Hilfen zur Erziehung. In: Otto, H.-U./Thiersch, H. (Hrsg.): Handbuch Sozialarbeit/Sozialpädagogik. Neuwied ²2001.
Treibel, A.: Migration in modernen Gesellschaften. Soziale Folgen von Einwanderung und Gastarbeit. Weinheim und München 1990.
Treptow, R.: Kultur und Soziale Arbeit. Münster 2001.
Tröhler, D. u.a. (Hrsg.): Der historische Kontext von Pestalozzis Methode. Bern 2002.
Tully, C.J.: Mensch – Maschine – Megabyte. Opladen 2003.
Uhlendorff, U.: Sozialpädagogische Diagnosen III. Weinheim und München 1997.
Uhlendorff, U.: Geschichte des Jugendamtes. Weinheim/Basel/Berlin 2003.
Vonken, M.: Von Bildung zur Kompetenz. In: Zeitschrift für Berufs- und Wirtschaftspädagogik. H. 4, 2001.
Voß, G.-G.: Lebensführung als Arbeit. Stuttgart 1991.
Wahl, K.: Die Modernisierungsfalle. Frankfurt a.M. 1989.
Walther, A.: Spielräume im Übergang in die Arbeit. Weinheim und München 2000.
Walther, A./Stauber, B./Biggart, A./du Bois-Reymond, M./Furlong, A./López Blasco, A./ Mørch, S./Pais, J.M. (Hrsg.): Misleading Trajectories? Integration Policies and Young Adults in Europe. Opladen 2002.
Weber, A.: Kapital und Arbeit. Tübingen 1930.
Weber, H.: Die Berufsarbeit der Frau in der Wohlfahrtspflege. In: Schmidt-Beil, A. (Hrsg.): Die Kultur der Frau. Berlin-Frohnau 1931.
Weber, M.: Die protestantische Ethik und der „Geist" des Kapitalismus. In: Archiv für soziale Gesetzgebung und Statistik 21 (1905).
Weller-Monteiro Ferreira, S.: Die Vergemeinschaftung europäischer Einwanderungspolitik und ihre Auswirkungen auf die Soziale Arbeit. In: Treichler, A./Cyrus, N. (Hrsg.): Handbuch Soziale Arbeit in der Einwanderungsgesellschaft. Frankfurt a.M. 2004.
Weniger, E.: Selbstkritik in der Fürsorgeerziehung. In: Weniger, E.: „Die Erziehung". Berlin 1929.
Wexberg, E. (Hrsg.): Handbuch der Individualpsychologie. München 1926.
Wexberg, E.: Individualpsychologie. Eine systematische Darstellung. Darmstadt 1974.

Widersprüche. Themenheft „Neo-Diagnostik – Modernisierung klinischer Rationalität. Heft 43, 2003.
Wieler, J.: Er-Innerungen eines zerstörten Lebensabends. Alice Salomon während der NS-Zeit (1933-37) und im Exil (1937-48). Darmstadt 1987.
Wieler, J./Zeller, S.: Emigrierte Sozialarbeit. Freiburg i.Br. 1995.
Wilhelm, E.: Pathologie der Moderne oder antimoderne Jugendfürsorgepraxis? In: neue praxis 34 (2004).
Winkler, M.: Eine Theorie der Sozialpädagogik: Über Erziehung als Rekonstruktion der Subjektivität. Stuttgart 1988.
Winkler, M.: Modernisierungsrisiken. Folgen für den Begriff Sozialpädagogik. In: Rauschenbach, T./Gängler H. (Hrsg.): Soziale Arbeit und Erziehung in der Risikogesellschaft. Neuwied 1992.
Winkler, M.: Integration ohne Grenzen. In: Treptow, R./Hörster, R. (Hrsg.): Sozialpädagogische Integration. Weinheim und München 1999.
Winkler, M.: Bildung und Erziehung. In: Otto, H.-U./Thiersch, H. (Hrsg.): Handbuch Sozialarbeit/Sozialpädagogik. Neuwied ^{2}2001.
Winnicott, D.: Reifungsprozesse und fördernde Umwelt. Stuttgart 1984.
Winnicott, D.W.: Versagen der Umwelt und antisoziale Tendenz. Stuttgart 1988.
Wittenberg, L.: Geschichte der individualpsychologischen Versuchsschule in Wien. Wien 2000.
Wolff, M.: Integrierte Erziehungshilfen. Eine exemplarische Studie über neue Konzepte in der Jugendhilfe. Weinheim und München 2000.
Wolff, M.: Der außerschulische Bildungsauftrag der Jugendhilfe. Formen sozialen Lernens im öffentlichen Raum. In: Schirp, J./Schlichte, C./Stolz, H.J. (Hrsg.): Annäherungen. Beiträge zur Zusammenarbeit von Jugendhilfe und Schule. Frankfurt a.M. 2004.
Wolff, S.: Die Produktion von Fürsorglichkeit. Bielefeld 1983
Wolff, S.: Sozialpädagogik an ihren Systemgrenzen. In: Hörster, R./Küster, E.-U./Wolff, S. (Hrsg.): Orte der Verständigung. Freiburg. i.Brsg. 2004.
Wolff, S./Scheffer, T.: Begleitende Evaluation in sozialen Einrichtungen. In: Schweppe, C. (Hrsg.): Qualitative Forschung in der Sozialpädagogik. Opladen 2003.
Wolffersdorff v., C.: Reformdiskussion über die Zwangserziehung – Heimerziehung und Strafvollzug um die Jahrhundertwende. In: Niemeyer, C./Schröer, W./Böhnisch, L. (Hrsg.):

Grundlinien historischer Sozialpädagogik. Weinheim und München 1997.
Woog, A.: Sozialpädagogische Familienhilfe. Weinheim und München 1998.
Woog, A.: Lebensweltorientierte Soziale Arbeit in Familien. In: Grunwald, K./Thiersch, H. (Hrsg.): Praxis Lebensweltorientierter Sozialer Arbeit. Weinheim und München 2004.
Wouters, C.: Informalisierung. Opladen 1999.
Wronsky, S.: Soziale Therapie. Berlin 1931.
Wynecken, G.: Schule und Jugendkultur. Jena 1919.
Zander, M.: Armut in Zeiten des „aktivierenden Sozialstaates". In: Sozial extra, heft 7-8, 2005.
Zeiher, H./Zeiher, H.: Orte und Zeiten der Kinder. Soziales Leben im Alltag von Großstadtkindern. Weinheim und München 1994.
Zeitschrift für soziale Pädagogik 1 (1919) – 3 (1921).
Zeller, M.: Partizipation im Kontext flexibler Erziehungshilfen. In: Koch, J./Peters, F. (Hrsg.): Integrierte erzieherische Hilfen. Weinheim und München 2004.
Zeller, S.: Volksmütter. Frauen im Wohlfahrtswesen der zwanziger Jahre. Düsseldorf 1987.
Zeman, A.: Richtige Männer. Eine Analyse männlicher Identität im Lichte der Theorie Pierre Bourdieus. In: Psychologie und Gesellschaftskritik. H. 3-4, 1997.
Ziegler, H.: Drei Mann in einem Boot. Warum sich die soziale mit der sicheren Stadt und beide mit dem ‚aktivierenden' Sozialstaat so gut verstehen. In: Widersprüche 21 (2001).
Ziegler, H./Otto, H.-U.: Sozialraum und sozialer Ausschluss. Die analytische Ordnung neo-sozialer Integrationsrationalitäten in der Sozialen Arbeit. In: neue praxis 34 (2004).
Ziltner, P.: Strukturwandel der europäischen Integration. In: Beerhorst, J. u.a. (Hrsg.): Kritische Theorie im gesellschaftlichen Strukturwandel. Frankfurt a.M. 2004.
Zimmer, J.: Erziehung in früher Kindheit. Enzyklopädie Erziehungswissenschaft. Bd. 6. Stuttgart 1984.